Andrzej Bobkowski
Wehmut? Wonach zum Teufel?

ROSPO Verlag

Andrzej Bobkowski

Wehmut?
Wonach zum Teufel?

Tagebücher aus Frankreich
Band I 1940–1941

Aus dem Polnischen von Martin Pollack

ROSPO Verlag

Gefördert vom Literarischen Colloquium Berlin mit Mitteln des Auswärtigen Amtes und der Senatsverwaltung für Wissenschaft, Forschung und Kultur Berlin.

Titel der polnischen Originalausgabe *Szkice piórkiem*

ISBN 3-930325-30-6

Druck und Bindung: Fuldaer Verlagsanstalt
Umschlaggestaltung: Margot Saak-Bitterling

1940

20. 5. 1940

Es ist still und heiß. Paris ist verödet und wird von Tag zu Tag leerer. Doch das geht irgendwie heimlich vor sich. Die Menschen fahren verstohlen fort, wobei sie ihren Bekannten bis zum letzten Moment versichern: „Wir gehen nicht weg." Man sieht nur immer öfter Autos, die mit schwerem Gepäck, das auf dem Dach befestigt ist, durch die Straßen schleichen und in Richtung Süden verschwinden. Man soll sie nicht bemerken. Ungewißheit und Geheimnistuerei breiten sich über die Stadt. Wenn ich durch die Straßen gehe, ertappe ich mich ständig dabei, daß mir die normalsten Erscheinungen des täglichen Lebens rätselhaft erscheinen. Auch die Autos fahren irgendwie seltsam dahin, leiser und schneller, und in den Metrostationen wartet man nicht nur auf den Zug, sondern noch auf etwas anderes. Lügen und unausgesprochene Worte liegen in der Luft.

Erst heute morgen ist diese Leere in der Magengrube verschwunden, mit der jeder herumging. Weygand wurde anstelle von Gamelin zum Oberbefehlshaber ernannt, Pétain kam in die Regierung. Weygand übernahm sofort die Führung der Truppen und fuhr an die Front. Natürlich gingen gleich Gerüchte von Verrat um: Angeblich hat Gamelin Selbstmord begangen, es gebe Beweise, daß ... usw. Man glaubt an Weygand, man glaubt, daß er alles in Ordnung bringen und die Löcher stopfen wird. In der Zwischenzeit haben die Franzosen die erste Phase dieser Schlacht auf der ganzen Linie verloren.

Die Deutschen sind bereits in Arras und Amiens, sie wollen die belgische Armee einschließen.

21. 5. 1940

Reynaud sagte heute im Senat die Wahrheit, oder besser, einen Teil der Wahrheit. Es stellte sich heraus, daß die Armee von General Corap, die die Ardennenlinie im Abschnitt Mézières-Sedan verteidigen sollte, schlecht verstärkt wurde, mit Divisionen aufgestockt, die mangelhaft bewaffnet waren – im November des vorigen Jahres habe ich selber gesehen, wie sie in Hauspantoffeln auf Patrouille gingen. Hinzu kommt, daß die Brücken über die Meuse nicht gesprengt wurden. Es ist einfach ein Skandal. Den stärksten Schlag führten die Deutschen natürlich in diese Richtung, weil sie mit Sicherheit schon davon wußten, bevor noch Monsieur Reynaud informiert wurde. Aber dafür wurde die Tradition gewahrt: Alle fassen wegen dieses Skandals neuen Mut. Die Franzosen fluchen, schimpfen und kommen am Ende zu dem Schluß, daß „wir es ihnen jetzt schon zeigen werden", und *Weygand va leur montrer.*[1] Was? Ein Wunder an der Weichsel?

Die allgemeine Erbitterung hat sich in einem Skandal und in einer Umbesetzung im Kabinett entladen, und alle scheinen aus einem Alptraum erwacht zu sein. Als ich heute morgen diese Menschen betrachtete, hatte ich den Eindruck, jeder einzelne von ihnen stelle eine Verkörperung der „Marseillaise" dar. Die Losung des Tages lautet: durchhalten – dieses ewige französische, allerdings schon reichlich von den Motten zerfressene – *tenir*[2].

22. 5. 1940

Seit dem 10. Mai ununterbrochen schönes Wetter. Sonne und Hitze. Tausende Flüchtlinge fliehen aus Belgien und den nördlichen Départements. Sie werden nach Süden geschickt. Die Franzosen haben Arras zurückerobert. Die Stimmung in der Stadt ist normal. Das Feuern der Luftabwehr gehört zum täglichen Zeitvertreib. Die Deutschen haben noch nicht begonnen, Paris zu bombardieren, aber sie fliegen oft genug darüber hinweg. Und dann beginnt die Kanonade, das heißt das Schießen von Luftlöchern. Zwischen den Schüssen ist das Brummen eines Flugzeuges zu hören. Wir erwachen und schlafen wieder ein. Ich bin neugierig, wann sie sich schließlich Paris vornehmen werden.

23. 5. 1940

Die Franzosen versuchen um jeden Preis, eine einheitliche

[1] Weygand wird es ihnen zeigen.
Alles kursiv Gedruckte wird von Bobkowski in der Originalsprache zitiert.
[2] durchhalten

Frontlinie herzustellen. Leider sind die Deutschen durch eine Lücke geschlüpft und drohen, Boulogne einzunehmen. Abbeville haben sie schon besetzt. Die Armeen der Belgier, Engländer und Franzosen sind noch nicht völlig eingekesselt, doch aus dem, was man schreibt, ist zu entnehmen, daß sie nicht imstande sind, Verbindung aufzunehmen. Sie bilden eine gesonderte Einheit, die sogenannte Flandernarmee. Die Deutschen greifen jeden Tag an einer anderen Stelle an, ohne sich von den – wie die Zeitungen schreiben – gigantischen Verlusten beeindrucken zu lassen.

24. 5. 1940

Nichts Neues. Den Franzosen ist es nicht gelungen, die Bresche zwischen Arras und der Somme zu schließen, und die Deutschen werfen ihre motorisierten Einheiten dorthinein, so daß es um Boulogne und Calais erbitterte Kämpfe gibt. Kraut mit Erbsen, ein *Eintopfgericht*, aus dem die Deutschen die Grieben fischen, das heißt eine neue Taktik, die darauf beruht, den Gegner völlig durcheinander zu bringen. Das Wetter pausenlos wunderschön.

25. 5. 1940

Samstag. Basia holt mich an der Porte d'Orléans ab. Wir gehen ins Kino. Die Pariser Polizei führt große Razzien durch, alle – sogar gebürtige Franzosen – müssen einen Personalausweis mit sich führen. In der Präfektur kann ich mich mit niemandem einigen, natürlich ist alles brandeilig… Die Polizisten laufen mit Karabinern bewaffnet herum, doch als ich mir heute diese Bewaffnung genauer ansah, verspürte ich nicht übel Lust zu fragen, ob sich die Munition für diese Schießprügel nicht vielleicht im Invalidenmuseum befindet. Ein neueres Modell aus dem Jahre 1870, das damals wahrscheinlich bei der Verteidigung von Paris Verwendung fand – jetzt wurde es gegen die Fallschirmjäger hervorgeholt.

26. 5. 1940

In den Abendblättern erschien eine kurze Notiz, die jedoch

sehr viel besagt. Fünfzehn Generäle wurden ihrer Führungsposition enthoben. Eine Fortsetzung des Skandals, ganz nach dem Gesetz, daß der „Fisch immer vom Kopf her zu stinken beginnt". Es wurden sieben neue ernannt. Die Flandernarmee ist faktisch schon abgeschnitten. Sie stellt jetzt eine Halbkugel dar, deren Radius auf der einen Seite nördlich von Dunkerque, und auf der anderen nördlich von Calais endet. Sie berührt an einigen Stellen die Flüsse Lys und Escaut. Diese Armee wird angeblich aus der Luft versorgt. Die Deutschen drängen sie ins Wasser.

28. 5. 1940

Es wird immer besser. Heute morgen hat sich Leopold von Belgien ergeben und gemeinsam mit ihm 18 Divisionen. Diese Nachricht hat alle umgeworfen. Das sieht nach klarem, eindeutigem Verrat aus. Leopold hat sich ergeben, ohne vorher die Franzosen und Engländer zu verständigen, und ist ihnen damit in den Rücken gefallen. Was jetzt kommt? Das ist das Todesurteil für die Flandernarmee.

29. 5. 1940

Am Nachmittag fahre ich mit Jean in seinem Ford aus der Fabrik weg. Gestern hat sich Leopold ergeben, 18 Divisionen sind zum Teufel, alles bricht zusammen, und wir besorgen *cartes d'identité de travailleur étranger*[1] für die polnischen Arbeiter der staatlichen Munitionsfabrik. Sie versehen ihren Dienst ganz kaltblütig. Da helfen keine Unterschriften des Fabrikdirektors, keine Erklärungen – ganze Gruppen von Arbeitern müssen aus der zehn Kilometer von Paris entfernten Fabrik herbeigeschafft, für einen halben Tag von der Arbeit weggeholt werden, weil „sie sich persönlich vorstellen müssen". Die Unterschrift außerhalb der Präfektur zu leisten, wäre ungültig, mehr noch, absolut undenkbar.

Nachdem wir so überhaupt nichts erledigt haben, gehen wir zu Dupont auf ein Bier. Es ist heiß und schwül. Bei Dupont ist es rot und silbrig. Nach dem Bier bekommt Jean einen

[1] Ausweise für ausländische Arbeiter

Tobsuchtsanfall. Wir steigen in den Wagen und fahren mit Vollgas davon. Der arme Ford röchelt, und die Polizisten an den Kreuzungen der Boulevards pfeifen, doch wir rasen weiter. Kurz hinter Paris kommen wir auf eine schöne, von Bäumen gesäumte Straße. Die Bäume sind mit blaßvioletten Blüten bedeckt. Ich zünde mir eine Zigarette an und öffne das Fenster. Ich lehne mich im Sitz zurück und mache die Augen halb zu. Es ist, als würden wir uns in eine Wächte aus Blüten bohren. Durch das Fenster weht eine Brise den Blütenduft herein. Ich weiß nicht, ob ich überhaupt an etwas denke. Eine Erinnerung an vergangene Frühlinge, an Stille, vermischt mit Trauer, wie man sie auf dem Bahnhof bei der Abfahrt eines besonders teuren Menschen empfindet. Ein schrecklicher innerer Luftzug, der einem den Atem raubt.

Wir biegen in einen Feldweg ein, ohne die Geschwindigkeit zu verringern. Der Ford springt auf und ab und scheppert. Am Vortag hat es etwas geregnet, und überall sind Pfützen. Das Wasser spritzt an die Seiten des Wagens und auf die Frontscheibe. Der Weg führt bergab, direkt auf einen Wald zu. Am Waldrand steht ein kleines Gartenrestaurant. Jean hält davor und sagt: „Hier habe ich in der Kapelle gespielt. Ich war Geiger und spielte auch Banjo – und davon habe ich gelebt." Er versinkt in Gedanken. Ich habe den Eindruck, daß er dasselbe fühlt wie ich. Vielleicht ist er hierher gekommen, um Abschied zu nehmen von seinen Erinnerungen? Wir wollen ein Bier trinken. Die Patronin begrüßt Jean wie einen Sohn. Ich nehme mein Glas Bier, setze mich ans Fenster und schaue in den Wald. Sie erinnern sich an frühere Zeiten. Vereinzelte Worte dringen zu mir herüber, irgendwelche *fleurs, Suzanne, mignonne*[1]. Das Bier will nicht durch meine zusammengepreßte Kehle rinnen.

Vom Wald weht schon die Abendkälte herüber, der Geruch von feuchtem Grün und verfaulten Blättern; ein paar Sonnenstrahlen, die durch die hohen Bäume fallen, brechen sich in einer Pyramide alter Champagnerflaschen, die ordentlich beim Gartenzaun aufgeschichtet ist. Ich schütte das Bier ins Regenfaß. Jean nimmt Abschied von der Patronin, und wir setzen

[1] Blumen, Susanne, süß

uns ins Auto, ohne ein Wort miteinander zu wechseln. Dann fahren wir mit Vollgas über Waldwege. Wir werden hin und her geschleudert, bis wir plötzlich zu lachen beginnen – wir bersten beinahe vor idiotischem, hysterischem Lachen.

30. 5. 1940

Was machen die Italiener? … Das fehlte gerade noch.

31. 5. 1940

Die Flandernarmee wird mit Schiffen nach England evakuiert. Einen Teil haben sie schon gerettet. Der Treuebruch der Belgier gehört bereits der Vergangenheit an. Man sagt, die Holländer und die Belgier hätten, in Übereinkunft mit den Deutschen, die Franzosen und Engländer aus ihren befestigten Positionen gelockt, wodurch es den Deutschen gelang, dem Gegner eine Taktik aufzuzwingen, die für sie selbst am günstigsten war. Jedenfalls operieren die Deutschen wie bei Manövern, nach allen Regeln der Kunst.

1. 6. 1940

Wie immer am Samstag. Basia holt mich an der Porte d'Orléans ab. Wir gehen zu Fuß zum Luxembourg. Es ist ein schöner, warmer Abend. Wir setzen uns in eiserne Lehnstühle neben das Bassin und lesen Zeitung. Der Park ist leer, und das Bassin ist ohne die Segelboote der Kinder tot und traurig. Aus der Lektüre der Zeitungen geht eines hervor: Die unglaublichen Beispiele für Heldentaten der Soldaten und ihrer Führer erschöpfen sich immer nur darin, die Fehler der kurzsichtigen Politiker und sogenannten Staatsmänner wettzumachen. Beängstigend ist die Präzision der deutschen Operation. Wie ein Uhrwerk.

Ein abgebrochenes Gespräch, bekannte, aber nicht ganz ausgesprochene Gedanken. Eine Katastrophe. Der Ton einer Trompete reißt uns aus der traurigen Betäubung. Irgendwo in der Tiefe des Parks spielt ein Wächter eine fröhliche Melodie. Er scheucht die Menschen hinaus, bevor der Park zugesperrt wird. Die Dämmerung bricht schon herein, und das Grün wirkt beinahe schwarz. Ein zweiter Wächter fährt auf dem Rad an uns vorbei und ruft: „*On ferme.*“[1]

„Komm – sie schließen Frankreich“, sage ich. Wir schlendern zum Ausgang. Auf der Rue d'Assas gehen wir in ein kleines Restaurant. Weißer, eisgekühlter Wein.

3. 6. 1940

Vormittags im Arbeitsministerium in der Rue de Vaugirard. Vor dem Eingang gibt es dort ein Stück Rasen und Bäume. Über den Rasen schreiten zwei Polizisten, bücken sich, richten sich auf, bücken sich wieder. Ich bin in Eile, bleibe jedoch neugierig stehen. Schließlich trete ich näher und frage, ob sie etwas suchen.

„*Mais oui, Monsieur*, wir suchen vierblättrigen Klee. Wollen Sie einen haben?“ Und mit diesen Worten reicht mir einer von ihnen mit freundlichem Lächeln ein schönes Exemplar. Ich nehme es und stecke es in mein Notizbuch. Ich lächle ebenfalls. Ludwig XVI. schrieb am Tag der Eroberung der Bastille in sein Tagebuch: *Rien*[2].

Zu Mittag esse ich in der Fabrik. Dann gehe ich in mein Büro, um zu arbeiten. Die verschärften Polizeibestimmungen haben mir zahlreiche „Fälle“ aufgeladen. Etwa fünfzehn Minuten nach eins Fliegeralarm in der Stadt. In der Fabrik gibt es keinen Alarm, daher bleibe ich am Schreibtisch sitzen. Ein paar Minuten später beginnt die Luftabwehr wie wild zu ballern. Ein einziges ununterbrochenes Donnern. Plötzlich ein durchdringendes Pfeifen – für Bruchteile einer Sekunde Stille – dann ein Krachen. Kurz darauf – schon näher – dasselbe noch einmal. Bomben. Die Menschen laufen ins Parterre hinunter. Sie warten auf die nächste Serie. Noch immer wird in der Fabrik kein Alarm gegeben. Ich bleibe ruhig am Schreibtisch sitzen. Ich tue so, als wäre ich kaltblütig, obwohl ich höllische Angst habe. Angeblich ist das ein Beweis für wahren Mut. Nach einer halbstündigen Schießerei beruhigt sich alles. Ein paar Minuten nach zwei wird der Alarm abgeblasen.

[1] Wir schließen.
[2] nichts

In der Nähe der Porte de Versailles brennen Häuser. Ein paar Augenblicke später mache ich mich auf den Weg zum Arbeitsministerium. In einer Straße in Châtillon sind bei fast allen Häusern die Scheiben geborsten. Die Menschen stehen in kleinen Gruppen herum und unterhalten sich. Ich frage, ob hier in der Nähe Bomben gefallen sind. Sie bestätigen das. Kurz darauf werde ich von zwei Wächtern festgenommen, die mir vorwerfen, ich hätte verdächtige Fragen gestellt. Sie bringen mich zum Polizeikommissariat. Nachdem man dort meine Papiere geprüft und meine Erklärung angehört hat, werde ich wieder freigelassen. Neben dem Kommissariat ist ein zweistöckiges Haus völlig zerstört. Bei der Porte de Versailles brennt ein Haus. Krieg...

Den Abendzeitungen ist zu entnehmen, daß sie überall ein wenig bombardiert haben und es in Paris die ersten Opfer gegeben hat.

4. 6. 1940

Sie haben 1084 Bomben abgeworfen, 900 Opfer, darunter 250 Tote. Für den Anfang reicht das.

Die französische und englische Marine haben wahre Wunder der Wendigkeit vollbracht. Sie haben die ganze Flandernarmee aus Dunkerque hinausgeschafft – rund 330000 Soldaten. Während die Deutschen gleichzeitig pausenlos von allen Seiten angriffen. Nur die Menschen wurden gerettet. Die gesamte Ausrüstung von zwanzig Divisionen ist im Sand liegen geblieben. Es ist wohl eine der heldenhaftesten Niederlagen. Sie machen uns Polen langsam Konkurrenz.

Sonst ist alles beim alten. Das Wetter wunderbar, geradezu heiß. Die Küche für die Flüchtlinge in Lamandé, wo Basia arbeitet, wird wahrscheinlich in diesen Tagen einpacken. Was mit mir geschehen soll, weiß ich nicht.

5. 6. 1940

Seit dem 10. Mai halten die Deutschen ständig das hohe C. Sie singen es in einem Atemzug. Gestern erst haben sie die Flandernarmee erledigt, heute um vier Uhr morgens haben sie eine Offensive auf der gesamten Linie vom Meer bis nach Soissons eröffnet. Man weiß noch nicht, ob und wo sie vorgerückt sind, aber ich würde mich nicht wundern, wenn sie morgen in Compiègne wären und in fünf Tagen in Paris.

Höllische Hitze. In unserer Mansarde ist es wie in einem Backofen. Nach dem Abendessen gehen wir über die Boulevards zum „Cardinal“, um wenigstens kurze Zeit in weniger stickiger Luft zu sitzen. Ich trinke Rum, dazu Sodawasser mit Eis. Auf den Boulevards ist es leer und finster. Ich schaue Basia an, lache und sage: „Nun, du hast es ja vorhergesagt.“

Tatsächlich, ich weiß nicht wie, aber schon vor einem Jahr, noch bevor der Krieg ausbrach, hat sie es gewußt und stets auf meine bewundernden Worte über Frankreich gesagt, dieses Land würde, wenn die Deutschen dagegen losschlügen, zerfallen wie ein Staubpilz. Ich wollte es nicht glauben. Ich bin mit dem Mythos von Frankreich groß geworden. Und jetzt? Es bricht zusammen – und dabei bricht es irgendwie leise zusammen, reißt wie eine Heftnaht, im Grunde ganz lautlos.

6. 6. 1940

Hitze. Das Wetter ist so schön, daß es einem direkt leid tut, zur selben Zeit an diesen ganzen Kram denken zu müssen. Eine Schlacht an der Somme und Aisne. Die Deutschen haben nochmal 2000 Panzer aufgeboten. Die Franzosen ziehen sich an die Küste zurück.

7. 6. 1940

Die Deutschen rücken ständig vor, vor allem auf dem linken Flügel. Sie drücken gegen Bresle. Das ist eigentlich schon Leichenschändung. In der Fabrik wird noch nicht über eine Evakuierung gesprochen, aber die gute Stimmung kann nicht mehr lange anhalten.

In Paris herrscht Ruhe, äußerlich ist keine Nervosität zu erkennen. Nur manchmal fahren Autos durch die Straßen, bis oben hin beladen mit Koffern, mit Bettzeug auf dem Dach. Die Menschen nutzen jede Gelegenheit, um wegzufahren. Ich spüre förmlich das Tempo der Ereignisse – es ist so rasant, daß es irreal erscheint. Ich arbeite normal, trinke in den Bistros kaltes Bier, lese die Zeitungen, und ich kann es kaum glauben, daß die Deutschen nur noch 120 Kilometer vor Paris stehen. Jetzt warte ich bloß, was weiter geschehen wird, und schaue zu. Interessant ist das Ganze ja – kein Zweifel.

9. 6. 1940

Sonntag. Ein Tag wie jeder andere. Die Menschen haben begonnen wegzufahren, aber weiterhin heimlich, auf eigene Faust. Es wird nicht über eine Evakuierung gesprochen.

Es herrscht entsetzliche Hitze. Nach dem Mittagessen spazieren wir nach Bagatelle. Die Sonne scheint, und Tausende Rosen blühen. Aus weiter Entfernung ist ein Grollen zu hören. Vielleicht Artillerie, vielleicht Bomben. Ich bleibe bei einem der Büsche stehen und lausche auf das entfernte Echo. Da ertönt ein Krachen, lauter als die übrigen, und eine erblühte Rose sinkt lautlos zu Boden.

Ich habe das Gefühl, daß ich, neben diesem Rosenbusch, in diesem leeren, wunderschönen Garten, für immer von allem Abschied nehme: von diesem Frankreich, das wie ein Traum schien und nun wie ein Traum zerstoben ist; von meiner ganzen Jugend – vielleicht von der ganzen Epoche. In der heißen Luft duften die Rosen, und eine ferne Frauenstimme beruhigt ein weinendes Kind: *Ne pleure donc pas, voyons*[1] …

10. 6. 1940

Der Kordon ist geplatzt, wie Dymsza zu sagen pflegt. Plötzliche Evakuierung. Im Auto mit Jean. Das Arbeitsministerium hat heute nacht Paris verlassen. Und so ist es überall. Ich habe Anweisung bekommen, alle polnischen Arbeiter in Gruppen wegzuschicken; die erste fuhr um ein Uhr nachts ab.

Was sich auf den Bahnhöfen abspielt, ist unbeschreiblich. Paris ist auf einmal aufgewacht, sich auf einmal der Niederlage bewußt geworden – und drängt zu den Bahnhöfen. Nun ist es leer. Auf den Perrons schlafen überall Menschen, die auf die morgigen Züge warten. Ich gehe in die Kantine des Roten

[1]Nun weine nicht mehr…

Kreuzes, trinke ein Bier und rauche eine Zigarette. Dann gehe ich langsam wieder hinaus und steige im Dunkeln über die auf der Erde schlafenden Menschen. Sie schlafen sogar auf den Gehsteigen vor dem Bahnhof. Taxis sind nirgends zu bekommen. Die sind sicher schon alle weg. Ich gehe zu Fuß nach Hause. Ich schlendere gemächlich über den Boulevard Raspail. Ein Polizist kontrolliert meine Papiere und läßt mich weiter gehen. Ich spaziere langsam am Louvre vorbei und atme tief die frische Brise ein, die von den Tuilerien herüberweht. Der Himmel ist ganz schwarz. Bei der Oper überraschen mich Schüsse von Flakgeschützen. Ihr Echo rollt in der leeren, dunklen Nacht durch die toten Straßen und verstärkt noch das Gefühl der Leere. Es ist wie ein Grollen in einem bodenlos tiefen Brunnen – langgezogen, traurig, bedrohlich und hoffnungslos.

Über dem Lärm dieses ganzen Tages, über dem Plätschern der Menge, über der ganzen Stadt schwebt nicht so sehr ein Gefühl der Bedrohung als das totaler, absoluter Traurigkeit. Das ist das Ende.

Heute abend haben die Italiener den Krieg erklärt. Es ist gleich drei. Ich muß um fünf Uhr aufstehen.

11. 6. 1940

Ich stehe um fünf Uhr auf und fahre zur Gare Montparnasse. In der Metro herrscht Gedränge, eine Hölle. Alle fahren mit ihrer gesamten Habe zum Bahnhof – Koffer, Körbe, Bettzeug, Vogelkäfige. Man könnte meinen, die schmalen Metrowaggons bestünden aus Gummi, denn wenn ein Waggon voll ist, steigen immer noch Menschen zu, stellen immer noch Koffer hinein und finden immer noch Platz. Vor dem Bahnhof, um den ganzen Bahnhof herum ein Ring von Menschen, wie ein hundert Meter dicker Baumkuchen. Koffer, Truhen, Matratzen, Wagen, Fahrräder, Vogelkäfige – alles, was den Besitz dieser Ärmsten ausmacht und was sie als ihre Pflicht ansehen mitzuschleppen. Um das alles wegzubringen, bräuchte man Züge aus einem Land von Riesen.

Wie durch ein Wunder gelingt es mir, einen Teil meiner Gruppe einzufangen und, wie durch ein zweites Wunder, sie über einen Nebeneingang auf den Perron zu führen. Noch nie in meinem Leben habe ich so viel und so gut französisch gesprochen. Ich lotse sie durch einen Kordon von Polizisten und einen zweiten von Eisenbahnern, treibe den Bahnhofsvorstand auf und verfrachte sie mit seiner Hilfe in einen Waggon, der noch leer auf einem Nebengleis steht. Dann gehe ich wieder vor den Bahnhof, um die Bummler aufzulesen, die sich in diesem höllischen Trubel verlaufen haben. Auf dem Perron gab eine alte Frau ihren Geist auf – sie legen sie auf einen Gepäckwagen und breiten ein Taschentuch über ihr Gesicht. Über ganz Paris hängt ein schwarzer Nebel. Angeblich haben die Deutschen, die westlich von Paris die Seine überschritten, diesen künstlichen Nebel erzeugt. Heute kam er über die Stadt geweht und hüllte sie ein. Die Deutschen marschieren immer weiter vorwärts und schließen Paris ein.

Ich eile vor den Bahnhof, fische unsere Leute aus der Menge und versammle sie vor einem Nebeneingang. Wir haben alle schwarze Gesichter von diesem Nebel, eine Art Ruß, der sich langsam setzt. Gegen neun Uhr morgens habe ich alle beisammen und im Waggon verstaut. Sie sind glänzender Laune und bieten mir Cognac an. Ich trinke fast eine halbe Flasche, ohne etwas zu spüren. Vielleicht ist das die Erschöpfung. Der Zug fährt schließlich ab.

Es erscheinen schon keine Zeitungen mehr, und es verkehren keine Autobusse mehr nach Châtillon. Ich marschiere zu Fuß zur Fabrik. Von der Porte d'Orléans in Richtung Châtillon, das heißt nach Süden, zieht sich eine einzige Kolonne von Autos, alle vollgestopft mit Gepäck und Menschen. Ein unglaublicher Anblick. In einer Minute zähle ich 26 Wagen, die an der Stelle, an der ich stehe, vorbeirollen. Diese Schlange ist seit gestern abend nicht abgerissen. In der Fabrik herrscht reger Betrieb, auch die Franzosen haben bereits die Arbeit eingestellt und machen sich eiligst an die Abfahrt. Bei uns im polnischen Büro sammelt sich die dritte Gruppe für die Abreise am selben Abend. Ich verabschiede mich von den Franzosen und gehe nach Hause, um zu packen.

Die Hitze ist wieder unerträglich. Ich bin so erschöpft, daß ich gar nicht ans Einpacken denken kann, oder gar daran, ein drittes Mal durch die Hölle am Bahnhof zu gehen. Basia hat gestern morgen ihre Küche in Lamandé aufgelöst und zu pakken begonnen. Wir gehen in ein Restaurant Mittag essen. Nach dem Essen packen wir weiter. Wir wissen nicht, was wir in so einem Fall mitnehmen sollen. Wir haben vier Koffer vollgestopft, schwer wie Mühlsteine. Das Ehepaar P. wollte gestern fahren, schaffte es jedoch nicht mehr bis zum Bahnhof. Sie beschlossen zu bleiben. Basia und ich erwägen diese Möglichkeit schon seit zwei Tagen. Gegen fünf Uhr beginne ich damit, die Koffer nach unten zu schleppen. Ich bin schon so geschwächt und ausgelaugt, daß ich sie kaum hochheben kann, obwohl ich gewöhnlich kein Problem damit habe, schwere Dinge zu tragen. Auf der Treppe begegnen wir Frau P. Sie sagt, alle hätten sie im Stich gelassen, nun müsse sie sich auch noch von uns verabschieden. Dann erklärt sie, unser ganzes Wegfahren sei sinnlos, Frankreich habe so oder so verloren, das sei das Ende. Wir stehen mit den vier Koffern (unser ganzes Leben, Basia und meines, scheint eigentlich bloß aus Koffern zu bestehen) im Treppenhaus und sind den Tränen nahe. Ich schaue auf die Koffer und spüre, wie Wut in mir hochsteigt. Ich rühre mich nicht von der Stelle. Soll kommen, was will, ich habe die Nase gestrichen voll. Ich stelle sie in die Wohnung des Hausmeisters (der Concierge ist wieder einmal abgehauen) und fertig. Ich beschließe, nur zum Bahnhof zu fahren, die dritte Gruppe zu verladen, meine Pflicht bis zum Ende zu erfüllen, dann nach Hause zurückzukehren und mich schlafen zu legen.

Am Bahnhof wartet schon die dritte Gruppe. Augenblicklich wird mir klar, daß keine Züge mehr fahren. Mit dem Ingenieur, der die Gruppe leiten soll, gehe ich zum Bahnhofsvorstand. Keine Hoffnung auf einen Zug – vielleicht morgen früh, aber auch das ist nicht sicher. Was tun? Vom Polizeikommissariat aus rufe ich in Châtillon an. Direktor C. sagt, ich solle die Leute wieder zurückschicken, sie sollen bis morgen warten. Eine Stunde später kommt ein Lastwagen und bringt sie zur Fabrik zurück. Ich gehe nach Hause. Mir ist schon alles egal. Ich beschließe, am nächsten Tag noch einmal kurz in der Fabrik vorbeizuschauen, um zu sehen, was sich dort tut. Vor allem aber möchte ich schlafen.

12. 6. 1940

Am Morgen fahre ich mit der Metro zur Porte d'Orléans, von wo ich zu Fuß zur Fabrik laufe. Die letzten Kisten werden gepackt. Die Direktion hat Franzosen und Polen angewiesen, zu Fuß in Richtung Nemours aufzubrechen. Auf einem der Lastwagen, den wir wie durch ein Wunder den Franzosen abluchsen können, fährt das Gepäck der Polen, die Frauen und ihre Kinder – in solchen Situationen das schlimmste Gepäck.

Es gibt nichts mehr zu tun, und ich mache mich wieder auf den Heimweg. Unterwegs kaufe ich eine Zeitung, eine Art Bulletin auf einem einzigen Blatt. Die Deutschen haben die Seine überschritten, alle Männer im wehrfähigen Alter sollen Paris verlassen. Ich lese das, und in mir regt sich Widerstand. Nein – ich gehe nicht fort. Gleich darauf kommen mir Bedenken. In Paris zu bleiben, bedeutet eigentlich Fahnenflucht. Vielleicht ist noch nicht alles verloren. Ich muß mich von Basia trennen, denn wenn ich Paris verlasse, weil ich kein Deserteur sein will, dann nur, um noch einmal irgendwo und irgendwann zu kämpfen. Aber warum soll man dann mit der Frau fahren? Zum Militär geht man nicht mit seiner Frau. Ich winde mich innerlich, verabscheue mich selbst wegen meiner Feigheit: weil sie mich einen „Deserteur" nennen könnten. Na und? Nein, das geht einfach nicht, ich muß fort.

Meine Gedanken arbeiten immer klarer, und erfüllt von Ekel, Schmerz und dem Wunsch, mich zu übergeben angesichts dieses ständigen „das gehört sich" und all diesen „Pflichten gegenüber dem Vaterland", entschließe ich mich, das Schlimmste zu tun. Mit einemmal bin ich ganz ruhig, wie nach der Einnahme einer gräßlichen Medizin. Ich komme nach Hause, steige langsam in den sechsten Stock hinauf, öffne die Tür, küsse Basia und sage ihr, daß wir uns trennen müssen.

Wir schauen einander in die Augen und sagen nichts. Ich glaube, daß sie diese Notwendigkeit besser versteht als ich.

Sie schweigt. Und dann sagt sie: „Wir werden uns wohl nie wieder sehen.“ Warum hast du das gesagt? Diese Worte bleiben mir irgendwo unterm Herzen stecken und schmerzen mich seit dem Moment der Trennung von dir. Nein – wir werden uns wiedersehen – ich glaube felsenfest daran, und auch du mußt daran glauben. Wir lieben einander viel zu sehr, als daß unser Leben so zerrinnen könnte. Wir haben doch noch nichts von diesem Leben bekommen – bis jetzt hat es uns nur Koffer gegeben, zu schwer, um sie tragen zu können, und ungezählte Abschiedsküsse. Das alles hat sich wie ein Schatten selbst über unsere glücklichen Momente gelegt. Aber wir werden es überwinden und uns dann wiederfinden. Ich glaube daran. „Glaube auch du“ – das sind die einzigen Worte, die ich in dieser einen Stunde dauernd wiederhole. Basia hilft mir, die wichtigsten Dinge in eine Decke zu packen. Ich wickle die Decke zusammen und fertige Träger aus Riemen. Auf diese Weise entsteht so etwas wie ein Rucksack. Wir gehen zur Metro. Bevor es zur Station hinuntergeht, küsse ich sie. Wir sind beide den Tränen nahe. „Ich komme zurück“, stoße ich hervor, und dann ziehe ich mich bereits in mich selbst zurück. Ich stehe am Perron und sage mir halblaut Worte vor, die polnische Matronen und Stabsoffiziere auf der Stelle in Ohnmacht fallen ließen. Ich denke sofort ans Militär, woran soll man in einer solchen Situation denn auch sonst denken? Und schon bei dem Gedanken daran wird mir schwarz vor den Augen. Ich habe unser Heer immer so sehr geliebt, daß sie mich gleich bei der Musterung in den Arrest steckten! Ich habe sie nur allzu gut kennengelernt. Von Kindheit an.

Als ich zur Fabrik komme, sind die Polen schon zu Fuß aufgebrochen. In unserem Büro treffe ich Robert, einen Kollegen. Wir sind uns einig, daß es sich nicht lohnt, zu Fuß zu laufen. Im Hof stehen noch genug Lastwagen, und wir beschließen, uns an einen heranzumachen. Doch zunächst bleiben wir im Büro sitzen und überdenken die Ereignisse im Licht der letzten beiden Tage. Unsere polnischen Vorgesetzten, die schon ihre Erfahrungen in Polen gemacht haben, wiederholten hier dasselbe noch einmal: Sie haben alles und alle im Stich gelassen und sich auf eigene Faust davongemacht. Wir kaufen reichlich Lebensmittel ein und verstauen sie in den Taschen der Gasmasken, die man uns vor ein paar Tagen gegeben hat. Die Masken lassen wir auf dem Tisch liegen. Dann bringen wir heimlich unser Gepäck zu einem der Lastwagen und kriechen unter die Plane, wo wir uns zwischen Stößen von Reifen, zwei Motorrädern und Akkumulatoren einrichten. Wir müssen uns verstecken, weil vor der Fabrik noch Frauen stehen, die man aus Platzmangel nicht mitgenommen hat; sie würden bei unserem Anblick zweifellos sofort Radau schlagen. So fahren wir, gut versteckt, hinaus und schnappen erst auf offener Landstraße wieder frische Luft.

Die Straße außerhalb von Paris bietet einen unwahrscheinlichen Anblick. Eine endlose Kette von Autos, die in zwei, manchmal sogar drei Reihen dahinrollen. Alle voll beladen mit Bettzeug, Betten, Koffern, Kisten, Schachteln, Käfigen mit allen möglichen Arten von Vögeln darin. Das alles schiebt sich Schritt um Schritt vorwärts, wenn nämlich ein kleiner Hund aus einem Auto davonläuft, dann bleibt der Besitzer des Autos stehen, um den Hund wieder einzufangen, und alles kommt zum Stillstand. Hat ein Wagen eine Panne – und viele dieser klapprigen Kisten gehen unterwegs kaputt, weil das ständige Fahren im ersten Gang die Motoren überhitzt –, dann bleiben alle stehen. Am Straßenrand drängen sich Radfahrer und Fußgänger vorwärts, alle bepackt mit Bündeln und Koffern. Was immer Räder besitzt, findet Verwendung. Hier schiebt eine alte Frau einen Schubkarren, beladen mit irgendwelchem Kram, dort rollt ein dreirädriges Fahrrad mit einer Kiste vorne drauf dahin. Auf der Kiste sitzt eine alte Frau, die einen großen Hund auf dem Schoß hält, und der Mann tritt mit großer Mühe in die Pedale. So zieht sich das viele Kilometer dahin, soweit das Auge reicht. Ich beobachte das alles auf meinem Lastwagen sitzend und überlege, warum diese Armen und die alten Leute fliehen. Ganz sicher weiß keiner von ihnen, wohin die Flucht geht. Sie gehen ohne Ziel, nur vorwärts, weil andere auch gehen. Benebelt, betäubt vom Gift der Flucht. Gleichzeitig spielt sich das alles irgendwie außerhalb von mir ab. Das einzige

Gefühl in mir ist jetzt Neugierde, intensive und dichte Neugierde, die sich im Mund sammelt wie Speichel. Schauen, schauen, in mich einsaugen, mich erinnern. Zum ersten Mal im Leben schreibe ich, notiere ich. Und nur das erfüllt mich. Und außerdem befriedigt mich diese wunderbare Freiheit, dieses Chaos, in dem man sich zurechtfinden muß.

Der Himmel bewölkt sich, und ein leichter Sommerregen beginnt zu nieseln. Wir kriechen unter die Plane. Von Paris nach Nemours sind es ungefähr 84 Kilometer. Von halb sechs Uhr nachmittags bis zum Einbruch der Dunkelheit, das heißt um halb zehn, legen wir höchstens 15 bis 20 Kilometer zurück. Ich werde schläfrig, lege mich auf die Reifen, rolle mich zusammen und schlafe genüßlich ein. Von der Straße her sind unablässig Motorengebrumm, Schreie, Rufe und Lärmen zu hören.

13. 6. 1940

Eigentlich schlief ich gar nicht. Ich döste. In der Nacht schüttete es, und ich mußte ein paarmal aufstehen, um die schlecht gespannte Plane anzuheben und das Wasser abfließen zu lassen. In allen Vertiefungen bildeten sich immer wieder kleine Seen, aber sie war zum Glück dicht. Gegen Morgen wurde es kalt. In der Nacht standen wir ein paar Stunden, vor irgendeiner Kleinstadt zum Stillstand gebracht. Im Morgengrauen fahren wir im Tempo eines Begräbniszuges weiter. Sie leiten uns auf Nebenstraßen um. Der Tag ist schön und warm. Von den Feldern der Geruch von dampfendem Getreide und von Blumen. So weit das Auge reicht, sieht man Wagenkolonnen. Nun warten wir nur noch darauf, daß die Deutschen angeflogen kommen und Hackfleisch daraus machen. Aber sie kommen nicht. Auf der Straße Teile von Kolonnen von Militärfahrzeugen, die sich in totaler Auflösung zurückziehen. Sie gruppieren sich für die weitere Flucht.

Mittags bleiben wir stehen, um etwas zu essen, dann weiter. Es ist schon Abend, als wir Nemours erreichen. 84 Kilometer in sechsundzwanzig Stunden. Durch Nemours rollen Kolonnen von Militäreinheiten, die sich auf dem Rückzug befinden – keiner hält an. In der Dämmerung trifft die erste Gruppe Polen ein, die gestern früh zu Fuß losmarschiert ist. Die Wagen der Fabrik machen in Nemours nicht halt, sondern fahren weiter bis zur nächsten Etappe, nach Sully-sur-Loire. Der einzige Wagen, der diese erschöpften Leute mit wunden Füßen aufsammeln kann, ist der Lastwagen, auf dem R. und ich sitzen. Außerdem müssen wir auf diejenigen warten, die noch nicht da sind und erst am nächsten Morgen eintreffen sollen. Ich spüre, daß die Franzosen die Absicht haben, unsere Leute zum Weitermarschieren zu zwingen, vor allem da die Franzosen selber in Panik sind und darauf bestehen, Nemours noch am selben Abend zu verlassen. Ich nehme unseren Fahrer zur Seite und sage ihm, er solle so tun, als sei mit seinem Wagen etwas nicht in Ordnung, er selber solle sich schlafen legen. Das läßt er sich nicht zweimal sagen. Er kann sich kaum mehr auf den Beinen halten. Dann überzeuge ich den Direktor, daß wir es nicht eilig haben und auch die anderen sich ruhig schlafen legen können. Es gelingt mir, sie zu überreden. Schließlich mache ich mich auf die Suche nach einem Nachtlager für mich selbst. Am Fluß, der mitten durch die Stadt fließt, liegt eine Barke der protestantischen Mission, die als Notquartier dient. Ich suche den Pfarrer auf. Er ist freundlich und sieht aus wie Schubert. Er sagt mir, in der Barke sei kein Platz, sie sei voller Frauen mit Kindern und Schwangeren kurz vor der Entbindung. Er stellt sich als Schweizer vor. „Wozu das Ganze, warum?“ seufzt er und schaut in den Himmel. „Damit es weniger langweilig ist“, antworte ich. Er blickt mich erschrocken an. Ich frage ihn nach den letzten politischen Neuigkeiten. Heute Abend hat sich Reynaud direkt an Roosevelt um Hilfe gewandt. Die französische Regierung wartet jetzt auf eine Antwort Amerikas. Sollen sie warten.

Die Nacht bricht herein. Der Pastor findet eine Scheune, und unsere Leute gehen dorthin zum Schlafen. Ich ziehe los, um noch Lebensmittel einzukaufen, vor allem Brot, das überall schwer zu bekommen ist. Ich bin dreckig, und meine Haare sind verkrustet, weil ich keine Kopfbedeckung mitgenommen habe. Ich kaufe eine Baskenmütze. Mit Robert vereinbare ich, daß ich im Wagen schlafe, weil wir den bewachen müssen, sonst könnten sie sich heimlich damit in der Nacht davonmachen. Ich lege mich auf den Fahrersitz. Der Fluß rauscht und gluckst im Dunkeln, aus der Ferne dringt der monotone Lärm der Motoren der sich zurückziehenden Einheiten herüber. Ich starre gegen die dunkle Scheibe und bete, wie jeden Abend.

14. 6. 1940

Ich stehe um sechs Uhr auf. Nach einer Weile kommt Robert, und wir gehen zum Fluß. Wir ziehen uns aus und steigen ins Wasser. Die Luft ist kühl, noch getränkt von der Kälte des Morgengrauens, und ich klappere mit den Zähnen. Doch das Wasser ist von der dreiwöchigen Hitzeperiode erwärmt, angenehm lau. Eine Wonne. Ich rasiere mich sogar. Dann halte ich nach heißem Kaffee Ausschau. Davon kann man höchstens träumen – die Bistros sind völlig blank gefegt, nichts, Leere. Es gibt nur Weißwein, daran herrscht kein Mangel. Die französische Direktion versammelt sich vollzählig und treibt uns zur Eile an. Zum Glück hat sich der Chauffeur irgendwohin verflüchtigt. Inzwischen treffen alle paar Minuten neue Gruppen polnischer Arbeiter ein, die von Paris zu Fuß gelaufen sind. Ich packe sie auf „unseren" Lastwagen. Dann kommen auch die Franzosen an, und das mit Ehefrauen und Kindern. Sie sind ebenfalls zu Fuß gelaufen. Die Situation wird kritisch, weil sie unseren Leuten befehlen, den Lastwagen zu räumen, um ihre Frauen und Kinder darauf unterzubringen. Unsere lehnen sich auf, und es droht, eine Schlägerei auszubrechen. Die Franzosen sind im Recht. Unsere Leute geben schließlich nach. Plötzlich kommt ein großer Lastwagen der Fabrik. Er ist von Sully-sur-Loire zurückgekommen, um Nachzügler einzusammeln. Erleichterung. Auf den werden wir nun verladen. Um zwei Uhr nachmittags verlassen wir Nemours.

Diesmal fahren wir schneller. Die Straßen sind schon freier, und es herrscht mehr Ordnung. Das Militär dirigiert den Verkehr. Wieder fahren wir zwischen langen Kolonnen von Militärfahrzeugen dahin, unter die sich die Autos der zivilen Flüchtlinge mischen. Das Militär befindet sich nicht etwa auf dem Rückzug – es ist ebenfalls auf der Flucht. Ohne jede Disziplin ziehen die Soldaten wie ein Landsturm dahin. Nur die Wagen mit dem Essen fahren geordnet, und zur Mittagszeit stellt sich die ganze Bande, verlockt durch die Aussicht auf Konserven, Brot und Suppe, diszipliniert an. Gegen Abend erreichen wir die Brücke über die Loire. Der Fluß ist fast ausgetrocknet, und ich kann mir nicht vorstellen, daß dieses Rinnsal eine Linie für irgendeinen Widerstand darstellen könnte. Sully ist mit Flüchtlingen verstopft. Ich muß meine zwei Brotlaibe verstecken, weil sie diese sonst mit ihren Blicken verschlungen hätten.

In Sully hat sich schon die ganze Fabrik versammelt. Am nächsten Morgen sollen die Leute nach Bourges und Moulins fahren. Für uns gibt es keinerlei Anweisungen. Ich gehe zum Bahnhof, um mich nach Zügen zu erkundigen. Sie sagen mir, daß am nächsten Tag vielleicht ein Zug nach Bourges abfahren soll. Das interessiert mich schon nicht mehr, mit diesem Problem soll sich H. als Leiter der Gruppe herumschlagen. Ich erstelle noch eine Liste unserer Leute – es sind fast alle eingetroffen – und gehe dann zum Abendessen. Gemeinsam mit Robert trinke ich eine Flasche Cognac zum Essen, dann quartieren wir uns auf dem Dachboden eines Hauses ein. Gegen Abend verbreitet sich die Nachricht, daß die Franzosen, falls die Amerikaner nicht in den Krieg eintreten, um Waffenstillstand bitten werden. Das erscheint mir sehr wahrscheinlich, obwohl mir die Franzosen versichern, daß an der Loire Widerstand geleistet werden soll. Ich würde sie gerne fragen, womit? Mit diesem Heer, das ich ringsum sehe? Das ist schon kein Heer mehr!

15. 6. 1940

Am Morgen schlafen wir lange. Als wir zum Sammelpunkt kommen, stellt sich heraus, daß die meisten unserer Leute bereits mit dem Zug nach Bourges abgefahren sind. Die übrigen steigen auf den Lastwagen. Robert und ich haben schon genug von diesem Gedränge. Wir holen zwei Fahrräder vom Wagen und beschließen, bis Bourges mit dem Rad zu fahren. Das Auto mit unseren Landsleuten fährt ab, und wir zelebrieren gemächlich unser Frühstück. Schluß mit dem Lärm, mit der Hast und der Nervosität der Männer, aufgeregten Frauen und plärrenden Kinder. Gegen elf Uhr brechen wir auf.

Die Straße nach Bourges ist anfangs verstopft, doch mit dem Rad findet man immer einen Weg zwischen den Autos hindurch. Nach halbstündiger Fahrt durch dieses Chaos erreichen wir die freie Chaussee. Die Straße ist ausgezeichnet. Als wir gegen zwei Uhr zum Essen haltmachen, haben wir rund vierzig Kilometer zurückgelegt. Dann geht es weiter. Die Fahrt ist herrlich. Sanfte Anstiege und dann lange Fahrten bergab. Fünfzehn Kilometer vor Bourges werden wir angewiesen, auf einen Seitenweg auszuweichen. Wir müssen einen Umweg von etwa fünf Kilometern machen. Wir sind doch ziemlich erschöpft. Gegen sechs Uhr erreichen wir die Vorstadt. Robert ist so ausgepumpt, daß er bei ganz langsamer Fahrt stürzt, mit der Nase über den Asphalt schrammt und einen regelrechten Blutsturz erleidet. Das Blut fließt ihm in den Rachen und sickert durch alle Öffnungen nach draußen. Ein paar Jungen bringen Wasser, und zwei Herren erteilen uns Ratschläge. Als sie hören, daß wir polnisch sprechen, reden auch sie polnisch. Juden, Flüchtlinge aus Antwerpen. Sofort entdecken wir gemeinsame Bekannte, weil der Onkel des einen in Krakau eine Pelzhandlung hatte. „Wissen Sie, er hat dort Rauchwaren auf der Wislna gehabt – wenn Sie vom Ringplatz gekommen sind, auf der rechten Seite…“ Robert hat inzwischen aufgehört zu bluten, und nach einer Weile fahren wir in die Stadt hinein. Wir finden unsere Leute vollzählig am Bahnhof versammelt. Die Franzosen befehlen uns, den Lastwagen herauszurücken, und sagen, von hier aus müßten wir mit dem Zug bis Quimperlé weiterfahren. Dort würde man uns nach England verschiffen. Ja, ja – dort wird eigens ein Kreuzer warten, und auf diesem Kreuzer wird man uns mit Blumen empfangen. Ich gehe zum Militärkommissar. Er ist zuvorkommend, sagt mir jedoch ganz offen, daß keine Züge mehr nach Westen gehen. Man muß sich weiter nach Süden halten und von dort vielleicht in Richtung Bretagne. Über Peking nach Otwock.

Die Dämmerung bricht schon herein, als ich eine Zeitung kaufe. Die Deutschen sind bereits in Paris. Sie schreiben das nicht wörtlich, aber man kann es zwischen den Zeilen lesen. Ich setze mich mit Robert an einen Tisch vor einem geschlossenen Bistro, wo wir unsere Vorräte auspacken und zu Abend essen. Robert ist ein wunderbarer Gefährte: ruhig, pedantisch, er weiß, was er will, und kann, so wie ich, Gedränge nicht ausstehen. Er ist mir sehr ans Herz gewachsen. Wir kehren zum Bahnhof zurück, und dort stellt sich heraus, daß das eine Fahrrad keinem der Polen gehört. Ein Franzose lädt es auf den Lastwagen, und weg ist es. Wir haben also nur noch „unser Fahrrad". Nun müssen wir ein zweites Rad auftreiben, weil ich mich an diesem einen Tag von den Vorzügen dieses Fortbewegungsmittels überzeugt habe.

Erst in der Nacht gehen wir in die Stadt, um ein Quartier zu suchen. Der Mond steht hell am wolkenlosen Himmel. Alles ist voll. Wir dösen die ganze Nacht auf dem Beton des Perrons vor uns hin.

16. 6. 1940

Nach der Betonnacht stehen wir schon um fünf Uhr morgens auf. H., der bisher die Gruppe angeführt hat, ließ sich in Bourges gar nicht mehr blicken. Gegen neun Uhr früh setzen wir zum Sturm auf einen Güterzug an. Die Waggons sind schon voller Frauen und Kinder. Robert und ich finden noch zwei Plätze direkt neben der Tür. Wir sitzen und lassen die Beine ins Freie baumeln. Das Gedränge im Wagen wurde dadurch verursacht, daß alle ihr Gepäck unsagbar dumm abstellten. Wir wollen Ordnung schaffen, doch davon kann keine Rede sein. Das Volk aus der Pariser Vorstadt zeigt sich uneinsichtig. Ein gelähmter Alter im Rollstuhl droht Robert mit dem Stock. Keiner ist bereit, dem anderen zu helfen. Als ich einer Frau eine Flasche Wasser bringe, reißt sie mir diese aus der Hand und starrt mich an, als wäre ich ihr Feind. Der Zug setzt sich in Bewegung, wir fahren nach Montluçon. Gleich hinter Bourges bleiben wir stehen. Ein deutsches Flugzeug kommt heran, feuert jedoch nicht. Wir fahren weiter. Der Tag ist drückend heiß. Im Wagen herrscht Gestank. Der Alte wird immer ungeduldiger. Als er sieht, daß die Menschen bei den Stationen aussteigen und sich auf die Wiese legen, will er unbedingt auch aussteigen, *prendre un peu d'air*[1]. Dann bekommt er einen Tobsuchtsanfall, flucht und schlägt auf alle ringsum mit dem Stock ein. Die Tochter bricht in Tränen aus und schreit, er habe den Verstand verloren, und es gibt ein Getümmel. Sie erzählt dem ganzen Waggon, was sie alles für ihren Vater getan hat, und der Alte schimpft, die „Boches" seien schon da, Frankreich sei nicht mehr Frankreich, sondern einfach Scheiße – mit einem Wort, er ist ganz vernünftig und überhaupt nicht verrückt. „*Vivent les fous*"[2], sage ich zu Robert.

Der Himmel bewölkt sich, und es beginnt zu regnen. Wir trinken abscheulichen, dumpfigen Weißwein, weil wir in Bourges keinen anderen bekommen konnten. Die Zunge klebt mir am Gaumen, ich habe Sodbrennen und kann mich kaum noch auf den Beinen halten. Gegen Abend erreichen wir Montluçon. Wir nehmen unsere Sachen und brechen in die Stadt auf, obwohl die Mehrheit der Meinung ist, wir würden weiter fahren. Doch das fällt mir nicht einmal im Traum ein. In der Stadt gelingt es uns endlich, ein normales Abendessen aufzutreiben, mit Suppe und Fleisch. Dann suchen wir ein Nachtquartier. Leute tragen Strohbündel in ein Kino. Wir gehen hinein – Luxus. Weiche Sessel, jede Menge Platz, man kann sich mit Stroh versorgen. Ich verstehe nur nicht, warum sie keinen Film zeigen können. Es wäre herrlich, auf einem Strohballen zu liegen und Marlene zu sehen. Wir machen uns unverzüglich auf den Weg zum Bahnhof, um unsere Sachen zu holen. Dort stellt sich heraus, daß ein Teil unserer Gruppe schon mit einem Zug abgefahren ist, während sich der zweite Teil, der keine Plätze mehr bekommen hat, für einen anderen Zug rüstet, der noch nicht eingetroffen ist. Ich werfe Robert einen Blick zu, klopfe mit dem Finger gegen die Stirn, dann nehmen wir unser Fahrrad und das Gepäck und bringen alles zum Kino. Wir legen unsere Sachen dort ab, lassen sie unter der Aufsicht eines auf

[1] etwas frische Luft schnappen
[2] Die Verrückten sollen leben.

einem Strohbündel dösenden Flüchtlings zurück und gehen in die Stadt.

Die Stadt ist voller Soldaten und Flüchtlinge. Sie sitzen in den Bistros, trinken Wein und Kaffee und diskutieren. Am Abend sorgt die Zeitung für einige Aufregung, weil es in der französischen Regierung, die nach Bordeaux evakuiert wurde, Veränderungen gegeben hat. Reynaud hat seinen Rücktritt eingereicht, seinen Platz nimmt Pétain ein, Vizepremier wurde Weygand – fast vollständig eine Militärregierung. Auf allen Gesichtern zeichnet sich die Sorge ab, das könnte möglicherweise bedeuten, daß sie eine Verteidigung bis zum letzten Mann planen. Doch in der Zwischenzeit haben die Deutschen bereits an einigen Stellen die Loire überschritten. Das ist schon das Ende.

Aus Neugierde gehen wir zum Bahnhof. Auch die zweite Gruppe ist abgefahren. Doch kurze Zeit später tauchen zwei Arbeiter auf. Tadzio nimmt mich zur Seite und erklärt mir offen, er habe sich absichtlich verspätet, weil er es nicht länger ertragen konnte. Wir führen sie zum Kino, und dann gehen wir noch einmal weg. Ich weiß nicht, was mir in den Sinn gekommen ist, aber als ich zwei ordentlich gekleidete Frauen sehe, gehe ich auf sie zu und frage, ob sie nicht wüßten, wo wir hier übernachten könnten. Eine von ihnen sagt sofort, bei ihr. Robert stößt mich an, doch ich will keinen Rückzieher mehr machen. Wir folgen ihr. Durch ein enges Gäßchen führt sie uns in einen Gang, dann in einen Hof und schließlich in einen Wagenschuppen. Auf dem Boden Stroh, ein alter Teppich, sie bringt uns eine Decke und einen Eimer Wasser zum Waschen. Das ist das Wichtigste. Wir gehen zum Kino zurück, holen einen Teil unserer Sachen und legen uns schlafen.

17. 6. 1940

Wir stehen um neun Uhr auf. *Madame* kocht heißen Kaffee und gestattet uns, das Frühstück in der Küche einzunehmen. Von Beruf ist sie Schneiderin. Sie hat einen Laden mit Damenbekleidung, ihr Mann ein Geschäft mit Radios, er ist zur Zeit an der Front. Beide Läden sind geschlossen. Gerade heute hat er angerufen, er sei gesund und es gehe ihm gut, er sei mit seiner Truppe in der Nähe von Montluçon auf dem Rückzug. Sie sagt, das alles sei schrecklich, gewiß würde Frankreich in den nächsten Tagen um Waffenstillstand bitten, doch was solle man machen – das Wichtigste sei doch, daß ihr Mann zurückkehre. Und daß sie wieder zusammen seien. Sicher hat sie recht.

Am Bahnhof erfahren wir, daß schon keine Züge mehr fahren. Es ist Mittag. Vor einem Bistro ein Menschenauflauf, aus dem Inneren ertönt ein Radio. Die Marseillaise. Wir gehen hin. Ich erkundige mich, was geschehen ist. Ich sehe die verweinten Gesichter der Frauen und die düsteren der Männer. Schließlich sagt mir ein Arbeiter in gleichgültigem Ton: „Frankreich hat Hitler um Waffenstillstand gebeten." Die Marseillaise endet, und der zweite Teil wird noch einmal gespielt. Unwillkürlich wiederhole ich in Gedanken die Worte *formez vos bataillons – marchons, marchons*, wobei mir gleichzeitig die ganze Lächerlichkeit dieser Worte in der gegenwärtigen Situation bewußt wird. Frankreich bittet um Frieden. Ich würde am liebsten losheulen, doch ich lächle ironisch und flüstere statt *marchons – fuyons*[1]. Ich packe Robert am Ärmel und sage: „Sie haben um Frieden ersucht – das ist das Ende." Verweinte Frauen gehen an uns vorüber, und durch die Straßen jagen Autos, vollgepackt mit abgerissenen Militärs.

Wir beruhigen uns. Was tun? In diesem Augenblick kommt Tadzio auf uns zu, lächelnd und froh, daß er uns endlich gefunden hat. Ich habe Tadzio immer schon gern gehabt. Er ist von Beruf Chauffeur, in Warschau geboren, von wo er eine reiche Taxi- und Autobuserfahrung und eine herrliche Sprache mitgebracht hat. Tadzio steht jetzt da, schaut den fahrenden Autos nach, spuckt aus und sagt schließlich trocken: „Wir müssen unbedingt hier weg, dann werden wir weiter sehen." Wir überlegen, wie wir das anstellen könnten. Züge fahren keine mehr, zu Fuß zu laufen hat keinen Sinn. Tadzio dreht mühselig eine Zigarette, „Spirochäte" genannt, und erklärt schließlich, es sei das beste, Fahrräder zu kaufen.

[1] marschieren wir – fliehen wir

Ich entschließe mich im selben Moment. Nach langem Suchen finden wir einen Laden. Gebrauchte Räder gibt es keine mehr, nur neue. Tadzio kauft ein Halbrennrad für 630 Francs, ich ein hervorragendes Tourenrad für 715 Francs. Im Laden packt mich wilde, hilflose Wut. Warum geht dieses wunderbare Land vor die Hunde, in dem ein neues Fahrrad nur ein Drittel des monatlichen Durchschnittseinkommens eines Arbeiters kostet? Der Krieg ist für dieses Land das unwiderrufliche Ende. Dieses Frankreich wird wohl nie wiederkehren. Und vielleicht ist gerade dieses Gefühl, das Gefühl grenzenloser Trauer, das Schlimmste bei dem Ganzen. Robert packt unsere Sachen zusammen. Ich fürchte, daß die Fahrräder eher mit uns fahren werden und nicht wir mit ihnen.

18. 6. 1940

Wir stehen gegen sieben Uhr morgens auf. Der Himmel ist bewölkt, und Regen kündigt sich an. Die Deutschen haben Frankreich bereits erledigt und brauchen kein schönes Wetter mehr. Der polnische September und der französische Mai und Juni waren gleichermaßen sonnig und schön. *Hitlerwetter*. Das arme und mittellose Polen und das große und reiche Frankreich haben sich gleich lang zur Wehr gesetzt. Wir haben unsere Verteidigung als Skandal angesehen, doch im Vergleich dazu ist die französische Verteidigung geradezu kriminell. Wir wollten uns zur Wehr setzen, hatten aber nichts, womit wir es gekonnt hätten. Sie hatten die Mittel, wollten sich aber nicht zur Wehr setzen. Ich möchte gern wissen, ob sich Frankreich noch einmal von diesem Schlag erholen kann. Diese Gedanken beschäftigen mich seit gestern unablässig.

Es ist ein ziemliches Kunststück, aus Montluçon hinaus zu gelangen. Eine ganz schöne Strecke weit müssen wir die Räder schieben und uns durch eine dichte Masse von Autos, Geschützen, Zugmaschinen und Panzern kämpfen. Sie haben es ja, haben mehr als genug von diesem Eisenzeug. Weiter draußen ist mehr Platz, und man kann fahren. Es beginnt zu regnen. Um einen Lastwagen steht eine Gruppe Soldaten. Sie halten uns an und laden uns ein, mit ihnen Rum zu trinken. Sie haben ein paar Fässer von dem Zeug und bewirten alle damit, die des Weges kommen. Tadzio trinkt das halbe Glas, das sie ihm reichen, in einem Zug leer, spuckt aus und gibt es zurück, wobei er ein paar unerhörte Adjektive an die Adresse der Froschfresser hinzufügt. Wir fahren in Richtung Bordeaux. Gegen Abend geht es hinunter ins Creuse-Tal. Es wird kühl. Ich liege über den Lenker gebeugt und nehme die scharfen Kurven, indem ich mich mit dem ganzen Rad hineinlege. Diese Fahrt hat etwas Berauschendes an sich. In einem gewissen Moment fühle ich mit aller Deutlichkeit, daß mir alles gleichgültig ist. Jetzt, in dem Augenblick, da ich dies niederschreibe, spüre ich, daß da etwas in mir gerissen ist. Vielleicht ist das der Bruch mit der Vergangenheit. Endlich. Ich bin frei in diesem Durcheinander. Vielleicht habe ich sogar mit mir selbst gebrochen. Wunderbar. Es droht mir die Brust zu sprengen. Wehmut? Wonach, zum Teufel? Nach einem solchen Leben? Es war ein Alptraum, ein ständiges Ersticken. Der Alptraum der Jahre im Gymnasium, der Alptraum des Lebens, auf das ich vorbereitet wurde, ohne daß ich mir dabei je selbst begegnet wäre. Ich habe durch andere mit mir selbst gesprochen. Und durch was für andere! Der Teufel soll das alles holen!

Am Talboden macht ein Wegweiser auf ein Dorf aufmerksam, 1500 Meter von der Straße entfernt, mit dem Zusatz: „Eine Kirche aus dem XII. Jahrhundert und eine römische Brücke." Ohne lange zu überlegen, biege ich ab. Das muß man sehen. Der Propst des romanischen Kleinods bringt uns in einem Haus auf Strohsäcken unter. Nachdem wir etwas gegessen haben, gehe ich hinaus. Aus den feuchten Wiesen steigt Nebel auf, die Grillen zirpen, und der Mond scheint. Ich betrete die Brükke. Rührung erfaßt mich. Ich blättere in Gedanken in den Realien von Terlikowski (langweilig) und betrachte die runden, engen Bögen aus grauem Stein. An der Auffahrt Reste von Steinen jener Straße, über die ihre Wagen gerollt und die römischen Legionen mit schwerem Tritt marschiert sind. *Gallia est omnis divisa*... Warum haben sie sich damals zur Wehr gesetzt, obwohl ihre Ausrüstung und Technik um so vieles schlechter waren als die römische? Von der entfernten Straße dringt das unablässige Dröhnen von Motoren herüber, und unter der Brücke lassen sich die Frösche vernehmen. In der Dunkelheit taucht Tadzios gedrungene Gestalt auf. Er zündet sich eine Zigarette an. „Herr B., machen Sie sich keine Sorgen. Morgen brettern wir weiter. Es ist geradezu ein Vergnügen, auf solchen Straßen abzuhauen. Die Zivilisation hat ja doch etwas für sich – alles geht irgendwie glatter. Nicht so wie bei uns. Aber daß sie ein ganz ver… Lumpenpack sind, das steht auch fest." Es ist still. Robert und Tadzio atmen tief, die Kerze flackert.

19. 6. 1940

Das Wetter ist besser geworden. Seit dem Morgen Sonne und Hitze. Zum Frühstück gibt es heißen Kaffee mit Milch. Um zehn brechen wir in Richtung Guéret auf. Die Sonne brennt schon erbarmungslos nieder, aber die Landstraße ist von Platanen gesäumt, und man fährt wie in einer Gartenlaube dahin. Nach eineinhalb Stunden erreichen wir Guéret. Unterwegs, in die entgegengesetzte Richtung, Menschen mit Schubkarren und mit Kinderwagen, alle irgendwie ganz verwirrt. Es ist nichts aus ihnen herauszubringen. Sie sind völlig stumpf. Wir fahren weiter und kommen in die Vorstadt. Hier erfahren wir, daß vor einer Stunde Bomben gefallen sind. Die Stadt ist voller Soldaten, der Hauptplatz mit Fahrzeugen und Kanonen verstopft. Zwei Häuser brennen immer noch, in der Straßenmitte ein Bombenkrater und die Skelette ausgebrannter Autos. Tadzio schaut sich um und sagt nüchtern: „Wir müssen unbedingt hier abhauen, weil die H… zurückkommen. Ich kenne sie: Bis zum Abend geben sie keine Ruhe; erst nach sechs machen sie Feierabend." Wir halten nicht einmal mehr Ausschau nach etwas zu trinken, sondern suchen einen Weg durch Hunderte von Autos. Endlich finden wir die Straße nach Saint-Sulpice. Hitze. Hinter Guéret beschließen wir, etwas zu essen. Wir wollen uns neben einem Bistro an der Straße hinsetzen, doch Tadzio will davon nichts wissen. „Ich möchte in Ruhe essen." Er zieht uns von der Straße weg, in die Felder hinein. Wir sind gerade dabei, die Büchsen mit Pastete und die Sardinendosen zu öffnen und die Brote zu schmieren, als plötzlich ein Heulen ertönt. Tadzio springt auf, tritt unter dem Baum hervor und ruft: „Sie kommen, die H…, einer, zwei, fünf, acht, zehn." Wir lassen das Essen im Gras liegen und rennen unter die Bäume, zu einem seichten Graben neben der Wiese. Von Guéret her tönt Krachen, sie werfen Bomben. Dann das Hämmern von Maschinengewehren. Tadzio ruft: „Sie ballern mit den MGs, der Teufel soll sie holen!" Die Flugzeuge sind direkt über uns. Ich mache mich im Graben dünn wie ein Blatt Papier, hebe allerdings den Kopf, um etwas sehen zu können. Ein langgezogenes Pfeifen, ganz nah, dann ein Wummern. Die Luft zittert. Das Hämmern der Maschinengewehre. Sie harken die Straße entlang. „Italienische Maschinen – Fiat B. R. 20", sage ich zu Tadzio. Er flucht. Wir kehren zu unserem Essen zurück. Nach zwanzig Minuten wieder ein Dröhnen. Sie fliegen über Guéret und werfen beharrlich Bomben. Dann fliegen sie wieder über uns hinweg und harken mit den Maschinengewehren die Straße entlang. Ich liege im Graben und habe Angst. Nach diesem Luftangriff beenden wir rasch unser Mahl, dann nichts wie weg von diesem verfluchten Ort. Eine Bombe ist fast genau an der Stelle gefallen, wo wir uns hinsetzen wollten. Im Bistro sind alle Scheiben zerborsten, ein paar Dachziegel sind heruntergefallen, auf der Straße liegen Äste und auf der Schwelle des Bistros die blutüberströmte Leiche eines armen Kerls. Ich denke bloß: „Hauptsache, daß ich das nicht bin." Ein paar Dutzend Meter weiter stehen an einer Nebengasse zwei Flaschen Wein. Jemand hatte sie stehen gelassen und ist davongerannt. Tadzio nimmt sie mit. Wir schauen jetzt mehr hinauf in den Himmel als auf den Weg. Wir sind vielleicht zehn Kilometer weit gefahren, als sie schon wieder wie die Teufel angefegt kommen. Dieselbe Zehnerformation. Neben uns fährt seelenruhig ein Auto. Im Wagen eingeschlossen, hören die Leute nichts. Wir machen ihnen Zeichen. Sie halten an und fliehen wie gehetzt in die Felder. Ein Kind lassen sie im Auto zurück. Ich hebe den kleinen Jungen heraus, springe mit ihm über einen Zaun in einen Obstgarten neben der Straße und ducke mich in einen Graben. Der arme Junge bebt, er kann nicht einmal mehr laut weinen – die Tränen schießen ihm förmlich aus den Augen. Ich drücke ihn an mich und versuche, ihn zu beruhigen, wobei ich nur denke, daß ich selber auch entsetzliche Angst habe. Tadzio ruft: „Sie sind weg!“ Ich gebe dem Jungen einen Kuß und trage ihn zurück zum Auto. Die Mutter ist mächtig erschrocken, daß sie ihn vergessen hat. Nun schmiegt er sich an sie und weint leise. „*La prochaine fois ne l'oubliez pas*“,[1] sage ich, wobei ich den ganzen Zorn über meine eigene Angst entlade. Sie denkt sicher, ich sei ungeheuer mutig.

Tadzio wirft einen Blick auf die Uhr und sieht, daß es schon nach sieben ist: „Wir können ruhig weiterfahren, sie haben schon Feierabend. Jetzt laden sie ab, lassen sich vollaufen, schlagen sich die Bäuche voll, und morgen retour. Wo bleibt nur die ganze Macht der Franzosen? Die fliegen hier herum, genauso wie bei uns.“ Er hat recht. Ringsum überall Soldaten, Luftabwehrgeschütze und Maschinengewehre, aber nichts, niemand muckst sich. Gegen neun biege ich von der Straße ab, um ein Nachtquartier zu suchen. Ich finde einen Bauernhof. Alle sind beim Abendessen. Der Patron ist gern bereit, uns in der Scheune übernachten zu lassen. Sie bieten uns Suppe und Wein an. Nach dem Essen grabe ich mich im Heu ein. Das Zirpen der Grillen und Quaken der Frösche. Schon im Pyjama, gehe ich noch einmal hinaus und setze mich auf die Steine beim Brunnen. Tau fällt, und die Zigarette wird feucht. Spät nachts kommen zwei Arbeiter aus Paris in die Scheune, um auch hier zu schlafen. Sie sind einen Tag nach uns weggefahren. Sie sagen, im Radio habe man gemeldet, daß jeder, der im wehrfähigen Alter ist und Paris nicht bis zum 13. Juni Mitternacht verlassen hat, als Deserteur behandelt wird. Wann und von wem? Angeblich haben sie aus der Gepäckaufbewahrung an der Gare du Nord rund 6000 Fahrräder an die Menschen ausgegeben, damit sie nur irgendwie weg können.

20. 6. 1940

Wir fahren spät ab, weil Robert jeden Morgen solche Ab-

[1] Nächstes Mal vergessen Sie ihn nicht.

lutionen, Säuberungen und ein sorgfältiges Packen seiner Sachen zelebriert, daß wir nicht vor zehn fahren können. Angeblich rücken die Deutschen ständig vorwärts, aber sie sind noch weit genug hinter uns. Robert meint, wir hätten keinen Grund zur Eile. Gegen Mittag kommen wir durch Saint-Sulpice, ein in einem Tal gelegenes Städtchen, umgeben von Bergen. Es herrscht tropische Hitze. Der dort gekauften Zeitung entnehmen wir, daß Verhandlungen über einen Waffenstillstand im Gang sind, aber bis zum Moment der definitiven Unterzeichnung dieses Gnadenaktes werden die Deutschen weiter marschieren und die Kämpfe andauern. Welche Kämpfe? Die Maginotlinie ist umzingelt. Zwei polnische Divisionen, die gegen Ende in Aktion traten, lehnen überall einen Rückzug ab und kämpfen heldenhaft. Eine dieser Divisionen wurde angeblich teilweise aufgerieben, als sie den Rückzug französischer Soldaten und Flüchtlinge in Richtung Schweiz deckte. Sie schreiben, unsere Leute hätten sich mit Benzinflaschen auf die Panzer gestürzt. Das ist schon ein wenig besser als mit der Kavallerie, aber immer noch schlimm genug, wenn es stimmt. Nein – niemand macht uns Konkurrenz. Die französische Regierung befindet sich in Bordeaux. Um zwei Uhr verkriechen wir uns in einen Wald und schlafen bis sechs. Dann geht es weiter. Tadzio singt blutrünstige Tangos und flucht, weil es Steigungen gibt. Es dämmert schon, als ich einen Bauernhof entdecke. Ich als Anführer gebe das Tempo vor und suche das Quartier. Sie empfangen uns mit offenen Armen. Es gibt nicht weniger als vier junge Mädchen. Wir essen am Tisch des Gastgebers von unseren Vorräten zu Abend, und ich spreche für alle. Die Mädchen betrachten uns neugierig, und eine von ihnen kann sogar ein paar Worte polnisch. Tadzio macht sich an sie heran und schwatzt dummes Zeug. Dann zu mir: „Herr B., ich bleibe hier, ich laß mich von ihr an der Leine führen. Ein wunderbares Mädel, man könnte sich die Finger lecken, die Zehen naß machen. Wie geschaffen für ein kleines Windrad." Wir sind müde. Wir kriechen über die Leiter ins Heu. Unter uns ist das Klingeln der Ketten und das Malmen der Kühe zu hören. Stille. Der Geruch von Milch und Mist. In der Dunkelheit leuchtet ein Glühwürmchen, ein grünlicher winziger Punkt. Die Nacht ist mondlos, aber erhellt von den Sternen. Wunderbar.

21. 6. 1940

Frühstück, Waschen, Rasieren. Wir fahren dauernd in Richtung Limoges. Ohne Karte ist das nicht leicht. Nirgends ist eine Landkarte aufzutreiben, alle sind ausverkauft. Gegen ein Uhr kommen wir nach Limoges. Sie wollen uns nicht in die Stadt hinein lassen. Ich steige vom Fahrrad, und nach längerer Auseinandersetzung gestatten sie nur mir, in die Stadt zu gehen. Ich lasse das Rad zurück und mache mich zu Fuß auf den Weg. Mitten in der Stadt überrascht mich ein Wolkenbruch. Ich warte ihn in einer Einfahrt ab und gehe dann zum Bahnhof. Der Bahnhof ist geschlossen, und erst nach einiger Diskussion läßt man mich zum Kriegskommissar vor. Ich erkundige mich nach unserer Gruppe. Er weiß von nichts. Ich kehre um. Unsere Vorräte gehen zu Ende, und ich suche etwas zu essen. Brot zu bekommen, ist überall schwierig. Es gibt keine Konfitüren, keine Fleischkonserven, die Läden sind leer. Ich bummle herum. Schließlich bekomme ich Wurst und ein paar Dosen Pastete, Bananen und Orangen. Und auch eine Karte von Frankreich, herausgegeben von „L'Auto" zur Zeit der Tour de France im Jahre 1936. Ein Buchhändler hat einen ganzen Stoß davon als Makulatur und verkauft sie jetzt für einen Franc das Stück. Sie gehen weg wie warme Semmeln. Ich finde auch einen einzelnen Band der Korrespondenz von Byron, den ich für 50 Centimes kaufe. Eine Okkasion. Wir essen an der Straße, dann auf nach Angoulême, 84 km. Tadzio fährt neben mir her und erzählt: „Herr B., bei den Huren aus der Gastronomia und dem Café Club war ich bekannt wie ein bunter Hund. Wenn eine von denen sich einen lumpigen Freier aufgegabelt hat, dann, hopp, mit ihm in mein Taxi, dort hat sie's ihm besorgt, hat ihm die letzten Groschen abgenommen, dann hat sie den Kerl rausgesetzt, mir zwanzig Złoty für meine schönen Augen gegeben, und ab die Post." In dem Moment beginnen zwei Männer, die auf der Straße gehen, hinter uns her zu winken und zu rufen. Zwei polnische Emigranten. Sie haben Tadzios geschliffenes Polnisch gehört und halten uns an. „Von wo kommt ihr?" – „Aus einem Militärlager in der Bretagne." Sie wurden einberufen, und vor drei Tagen hat es dann mitten in der Nacht geheißen, rette sich, wer kann. Die Offiziere sind mit Autos zu den Häfen geflohen und auf und davon nach England; angeblich haben sie auch ein paar einfache Soldaten mitgenommen, vor allem Polen. [...] Nur gut, daß sie mich nicht in ihrem Heer haben wollten. Wir schlafen auf einem Bauernhof, diesmal im Stroh.

22. 6. 1940

In der Früh regnet es. Erst gegen zwei Uhr fahren wir los. Immer wieder Regenschauer. Wir werden durch und durch naß. Wieder geraten wir in den Strom des sich zurückziehenden Militärs. Sie fahren wie die Verrückten. Unterwegs sieht man alle paar Meter umgestürzte Wagen. Tadzio sieht sich das an und flucht. Der Asphalt ist rutschig und von Lehm verdreckt. Selbst ein Tausendfüßler würde sich alle Beine brechen. Nach dreißig Kilometern gebe ich auf. Ich finde einen Bauernhof. Ein Strohberg unter einem Dach, nur von zwei Seiten abgedeckt. Beim Abendessen leisten uns Katzen und Hunde Gesellschaft, es nieselt, von der Straße dringt das unablässige Brummen, Kreischen und Stottern von Motoren herüber, die gnadenlos geschunden werden; Schläfrigkeit, Ruhe.

23. 6. 1940

„Miese Ferien, die Saison ist im Eimer", sagt Tadzio. Robert erzählt uns Wunderdinge von der Sonne Südfrankreichs, vom Mittelmeer. Inzwischen kämpfen wir uns über die Asphaltstraßen am westlichen Rand des Massif Central durch den Dreck. Wir nähern uns Angoulême. Sie lassen uns nicht hinein, Umfahrung, wir irren über Nebenstraßen. Erst in der Nacht finden wir einen winzigen, ärmlichen Bauernhof. Dort beendet man gerade das Nachtmahl und ist freundlich. Der Patron bringt uns ins Heu. In einer großen Schüssel auf dem Tisch sehe ich grünen Salat. Die Blätter triefen von Olivenöl, und es sieht so appetitlich aus, daß ich mich nicht zurückhalten kann. „Können wir Salat kaufen?“ Die Patronin steht gleich auf und sagt, sie würde uns zwei Köpfe zubereiten. Sie geht hinaus und bringt wenig später eine ganze Schüssel voll Salat. Wir essen alles blitzschnell auf, dazu Brot mit Pastete. Herrlich, diese Nächte im Heu, unter dem monotonen Rauschen des Regens.

24. 6. 1940

Am Morgen regnet es wieder. Die Patronin bringt uns einen halben Eimer Milch zum Frühstück. Wir lassen uns mit Milch vollaufen, ich liege und schreibe. Es gießt. Dann esse ich Schokolade, rauche, nicke ein, wache wieder auf, knabbere erneut Schokolade und döse vor mich hin. Gegen vier Uhr nachmittags steigt der Patron über die Leiter zu uns herauf, plaudert ein wenig und sagt dann plötzlich ganz ruhig: „Die Deutschen sind schon zwölf Kilometer von hier, sie haben Angoulême eingenommen.“ Wenigstens haben wir auf diese Weise erfahren, daß Angoulême zwölf Kilometer entfernt ist. Wir springen auf die Räder. Über Seitenwege fahren wir zur Straße nach Périgueux. Wir beschließen, schon jetzt in Richtung Süden zu fahren. Nach eineinhalbstündiger Fahrt kommen wir nach Mareuil. Unterwegs geraten wir wieder mitten ins Militär. Man sieht gleich, daß das nicht die hinteren Linien sind, die sich zurückziehen, sondern die vorderste Linie, die Fronttruppen. Gedränge und Lärm, Lastwagen, Zugmaschinen, Panzer, Geschütze.

Der Verkehr stockt, alles kommt zum Stillstand. Mit den Rädern gelingt es uns durchzukommen und bis zur Spitze der Kolonne vorzudringen. Wir fahren, dann steht wieder alles. Offiziere rennen herum und fluchen, 15-Zentimeter-Geschütze, an den Straßenrand gedrängt, kippen in den Graben, Geschrei. Wir vollbringen zirkusreife Kunststücke und schlagen uns wieder bis zur Spitze durch. Dort stehen vier Lastwagen, die Soldaten wollen nicht weiterfahren, weil sie nicht wissen, wo ihr Proviantwagen geblieben ist. Erst als ein Melder auf einem Motorrad kommt und sagt, die Fresserei befinde sich nur einen Kilometer hinter ihnen, fahren sie weiter. Eine Stunde später dasselbe Bild. 15-Zentimeter-Geschütze wollten an der stehenden Kolonne vorbei und sind in den Graben gestürzt. Was sich an dieser Stelle abspielt, läßt sich kaum beschreiben. Die reinste Hölle. Wir schlängeln uns durch und treffen nach ein paar Kilometern auf eine Idylle. Die Spitze der Kolonne sitzt am Waldrand, sie haben Tische und Stühle aufgestellt (die sie mitgebracht haben) und speisen seelenruhig zu Abend. Eine Garden Party. Mit Musik. Das Grammophon spielt, rubinrote Weinflaschen auf den Tischen, heitere Stimmung. Ich habe immer noch das Wiehern der ausgespannten Pferde in den Ohren, den Lärm und das Dröhnen. Tadzio sieht sich das Ganze an, spuckt aus und sagt: „Eine miserable Verbindung haben die in dem ihrigen Heer."

In Zeiten des Friedens zeigt sich ein Volk von einer ganz anderen Seite als in Zeiten des Krieges. Der Krieg ist für ein Volk so etwas wie eine Münze, die man auf eine Marmorplatte wirft; und obwohl ich den Krieg hasse, habe ich doch den Eindruck, daß es kaum eine bessere Probe gibt. Ich erinnere mich, was ich über das Frankreich früherer Jahre gedacht habe. Heute habe ich eines begriffen: Eigenschaften, die einem in Zeiten des Friedens reizvoll erscheinen, die man hoch schätzt – diese Eigenschaften der Franzosen erweisen sich jetzt als verhängnisvoll. In Zeiten des Friedens haben sie den Krieg vergessen, doch in Zeiten des Krieges gelingt es ihnen nicht, den Frieden zu vergessen. Es dämmert schon, als wir in eine Kleinstadt kommen. Die Straßen sind mit Soldaten verstopft, vor den Häusern überall Menschen. Ein Mann winkt den Soldaten zu und ruft freudig: „*C'est signé, c'est signé*!"[1] Ich gehe zu ihm hin. Aufgekratzt wie bei einem freudigen Ereignis berichtet er mir von der Unterzeichnung des Waffenstillstandes mit den Deutschen und den Italienern. Die Kriegshandlungen sollen um 1.35 Uhr nachts eingestellt werden. In der Zwischenzeit fahren Autos und Militärfahrzeuge weiter durch die Straßen. Die Nachricht vom Waffenstillstand verbreitet sich in Windeseile. Es herrscht eine fröhliche Ausgelassenheit. Die Be-

[1] Er ist unterschrieben! Er ist unterschrieben!

wohner des Städtchens sitzen in den Fenstern oder stehen in den Türen und winken lachend den Soldaten zu. Diese fahren singend, Harmonikas am Mund. Der Waffenstillstand scheint sie aufgerichtet, ihnen neuen Mut eingeflößt zu haben. Ich habe den Eindruck, als fühlten sie sich in diesem Augenblick von aller Schuld freigesprochen. Helden, die bis zum Schluß ihre Pflicht erfüllt haben. Im Städtchen ist ein Festtag angebrochen. In den Bistros werden alle Lichter entzündet, die Türen weit geöffnet, es wird getrunken und gesungen. Doch im Schein der Lichter sind die schwarzen Umrisse von Autos und Geschützen zu erkennen, die nach wie vor durch die Straßen rollen, und von den Soldaten, die ungeordnet dahinziehen.

Wir fahren aus der Stadt hinaus, um uns ein Nachtquartier zu suchen. Aber alles ist voll Militär. Zwei betrunkene Soldaten kommen auf uns zu. Sie fragen, wer wir sind. Hier ist Militärgebiet, und Zivilisten haben keinen Zutritt. Ich sage, wir sind Polen. Da beginnen sie, uns einen Vortrag zu halten: Dieser ganze Krieg werde nur wegen Polen geführt. Statt einzulenken, habe sich Polen auf die Seite der Kapitalisten und Englands geschlagen, und England habe Frankreich hineingezogen. Im übrigen stehe hier alles geschrieben. Und er holt ein verknülltes Flugblatt heraus. Ich will es ihm aus der Hand nehmen, doch er bemüht sich, es laut vorzulesen, obwohl es schon fast dunkel ist. Er schwatzt etwas von internationalen Trusts, von Kapitalisten, und kommt endlich mit Bravour zum Ende: „*Fini – nous sommes trop intelligents pour nous casser la gueule*[1] …“ Tadzio zieht mich wütend weiter: „Was wollen Sie sich mit diesen Dummköpfen unterhalten. Das ist dasselbe wie in Polen. Auf der einen Seite die Deutschen, auf der anderen Stalin, und fertig ist die Bescherung. Nur daß sie sich selber zu uns bemühen mußten, weil unser Volk zu blöd war für ihr Geschreibsel, hier hingegen sind die Leute ‚intelligent‘, da reicht schon so ein Zettel.“

Wir fahren in völliger Finsternis weiter. Man darf kein Licht machen, und im Dunkeln wirbelt alles durcheinander. Nur die Bistros entlang der Straße strahlen hell, wie offene Hochöfen

[1] Es ist vorbei – wir sind zu intelligent, um den Kopf hinzuhalten…

in einem Hüttenwerk. Sie sind voller Soldaten, die trinken. Man glaubt, bei den Kosaken aus dem Roman „Mit Feuer und Schwert“[1] zu sein. Es ist schon nach Mitternacht, als wir uns im Heu vergraben. In der Scheune gibt es elektrisches Licht, und wir entdecken Weinfässer. Tadzio schaut auf die Uhr und sagte: „Herr B. – in fünfzehn Minuten Bajonette ins Futteral, die Karabiner in eine Pyramide und Feiertag der See.“ Mein Kopf platzt beinahe vom ständigen Einatmen der Auspuffgase und dem Lärm der Motoren.

25. 6. 1940

Ein Hundewetter. In dem Gespräch mit der Patronin erfahre ich, daß es drei Kilometer von hier ein Schloß mit einem großen Bauernhof gibt. Der Besitzer sei Pole, sehr reich, *un millionaire*. Angeblich haben sich bei ihm polnische Flüchtlinge versammelt, und es seien auch noch andere Leute dort. Wir sind der Ansicht, es könnte sich lohnen, dort hinzufahren. Vielleicht kann man etwas Ordentliches zu essen bekommen und Neuigkeiten in Erfahrung bringen. Nach zwanzig Minuten kommen wir zu einer Allee und dann zu einem großen, leer stehenden Schloß. Früher einmal muß das ein schöner Besitz gewesen sein. Ein Garten, Beete, ein Springbrunnen. Tadzio sagt zu mir: „Gleich kommt der Majoratsherr.“ Wir fragen nach Herrn Budzynski. Man sagt uns, er sei bei der Arbeit. Ich finde ihn im Garten hinter dem Palais. Der Majoratsherr und Gutsbesitzer auf dreihundert Hektar mit dazugehörigem Schloß entpuppt sich als gewöhnlicher Bauer aus der Region von Posen. Er ist im Hemd, in zerrissenen Hosen, die an Hosenträgern mit Schlaufen aus Rebschnur hängen, in kotigen Stiefeln. Er schleppt Bretter und sammelt Äste ein. Später erfahre ich, daß er als Bergarbeiter nach Frankreich gekommen ist. Es begann damit, daß er Wurstwaren verkaufte, die er in einem Karton herumtrug. Dann kaufte er ein Fahrrad, dann einen Pferdewagen, und dann begann er selber, Wurst und Schinken herzustellen, schließlich kaufte er einen Bauernhof im Norden, baute eine größere Fabrik für Wurst und

[1] Roman von Henryk Sienkiewicz

Schinken, am Ende eröffnete er einen größeren Kolonialwarenladen, vergrößerte seine Fabrik, machte Millionen, kaufte diesen Besitz hier im Süden, und jetzt, da er aus dem Norden flüchten mußte, ist er mit fünf Autos hergekommen, in denen er drei Tonnen Trockenwurst und Schinken, einen Teil davon in Dosen, mitgebracht hat. Er hat sich im Geiste schon von seinem Vermögen im Norden (das einen Wert von fünf Millionen Francs ausmacht) verabschiedet und geht nun fröhlich hier an die Arbeit. Weil es ihm gelungen ist, auch ein paar Maschinen zur Wursterzeugung mitzunehmen, möchte er hier eine zweite Fabrik aufmachen, ein paar Rinder hat er hier, das genügt erstmal für den Anfang, das weitere wird sich ergeben, „denn in zwei Monaten wird Frankreich vor Hunger zu stöhnen beginnen", wie er mir sagt. Er kümmert sich selber um alles, kann alles und packt überall mit an. Wie er erzählt, war vor einer Woche noch das gesamte Konsulat aus Lille bei ihm untergebracht, doch als sich die Nachricht vom Näherrücken der Deutschen verbreitete, fuhren die Männer ab, und nur die Frauen blieben zurück. Er zeigt uns den Pavillon, in dem sie wohnen, und sagt: „Sollen sich die Gräfinnen um euch kümmern. Die machen den ganzen Tag keinen Finger krumm und paffen nur Zigaretten – polnische Damen…" Der Mann gefällt mir ausnehmend gut. Den Gräfinnen hat er den ganzen Pavillon mit Küche und Speisesaal zur Verfügung gestellt. Geschlafen wird im Schloß. Sie nehmen uns gastfreundlich auf und bereiten sofort heißen Kaffee und einen Berg Brote mit Wurst und Marmelade. Wir unterhalten uns über die jüngsten Ereignisse.

Aus dem Rundfunkkommuniqué Pétains geht hervor, daß die Franzosen überhaupt nichts hatten, womit sie hätten kämpfen können. Eine halbe Million Soldaten weniger als im Jahre 1917, gar nicht zu reden von der Ungleichheit in der Bewaffnung. Pétain schiebt alle Schuld auf die Engländer. Sie haben bloß zehn Divisionen geschickt. Jetzt haben die Engländer beschlossen, allein zu kämpfen. *Depuis la victoire, l'esprit de jouissance l'a emporté sur l'esprit de sacrificie. On a revendiqué plus qu'on n'a servi. On a voulu épargner l'effort; on re-*

contre aujourd'hui le malheur.[1] Endlich einmal etwas Wahres. Doch Pétain sagt nicht offen, daß dies die Ursache für die Niederlage war. Nein. „Zu wenig Kinder, zu wenig Waffen, zu wenig Verbündete, das war der Grund für unsere Katastrophe." Um niemanden vor den Kopf zu stoßen. Sonst ist alles normal. Jean Prouvost ist zum Hochkommissar für Propaganda ernannt worden. Propaganda wofür?

Nach dem Kaffee nehme ich mir mein Rad vor, weil etwas repariert werden muß. Dann wird das Essen serviert. Ausgezeichnet. Ich schlage mir schamlos den Bauch voll. Nach dem Essen machen die Damen ein Nickerchen, und ich nutze den Waschraum, um die gesamte Wäsche von Robert und mir auszuwaschen. Ich hänge sie auf dem Dachboden des Palais auf. Das Abendessen ist wieder ausgezeichnet, dann sitzen wir noch lange beisammen und plaudern mit den Damen. Ferien auf einem polnischen Hof. Ich sage, ich hätte die Absicht, länger zu bleiben und mich zu erholen.

26. 6. 1940

Zum Frühstück eine Kanne Milchkaffee. Ich esse mich rundum satt. Den ganzen Morgen gehe ich mit dem Gutsherrn herum und unterhalte mich mit ihm. Er ist wirklich bemerkenswert.

Niemand weiß etwas, daher beschließen wir, weiter nach Süden zu fahren. Die Franzosen aus der Fabrik sagten mir noch in Sully, sie würden voraussichtlich nach Carcassonne fahren. Abgesehen von dem Geld, das sie uns noch schulden, zieht es mich genauso nach Süden. So eine Gelegenheit bietet sich kein zweites Mal. Ich beschließe weiterzufahren, abzuwarten, zu sehen, was passiert, und dann nach Paris zurückzukehren. In der Zwischenzeit in Richtung Toulouse.

Die Damen kümmern sich um uns wie eine ganze Horde Mütter; ein pyramidales Mittagessen. Nachmittags bügle ich. Eine französische Einheit kommt und quartiert sich im Palais

[1] Seit dem Sieg war der Wunsch zu genießen stärker als der Wille, ein Opfer zu bringen. Wir haben mehr gefordert als gedient. Wir wollten uns jede Anstrengung ersparen; heute trifft uns das Unglück.

ein. Sie haben Grammophone dabei, machen Musik, sind ausgelassen. Einem Unteroffizier schwatze ich eine ausgezeichnete Straßenkarte ab. Jetzt können wir sogar nach Karte fahren. Aus dem Gespräch mit den Soldaten ziehe ich den Schluß, daß dieser ganze Krieg für die Deutschen nicht viel mehr als ein Spaziergang durch Frankreich war. Die Einheit hier hat nie irgendwo gekämpft. Beim Anblick eines einzigen gepanzerten Fahrzeugs (durchs Fernrohr) – gaben sie Fersengeld.

27. 6. 1940

Endlich scheint wieder die Sonne. Wir beschließen, hier noch zu Mittag zu essen und dann gleich weiterzufahren. Vom Gutsbesitzer Budzynski kaufen wir einen reichlichen Vorrat an Trockenwurst, mit dem wir unsere Vorräte ergänzen. Wieder ein herrliches Mittagessen. Beim Abschied möchte ich den Damen etwas für unsere Verköstigung bezahlen, doch sie weigern sich, das anzunehmen. Ich muß gestehen, daß sie für Frauen von Konsularbeamten ein hohes Niveau an den Tag legen. Ich bin angenehm überrascht. Gegen drei Uhr fahren wir los. Zwei Stunden später erreichen wir Périgueux. Überall Soldaten und Flüchtlinge. Wir machen nur kurz Halt, um fünf Kilogramm Pfirsiche zu essen, und weiter. Cahors – Montauban – Toulouse. „Hopp, auf geht's im Galopp!" sagt Tadzio und geht im Renntempo in Führung. Eine herrliche Straße, auf beiden Seiten grüne Hügel, langsam wird es Abend. Es ist kühl. Wir schlagen ein verrücktes Tempo ein. Eine südliche Stimmung überkommt uns. Nachtquartier auf einem kleinen Hof. Ausgezeichneter Rotwein.

28. 6. 1940

Sonne, gleißende Sonne, unten schlängelt sich die Garonne dahin. Ich atme den Duft warmer Wiesen ein und schließe die Augen, weil der polierte Asphalt glänzt wie ein Spiegel. Die Städte rauben mir die Nerven. Ich bringe sie so rasch wie möglich hinter mich und bin jedesmal erleichtert, wenn ich ihnen den Rücken kehre. Ein wunderbares, animalisches Wonnegefühl, in dem sich alle Aufmerksamkeit auf die Geschwindigkeit konzentriert, auf die Wegweiser, das Essen und die Suche nach einem Nachtquartier. Ich habe den Eindruck, als hätte ich noch nie und nirgends in meinem Leben alles in diesem Ausmaß gehabt, so absolut – und wahrscheinlich fühle ich mich deshalb so wohl.

Wir spüren, daß wir in ein anderes Land, ein anderes Klima kommen. Gegen Mittag wird die Hitze unerträglich. Die Straße besteht aus weißem Stein, und ich fahre beinahe mit geschlossenen Augen dahin. Tadzio fährt ständig neben mir her und plappert. Er kann den Mund nicht zumachen. „Herr Be", sagt er verärgert. „Sie sagen immer dasselbe. Die Deutschen und wieder die Deutschen. Sie sehen nur Deutschland. Stimmt ja gar nicht… In Frankreich war dieselbe Bagage wie in Polen. Wissen Sie, daß in unserer Fabrik, wenn ein Pole einmal zu gut gearbeitet hat, gleich ein Franzose heimlich seine Maschine verstellt hat? Ich hab fast jeden Tag Zeit damit verplempert, den Automaten wieder einzustellen, weil sie von mir gewußt haben, daß ich auch 700 Zünder in der Stunde hinknallen konnte und sogar noch mehr, wenn alles gut ging. Sie aber haben von der Partei den Befehl gehabt: nicht mehr als 400. Und wenn sie konnten, dann haben sie auf die Regulierung geschlagen, damit möglichst viele Stücke zum Wegschmeißen waren. Mein lieber Herr – kistenweise haben die den Ausschuß von den Automaten weggebracht. Wie oft hab ich nachts gesehen, wie einer dem anderen einen Zettel weitergegeben hat. Der hat ihn dann eingesteckt und ist bei der nächsten Gelegenheit aufs Klo gerannt, um ihn zu lesen."

„Warum haben Sie mir das nicht schon früher gesagt?" frage ich Tadzio.

„Und was hätten Sie tun können? Gar nichts. Bevor man nicht aufräumt mit dieser Bagage, wird man uns zu grauem Mus verkochen."

Tadzio hat recht. Frankreich ist, genauso wie wir, einem schrecklichen Druck unterlegen und mußte ihm unterliegen. Physisch wurde es durch Hitler zerschlagen, aber psychisch durch den Kommunismus zersetzt. Ich spüre es, daß damit ein bestimmtes Kapitel zu Ende ist. Frankreich war so etwas wie ein Dogma. Jetzt sehe ich Frankreich vor mir und habe nicht die Kraft, es zu überwinden.

An einer Kreuzung, wo ich nicht sicher bin, welche Straße nach Belvès führt, gehe ich zu einem Bauernhof, um nach der Richtung zu fragen. Auf dem Diwan liegt ein Mann. Ich frage ihn französisch. Er sieht mich eine Weile an und fragt dann polnisch: „Sind Sie Pole?" Es stellt sich heraus, daß der Pächter des Hofs Pole ist. Er bittet uns hinein, und wenig später hat sich die ganze Familie versammelt. Der Mann, den ich bei meinem Eintreten getroffen habe, ist der Schwiegersohn des Pächters. Sie haben ihn zum polnischen Militär einberufen, und es ist ihm gelungen, aus der Bretagne abzuhauen, bevor sie von den Deutschen besetzt wurde. Er erzählt dasselbe wie die beiden Polen, denen wir unterwegs begegnet sind. Wir setzen uns gemeinsam zum Essen. Wir essen von unseren Vorräten, sie von ihren, aber zum Nachtisch bieten sie uns saure Milch mit Kartoffeln an. Ich erfahre, daß es in der Gegend ziemlich viele Polen gibt, die Höfe „zur Hälfte" gepachtet haben. Das ist ein ziemlich beschwerliches Pachtsystem, aber sie sagen, daß man davon leben kann. Die Franzosen flüchten vom Dorf in die Stadt, und es ist leicht, einen Hof zu bekommen, weil es Gegenden gibt, wo ganze Dörfer leer stehen und der Boden brachliegt. Tadzio sagt zu mir: „Nehmen Sie sich einen Hof, ich werde als Knecht bei Ihnen arbeiten." Gegen vier Uhr fahren wir weiter. Berge, steile Anstiege. Dann plötzlich Belvès, an den Hang eines steilen Berges geklebt. Schmale Gäßchen, die halsbrecherisch bergab führen. In den Türen der Häuser und Läden Vorhänge, alles sonnendurchflutet. Wir rasen bergab, dann den Gegenhang hinauf – ganz Belvès, der Berg über und über mit kleinen Häusern bedeckt, dazwischen ein Netz schmaler Gäßchen. Die Straße führt durch ein weites Tal, ein weißes Viadukt vor dem Hintergrund des Grüns. Wir brausen dahin. Wieder bergauf. Tadzio schimpft wütend: „Zum Teufel, dich hat wohl eine H… zum Taufbecken getragen!" Im selben Augenblick […] winken uns zwei Frauen zu, die auf einem Feld arbeiten. Wir bleiben stehen. „Seid Ihr Polen? Das haben wir gleich erkannt." Tadzio flüstert mir zu: „War wohl nicht leicht, das nicht zu erkennen", und beginnt gleich, der Jungen schöne Augen zu machen, wobei er mir zuzwinkert. Mutter und Tochter waren gerade beim Rübenjäten. Sie haben nicht weit von hier einen Hof gepachtet und laden uns ein, dort zu übernachten. Der Abend bricht sanft, still und warm herein – das macht uns träge, und wir beschließen zu bleiben. Der Hof ist sauber, überall herrscht Ordnung. Der Vater ist Maurer von Beruf, wie sich herausstellt. Weil er in seinem Beruf keine Arbeit finden konnte, ging er aufs Land. Und hat Erfolg gehabt. Er ist gut gelaunt und lächelt zufrieden. „Ach, Polacken, Polacken!" Mit einem Hauch von Ironie. Tadzio schaut ihn an: „Wenn Sie was haben, das gerichtet werden soll, dann sagen Sie das besser gleich, und lästern Sie gefälligst nicht über die Polacken." Und tatsächlich hat der Alte einen zweischarigen Pflug, der repariert werden muß – er sieht schlimm aus. Tadzio und ich begutachten ihn – ohne Nieten geht da gar nichts. Tadzio schaut mich an: „Werden wir nieten?" Wir holen Holzkohle, die Fahrradpumpen dienen als Blasebalg, Hammer und Zange – eine richtige Schmiede. Tadzio schlägt die Nieten heraus, und ich schneide von einem alten Stabeisen Nieten ab. Nach drei Stunden hat der Alte seinen Pflug wieder in Ordnung. Da wird er ganz gerührt und herzlich. Wir essen mit ihnen, und sie gestatten nicht, daß wir etwas von unseren Vorräten antasten. Unsere Bäuche sind prall von der Suppe und all dem Brot, es ist herrlich. Am Ende sagt Herr Krukowski: „Warum wollt Ihr morgen fahren – morgen ist Peter und Paul. Bleibt da – Ihr könnt mir helfen, das Heu zu wenden." – „Wir bleiben, verehrter Gutsherr."

29. 6. 1940

Nach dem Frühstück gehen wir auf die Wiese, um das Heu zu wenden. Die Sonne scheint, das Gras ist noch feucht vom Tau. Krukowski bringt kalten Cidre und eigenen Tabak. Nach jeder Reihe Heu trinken und rauchen wir. Nach beendeter Arbeit gehe ich in den Wald, um Erdbeeren zu pflücken. Ich sammele eine ganze Menageschale voll und esse sie nach Hühnerbrühe und gekochtem Huhn als Nachtisch mit Kondensmilch.

Ein Nickerchen im Gras, Schreiben. Der Abend hell von den Sternen, Grillen zirpen, Tau fällt. Wir sitzen da und unterhalten uns, und am Ende pflichte ich Tadzio bei, daß „die Franzosen Saukerle und Futlecker" sind.

30. 6. 1940

Tadzio weckt mich. „Herr Be – ein Tag wie ein Rubel des Zaren – rauschen wir weiter." Wir fahren los. In den kleinen Städten überall Militär. Sie warten auf die Abrüstung. Die Franzosen haben einen Waffenstillstand mit äußerst harten Bedingungen unterzeichnet. Sie müssen den Deutschen ihr ganzes Kriegsgerät abliefern, sich mit der Besetzung der Hälfte des Landes und der gesamten Atlantikküste einverstanden erklären, die ganze Okkupationsarmee ernähren und erhalten. Angeblich soll es in den besetzten Gebieten eine französische Verwaltung geben. Man spricht auch von der Möglichkeit einer Rückkehr der „Regierung" nach Paris. Je weiter wir nach Süden kommen, um so weniger Probleme haben wir mit dem Brot und dem übrigen Essen. Nur Fleischkonserven sind nirgends zu bekommen. Dafür gibt es nach fünfhundert Kilometern plötzlich wieder Bier und Limonade.

Die weißen Gebäude der Tankstellen entlang der Straße sehen aus wie Spielzeug, das in der Sonne bleicht, in den Gärten hier und da Palmen. Am Nachmittag erreichen wir Cahors. Der Lot fließt unten im Tal in einem steinernen Bett, wir sausen am rechten Ufer dahin. Die Straße erscheint wie aus dem Fels gehauen. Ich denke nichts und schaue nur. In Cahors kaufen wir Pfirsiche, Käse und Weißwein, setzen uns auf eine Bank und essen. In der Dämmerung verlassen wir die Stadt. Die Nacht ist warm und voller Sterne. Die Umgebung reich an felsigen Erhebungen, trocken, nirgends ein Gehöft. Ich habe auf der Bank in Cahors meinen Tabak liegen lassen, und wir haben nichts zu rauchen. Ich fasse den Entschluß, daß wir die ganze Nacht durchfahren und uns erst im Morgengrauen hinlegen, weil gar nicht daran zu denken ist, einen Hof zu finden. In einer Kurve bleiben wir stehen, weil Robert etwas gesehen hat. Er geht, um genauer nachzusehen. Neben uns hält eine

Motorradpatrouille, und zwei Unteroffiziere fragen höflich, ob sie uns helfen können. Sie haben keine Zigaretten. Auch ein Wagen bleibt stehen, und die Leute geben uns vier Zigaretten. Nun fällt es schon etwas leichter, uns eine Nacht auf der Straße vorzustellen. Robert kommt zurück und sagt, daß wir dort schlafen könnten. Dort sei etwas, er wisse allerdings nicht genau was. Wir gehen hin. Eine leere Hütte aus lose übereinander gelegten Steinen. Flache Steine sind so aufeinander getürmt, daß die gebogenen Wände nach oben hin zusammenlaufen und ein Dach bilden. Ein Iglu aus Steinplatten. Ich leuchte mit der Laterne und bestaune dieses Wunder der Hirtenbaukunst. Wir schneiden von Krüppeleichen und Wacholderbüschen Äste ab, die eine elastische Unterlage bilden. Ich genieße das Einschlafen.

1. 7. 1940

Schon um fünf Uhr morgens werden wir durch die Kälte geweckt. Durch den offenen Eingang dringt empfindliche Kühle ins Innere des steinernen Iglus und läßt uns nicht mehr schlafen. Der Nebel liegt noch in den Niederungen, und die Sonne ist noch nicht über die Hügel geklettert. Wir packen mit klappernden Zähnen unsere Sachen zusammen und fahren weiter. Gegen neun erreichen wir Caussade, wo wir frühstükken. Das Städtchen ist leer gegessen, aber es gelingt uns schließlich doch, Käse und Kastanienpüree in Dosen zu kaufen. Ein großer Brotlaib vorn auf den Lenker und weiter nach Montauban. Nicht weit hinter Caussade hätte es beinahe vier Tote auf der Straße gegeben. Es hat den Anschein, als wäre die Straße ganz leer, und Robert kurvt sorglos von der linken auf die rechte Seite hinüber. Im selben Moment hören wir Reifen auf dem Asphalt quietschen, zehn Zentimeter hinter Roberts Hinterrad kommt ein Wagen auf vier gebremsten Rädern ins Schleudern. Er schießt nach links, über den Straßenrand hinaus, holpert über den Abwassergraben und kommt einen halben Meter vor einer dicken Platane zum Stehen. Stille. Wir sind wie erstarrt. Tadzio sagt bloß halblaut: „Wenn der jetzt aussteigt und Ihnen eine in die Fresse haut, dann schaue ich bloß zu, weil er völlig recht hat. Wenn Sie das mit mir gemacht hätten, würden Sie jetzt Zähne spucken.“ Nach einer Weile steigt ein Franzose mit aufgeschlagener Stirn aus dem Wagen. Er hält sich ein Taschentuch gegen die blutende Wunde. Ich weiß nicht – entweder erkennt er in Robert nicht den Schuldtragenden an dem Unfall, oder er ist davon überzeugt, er sei selber schuld daran. Jedenfalls sagt er nichts. Er macht ein paar Schritte und atmet schwer, um seine Nerven zu beruhigen. Zwei Frauen, die ebenfalls im Wagen saßen, steigen jetzt aus, auch sie total geschockt. Ich versuche ein Gespräch in Gang zu bringen, und wir besichtigen gemeinsam den Wagen. Er ist nirgends beschädigt. Wir fahren weiter. Tadzio sagt: „Herr Be, was ist das nur für ein Volk. Die wollen einen Krieg gewinnen? Die verstehen sich doch nicht einmal darauf, jemandem eine in die Fresse zu hauen.“

Nach einer Stunde erreichen wir Montauban. Hinter der Stadt legen wir uns für eine Mittagsrast am Ufer des Tarn hin. Ich denke an die Leere dieser Gegend. Entlang der Landstraße haben wir Dutzende Häuser gesehen, die früher einmal bewohnt waren, ganze Siedlungen – alles verlassen, vermodert, verfallen. Drei oder vier Kilometer von der Hauptstraße entfernt kann man Stellen finden, wo man keiner Menschenseele begegnet. Eine Wüste.

Zum Abendessen trinken wir herrlichen Rotwein zu 1 Fr. 50 der Liter. Daran herrscht hier nirgends Mangel.

2. 7. 1940

Am Morgen Waschen und Rasieren, Säubern der Kleidung. Um neun ist die Hitze schon mörderisch. Um zehn brechen wir auf. Seit drei Tagen begegnen wir immer wieder Menschen, die nach Norden zurückkehren. Sie fahren nach Hause, winken uns zu und geben uns zu verstehen, daß wir in die falsche Richtung unterwegs sind. Gegen Mittag erreichen wir einen Vorort von Toulouse. Wir passieren eine endlose Reihe von Pariser Autobussen, in denen jetzt Flüchtlinge wohnen. Sie trocknen ihre Wäsche auf den Haltestangen, sitzen neben den Fahrzeugen im Gras, entzünden Feuer, kochen und trinken. Wir fahren in die Stadt hinein. Unterwegs hat man uns versichert, daß es in Toulouse noch ein polnisches Konsulat gibt. Wir treffen vor dem Gebäude ein. In der Toreinfahrt und im Hof wimmelt es von Landsleuten. Arbeiter, Offiziersfrauen, polnische Soldaten. Angeblich zahlt das Konsulat eine Unterstützung aus, und die Menschen warten. Die Stimmung ist miserabel. Alle sind verängstigt, erzählen unglaubliche Geschichten, träumen davon, spanische oder portugiesische Visa zu bekommen, wollen nur weiter. Andere sind schon wieder auf dem Weg zurück nach Polen, sofort, auf der Stelle. Die Deutschen haben angeblich in Lyon bereits eine Sonderabteilung eingerichtet, die Polen zur Rückkehr überredet und anwirbt. Einer soll schon direkt nach Warschau abgefahren sein, ein anderer heute fahren. Ein wichtig tuender Herr rennt herum und schwört bei allen Heiligen, es sei möglich, ein chinesisches Visum zu bekommen. Ich habe eine Schwäche für solche Typen und spreche ihn an. „Gestatten?… Nach China? Wo, mein Herr?“ – „Das ist nicht so einfach“, sagt er und lächelt geheimnisvoll. Ich sage halblaut: „Ich möchte nach Andorra… Ich hab mich in die Sprecherin von Radio Andorra verliebt… haben Sie die je gehört?“ Er klimpert mit den Lidern. Ich beginne zu lachen.

Ich beschließe, vor allem einmal herauszufinden, ob unsere Fabrik in Carcassonne ist. Ich gehe zur Präfektur und zur Abteilung des Rüstungsministeriums, aber dort haben sie schon Abschied genommen von den Waffen, und keiner weiß etwas. Daher gehen wir zum Polnischen Haus. Hier nächtigen die Menschen im Garten, diskutieren. Außerdem werden billige Mahlzeiten ausgegeben. Ganz zufällig erfahre ich von einem Franzosen, daß sich in Carcassonne tatsächlich ein Teil unserer Fabrik befindet. Ich habe daher nicht die Absicht, hier auch nur einen Moment länger herumzuhocken. Die Atmosphäre ist verpestet. Tadzio hat Angst, wir könnten ihn hier zurücklassen. „Wenn Sie mich nicht weiter mitnehmen wollen, würde ich trotzdem um nichts in der Welt bei diesen Hammeln bleiben. Mein lieber Herr – was einem hier der eine erzählt, das hat er immer von einem gehört, der noch dümmer ist als er selber, und der erzählt es dann wieder einem weiter, der noch einmal dümmer ist." Ich umarme ihn und versichere ihm, daß wir keinen Augenblick daran gedacht hätten, auf einen Schatz wie ihn zu verzichten. Er ist hingerissen. Wir kaufen ein wenig Essen für unterwegs ein und machen uns auf den Weg. Angeblich lassen sie niemanden aus Toulouse hinaus, und es gibt Gendarmeriepatrouillen auf den Straßen. Ich fahre als erster, vorsichtig. Nach einer Weile sind sie auch schon da – eine Barriere quer über die Straße und schwarze Uniformen. Wir biegen ab und fahren über Seitenwege, nach einem Kilometer dann wieder zurück auf die Straße. Keiner da. Wie hätten sie auch alle Ausfahrten aus der Stadt kontrollieren können. Es ist sechs Uhr, und bis Carcassonne haben wir noch 92 Kilometer vor uns. Ich schlage ein rennmäßiges Tempo ein. In der ersten Stunde machen wir 23 Kilometer, in der zweiten 22 – es ist acht Uhr. Wir beginnen, nach einem Nachtquartier Ausschau zu halten. Die Straße ist wunderschön – auf beiden Seiten sanfte Hügel, Wiesen, manchmal leuchtet ein Friedhof weiß, umsäumt von Säulen dunkler Zypressen. Frieden, Stille, Harmonie. Unwillkürlich denke ich an Griechenland. Irgendwo in der Ferne schlägt eine Turmuhr eine ganze Melodie. Dann pfeift Tadzio etwas leise vor sich hin, verstummt wieder. Er fährt neben mir her und sagt halblaut: „Ist das nicht wunderbar?" Die Nacht bricht herein. Wir finden einen Hof und daneben einen Haufen Klee unter einem Dach. Die Nacht ist heiß. Ich liege im Klee und habe einen Hügel vor Augen, und darüber zeichnet sich, gegen den Hintergrund des dunklen Himmels, scharf das Dach einer kleinen Kirche ab. Glokken läuten – eine größere und eine ganze Schar kleinerer. Sie läuten. Und die schwarzen Zypressen, die Wiesen, Felder und Weingärten tragen ihren Klang weiter, reichen ihn immer weiter, immer schwächer. Ich horche und schaue. Schönheit kann genauso schwer zu ertragen sein wie Schmerz. Man kann sie nur bis zu einer gewissen Grenze aushalten, bis zu einer gewissen Tiefe erleben. Dann verliert man innerlich die Besinnung.

Der Himmel wird noch dunkler, fast violett. Sterne blinken. Wir gehen zu einem großen Becken neben einer Quelle, um uns zu waschen. Wir ziehen uns nackt aus, schöpfen Wasser mit unseren Eßschalen und gießen es langsam über uns. Ist Frankreich vielleicht das Griechenland der Epoche, in der man es Achaia genannt hat? Ringsum zirpen Grillen, Fledermäuse gleiten durch die Luft. Große Ruhe. Ich kann lange nicht einschlafen. Alles, was war, hört auf zu sein. Ich bedauere nichts; ich habe ein Gefühl, als hätte ich in dieser Nacht hier im Süden zum ersten Mal die Erde betreten.

3. 7. 1940

Wir stehen am Morgen auf, geweckt von einem Glockenkonzert. Die Sonne scheint. Wir fahren weiter. Die Ernte hat bereits begonnen. Nach zwanzig Kilometern setzen wir uns in den Graben. Die Getreidefelder erscheinen in der Sonne weiß. Eine Erntemaschine, das letzte Modell aus der Zeit von Marie Antoinette – so etwas in Form einer Nähmaschine und einer Maschine zum Haareschneiden – zuckelt langsam dahin, von Kühen gezogen.

Gegen ein Uhr erreichen wir Carcassonne. Ein kleines, schönes Städtchen. Auf der anderen Seite des Flusses die Burg, eine Stadt wie eine Theaterdekoration. Carcassonne ist in der Mittaghitze völlig leer. Im „Hôtel Vitrac“ finden wir sieben Kollegen aus dem Pariser Büro. In Carcassonne ist ein Teil unserer Fabrik, es gibt sogar so etwas wie eine Direktion. Man bekommt 500 Francs, etwas später noch einmal 675 – als *indemnités de repliement*[1], das heißt als Entschädigung fürs Abhauen, und gerade heute tragen sich alle in die Unterstützungsliste ein – 23 Francs täglich, die ab morgen ausbezahlt werden. Die Polen werden von ihnen wie die eigenen Leute behandelt, ohne jeden Unterschied.

Nach dem Mittagessen richten wir uns in einem großen Zimmer mit fünf Betten ein. Wenn wir zu zweit auf einem Bett schlafen, kommt uns das Zimmer sehr billig. Wir fahren zu unserer „Fabrik“. Sie ist im Gebäude einer leerstehenden Hutfabrik untergebracht. Wir werden registriert, morgen wol-

[1] Evakuierungsentschädigung

len sie 500 Francs ausbezahlen. Wir verlassen die „Fabrik" und gehen zum Fluß baden. Während sich Tadzio auszieht, beugt er sich zu mir und flüstert mir ins Ohr: „Herr Be, ab morgen gehen wir in den Ruhestand. Urlaub, Feierabend." Das ist wohl nur in Frankreich möglich.

14. 7. 1940

Carcassonne? Nein, ein olympisches Dorf. Sie haben uns alles ausbezahlt, ab jetzt gibt es 23 Francs täglich Unterstützung. Das Hotel kostet drei Francs täglich, das Mittagessen 14 Francs mit Wein und Brot *à volonté*[1]. Wie in alten Zeiten. Rotwein; sie servieren ihn gekühlt in großen Karaffen. Wenn man eine ganze Karaffe ausgegurgelt hat, holt man sich die nächste vom Nebentisch. Krieg? Den kennen sie hier nur aus den Erzählungen der Durchreisenden. Sonne, wunderbar und saftig, seidige Abende und Nächte, wie das Fell einer schwarzen Katze. Schon morgens am Wasser, die Trägheit der beim Schwimmen gedehnten Gliedmaßen. Endlos gut. Hier habe ich das alte Frankreich eingeholt. Und jetzt trinke ich es langsam aus, ganz langsam, wie ein Glas guten Weins. Und dann? Mein Gott… „morgen", „dann", „in der Zukunft", das sind Worte aus einer Epoche, die vergangen ist, verschwunden, möge die Geschichte ihr gnädig sein. Wenn es nicht möglich wäre, diese Worte zu verwerfen, würde das „Jetzt" jeden Sinn, allen Charme einbüßen. Ich möchte nur „jetzt" leben. Vom ersten Tag an habe ich hier ganz deutlich gespürt, daß mir das Schicksal einen Haupttreffer zuerkannt hat und ich jede Minute auskosten muß. Ich horte die Minuten. Volle, runde, duftende Minuten und Stunden.

Zuerst war Dakar. Die Engländer wollten nicht zulassen, daß die französische Flotte an die Deutschen übergeben wurde, und bombardierten, versenkten oder beschädigten die Hälfte der besten Marineeinheiten Frankreichs. Es kam zu einem regelrechten Seegefecht zwischen Franzosen und Engländern. Die Engländer taten ihr Bestes. Ein trauriger Anblick. Das Wichtigste ist jedoch, daß die Franzosen gekämpft haben. Zwar

[1] nach Belieben

in Dakar und gegen die Engländer, aber sie haben gekämpft. Und dann haben sie sich aufgeführt wie ein Gigolo, der eine Ohrfeige bekommen hat – alle Zeitungen erhoben ein Geschrei [...] Jetzt haben sie die diplomatischen Beziehungen zu diesen gräßlichen Engländern abgebrochen. Den ganzen Haß gegen die Deutschen, ihren ganzen Schmerz über diesen Krieg, in dem sie immer nur davongerannt sind, lassen sie jetzt an den Engländern aus. Wenn ich sage, ich sei Pole, nicken sie traurig: „Auch ein Opfer Englands." Heute ist der 14. Juli. Die französische Regierung, die sich im Moment in Clermont-Ferrand befindet, hat Anweisung gegeben, diesen Tag als nationalen Trauertag zu begehen; in den Kirchen Trauergottesdienste. Wie durch einen Nebel erinnere mich an diesen Tag vor einem Jahr. Menschenmassen auf den Champs-Élysées. Wie herrlich dieses Militär war... Warum macht sich jetzt überall diese verdammte Lüge breit? Lohnt es sich, daran zu erinnern? Sicher nicht. Ich schreibe das nieder und lächle unwillkürlich. Eine bösartige Freude darüber erfaßt mich, daß das alles geplatzt ist, zersprungen, daß noch mehr Nähte aufreißen werden.

Heute war ich auf der Burg, in der Kathedrale. Vor dem Altar steht eine Standarte, der Priester im schwarzen Ornat, die Messe ohne Glocken. Nach dem Gottesdienst dröhnt die Orgel die „Marseillaise". Meine Knie werden weich, ich schlukke. Tadzio hat Tränen in den Augen. Doch die Franzosen treten lachend aus der Kirche, viele stecken sich noch drinnen eine Zigarette in den Mund und suchen in den Taschen nach Zündhölzern oder einem Feuerzeug. Ich balle die Fäuste. Wieviel schwieriger ist es zu leben, wenn man ein Barbar ist. Nein – die Zukunft gehört nicht dem Bauch und dem Gehirn; sie gehört trotz allem – dem Herzen.

Das große Hotel innerhalb der Burg ist von Fliegern belegt. Als einer von ihnen hört, daß wir polnisch sprechen, kommt er auf uns zu und sagt, er sei Tscheche. Er spricht gebrochen polnisch, doch man kann ihn ganz gut verstehen. Er erzählt von den Franzosen, spricht voll Mitleid über sie. „Sie werden erst in zwei Monaten sehen, was geschehen ist." Sie werden es sehen. Aber ob ihnen überhaupt etwas geschehen kann?

28. 7. 1940

Kennst du die Stimmung und das Leben in den südlichen Kleinstädten Frankreichs? Ich denke immer an dich, und es tut mir unendlich leid, daß wir nicht beisammen sind. Wir hätten so viele Themen, über die wir sprechen könnten, und so viele Gelegenheiten, das zu erleben, was anderen entgleitet, ihnen durch die Finger rinnt, was ihnen bloß wie langweilige Monotonie erscheint.

Es gab Krieg, und der dauert noch an, aber für sie ist er angeblich schon vorbei, und bis hierher ist er gar nicht vorgedrungen. Und sie haben sich nicht verändert. Gegen Abend gehe ich aus. Die Sonne ist hinter den Häusern verschwunden, und man spürt sie nur noch in den engen Gassen; die von der Glut des Tages aufgeheizten Steine haben noch ihre Wärme bewahrt, die Hauswände werfen ihre Hitze zurück. Die Stunden zwischen Auf- und Untergang sind Stunden ohne Farben: Was immer du betrachtest, hat dieselbe grauweißliche Färbung, ist diesig wie ein verschossenes Aquarell.

Nun werden die tagsüber geschlossenen Fensterläden geöffnet und Tische, Hocker, Lehnsessel und Bänke vor die Häuser getragen. Auf diesen sitzen schwarz gekleidete alte Frauen; sie nähen, häkeln, stopfen und plaudern. Sie sprechen das singende, beinahe phonetische Französisch des Südens. Wie in „Fanny“ und in „Marius“ von Pagnol. In der Stunde der Dämmerung halten sich alle vor dem Haus auf und bleiben hier bis spät in die Nacht sitzen. Die jungen Mädchen sind dunkelhäutig und haben schwarze Haare, die Jungen sind ebenfalls dunkel und gewöhnlich klein. Am Abend jagen sie auf Fahrrädern herum.

Ich gehe zur Burg… Es ist schon völlig dunkel. Ich komme zum Wall und gehe außen um die Mauern herum. Am Himmel zerplatzen Sterne wie Gasbläschen im Sodawasser, und die Staubwolke der Milchstraße wird deutlicher sichtbar. Die Burg, das ganze von Mauern umgebene Städtchen im Innern erscheinen nun geheimnisvoll. Wie Illustrationen von Märchen. Über die Brücke, die man einst hochziehen konnte, gehe ich hinein. Ich kenne hier schon alle Durchgänge und Winkel. Ich klettere auf der Mauer herum und steige dann über Steinstufen auf den Turm. Tief atme ich die frische Brise ein, die von den Pyrenäen herüberweht. Ich lege mich auf den Boden und starre in den Himmel. Jetzt ist er tatsächlich ein Gewölbe. Manchmal nicke ich beinahe ein.

Langsam spaziere ich zurück, und vor dem Hotel gehe ich in mein Bistro, um einen Rum zu trinken. An einem Tisch sitzen ein paar malerisch schmutzige und malerisch gekleidete spanische Zigeuner. Sie trinken Bier und sprechen heiser. Und an einem anderen Tisch spielen heimische Bürger „Belotte" – sie spielen mit Händen, Füßen und Köpfen, mit ihrem ganzen Körper, und schreien dazu. Sie brüllen vor Aufregung. Ich trinke meinen Rum und zünde mir eine Zigarette an. Die Nacht ist wieder heiß, und ich werde nicht richtig schlafen können. Um elf wird das Bistro geschlossen. Die grauhaarige Patronin schlurft zum Geländer der Grünanlage und ruft gedehnt: „*Toto, Toto, minou, minou…*" Doch Toto, ein großer, schwarzer Kater, ist verschwunden. Die heiße Nacht hat ihn mitgenommen. Am Morgen findet er sich vor der Tür zum Eisraum, wo er das eingesperrte Fleisch riecht. Die Alte sagt zu ihm: „*Méchant Toto, la viande n'est pas pour toi – oh non!*",[1] dann sieht sie sich um, ob die andere Alte, ihre Schwester, zuschaut, schneidet ein Stück ab und versteckt Toto samt seiner Beute unter dem Tresen. Und dann ruft sie mit durchdringender Stimme: „*Du café pour monsieur*!" Ich werde also Kaffee trinken…

Durch die vom Sonnenlicht durchfluteten Gassen fahre ich zur Mairie. Ich möchte ans Meer reisen und muß herausfinden, wie sich eine solche Reise aus der Sicht der Verwaltung darstellt. Man darf jetzt seinen Aufenthaltsort nicht ohne *sauf-conduit*[2] verlassen, und außerdem laufen meine Papiere demnächst ab.

In der Abteilung „étrangers" der Mairie frage ich einen

[1] Schlimmer Toto, das Fleisch ist nicht für dich, oh nein!
[2] Passierschein

Gendarmen mit Fischaugen. Wie alle hier spricht auch er um diese Tageszeit mit einer Stimme, die an schwedische Gymnastik im Zeitlupentempo erinnert. Zuerst muß man die Papiere verlängern, wofür eine Eingabe bei der Präfektur nötig ist. In der Präfektur schicken sie mich wieder zur Mairie für einen Stempel, daß ich angekommen und gemeldet bin. Natürlich, aber die Präfektur hat es untersagt, diese Stempel in die Dokumente von Flüchtlingen zu setzen. Wenn sie es gestattet, dann ist ja alles in Ordnung. Ich kehre zur Präfektur zurück. Ja – sie können der Mairie eine Weisung erteilen, doch erst muß ich eine Bestätigung der Fabrik beibringen. Ich fahre zur Fabrik. Ich kehre mit der Bestätigung zur Präfektur zurück. Dort nehmen sie mir alle Papiere ab und sagen, ich solle übermorgen wiederkommen. Übermorgen bin ich dann schon ein ganz anderer Mensch. Ich befinde mich mit allem Drum und Dran in einem schönen Aktenordner, und *mademoiselle* sagt geheimnisvoll zu mir: „*Votre cas a été examiné et monsieur le Préfet signera cela à cinq heures*".[1] Ich komme um fünf Uhr zurück und erfahre, daß *mon cas* eben per Post an die Mairie abgeschickt wurde. Die Mairie ist von der Präfektur fünfhundert Meter entfernt. Am nächsten Tag, *après-midi*[2], setzt mir die Mairie einen Stempel auf *arrivée*[3] … Ich kehre zur Präfektur zurück. *Demain après-midi*[4] erhalte ich die Verlängerung der Gültigkeit. Alle kennen mich bereits. *Sauf-conduit*? Der Gendarm mustert mich drohend. Mit welcher Begründung? Ich möchte ans Meer fahren, ganz einfach ans Meer. Ein Moment des Nachdenkens: Dann schreiben Sie bitte „Familie in Narbonne", lautet der barsche Befehl. Ich lächle. Auch er lächelt unter seinem Schnurrbart. *Demain après-midi*.

Warum sind wir nicht beisammen? Wir würden gemeinsam lachen, wenn wir durch die sonnendurchfluteten engen Gassen spazieren, und wir würden so langsam und träge gehen, wie meine Papiere von der Präfektur zur Bürgermeisterei

[1] Ihre Sache wurde geprüft, und der Herr Präfekt unterschreibt um fünf Uhr.
[2] nachmittags
[3] Ankunft
[4] morgen nachmittag

gewandert sind: 500 Meter in 24 Stunden. *Demain après-midi*, wieder ohne dich…

31. 7. 1940

Ich fahre an den Fluß. Ich radle aus der Stadt hinaus und gelange auf einem Weg durch die Weinberge zum „Schwimmbad“. Ich liege in der Sonne. Die Franzosen geben sich eigentlich nie irgendwelchen Illusionen hin; sie haben das nicht, was man den „Drang, das Unmögliche zu erreichen“, nennen könnte. Einzig der Wunsch, aus der Seine in Paris mit der Angel einen Fisch zu fangen, stellt vielleicht eine gewisse Ausnahme in dieser Hinsicht dar. Obwohl auch das angeblich nicht völlig im Bereich des Unmöglichen liegt. Sie besitzen einen stark entwickelten Sinn für ein Leben ohne Ideale und Illusionen, den sich unsereins nur schwer aneignen kann. Ann Bridge hat das in „Picknick in Peking“ (was für ein Titel!) sehr witzig beschrieben. Sie sagt, eine Mondnacht und die Liebe seien für den Franzosen zwei Naturphänomene, die er nie miteinander vermischt. Die Mondnacht ist sehr schön, kein Zweifel, und auch die Liebe in den eigenen vier Wänden, auf einem bequemen Bett, ist schön, *mais il ne faut pas confondre ces deux choses*[1], man darf das nicht vermischen. Ihre Gespräche und Diskussionen sind durchsetzt mit blitzenden Perlen und Flitter, und im allgemeinen machen sie nie den Versuch, zu irgendeinem Resultat zu gelangen; sie wollen niemanden überzeugen. Sie zerschnipseln alles und jedes in eine große Anzahl von Mustern (die allerdings nicht ohne Wert sind) und legen dann diese Muster vor den Augen der Kundschaft auf dem Tisch aus, die von der Finesse und Eleganz ganz hingerissen ist. Sie verstehen es, stundenlang über die Dinge des Alltags zu sprechen, der für sie das einzige wichtige Problem darstellt. Heute hat man sie gern, morgen haßt man sie, übermorgen kokettieren sie wieder mit irgendeiner Nebensächlichkeit oder der Leichtigkeit, mit der sie an das herangehen, was man als PROBLEM betrachtet. Sie besitzen eine phantastische Fähigkeit, das Geistige zu materialisieren, was vermut-

[1] aber man darf diese beiden Dinge nicht verwechseln

lich ihren Geist ausmacht. Sie verunsichern uns, machen es uns unmöglich, nicht zu denken und uns mit einer belanglosen Bemerkung aus der Affäre zu ziehen, die sich in diesem Augenblick wie von selbst auf die Lippen drängt. Wir würden sie gerne verachten, aber das ist nicht so einfach. Ist es nicht erlaubt? Stellt Frankreich etwa eine Religion dar?

Im Verlauf meines einmonatigen Aufenthaltes hier hat es in der Welt wichtige Ereignisse gegeben. Frankreich hat seine Verfassung geändert, das Parlament wurde aufgelöst und das autoritäre Regime Pétains eingeführt. Man hat den Franzosen das genommen, was sie am meisten schätzen – das parlamentarische Durcheinander. Doch das macht gar nichts – sie werden es um so lieber gewinnen… Und dann wird ihnen noch das Zweite genommen, was den Inhalt ihres Lebens ausmacht: das Essen. Es werden rigoros Lebensmittelkarten eingeführt, und es wird verboten, frisches Brot zu verkaufen. Alle warten auf einen Angriff der Deutschen gegen England. So fließen die Tage dahin, vergehen die Morgen und Abende dieses seltsamen Lebens.

Gruissan, 3. 8. 1940

Ich wohne in einem roten Haus auf Pfählen. Ich spaziere langsam über den Strand. Vom Land her weht ein lauer Wind, das Meer ist völlig still. Das Blau des Himmels zerfließt im Blau des Wassers, und alles ist in das gnadenlose Licht der Sonne getaucht. Ich nehme die dunkle Brille ab und habe den Eindruck, ich sei ein Fotoapparat ohne Filter. Das Auge verliert in dieser Helligkeit die Fähigkeit, die Farben deutlich zu unterscheiden, und der Himmel, das Meer, der Sand, die fernen Berge werden zu einer aschgrauen, flachen Masse. Ich gehe weit und lasse den farbigen Kuchen der Häuschen auf Pfählen hinter mir. Ich breite meine Decke auf eine sandige Düne und ziehe mich nackt aus. Die Flasche mit Trinkwasser grabe ich im feuchten Sand ein, dann lege ich mich hin. Alles ringsum ist leer. Stunden verfließen im Gespräch mit der Sonne. Eine kleine Krabbe schleicht sich mit neugierigen Schritten zu meiner Flasche. Ich räuspere mich, und die Krabbe flieht unverzüglich. Sie läuft seitwärts, rückwärts, vorwärts – immer in einer geraden Linie. Sie kann keine Kurven machen. Man könnte den Ausdruck gebrauchen: geradlinig wie eine Krabbe. Sie gleitet rasch ins Wasser. Auf meiner Hand krabbelt ein Sandkäfer. Er marschiert bis zum Ende des Fingers, dreht sich auf der Stelle, öffnet den Panzer und fliegt davon. Der Wind hat gewechselt und weht jetzt vom Meer her. Die blaue, reglose Tafel des Wassers beginnt zu zittern und zu schäumen. Millionen leuchtender Nadeln springen hoch. Strahlen, die direkt in die Sonne zielen. Ich gehe langsam ins Wasser und schreite, bis zu den Hüften im Wasser, lange dahin. Meine Decke am Ufer ist schon ganz winzig, als ich zu schwimmen beginne. Schultern und Beine arbeiten regelmäßig wie eine Maschine. Warum war Byron der Ansicht, daß auch die schönste Frau, wenn sie etwas anderes zu sich nimmt als Langusten und Champagner, unweigerlich vulgär aussieht? Ein Snob, aber ein ausgezeichneter Schwimmer. Ich würde gern wissen, in welchem Stil? Im Hexameter – sage ich lachend zu mir selbst. Die ganze Zeit ist der Grund zu sehen, obwohl es hier schon sehr tief ist. Der Strand ist nur gelber Sand, weit, weit entfernt. Ich tauche mit offenen Augen, doch das Wasser wirft mich hartnäckig immer wieder an die Oberfläche. Ich kehre um. Ich schwimme in langsamem, trägem Crawl. Dann gehe ich angenehm müde auf den Strand hinaus. Es ist still, und nur ein paar kleine Wellen werden mit Glucksen ans Ufer geworfen. Die neugierige Krabbe schleicht sich wieder an meine Flasche an…

Ich kehre zum Haus auf den Pfählen zurück. Die Sonne ist schon zur anderen Hälfte des Himmels gewandert und sticht in die Augen. Auf der gemauerten Einfassung des Kanals steht mein Patron, der Besitzer der Kolonie von Häusern, und hält einen langen Stab in der Hand, der in einem Zehnzack endet. Er trägt blaue Hosen aus Segeltuch, ein hellblaues Hemd und um den Leib eine blaugraue Schärpe mit kleinen Karos. Vor dem Hintergrund des Strandes, der sich endlos dahinzieht, sieht er im gleißenden Sonnenlicht aus wie ein Tintenklecks auf einem gelben Tischtuch. Er setzt sich von Zeit zu Zeit, beschattet die Augen mit der Hand, wischt sich mit einem Zipfel der Schärpe den Schweiß ab und mustert aufmerksam den Grund des Kanals. Plötzlich streckt er sich und läßt mit einer geschmeidigen, kaum wahrnehmbaren Bewegung den Stab ins Wasser sausen, um ihn sofort wieder herauszuziehen. Auf den Spitzen des Zehnzacks zappelt ein großer Fisch. Der schnurrbärtige Monsieur Louis lächelt mir zu, nimmt den Fisch herunter und sagt fröhlich: „Man muß schließlich etwas zu Mittag essen…“

Morgen. Über dem Meer liegt Nebel. Die Häuser, nur ein Dutzend Meter entfernt, sind bloß dunkle Flecken. Es ist schwül, und ich spüre, wie die Sonne, die sich in dieser Milch auflöst, erbarmungslos niederbrennt. Es herrscht eine Atmosphäre wie in einem sonnigen Zimmer, in dem man die Fenster schließt und Tüllvorhänge vorzieht. Ich setze mich aufs Rad und fahre ins Städtchen, um Brot, Wein und Wasser zu holen. Am Strand gibt es kein Süßwasser. Ich fahre über einen langen Damm zwischen den Lagunen und schrecke auf beiden Seiten Tausende kleiner Fische auf. Sie flüchten platschend in tiefere Gewässer, wobei sie sich aneinander drängen und Zickzacklinien und Streifen auf die glatte Wasseroberfläche zeichnen. Der Nebel hat einen schwer zu bestimmenden Geruch – wie ein frisch abgerissener Zapfen. Der Geruch von Tannenwäldern steckt darin und dringt bis hierher. Es herrscht eine schwere, tiefe Stille.

Ich betrete den Laden des Bäckers. Er ist wie eine Katze, die man geweckt hat, schläfrig, geschmeidig, er streckt sich. Er sagt mit singender Stimme zu mir: „Nebel bedeutet Hitze…“ Er reicht mir das Brot und verschwindet in den Tiefen der dunklen Bäckerei. Dann gehe ich Ansichtskarten des hiesigen Strandes kaufen. Meine „Zauberin“ begrüßt mich und schnauft im selben schläfrigen Ton wie der Bäcker: „Nebel bedeutet Hitze…“

Als ich zum erstenmal diesen Laden betrat, war keiner da. Plötzlich öffnete sich im Halbdunkel hinter dem Ladentisch eine Tür und etwas trat ein, bei dessen Anblick meine Knie nachgaben. Eine Riesenfrau mit ausladendem Schnurrbart und struppigem Bart. Ich muß wohl eine dumme Miene gemacht haben, gerade so, als wollte ich sagen, „friß mich nur nicht", denn sie lächelte innig und sagte ganz zärtlich: „*Vous désirez, mon pauvre*"?[1] Heute stellt sie eine ganze Schachtel farbiger Ansichtskarten vor mich hin, wischt sich mit der Schürze den Schweiß von der Stirn und dreht liebevoll eine nach der anderen um, wobei sie sich begeistert über jede einzelne äußert und erklärt, was sie darstellt: „Und hier links, das ist auf der Karte nicht mehr zu sehen, ist das Café: *Monsieur connaît ce café…*[2]" Am Ende ist bei jeder Karte das am wichtigsten, was darauf nicht zu sehen ist, aber *monsieur connaît ça sûrement*[3]… Und ich starre auf ihren Schnauzer und ihren Bart und träume von einer Karte, auf der nur sie zu sehen ist. Ich kaufe drei Karten für einen Franc. Sie setzt sich erschöpft nieder und erinnert mich zum Abschied: „*Vous savez*[4], Nebel bedeutet Hitze…"

Morgen werde ich wieder zu ihr gehen, weil sie in diesem Laden alles führt. Der Nebel ist plötzlich aufgerissen, und die Sonne hat sich wie flüssiger Stahl aus einem Kessel über das Städtchen ergossen. Leere. Nur hin und wieder schleichen glänzende Katzen eng an den schattigen Hauswänden entlang. Ich kaufe einen Liter Weißwein, eine Büchse Bohnen mit Fleisch und schöpfe Wasser aus dem Brunnen. Wenn ich die Flasche unter den Strahl stelle, der aus der Säule rinnt, necke ich jedesmal den großen Karpfen, der im Becken schwimmt. Er reckt gierig sein Maul, weil er glaubt, ich würde ihm etwas zu fressen hineinwerfen, aber ich schnippe nur mit den Fingern durchs Wasser. Ich necke ihn jedesmal, weil ich Karpfen nicht leiden kann. Dieser ist wie ein schläfriger Bankier, und seine wenigen verbliebenen goldenen Schuppen glänzen auf seinem Bauch wie die Anhänger einer Uhrkette auf einer Weste. Ich komme verschwitzt nach Hause und trinke meinen Kaffee im *monsieur connaît ce café* und esse dazu Brot mit Konfitüre.

[1] Sie wünschen, mein Ärmster?
[2] Sie kennen das Café…
[3] Sie kennen das sicher…
[4] Sie wissen…

Dann reibe ich mich von oben bis unten mit Öl ein.

Vom Meer her treiben dichte Nebelschwaden. Eine halbe Stunde später ist der Himmel blau und tief. Die Sonne spielt verrückt. Ich habe den Eindruck, ich brutzelte wie ein Spiegelei in der Pfanne. Am Strand schmatzt eine Welle zu meinen Füßen. Und dieses Geräusch, wie sie laut über den Strand leckt, läßt die Stille ringsum noch tiefer erscheinen. Die Luft kräuselt sich über dem Sand, und man sieht alles wie durch zerknülltes Zellophanpapier. Das Denken setzt für eine Weile aus, und in den Ohren kreiselt nur, hartnäckig und ermüdend, der „Bolero" von Ravel. Diese unmelodische Melodie hat etwas an sich, was als einziges geeignet erscheint, die Stimmung dieser reglosen Stunden wiederzugeben; es ist der Rhythmus des Chaos, heiß und gleichzeitig eisig und grausam; der Rhythmus von etwas, was innerlich kalt und völlig bewegungslos ist und nur von außen schrecklich erhitzt wird.

Die Sonne frißt alle Farben in mir auf, sie weißelt mein Inneres und schwärzt nur die Haut. Ich bin ein Brocken Fleisch. Ich gehe ins Wasser und bin ein Fisch. Die Kühle des Wassers wirkt auf mich, als gleite man mit der Hand über die ganze Klaviatur eines Flügels. Ich fülle mich mit Tönen und Halbtönen, gewinne wieder an Farbe. Der Traum von den südlichen Meeren von London und Maugham ist in Erfüllung gegangen. Ich tauche unter. Das Wasser ist grünlich. Ich drehe mich auf den Rücken und steige langsam hoch, wie ein lautloser Aufzug. An irgendeinem Stockwerk komme ich an einer im Smaragdgrün schwebenden rosa Medusa vorbei. Und dann wieder die Sonne.

Nachmittags wird die Hitze drückend. Ich nehme die Matratze vom Bett und lege sie auf die Veranda. Ich lese. Das Buch habe ich von Belgiern ausgeliehen, die ich vor ein paar Tagen kennenlernte. Es gibt hier ein paar Belgier – ebenfalls Flüchtlinge. Mein Bekannter, Dr. G., ist Direktor des Museums für Afrikanische Kunst in Namur. Seine Frau ist sehr nett. Beide sind jung und sympathisch. Wenn ich Bemerkungen über die Franzosen mache, lachen beide; wenn ich etwas über Polen sage, werden sie ernst, obwohl ich oft selber kaum an das glaube, was ich sage. Jede Niederlage birgt eine große Gefahr in sich: Auf der Suche nach Fehlern überschreitet man leicht eine Grenze, und dann wird die Suche nur noch zur Niedertracht und Selbstbesudelung. Wir spucken auf unser dummes Heldentum, die Belgier auf die eigene Feigheit und ihren König. Sie sagen, wir hätten recht, ich glaube, daß eher sie recht gehabt haben. Polen, Belgien, Holland, Frankreich beginnen nachzudenken. Aber solange sie in diesem Denken nicht die Grenze der eigenen Würde überschreiten, werden sie nicht wirklich besiegt sein.

Durch das Geländer der Veranda sehe ich eine Bergkette. Ein paar Wolken hängen reglos über ihr. Ein plötzlicher starker Windstoß bringt das ganze Häuschen zum Schwanken. Dann eine zweite und eine dritte Böe. Ein Orkan bricht los, heiß und heftig. Die einzelnen Windstöße, die anfangs an ein wiederholtes Öffnen und Schließen einer Gasflasche erinnert haben, gehen in ein ununterbrochenes Heulen über. Von Nordwesten drängt eine Wand heißer Luft heran. Ich schaue auf den Strand.

Gelbliche Nebelschwaden trennen die Streifen saphirgrünen Wassers und goldenen Sandes. Ich laufe zum Strand. Ein paar hundert Meter von den Häusern entfernt, ziehe ich mich aus und laufe los. In der Nähe des Ufers ist das Meer ganz ruhig. Der vom Land herangewehte Sand bildet große Dünen und Wächten; der Wind dröhnt und peitscht den Sand gegen die Beine. In kurzen Abständen ist ein metallenes Geräusch zu hören, wie das Klingeln von Milliarden von Sandkörnern, die aufs Wasser prallen.

Ich laufe an der Linie des Wassers entlang und spritze von Zeit zu Zeit riesige Fontänen hoch. Ich werde von wilder Freude erfaßt, und obwohl ich schon ein paar Kilometer gelaufen bin und Müdigkeit verspüre, laufe ich immer weiter. Der Wind pfeift mir um die Ohren, die kupferne Sonne neigt sich dem Untergang zu, und mein riesenhafter Schatten tanzt übers Wasser. Auf der Fläche des Strandes, der sich bis zum Horizont erstreckt, entdecke ich etwas Schwarzes. Ich laufe darauf zu. Dort liegt das Wrack eines kleinen Schleppers, zur Hälfte im Sand vergraben. Ringsum ist alles leer, nur der Wind heult, das Licht hat die Farbe von leicht angebräuntem Zucker, und der geneigte Schornstein des Schiffes ragt in den Himmel. Auf den Fragmenten von Stahlseilen pfeift der Wind noch durchdringender, er heult im Schornstein und schleudert Sand vor sich her, mit dem er den stählernen Leichnam noch tiefer eingräbt. Die Umgebung wirkt seltsam, sie atmet die Leere und Stille eines Friedhofs, über die der Wind lacht, der in den Sparren kichert, mit Blechstücken klirrt und ringsum über die Sandtrichter tanzt.

Ich setze mich auf den Bug und denke plötzlich an die „Schatzinsel". Ich habe den Eindruck, als beobachte mich jemand aus der halb verschütteten Ladeluke. Und Kapitän Flint, der in Savannah gestorben ist, ruft: „Rum, Darby, McGraw..." Da reißt sich plötzlich ein Stück Blech los, fegt über das Schiff und kollert scheppernd und dröhnend ins Meer. Ich mache mich davon, wobei ich mich immer wieder umsehe, ob es mich nicht verfolgt. Ich springe über die Dünen, grabe beide Hände in den Sand und werfe ihn hoch. Er zerstäubt in Wolken und fliegt mit dem Wind weit übers Meer.

Am Abend bewölkt sich der Himmel, und die Nacht wird völlig schwarz. Mein Häuschen schwankt auf seinen Stützen, zittert und ächzt, von den Stößen des entfesselten Sturmes hin und her geschüttelt. Nach dem Abendessen gehe ich hinaus. Ich stehe auf dem Sand, der hart wie Beton ist, weil die Winterstürme ihn auf dieser weiten Fläche zusammengepreßt haben. Ich halte mich an die Telefonmasten, um in dieser Wüste nicht in die Irre zu laufen. Wie auf einen weichen Teppich lege ich mich auf den Wind. Trotz Nacht und Wind ist es stikkig. Ich ziehe das Hemd aus und gehe weiter. Der heiße Wind, der aus der dunklen Ferne heranweht, ist eintönig und ermüdend. Die Telefonmasten werden zu einem ganzen symphonischen Orchester. Manchmal bleibe ich stehen und lausche. Es hat etwas von der Ouvertüre zu „Wilhelm Tell" von Rossini an sich. Nein – das ist die 12. Etude von Skrjabin. Wenn ich sie höre, denke ich jedesmal an einen weiten, heißen Wind.

Die Erinnerungen, Vergleiche, vergessenen Bilder verschwimmen. Einmal ging ich in Gorce allein durch einen Föhnsturm… Mitleid ist das dümmste Gefühl, Trauer macht kraftlos. Sicher werde ich die ganze Nacht nicht schlafen können. Ich werde mich selber betrachten und von Zeit zu Zeit zu der Auffassung gelangen, daß ich das gut gespielt habe; diese Szene der Schlaflosigkeit, Melancholie und Trauer. Es ist unterhaltsam, wenn man gleichzeitig fühlt, daß das Leben da drinnen schäumt und lacht. Morgen um fünf fahre ich von hier weg, dabei habe ich das Buch noch nicht ausgelesen. Bis zum Morgen werde ich es schaffen. Es beginnt zu regnen. Mir ist hier die Zeit abhanden gekommen – es gibt keine Tage und Nächte, keine Stunden, keine Zeiträume… ich selber bin die Zeit.

Carcassonne, 10. 8. 1940

Carcassonne. Ich verdrücke mich in unserem Bistro in eine Ecke, verlange ein Glas Rum, werfe vier Stück Zucker hinein und fühle mich wohl. Nur irgendwo tief drinnen bin ich beunruhigt wegen Basia. Ich habe von ihr einen Brief aus Paris bekommen. Und jetzt denke ich so an sie, wie Stas an Nel[1] dachte, als er sie im Baobab zurückließ und loszog, um Hilfe zu suchen. Ich weiß, daß alles gut werden wird. Nun ist ein lauer Abend angebrochen, es regnet und ist frisch. Der Rum ist (natürlich) von der Farbe dunklen Bernsteins und duftet. Rum… Ich schmiege mich noch tiefer in den Lehnstuhl und zünde eine Pfeife an. Mich umfängt eine herrliche, ruhige Ziellosigkeit. Tuwim schrieb einmal, die Kühe hätten einen „jenseitigen Blick“. Genauso ist mein Blick. Die Menschen sind hoffnungslos in ihrer Angewohnheit, überall auf der Stelle einen Sinn suchen zu wollen. Diese ganze Gesellschaft aus dem „Gemeinschaftszimmer“ ist schwerfällig. Krieg? Krieg! Für S. ging er dort, an einem Septembertag, zu Ende. Er kann sich nicht freimachen davon und sagt, „wenn dieses oder jenes eingetreten wäre“, dann hätten wir uns vielleicht sogar einige Zeit

[1] die beiden Hauptgestalten des Romans „In Wüste und Urwald“ von Henryk Sienkiewicz

gegen zwei Fronten behaupten können. Das hätte gerade noch gefehlt… Krieg! Er hat schon zweimal angefangen und zweimal geendet. Jetzt ist eine Pause von zwanzig Minuten, und die muß man nutzen, so wie man die Pause in der Schule genutzt hat. Man hat uns schon zweimal aufgerufen, und zweimal haben wir ein „ungenügend“ eingeheimst. In den folgenden Stunden werden sie uns wieder abfragen, und darauf müssen wir uns vorbereiten. Ob das einen Sinn hat? Nein – am wichtigsten ist das Leben, das ganz gewöhnliche Leben. Es gibt Menschen, die während der Zugfahrt am Fenster stehen und zurückschauen. Denn wenn sie sich anders verhielten, würden sie Gefahr laufen, daß ihnen etwas ins Auge fliegt. Und wenn sie etwas Interessantes sehen, dann beugen sie sich die nächste halbe Stunde hinaus (trotz der kleinen Tafel: *E pericoloso sporgersi*) und sehen das nicht, was herangeflogen kommt, vorbeihuscht und verschwindet. So einer bleibt bei einem beliebigen Kilometer stehen und – servus, wie Tadzio sagen würde. Ich hingegen habe immer am liebsten nach vorn geschaut. (*Madame, la même chose, s'il vous plaît*[1].) Warum kann man über den Rum nichts anderes sagen, als daß er die Farbe von „dunklem Bernstein“ hat? Das ist so wie der „kalte Stahl des Revolvers“ – unausweichlich, wie das „tiefe, ruhige Inhalieren einer Zigarette“. Wie schade, daß Flaubert starb, bevor es ihm gelang, das Wörterbuch der Gemeinplätze fertigzustellen. Die Languste ist das Weibchen des Hummers, und so weiter… Gedanken können schrecklich sein. Einer läßt mir keine Ruhe: Im Escorial gab es zu Zeiten Philipps II. einen Kerzenleuchter mit 300 (in Worten: dreihundert) Kerzen. Wie haben sie den angezündet? Denn bevor sie die letzten entzünden konnten, waren doch sicher schon die abgebrannt, die sie als erste angezündet hatten. Ich weiß schon: Sie haben sie sozusagen pausenlos angezündet. Klar! Intellekt? – Leben, nicht Intellekt. Ich kehre ans Meer zurück. Eine große Pause. Gleich kommt Tadzio, und wir wollen Schach spielen. Natürlich wird er mich matt setzen. Es hat aufgehört zu regnen, und von der Straße weht der Duft von Mädchen herein. Toto steht in der

[1] Madame, bitte noch einmal dasselbe

Tür und reckt den Schwanz hoch. Er wendet mir das Hinterteil zu und sieht aus wie der Eiffelturm, vom Trocadéro aus gesehen. Zwei Beine laufen zu einem dicken Strunk zusammen, und nach oben hin wird das alles immer dünner. Tadzio kommt herein und fragt, warum ich den Kopf so schief halte. „Ich betrachte den Eiffelturm.“ Die spanische Wollust, die drei Häuser weiter wohnt, ist gekommen, um ein Bier zu trinken. Sie hat nicht ganz saubere Beine und trägt um einen Knöchel ein schwarzes Samtband. Der Fuß mit dem Samtband erscheint daher sauberer. Tadzio geht zu ihr hin und packt sie am Fuß mit dem Band. Dann bringt er die Schachtel mit den Schachfiguren. Doch er macht einen Höllenspektakel, weil er einen großen Floh darin entdeckt hat. Die Flöhe hier sind wirklich einmalig. Eben hat er ihn mit dem weißen Läufer auf dem Tisch zerquetscht. Matt!

12. 8. 1940

Ich habe alles. Ich bin ausgerüstet und kehre ans Meer zurück. In einem Korb am Markt fand ich ein paar Bücher, die ich mitnehmen will. „De bello Gallico“ von Caesar, eine vollständige lateinische Ausgabe mit Erläuterungen für drei Francs. „Manon Lescaut“ für 1,50 Francs und „Climats“ von Maurois für fünf Francs. Was für ein Genuß… Man muß die letzten Glanzlichter dieses Landes mit seinem billigen Essen, Trinken und den Büchern nutzen. Ausgewogenheit, das ist der Charme Frankreichs. Denn was habe ich von billigen Büchern, wenn das Essen teuer ist, oder von billigem Essen, wenn Bücher teuer sind? Ein Alter macht sich an mich heran und beginnt eine Unterhaltung. Hier im Süden erkennen sie nicht, daß ich fremd bin, und schlimmstenfalls halten sie mich für einen Belgier. Er plaudert über die Politik und sagt am Ende mit schelmischem Augenzwinkern: „Alle verfluchen lauthals die Engländer, aber insgeheim wünscht ihnen jeder den Sieg. Das ist jetzt die letzte Hoffnung – was meinen Sie? Werden sie siegen oder verlieren?“ Ich antworte nach Art der Bewohner der Normandie: „Die Deutschen sind stark, aber auch die

Engländer wissen, was sie machen – *On va voir*![1]" Er lächelt verständnisvoll. – „*Je comprends*." Ich frage ihn, wo hier das *pissoir* sei, weil ich nirgends diese „Mauer der Tränen", wie Tadzio es nennt, entdecken kann. Das hört eine Händlerin, und sie erklärt mir bereitwillig den Weg: „*Ici, à gauche, mon pauvre*!"[2] Sie singt das „e" am Ende und weist die Richtung. Rührend. Heute habe ich sie sehr gerne.

Wenn ich an dich denke, und das tue ich ständig, dann scheint mir, ich sei ein ausgelassener, gedankenloser Junge, der alle Vorteile der gegenwärtigen Situation genießt, spielt und herumtollt – der sogar mit der Sehnsucht nach dir spielt, in der er einen Sinn für seine Einsamkeit unter der Sonne entdeckt. Ich schäme mich – ich würde mich gern bei dir entschuldigen. Ich würde mich gerne bei allen entschuldigen, die jetzt leiden. [...]

13. 8. 1940

Es weht ein herrlicher Rückenwind, und ich fahre in atemberaubendem Tempo dahin. Mein Herz schlägt rasch, ganz einfach vor Freude. Die Sonne scheint, leere Stoppelfelder. Ich erreiche Narbonne vor sieben Uhr abends. In der Stadt herrscht die typische Stimmung eines lauen Abends. Dunkelblaue Männer sitzen in den Bistros und trinken ihren abendlichen Aperitif. Eigentlich trinken sie hier den ganzen Tag über etwas. Es ist still, ruhig, wohlig. Das alte Narbonne begibt sich zur Ruhe. Ich gehe auch ins Bistro. Rum? Nein – Limonade. Ein paar Bürger zwinkern mir verständnisvoll über ihren Gläsern gelben „Pastis" zu und sagen: „*Un tour de balade, hein*?" – „*Oui, on se promène*",[3] antworte ich und wende mich meiner Limonade zu, in der eine dicke Eisschicht schwimmt. Wieder schäme ich mich ... Ein Sommerabend, Limonade, in einer halben Stunde werde ich am Meer sein, Brot einkaufen, eine Dose Sardinen essen, eine Tomate, Käse, Zitronenwasser trinken und Schokolade knabbern; ich werde noch im Mondlicht ins Wasser springen und dann einschlafen, mich mit dem

[1] Man wird sehen!
[2] Hier links, mein Armer!
[3] Ein Spaziergang, wie? – Ja, ich fahr so vor mich hin.

ganzen Häuschen wiegen, das auf seinen sechs Pfählen eine Wind-Polka tanzt. Bis mir schwindlig wird und ich mit einem zweiten Glas kalter Limonade wieder zur Besinnung kommen muß... Ich steige aufs Rad, und bei Einbruch der Dämmerung bin ich am Brunnen.

Ich kaufe Brot, fülle meine Flasche mit Wasser (der alte Karpfen schläft bereits) und fahre über den Damm zum Meer. Monsieur Louis begrüßt mich mit einem Gläschen Grenache, klagt über die Leere (eine schlechte Saison in diesem Jahr – wirklich), reicht mir den Schlüssel für das Häuschen und wünscht mir eine gute Nacht und schönes Wetter. Die Sonne ist schon untergegangen, das Häuschen wiegt sich hin und her, und ich esse Sardinen, Tomaten und Käse. Tatsächlich eine schlechte Saison in diesem Jahr; nun, aber vielleicht hat das damit zu tun, daß sie den Krieg verloren haben... was? was? Den Krieg?

Ein riesiger Mond geht auf. Salzkristalle, vermischt mit Sand, blitzen im weißen Licht. Ich springe in den Kanal und bade in lebendigem Silber. Ich spiele mit dem Wasser, renne ins Haus und trockne mich auf der Veranda ab; der heiße Wind bläst mich trocken. Ich lege mich ins Bett und beginne, „Manon Lescaut" zu lesen und dazu die Arie des Chevalier des Grieux zu pfeifen. Ich denke die ganze Zeit an dich; denn weißt du noch – einmal haben wir am Abend bei uns auf meinem Diwan gesessen und die ganze „Manon" gehört. Du hast mir den Inhalt erzählt. Draußen waren Schnee und Eis, vom Ofen her war es angenehm warm, und in einer Dose auf meinem Schreibtisch gab es Zigaretten. Ich habe Nüsse mit Rosinen geknabbert und dich um eine Zigarette gebeten. Du hast mir die ganze Dose gebracht. Du hast den Kopf auf meine Schulter gelegt und wie immer gesagt: „Blas mir nur nicht den Rauch in die Nase." In der Schublade des Schreibtisches lagen noch ein paar Anzeigen von unserer Hochzeit. Ich höre auf zu lesen und starre gegen das Dach. Es wird vom Wind hin und her gerüttelt und springt wie der Deckel einer Kanne mit siedendem Wasser auf und ab. Ich denke, wenn es nun plötzlich abheben und wegfliegen würde, dann wäre es so wie unseres. Unser Dach ist längst davongeflogen…

14. 8. 1940

Die Sonne weckt mich. Sie schlüpft durch die Ritzen zwischen den Brettern herein und zerschneidet mein kleines Zimmer in ein Dutzend Segmente. Ich stehe auf, hacke Holz und koche Kaffee. Dann packe ich meine Schätze aus und richte mich ein. Ich erfreue mich an jeder Kleinigkeit, jeder kleinen Pfanne, Dose, Schere. Ich lege alles ordentlich hin und werde beim Anblick eines Aluminiumtellers mit einer Zitrone, Tomaten und Eiern auf dem karierten Tischtuch von regelrechter Begeisterung erfaßt. Ich füge noch ein Messer hinzu; das verleiht dem Ganzen Leben und Sinn. Und als ich noch einen kleinen Salzstreuer mit grünem Hütchen und eine Scheibe Brot daneben lege, meine ich, das sei schon ein echtes Erlebnis. Ich verspüre den Wunsch, malen zu können. Und zwar unbedingt so wie Cézanne.

Dann unternehme ich einen weiten Spaziergang, ich lese, schwimme und döse vor mich hin. Caesar ist schrecklich. Jetzt verstehe ich erst, warum der alte Bogucki immer nur gesagt hat „die Römer, diese Barbaren“. Und zu allem Überfluß trägt Caesar auch noch schrecklich auf. Erfindungen wie bei Walt Disney. Die Römer durchbohrten mit einem Wurfspieß mehrere helvetische Schilder auf einmal, der Reihe nach, und machten auf diese Weise die linken Arme mehrerer Krieger auf einmal bewegungsunfähig, so daß diese ihre Schilde wegwerfen und *nudo corpore*[1] kämpfen mußten. Ich lese das voller Haß. Sein Latein ist mir genauso widerlich wie das Deutsch von Hitlers „Mein Kampf“. Diese Bücher haben gewisse Ähnlichkeiten. Beide Autoren ergötzen sich daran, jemanden zu unterjochen. In beiden Büchern findet man dieselbe Heuchelei, dieselbe Lüge und Brutalität. Der germanische König Ariovist trifft sich mit Caesar und teilt ihm mit, nicht er habe den Galliern, sondern die Gallier hätten ihm den Krieg erklärt. Die Welt schwankt zwischen den beiden hin und her und sucht

[1] mit ungeschütztem Körper

einmal beim einen, dann beim anderen ihr Heil. Caesars Technik ist auf ihre Weise verblüffend: ein hervorragender Spionagedienst, überall eine fünfte Kolonne, stets eine befestigte Stellung und eine phantastische Propaganda. *Vulgus militum*[1] wird immer entsprechend informiert, *qua arrogantia in conloquio Ariovistus*[2] auftritt, und brennt auf den Kampf. Schon Caesar verwendet in Bezug auf die Germanen das Wort *arrogantia*. Daraus ist ersichtlich, daß es sich dabei keineswegs bloß um eine preußische, sondern um eine nationale Eigenheit handelt. Diese *arrogantia* gefällt mir außergewöhnlich gut. Ich habe den ganzen Satz auswendig gelernt.

Zu Hause bereite ich mir ein herrliches Mahl. Fische gibt es hier praktisch umsonst. Ich brate sie auf dem Rost. Sie duften und werden, mit Öl eingerieben, wie Holz, das die Politur einsaugt und gelackt wird, langsam goldfarben. Morgen werde ich Muscheln sammeln. Und meine Zauberin hat noch englischen Pfeifentabak „St. Bruno Flake“. Ich lese bis zum Abend, auf der Veranda auf der Matratze liegend. Betrachte das als eine Beichte schwerer Sünden…

15. 8. 1940

Ich lösche die Kerze und betrachte den großen Mond. Der Abend ist heiß und still, nur vom Meer her ist ein monotones Rauschen zu hören. Ich versperre das Häuschen und gehe zum Kanal. Die Boote fahren lautlos zum nächtlichen Fang hinaus. Ich ziehe rasch Pullover, Shorts und Espadrillos aus. Ein Boot kommt. Ich springe ins Wasser und halte mich an der Bordwand fest. Die Fischer scherzen mit mir und lachen. Ich gleite hinter dem Boot durch den Gischt und versuche nach Kräften, den Kopf hoch zu halten. Lachen – einer beugt sich zu mir, holt eine Schachtel Zigaretten heraus und will mir eine anbieten. Ich liebe ihr Lachen und ihre Witze. Wir fahren aus dem Kanal aufs Meer hinaus. Sie ziehen mich eine weite Strecke hinter sich her, dann machen sie Halt und beginnen, ihre Netze auszulegen. *Bonne nuit*! Ich lasse das Boot los und kehre

[1] gewöhnliche Soldaten
[2] mit welcher Anmaßung Ariovist in den Verhandlungen

Richtung Ufer um. Nach einer Weile bin ich allein auf dem Meer, weit vom Ufer. Das Wasser ist silbrig, aus der Richtung der Pyrenäen blinkt ein Leuchtturm. Stille. Diese nächtliche Einsamkeit im Meer ist so eigenartig, daß ich sie wohl nie vergessen werde. Ich ziehe meine Hose aus und wickle sie mir um den Hals. Am besten schwimmt man nackt, und jetzt bin ich über eine Stunde vom Ufer entfernt. Ich schwimme gleichmäßig und langsam. Ich denke an nichts. Ich horche nur auf das rhythmische Schlagen des Herzens, während der Körper, vorwärts getrieben, reglos und lautlos dahingleitet; ich sehe die Lungen vor mir, die mit den Schultern verbunden sind, und erfreue mich an ihrer Arbeit, wie sich ein Konstrukteur an der Arbeit eines Motors am Prüfstand erfreut. Ich lecke das Salzwasser von den Lippen und verspüre Lust nach etwas Süßem. Plötzlich erschrecke ich, weil ich glaube, ich könnte das Ufer nicht mehr erreichen, und ich komme sofort aus dem Rhythmus und ermüde unnötig. Rasch korrigiere ich den Fehler und schwimme weiter. Schließlich trete ich erschöpft und frierend ans Ufer. Ich liege eine Weile im Sand wie ein toter Fisch.

17. 8. 1940

Nein, ich bin nicht imstande, „Manon Lescaut" zu begreifen. Vielleicht ist das Buch ja überaus raffiniert, doch das ändert nichts daran, daß de Grieux am Ende ein Zuhälter ist, und Manon eine H... Ich sehe die beiden deutlich vor mir, im Waggon der Metro, in den Stunden des stärksten Verkehrs, wie sie einander, gegen die Wand gedrückt, abschlecken. Bei der République steckt sie ihm 100 Francs zu, er gibt ihr einen Schmatz und steigt aus, und sie fährt weiter bis zur Bastille und geht mit einem anderen ins Bett. Er mag aus einer „guten Familie" stammen, aber sie, wenn man sie schnappt und sieht, daß sie „nicht kontrolliert" ist, wird dennoch nach La Roquette geschickt. Nur daß man sie heute nicht nach Amerika schafft, sondern ihr *une carte* verpaßt. Das ist der einzige Unterschied. In dieser Hinsicht ist das Buch sicherlich unsterblich.

Caesar hingegen ist faszinierend. Anfangs hatte ich meine

Schwierigkeiten damit, doch nach über zwanzig Kapiteln habe ich mich in sein Latein eingelesen, das an eine Multiplikationstabelle erinnert. Jetzt ertappe ich mich dabei, daß ich unwillkürlich manche Gedanken lateinisch zu formulieren beginne. So könnte ich zum Beispiel zu einem Deutschen sagen, daß *Germani multum ab nostra consuetudine differunt: latrocinia nullam habent infamiam, quae extra fines cujusque civitatis fiunt* usw., das heißt, daß sie Raubzüge, die sie außerhalb der Stammesgrenzen unternehmen, nicht als Schande betrachten, weil diese, wie sie sagen, dazu dienen, die Jugend zu üben und vom Müßiggang abzuhalten. Caesar meint außerdem, daß ihre beliebteste Staatsform die Diktatur ist. Und das hat er sicher von ihnen gelernt. Die Gallier beurteilt er nüchtern: Sie sind leicht zu entflammen, geben aber auch leicht auf. Caesar behandelt die Gallier in Wahrheit so, wie man heute gerne die Franzosen behandeln würde: Es gab Zeiten, in denen die Gallier, tapferer als die Germanen, diesen den Krieg erklärten und jenseits des Rheins Kolonien anlegten. (*Ac fuit antea tempus, quum Germanos Galli virtute superarent*[1] …) Dieses *Ac fuit antea tempus* würde man doch heute gerne auf Schritt und Tritt wiederholen. In der heutigen Situation hat dieses Perfekt, das schon Caesar gebraucht, eine gewisse Tragik in sich, etwas, was mir keine Ruhe läßt. Die Gestalt des Vercingetorix ist schön und tragisch zugleich. Wird es de Gaulle besser ergehen? Dr. G. beurteilt ihn sehr positiv. Er meint, er allein sei imstande, den guten Namen Frankreichs zu retten. Man weiß jedoch sehr wenig über ihn – bloß irgendwelche Gerüchte. In meinem ganzen Nachdenken über Frankreich bin ich inzwischen zu einem Schluß gelangt: Frankreich war auf seine Art absolut wie ein Dogma, ein so großes Dogma, daß es beinahe unmöglich scheint, sich davon völlig freizumachen. Frankreich kann man nicht objektiv durchdenken wie etwa England, die Vereinigten Staaten usw. Es stellt eine Ausnahme dar, eine große Ausnahme.

[1] Es gab eine Zeit, in der die Gallier den Germanen an Tapferkeit überlegen waren…

18. 8. 1940

Ich habe hier am Strand zwei ältere Fräulein kennengelernt. Ihr Vater war Kapitän auf einem Schiff, und sie wohnten zusammen mit der Mutter in Marseille. Als der Vater starb, kehrten sie in ihr Haus hierher zurück, und jetzt leben sie von der Rente. Sie haben mir die „Die Geschichte von Gruissan" und ein paar leichte Romane geborgt. Ihre Bücher tragen das Datum und den Namen des Ortes, wo sie gelesen wurden: „28. 11. 1924 – Singapur", „25. 1. 1926 – Äquator", und beredte Zusätze wie *Quelle chaleur*![1] Sie kommen täglich, pünktlich wie die Uhr, um fünf zum Strand, baden um sieben, vollführen präzis synchronisierte schwedische Gymnastikübungen, ziehen sich gleichzeitig und auf die Sekunde genau in derselben Geschwindigkeit an und gehen um acht nach Hause. Wenn ich die beiden weißen Kleider auf dem langen Damm erblikke, glaube ich jedesmal, den Zeiger einer Uhr zu sehen, der auf die fünfte oder achte Stunde zugeht. Sie sind eher steif, schweigsam und freundlich provinziell. Sie waren empört, weil ich Balzac George Sand vorziehe. Wie schrecklich! Ich bin George Sand zum erstenmal begegnet, als Mutter mir die Briefe Słowackis vorlas. Ich war damals vierzehn, und seit meiner Jugend habe ich das Weib gehaßt. Ich weiß eigentlich nicht warum. Słowacki schreibt, er habe sie am Genfer See getroffen, auf einem Schiff, in Hosen, und er äußert sich mit einer gewissen Ironie über sie. Und das genügte mir. Heute habe ich heftig reagiert und erregt zur Verteidigung von Balzac gesagt, George Sand sei ganz einfach *une loutre intellectuelle insupportable*[2] gewesen, wobei ich unsere Bezeichnung „intellektuelles Weibsstück" wörtlich ins Französische übersetzte.

Die Fräulein B. erstarrten in einer simultanen Bewegung, erröteten und fragten wie aus einem Mund in einem Ton, der an geeisten Zucker erinnerte: „*Plaît-il*?"[3] Dieses *plaît-il* brachte mich vollends auf, und weil ich besser verstanden sein wollte, griff ich noch tiefer: „*Je voulais dire: une grue intellectuelle*".[4]

[1] Was für eine Hitze!
[2] ein unerträgliches intellektuelles Weibsstück
[3] Wie bitte?
[4] Ich wollte sagen, eine intellektuelle Hure (der Autor spielt hier mit der Doppeldeutigkeit von *grue* – Kranich, aber auch Hure).

Wenn ich plötzlich meine Unterhosen ausgezogen hätte, wäre die Wirkung wahrscheinlich weniger heftig gewesen. Sie stammelten nur „*mais monsieur*[1] ...“, warfen einander einen Blick zu und wechselten kühl das Gesprächsthema. Sie kamen offensichtlich zu der Auffassung, daß man sich angesichts eines solchen Übermaßes von Primitivität gar nicht beleidigt fühlen konnte.

Am Abend habe ich mit Dr. G. eine Auseinandersetzung wegen der „Climats“ von Maurois. Er sagt mir am Ende, ich sei ein viel zu guter Schwimmer, um das begreifen zu können. Ich bin nämlich der Ansicht, daß man solchen Menschen wie in „Climats“ nicht die Liebe in die Hand geben dürfe. Was haben sie denn daraus gemacht? Die Menschen lieben es im allgemeinen, gute Dinge zu essen und sich ordentlich zu ernähren, doch sie haben einen seltsamen Hang dazu, ihren Geist mit irgendwelchem Ersatz oder Abfall zu füttern. Nein, nein – in diesem Buch herrscht die Temperatur eines Gewächshauses, schwül und sinnlos. Das ist gewöhnlich der Fall, wenn es den Menschen zu gut zu gehen beginnt. Sicher habe ich unrecht. In der „Geschichte von Gruissan“ habe ich auch noch gelesen, daß es diesen Wind hier immer schon gab und die Römer ihn „Circius“ nannten. Plinius der Jüngere schrieb über ihn, daß „er der stärkste Wind in der Provinz Gallia Narbonensis ist und alle anderen an Gewalt und Kraft übertrifft“. Jetzt löscht er mir ständig die Kerze aus.

20. 8. 1940

Am Morgen habe ich eine Karte von Tadzio bekommen. Er schreibt mir, er könne es schon nicht mehr aushalten mit dieser „heiligen Intelligenz“ in Carcassonne und wolle daher anfragen, ob er zu mir kommen dürfe. „Auch Robinson Crusoe war nicht immer allein und hat Freitag gehabt. Kann ich mich als Freitag melden?“ Er fragt, was er mitbringen soll, und ob er mit der Señorita kommen darf. Die Señorita ist die Spanierin mit dem Samtband am Bein. Offenbar hat Tadzio die Absicht, sie zu verführen. Ich schrieb ihm auf der Stelle

[1] aber mein Herr...

zurück, ich würde ihn als Freitag aufnehmen, er solle Konfitüre, Kondensmilch und Zucker mitbringen, die Señorita aber solle er nicht mitbringen. Ich fahre mit der Karte nach Narbonne, damit sie rascher ankommt.

Ich kämpfe eine Stunde lang gegen den Wind. Dann schlendere ich durch Narbonne. Die Städte des Südens sollte man nur zwischen Sonnenuntergang und Einbruch der Nacht besichtigen. Die ganze Pracht des sonnendurchfluteten Tages legt sich gegen Abend, verstummt, kühlt ab und zerrinnt im Lärm und Getöse der zuckenden Lichter. Ich streife durch die Gassen, die so eng sind, daß man sich beinahe durchschieben muß. An den Seiten streichen majestätische Katzen immer eng an den Mauern entlang, und die Menschen sitzen in den Türen der Häuser und plaudern. Hier riecht es nach Zwiebel, von dort weht der Geruch von Knoblauch, auf einer leichten Wolke siedenden Öles schwimmend, herüber, und in das alles stiehlt sich, oft kaum merklich, aber doch stechend, der Gestank der Gosse. Du liebst Märchen – hier hättest du die Kulisse für alle Märchen zusammengenommen. Diese Gassen und Häuser, Ecken und Höfe könnte man mit allen Gestalten, auch mit den unglaublichsten, beleben. Wer weiß, ob sie in dieser Umgebung nicht wahr würden. In einer ärmlichen Gasse entdecke ich ein Freimaurerlokal. Auf einer schmutzigen Türe glänzen herrlich golden die Zeichen der Freimaurer. Wer gehört ihnen hier an?

Ich kehre in der Dämmerung zurück und fahre durch Weingärten. Die Weintrauben werden schon reif. Ich steige vom Rad und pflücke eine schwere Traube mit schwarzen Beeren, die mit schönem bläulichen Flaum bedeckt sind. Durstig beiße ich hinein – mir ist heiß, und mein Mund ist ausgetrocknet. Der Himmel ist bereits dunkel, und nur über den Bergen, dort wo die Sonne war, leuchtet er noch graublau. Es ist windig. Ich sitze auf einem noch sonnenwarmen Stein, blicke in den vom heißen Wind gestreichelten Himmel, und der purpurne Saft der eben vom Stock gepflückten Trauben rinnt mir übers Kinn. Wieder einmal denke ich an nichts – ich esse Weintrauben. Ich spüre nur, wie die Intensität des Lebens in meinem

Inneren zunimmt. Ich spüre meine Jugend und erlebe sie in diesen wenigen Momenten gerade so, daß mir eigentlich das Blut aus allen Poren hätte spritzen und sich mit dem Saft der Trauben vermischen müssen. Ich packe das Leben, nur für einen Moment, aber greifbar. Das ist wunderbar.

In der Nacht hört der Wind auf.

23. 8. 1940

Tadzio hat etwas Schönes angerichtet. Ich war am Morgen gerade dabei, Holz fürs Mittagessen zu hacken, als plötzlich Tadzio völlig außer Atem auf dem Rad daherkam und rief: „Die Señorita hat sich erschlagen, die Señorita hat sich erschlagen.“ Es stellt sich heraus, daß er trotz allem die Señorita ans Meer mitgenommen hat, und als sie vom Paß auf der Bergkette bei Gruissan talwärts fuhren, vergaß die Señorita, in der schlimmsten Kurve zu bremsen, und flog gegen die Felsen. Tadzio schnauft: „Herr Be, das war die Zentrifugalkraft, verstehen Sie? Jetzt liegt sie da, ganz blutüberströmt. – Als ich sie angefaßt habe, war sie schon kalt“, ächzt er. Wir rasen zur Unfallstelle. Das Rad liegt dort, da ist eine Blutlache, aber die Señorita ist verschwunden. Es muß sie jemand ins Spital in Narbonne gebracht haben. Wir brausen nach Narbonne. Unterwegs begegnen wir dem Wagen des Arztes aus Gruissan. Er sagt uns, er habe *la jeune fille*[1] (wenn er nur wüßte!) abtransportiert, ihr Zustand sei nicht weiter ernst, in dieser Kurve käme immer wieder jemand zu Sturz. Wir eilen zum Spital. Der Arzt sieht, daß wir Polen sind (oder hört das eher) und stellt sich lächelnd mit einem kleinen Scherz vor: „Ich heiße Trotzki – nicht Leo!“ Er führt mich zur Señorita. Sie ist bewußtlos, die eine Hälfte des Gesichts ist eine blutige Maske. Trotzki sagt, sie müsse „sich ausliegen“ und könne, wenn sie einen Verband bekommen habe, nach Carcassonne zurückkehren. Soll sie nur liegen. Tadzio wandert unruhig im Gang auf und ab. Wir gehen auf ein Glas Rum. Ich trinke mit ihm Bruderschaft. Seine Laune bessert sich rasch, und er beginnt etwas von der Vorsehung zu faseln und daß „es offenbar so ge-

[1] das junge Mädchen

schrieben stand". Ich antworte, es habe da schon vor ihm so einen gegeben, und der habe Jakob der Fatalist[1] geheißen. Tadzio hat von mir die Wendung „vielleicht sollten wir über diese Sache diskutieren" übernommen. Sie gefällt ihm sehr gut und bringt ihn zum Lachen. Er kichert und sagt: „Hör zu, vielleicht sollten wir über diese Sache diskutieren." – „Über Diderot?" frage ich. „Nein, über die Señorita. Schade – sie ist eine gute Arbeiterin…" – „Und du wirst für ihre Verbände bezahlen – das geschieht dir ganz recht!"

25. 8. 1940

Tadzio ist weggefahren, um die Señorita zu eskortieren. Er soll heute abend zurückkommen. Ich habe ihn liebgewonnen. Ich, ein Intellektueller, und er, ein einfacher, wenig gebildeter Junge. Wir sind im selben Alter. Wieder einmal gelange ich zu der Überzeugung, wie idiotisch das sogenannte „sich frontal dem Volk zuwenden", dieses „verständige Zugehen auf den einfachen Menschen" doch ist. Ein einziges Rezept dieses intellektuellen Katechismus reicht, daß dabei überhaupt nichts herauskommt. Es gibt wohl keine lächerlichere Figur, als einen Intellektuellen, der „auf das Volk zugeht". Es genügt schon der Versuch, die Sprache des einfachen Volkes zu sprechen, und man versteht kaum noch ein Wort von dem, was er sagt. Dabei gibt es kein „System". Demagogie beeindruckt vielleicht die Massen, doch bei Individuen kommt man mit Demagogie nicht weit. Echten Kontakt erreicht man nicht auf Massenversammlungen mit Hilfe von Losungen – den können nur Tausende und Millionen persönlicher Begegnungen im täglichen Leben und der Umgang der „einfachen Menschen" mit den Intellektuellen herstellen. Und umgekehrt. Insgesamt geht es um sehr wenig und sehr viel. Vor allem geht es aber darum, daß man diese Einteilung in „einfach", „halbgebildet" und so weiter aufgibt. Wir haben es mit Menschen zu tun. Man müßte von den einen wie von den anderen verlangen können, daß sie diese Tatsache akzeptieren. Leider fällt gerade das am schwersten. Meist betrachtet der Intellektuelle den einfachen

[1] Anspielung auf den Roman von Denis Diderot „Jacques le fataliste"

Menschen nicht ganz als „Menschen“, und der einfache Mensch sieht im Intellektuellen auch so manches, aber nur wenig von einem „Menschen“. Die beiderseitig angeborene Verachtung wird einerseits durch Neid verstärkt und andererseits durch Angst vor „den Massen“, was es nicht gerade leichter macht, diese kleine Hürde zu überwinden. Vor allem bei uns in Polen. Unsere Intelligenz, das war so etwas wie die Polnische Bank oder die Krankenkasse. Nein, schlimmer, sie war wie „Sim“ oder „Swann“. Ein snobistisches Kaffeehaus für talentierte Menschen, aber auch für totale Grünschnäbel. Nein – ich kann nicht ruhig schreiben. Noch nicht. Ich wäre sicher ungerecht. Doch eines weiß ich, und dazu bekenne ich mich offen: Als diese „Crème“ im Herbst vorigen Jahres nach Paris kam, da verspürte ich kein Mitleid mit ihr. Polen hat auf diesem Weg viele wertvolle Menschen verloren, aber es wurde gleichzeitig auf wunderbare Weise und mit einem Schlag von viel Gelichter befreit; alle diese besseren Fräulein, Herren und Offiziere mit der infantilen Denkart von „*Gebirgstrotteln*“. Diese Menschen kann und wird wohl nichts mehr ändern. Sie eignen sich höchstens noch dazu, in Weckgläser gesteckt zu werden. Nein – ich muß aufhören. Das Experiment hat eben erst begonnen, und man weiß nicht, welche Ergebnisse es zeitigt. Und mir steigt beim Wort „Intelligenz“ gleich das Blut in den Kopf, und ich werde ungerecht. Ich riskiere sofort, daß ich „das Volk“ sentimental weißwasche und die jungsozialistische Begeisterung von Halinas Kollegin für eine Klasse teile, die einmal „unerwartet losschlagen wird“ [...]. Ich erinnere mich, daß mich dieses „unerwartet“ damals unmerklich getroffen hat.

Was für ein Unterschied besteht zwischen mir und Tadzio? Ein Unterschied in unserem Empfinden. Denn heute befinden wir uns in derselben materiellen Lage. Für mich ist das Streicheln einer sich sonnenden Katze, ihr blaßgrüner Blick unter einigen Wimpernstrichen, die an den Enden in Regenbogenfarben glänzen, ein echtes Erlebnis. Für Tadzio ist das kein Erlebnis. Oder vielleicht ist es für ihn noch kein Erlebnis. Sein Sohn, der in durchschnittlichem Wohlstand aufwachsen und einigermaßen gebildet sein wird, wird mich vielleicht in meinen Empfindungen bereits einholen. Vielleicht auch nicht. Das sind zufällige Dinge, doch ich glaube an die Wahrscheinlichkeitsrechnung. Die Wahrscheinlichkeit wird um so größer, je mehr Tadzios unter menschlichen Bedingungen leben und nicht mit einer Schicht in Berührung kommen, die meint, man müsse sich bei jedem Kontakt mit diesen Tadzios „erniedrigen", sondern mit einer Schicht, die sich ganz normal benimmt. Das ist ein Problem der Form. Mit der Form, und nur mit ihr, gelang es den Franzosen, der übrigen Welt einzureden, daß bei ihnen Demokratie herrscht. Dabei ist die soziale Durchlässigkeit in Frankreich viel geringer als bei uns. Demokratie herrscht nach außen hin. Man reicht einander die Hand, benimmt sich natürlich, *Monsieur*, *Merci* und *Pardon*.

26. 8. 1940

Tadzio hat bei seiner Rückkehr alarmierende Gerüchte mitgebracht: Die Franzosen haben die Absicht, die Polen in Lager zu sperren. Er beendet das mit seinem geliebten: „Feiertag der See und servus." Ich mache mir Sorgen. Ich habe hier einen jungen Spanier kennengelernt, der in einer Salzfabrik arbeitet, und der hat mir erzählt, wie grausam, sinnlos grausam, die Franzosen in solchen Fällen sein können. Ihn haben sie längere Zeit im Lager in Argelès festgehalten. Ein Feld, Stacheldraht drum herum, und in diese Umzäunung wurden sie wie Schafe getrieben. In kalten Nächten verboten ihnen die Gendarmen, Feuer zu entzünden. Sie buddelten Löcher in den Boden und machten heimlich Feuer, um sich irgendwie zu erwärmen. Wenn sie dabei erwischt wurden, sperrte man sie in enge Käfige aus Stacheldraht. Ein Verurteilter konnte sich in einem solchen Käfig weder hinlegen, noch bequem sitzen. Er war dort Regen, Wind und Kälte ausgesetzt. Sie bauten selber die Baracken, und die Jüngeren und Kräftigen wurden in Dörfer oder Kleinstädte gebracht und auf einen Platz gestellt, wo die Bauern sie zur Arbeit aussuchten. Sie standen da, und die französischen *paysans*[1] betasteten ihre Beine und Arme,

[1] Bauern

schnalzten mit der Zunge oder verzogen das Gesicht – je nach dem Zustand der „Ware". Ein gewöhnlicher Sklavenmarkt wie zur Zeit Caesars. Der junge Spanier, ein Student aus Barcelona, erzählte mir das mit ruhiger Verbitterung, und ich hatte nicht den Eindruck, daß er log. Er lächelte ironisch und sagte mit einem Unterton der Befriedigung, daß „sie jetzt sehen, wie das ist, wenn sie von den Deutschen hinter Stacheldraht gesperrt werden".

Nach einem langen Gespräch beschließen Tadzio und ich, nach Paris zurückzukehren, sobald uns die Fabrik alle „Reste" ausbezahlt hat. Die Franzosen sind schon massenweise zurückgekehrt. Wir fahren zurück, um zu sehen, „was los ist", und wenn nötig „packen wir deine Frau in den Rucksack und gondeln zurück in das sogenannte freie Frankreich", beendet Tadzio die Diskussion. Dann beginnt er, sich eine gleichmäßige „Spirochäte" zu drehen, das heißt eine Zigarette.

Der Señorita steckte er 300 Francs in den Pantoffel und schickte sie nach Hause, nach Carcassonne. Soll sie sich ausheilen. Wir bleiben, so lange es geht, am Meer. Robert soll uns schreiben, wann wir zurückkehren müssen. Tadzio hat sich gerade Caesar vorgenommen und buchstabiert langsam. Er sagt, wenn er damit vorankomme, „dann stifte ich dir eine gesungene Messe". Tadzio ist wirklich wie ein Stieglitz.

27. 8. 1940

[…]

Ich sitze im Sand und esse eingelegte Oliven mit Brot. Ich stopfe mich maßlos voll. Die Oliven treiben mich noch in den Ruin. Tadzio stapft herum und sammelt Muscheln „für Janeczka". Einige sind wunderschön. Von Zeit zu Zeit läuft er zu mir her und zeigt mir die schönsten Exemplare. Plötzlich taucht ein kleiner Junge neben ihm auf und wirft einen neugierigen Blick in seine Büchse. Tadzio zeigt ihm stolz alle Muscheln, schüttet sie in den Sand und sagt „*scholi*"[1], doch der Kleine ist gar nicht begeistert. Schließlich macht er eine abfällige Handbewegung, sieht Tadzio an, als wäre der ein Kind, und sagt

[1] phonetisch für *joli* – hübsch

trocken: „*C'est pas bon à manger*".[1] Dann macht er lachend auf den Fersen kehrt. Tadzio versteht, wird erst blaß, dann rot, sucht nach französischen Worten, stammelt etwas, und schließlich bricht es polnisch aus ihm heraus: „Du verdammter Schneckenfresser, du minderjähriger Weinsäufer, du französischer Balg eines Futleckers – *pa bo a mansche*' – du trauriger Blinddarmfortsatz; wenn man es nicht fressen kann, dann ist das für dich nichts, du kleiner Tagedieb du, schau, daß du weiter kommst, wenn du keine Ahnung hast, was schön ist, sonst werde ich dir, du Haderlump du, sonst werde ich dir..." Der Junge macht sich erschrocken aus dem Staub, ich platze beinahe vor Lachen, und Tadzio schaut mich an, ganz außer Atem, und beendet sein Potpourri: „Nun, sag doch selber – wie soll je etwas werden aus diesem Lumpenpack, wenn es von Kindheit an nur ans Fressen denkt? Sag doch selber..."

Er befördert die Büchse mit einem Fußtritt ins Meer, legt sich neben mich und blickt in die Ferne. Ich weiß nicht, was ich ihm sagen soll. Er spricht halblaut vor sich hin, wie zu sich selber: „Wenn ich bloß an Speck denken würde und wie ich zu den warmen Füßen meiner Frau ins Bett kriechen könnte, dann wäre ich heute nicht hier... Rumänen, Zigeuner und Franzosen, das ist alles dasselbe..."

„Tadzio", beginne ich, „aber du mußt doch bedenken, daß ...", und ich spreche eine Stunde lang, oder vielleicht noch länger. Karl der Große, die Jungfrau von Orléans (von der hatte er schon gelesen), Ludwig XIV., Descartes, die Revolution, Napoleon, das 19. Jahrhundert – dieses Jahrhundert, über das man zwanzig Jahrhunderte lang sprechen könnte, so groß und fruchtbar war es, der Große Krieg...

Tadzio hört aufmerksam zu, während er Sand von einer Hand in die andere rinnen läßt. Immer bleibt nach einiger Zeit auf einer Handfläche nichts mehr übrig. Und ich spreche und schaue dabei diesem Spiel zu... Schließlich unterbricht mich Tadzio: „Gut, aber du sagst immer, ‚es war', ‚sie waren', Napoleon, die Jungfrau von Orléans. Was kümmert mich das? Ich weiß, was Sache ist: Eine Hure, mein lieber Spitz, und keine Jungfrau!"

[1] Das kann man nicht essen.

28. 8. 1940

Diese Tage fließen dahin wie im Traum (natürlich). Tadzio und ich haben in Narbonne ein kleines Schachspiel gekauft, und am Abend ziehen wir uns weiße Shorts an und gehen zum Café am Kanal und spielen, und dazu trinken wir Weißwein mit Eis. Heute erlebten wir ein ganz typisches Abenteuer. Wir saßen wie immer und spielten und tranken in Ruhe. Am Nebentisch saß eine Gruppe französischer Offiziere. Sie waren mit dem Auto zum Abendessen gekommen. Sie tranken hastig und wurden immer lauter. Plötzlich stand einer von ihnen auf und stelzte steif auf mich zu.

„Kennen Sie mich?", fragte er.

„Ich habe nicht die Ehre – was wünschen Sie?"

„Ich habe gefragt, ob Sie mich kennen? *Eh bien, répondez*![1]" sagte er und hob die Stimme. Er schrie.

Tadzio zog die Schultern ein und fragte halblaut: „Vater, prügeln wir?"

„Nein, noch nicht." Tadzio richtete sich wieder.

Der Offizier brüllte: „*Alors*, kennen Sie mich?"

Mit beherrschter und leiser Stimme antwortete ich:

„Ich habe nicht die Ehre, worum geht es?"

„Sie haben irgendwie seltsam gelacht, als sie uns ansahen. Sind Sie Deutscher? Sind Sie Franzose? Von welcher Nationalität sind Sie?"

(*Ce qu'ils sont chatouilleux, maintenant*[2] – dachte ich.) Tadzio warf alle Figuren um und begann, sie einzupacken. „Wenn ich gelacht habe, dann nicht über sie. Das ist zu traurig… Ich bin weder Deutscher, noch Franzose. Ich bin bloß ein Pole." Dieses „bloß" sagte ich mit ironischem Lächeln.

Der Offizier verstummte und sagte verwirrt und leise:

„Entschuldigen Sie, ich wollte nicht… ich war der Meinung, Sie seien Deutscher, und wollte nicht zulassen…"

Ich unterbrach ihn trocken:

„Jetzt ist es schon zu spät. Beim nächsten Mal…"

Er begriff:

„Ja, beim nächsten Mal werden wir ihnen gemeinsam nach Berlin heimleuchten."

[1] Nun, antworten Sie!

[2] Wie empfindlich sie jetzt sind.

„*Avec plaisir! Monsieur*“, ich verbeugte mich, ohne ihn anzusehen, und nahm die Schachfiguren wieder aus der Schachtel. Er ging und flüsterte mit seinen Kollegen, dann tranken sie weiter. Tadzio sah mich an, und ich wußte, daß es ihm leid tat. Ihm schaute die enttäuschte Phantasie des Krautjunkers aus den blauen Äuglein. Aufmischen, meine Herrschaften!

„Tadzio, woher kennst du die Redensart ‚Vater – prügeln wir?‘“, fragte ich.

„Aus der ‚Sturmflut‘[1], Andrzej. Die beiden Dummköpfe Kiemlicz fragen mit diesen Worten immer den Alten, wenn jemand so Streit sucht wie eben dieser abgehalfterte Gefreite.“

Eine Aufgabe für eine halbe Stunde vor dem Einschlafen: Über den Einfluß der „Trilogie“ auf Polen nachzudenken.

„Weiß beginnt!“

[…]

30. 8. 1940

Wir haben die Route für die Rückreise festgelegt. Carcassonne – Nizza, 570 Kilometer. Die ganze Zeit an der Küste entlang. In Bandol will ich zur Villa „Pauline“ fahren, um den Schatten von Katherine Mansfield zu besuchen. Ich würde jetzt viel für ihre „Briefe“ geben. Von Nizza wollen wir dann in die Alpen fahren.

Bis dahin ruhen wir uns aus und essen von früh bis spät. Ich habe vermutlich schon das halbe Faß Oliven leergegessen, das bei meiner Zauberin in einer Ecke steht. Gegen Abend fahren wir zum Training Rad, damit die Beine nicht steif werden. Außerdem stellt mir Tadzio Hunderte von Fragen, und ich versuche, ihm auf diese zu antworten. Ich erzähle ihm vom Bau der Pyramiden, vom Tempel in Karnak, vom Parthenon. Ihn interessieren vor allem technische Details, und über verschiedene Dinge kann er sich gar nicht genug wundern. Am Beispiel unserer Wasserflasche erkläre ich ihm das System, mit dem die Ägypter Obelisken aufstellten, indem sie Sand

[1] „Die Sturmflut“, Roman von Henryk Sienkiewicz

darunter schaufelten. Am Beispiel von zwei Flaschen, eine vor dem Hintergrund der Decke, die zweite vor dem Hintergrund des Himmels, verrate ich ihm das Geheimnis der Harmonie in der Architektur des Parthenon und der unterschiedlichen Durchmesser der Säulen dieses Tempels. Das zieht neue Fragen nach sich: Um wieviel Grad war die erste Reihe der Säulen geneigt? Um wieviel Zentimeter waren die Säulen vor dem Hintergrund des Himmels dicker? Wie groß war die Abweichung von der Geraden der Längsseite des Parthenons? Und wie hieß der Architekt? Und in welchem Jahr? Und so weiter und so fort...

Am Ende würde ich jedesmal am liebsten ausrufen: „Ein Königreich für einen kleinen Larousse!“ weil ich mich natürlich an diese Details nicht erinnern kann. Zur Nachspeise muß ich ihm immer etwas über Napoleon erzählen. Diese Geschichten kann er ohne Ende hören. Er freut sich, daß wir Toulon sehen werden, daß er von Nizza aus über die „Straße Napoleons“ fahren wird. Wir alle werden wohl immer noch mit einer solchen Sympathie für Napoleon geboren. Ich verspreche ihm, nach der Rückkehr nach Paris mit ihm nach Malmaison zu fahren. Und dann ein schmerzlicher Stich: Oh Gott, dort sind jetzt die DEUTSCHEN. Die vergesse ich immer. Was denkt der Geist Napoleons über Frankreich, wenn er jetzt in seinem Sommerpavillon inmitten verblühter Rosen sitzt, in dem Pavillon, in dem er Frankreichs Größe geschaffen hat?

Was habe ich davon, daß ich das alles weiß? Heute tut es mir leid, daß ich keinen Beruf habe; wenn ich Fräser wäre, Dreher oder Schweißer, dann wüßte ich, daß ich jemand bin. Aber so? Menschen meines Schlages sind in gewisser Hinsicht ein Relikt – ganz egal, wie dieser Krieg ausgeht. Die Welt geht so oder so aus den Fugen, und wir werden ihr wohl dabei folgen. Wir werden eine neue Ordnung errichten und vergessen müssen, daß man uns beigebracht hat, das Alte zu erhalten. Ich werde bestenfalls dreißig Jahre alt sein, wenn ich ein neues Leben beginnen kann. Ich bin gespannt, wie und womit ich das beginnen werde. Wenn ich... Nein. Am meisten ärgere ich mich immer über Gedanken im Konjunktiv. Die sind imstande, auch noch den gesündesten Menschen ins Grab zu treiben. In Momenten wie diesen ist es am besten, nach der Methode von Scarlett zu verfahren: „Ich werde später darüber nachdenken!“

Am Nachmittag ruft mich die Patronin des Cafés: „*Monsieur Bonbonski, une dépêche pour vous.*“[1] Aha – Robert hat ein Telegramm geschickt. Ich reiße das Telegramm auf – wir müssen zurück, die Fabrik wird liquidiert. Ich setze mich mit Tadzio auf die Veranda, und wir blicken traurig in den Himmel. Wir sind beide nach wie vor hier, sehnen uns jedoch schon jetzt nach Gruissan. Eine Sehnsucht auf Vorrat. Das Wetter ist gerade wunderschön geworden. Die Sonne scheint, und vom Meer her weht eine ganz leichte Brise. Da kann man nichts machen; heute hat es keinen Sinn mehr abzufahren, und morgen ist Sonntag, unsere Bude ist also ohnehin zu. Morgen machen wir Abschiedsbesuche, packen unsere Siebensachen zusammen.

Gestern reisten die letzten Belgier ab. Das Ehepaar G. ist schon vor zehn Tagen gefahren, doch ich habe ihre Adresse. Sie sind jetzt in Montpellier, wo er das dortige belgische Rote Kreuz leitet. Die Belgier haben ein treffendes Sprichwort über die französische Gastfreundschaft, das ungefähr so lautet: „Der Empfang herzlich, der Abschied eher säuerlich“. Ich stelle fest, daß sich dieses Sprichwort auch diesmal wieder bewahrheitet. Ich habe oft mit ihnen geplaudert, und die Tatsache, daß ich die Belgier in der Zeit, da „der junge Herr ins Ausland reiste“, ganz gut kennengelernt habe, hat das Gespräch erleichtert. Im allgemeinen finden sie eine Entschuldigung dafür, daß sich Leopold ergeben hat (Tadzio hegt ihm gegenüber einen nicht näher motivierten Groll und nennt ihn nur „dieser Belgone Poldi“). Sie sagen, er hätte keinen anderen Ausweg gesehen; er habe erkannt, daß die französische Armee ein schlechter Scherz war und die Engländer in diesen Krieg wie auf eine Tigerjagd in Bengalen gingen. Vielleicht war er ganz einfach kein Romantiker. Aber uns, die wir in solchen Fällen in den

[1] Herr Bonbonski, ein Telegramm für Sie!

Kategorien von „Ordons Redoute“[1] denken, fällt es schwer, das zu begreifen, mir selber allerdings weniger. Ich erinnere mich, wie mein Vater, der im Krieg gegen die Bolschewiken Chef des Stabes der 11. Infanteriedivision war, einmal während des berühmten Rückzugs mit dem gesamten Stab und dem General (dessen Name ich nicht mehr weiß) eingekesselt wurde. Er erzählte mir, sie hätten auf einem Hügel gesessen, und dort habe der General die Verabschiedung mit den Worten begonnen: Meine Herren, wir müssen nun sterben usw. Mein Vater wagte den Einwurf, „der vom Herrn General vorgeschlagene Ausweg aus dieser Situation ist zweifellos der einfachste, doch es wäre vielleicht angeraten, zuerst einmal einen etwas komplizierteren Weg der Rettung zu versuchen“. Und natürlich gelang es ihnen am Ende herauszukommen. Ich nehme an, daß sich der General bis ans Ende seiner Tage nicht daran erinnert hat, daß sie noch einmal davongekommen sind, sondern nur an seine pathetische Rede, in der „alle bereit waren zu sterben“. Keineswegs alle. Für mich zum Beispiel bräuchte es sehr viel, damit ich wirklich restlos „bereit“ wäre. Und das gilt wohl für jeden. Doch bei uns gilt es als anstößig, so einfach darüber zu reden, ohne diese ganz spezifische Verlogenheit. Insgesamt hat man den Eindruck, daß es uns leichter fällt zu sterben, als einen Brief zu beantworten oder jemandem die fünf Złoty zurückzuzahlen, die wir uns „bis morgen“ geborgt haben.

Am Abend ein Abschiedsrum und eine Abschiedspartie Schach im Café am Kanal.

1. 9. 1940

Am frühen Abend Abschiedsbesuch bei den Fräulein P. Ich muß in Shorts hingehen, weil ich keine langen Hosen dabei habe. Sie wohnen in einem winzigen Häuschen in einer dieser verwinkelten und bezaubernden Gassen, voller Katzen und mit dem Geruch von Fisch und Teer, die vom eintönigen Summen der Mücken vibrieren. Am Strand, in der Nähe des Meeres,

[1] Julian Konstanty Ordon (1811?–1886), Held des polnischen Aufstandes 1830–1831 gegen Rußland; Kommandant der Verschanzung (Redoute) im Warschauer Stadtteil Wola. Bekannt durch das Gedicht von Mickiewicz: „Ordons Redoute“.

gibt es keine Mücken; hier sind meine Beine innerhalb einer Minute mit Beulen bedeckt.

Die Fräulein P. empfangen mich mit Kaffee und Mürbekuchen. Sie sind wirklich zu komisch. Sie blicken einander unablässig an, als wollte die eine die andere ständig kontrollieren. Wenn eine einen Satz beginnt, beendet ihn die andere. Ihre Mutter, eine freundliche, grauhaarige Greisin in einem schwarzen Kleid, sitzt die ganze Zeit im Lehnstuhl. Ein schwarzes Samtband um den Hals und eine Goldkette mit Lorgnon, das sie manchmal von der Hand baumeln und wie ein Pendel hin und her schwingen läßt. Im Gespräch über Polen sagt sie unvermittelt: „Bei Białystok gibt es viele Juden – *n'est-ce pas*?[1]“ Dieses Detail ist ihr aus einem Artikel über Polen, den sie noch im 19. Jahrhundert gelesen hat, im Gedächtnis haften geblieben. Dann redet sie eine Weile herum, bis ich endlich begreife, worauf sie hinaus will, weil sie plötzlich hervorstößt: „*Eh bien, vous savez, je n'aime pas les juifs*.“[2] Die beiden Fräuleins werfen einander scharfe Blicke zu und rufen wie aus einem Mund: „*Maman, pourquoi parles-tu toujours de tes juifs? Monsieur n'est pas curieux de connaître tes opinions là-dessus*.“[3] Ich sehe, daß ihnen das schrecklich peinlich ist. Die Alte verstummt, macht den Mund zu und sagt kaum mehr ein Wort. Ich spüre, daß der Antisemitismus für sie so etwas ist wie Tabak, an dem ihr die Töchter verboten haben zu schnuppern. Das ist interessant, aber das ist übrigens oft der Fall beim Antisemitismus. Manche Menschen brauchen ihn, so wie sie eine Zigarette, schwarzen Kaffee oder Alkohol brauchen. Bei uns besaß er, vor allem für die ältere Generation, überwiegend den Charakter eines Genußmittels. Für die Jungen wird er leider oft zu einem Rauschgift.

Die Fräulein P. fragen mich, ob ich nach Polen zurückkehren wolle. Nein – sie haben wirklich noch immer nicht begriffen, WAS geschehen ist… Ich habe keine Lust, ihnen zu erklären, „was wir eigentlich auf dieser Welt machen“. Daher

[1] nicht wahr?

[2] Nun, wissen Sie, ich mag die Juden nicht.

[3] Mama, warum redest du ständig über deine Juden? Der Herr interessiert sich überhaupt nicht für deine Meinung zu diesem Thema.

sind sie sehr erstaunt, daß ich freiwillig das „Freie Frankreich“ verlassen und zu den Deutschen fahren will. Ganz vorsichtig, aber mit allem Nachdruck, erkläre ich ihnen, daß das „Freie Frankreich“ keineswegs frei sei, zweitens sei meine Frau auf der anderen Seite, und drittens hätte ich keine Lust, im „Freien Frankreich“ in einem Konzentrationslager zu sitzen. Dort, auf der anderen Seite, hat die Situation wenigstens den Vorteil, daß sie eindeutig ist. Im übrigen könne ich jederzeit hierher zurückkehren. Sie lassen sich dazu herab, mir recht zu geben.

Eine ganze Wand des Salons ist behängt mit Schachteln, in denen sich unter Glas herrliche Schmetterlinge aus allen fünf Erdteilen befinden. Die brasilianischen Schmetterlinge sehen ganz so aus, als seien sie nicht von dieser Welt. Exemplare, die ich noch nie gesehen habe. Sie nennen mir eine phantastische Summe, für die sie diese Schmetterlinge verkaufen könnten. Sie zählen Stück um Stück den Preis auf. Ach, diese ständigen mißtrauischen Blicke, die sie einander in der Angst zuwerfen, die eine könnte plötzlich mit etwas herausplatzen, woran die andere gar nicht dachte, die Angst, sie könnte von etwas ganz anderem zu reden beginnen. Als ich sie so anschaue, verspüre ich den Wunsch, mir auf der Stelle Notizen zu machen, einige dieser Beschreibungen hinzuwerfen, die einem plötzlich einfallen und dann sofort wieder unwiederbringlich verschwinden. Alles Schreiben hat eigentlich nur dann einen Wert, wenn man es schon „nicht mehr aushalten kann“.

Während ich den Mürbekuchen esse, habe ich nicht das Gefühl, einen Kuchen hinunterzuschlucken, sondern schon die Seiten einer Erzählung, die ich über sie schreiben möchte und sicher nie schreiben werde. Ich mustere sie und muß mir große Mühe geben, mich mit ihnen zu unterhalten, weil ich gleichzeitig innerlich bereits ganze Sätze und Situationen entwerfe. Es ist eine Tyrannei, bei der jede tyrannisiert wird und selbst tyrannisiert. Druck und Angst sind auf wunderbare Weise gekoppelt und treten immer gleichzeitig auf. Meine „Zauberin“ hat mir erzählt, die eine der beiden Fräulein sei in den Doktor verliebt, *mais c'est très compliqué.*[1] Das kann ich mir gut vorstellen... Sie erzählen mir von Rio de Janeiro (natürlich hat der Vater beide dorthin mitgenommen), ganz so, als würden sie vom Markt in Narbonne erzählen. „*Oui, c'est une belle ville*[2] ... Papa hat damals diesen Schmetterling gekauft – nein, nein – jenen! Ich kann mich schon wieder erinnern..." Dann sprechen wir über Skorpione, von denen es hier viele gibt. Sie sind harmlos, und ihr Stich ist ungefährlich. Doch dieselbe Gattung ist auf der anderen Seite des Mittelmeeres schon sehr giftig. Sie sind verblüfft, daß ich Skorpione schön finde. Ich betrachte sie immer als Kunstwerke. Schließlich schauen wir noch Noten durch, unter denen es natürlich ein Heft mit Sonatinen von Clementi gibt und zahlreiche Walzer in Umschlägen mit Girlanden, Blumenwerk und tanzenden Paaren – sie im Korsett, er mit einem kleinen Schnurrbart. Doch das Klavier ist nicht mehr zu gebrauchen, „weil es in diesem Klima schwer fällt, es in Ordnung zu halten".

Ich verlasse sie spät, gänzlich der Zeit und Epoche entrückt. Sie, ihr Haus, die alte Mutter, der Abend, der Duft in der Wohnung – das alles ist in sich geschlossen und perfekt. Das ist typisch französisch, etwas, was man nur „Praesens plusquamperfecti" nennen kann. Die Gegenwart der mehr als vollendeten Zeit.

3. 9. 1940

Die Fabrik gab uns heute eine Entlassungsbestätigung und zahlte das restliche Geld aus. Ich erhielt ungefähr 800 Francs und habe jetzt insgesamt 1600. Seit dem 3. Juli haben sie mir hier 4353 Francs ausbezahlt, das heißt 2126 Francs und 50 Centimes monatlich für Radtouren, Baden im Meer und so weiter. Frankreich zahlt nicht nur den Deutschen Kontributionen für den verlorenen Krieg, sondern auch dem eigenen Volk. Darin steckt trotz allem eine gewisse unmoderne Redlichkeit und mütterliche Beziehung zum Volk. Es hat für mich die ganze Zeit den Anschein, als versuche Frankreich, seine Kinder mit einem traurigen Lächeln zu trösten: „Leider ist nichts dar-

[1] aber das ist sehr kompliziert
[2] Ja, es ist eine schöne Stadt.

aus geworden, nun sollt ihr wenigstens das haben." Als sie mir dieses Geld ausbezahlten, verspürte ich den Wunsch, Frankreich die Hand zu küssen. Es so zu küssen, wie man eine sympathische, schöne und manchmal unerträgliche ältere Dame küßt.

Dann laufe ich in der Stadt herum, was in Carcassonne dem Herumirren in einem Zimmer gleicht. Ich kaufe günstig ein leichtes Zelt für 150 Francs und einen reichlichen Vorrat an Lebensmitteln. Zum Abendessen ziehe ich mich um – im Speisesaal herrscht Leere, keiner der alten Bekannten ist mehr da. Ein Gefühl wie am Ende der Ferien und zu Beginn des neuen Schuljahres. Heute wurde, wie gewöhnlich, die heilige Messe gelesen, und der freundliche Pater C. sagte zu uns: „Liebe Jugend in Christus dem Herrn", obwohl er genau weiß, daß wir keineswegs „in Christus dem Herrn" sind und die meisten von uns erst im Alter mit Ihm sein werden. Auf jeden Fall diejenigen, die sich während der Messe mit Pflaumen vollstopften und dann, als vorn am Altar das Glöckchen ertönte, mit einem düsteren Unterton à la Przybyszewski[1] in der Stimme sagten: „Hehe – nur wurmige, zum Teufel!" Es ist unmöglich, einen großen und wahren Gedanken in seiner ganzen Tiefe zu erfassen, wenn man ihn nicht zuerst wie einen Ball ein paarmal hin und her geworfen hat. Und man erkennt ihn (seine Größe) jedenfalls daran, daß er sich werfen läßt, daß er das überhaupt möglich macht. In dieser Hinsicht werden der Hitlerismus und viele andere „Ismen", die ein solches Spiel nicht zulassen, früher oder später eine Niederlage erleiden. Während ich bei Tisch sitze und in ein Glas Rotwein starre, überlege ich, wer zum Beispiel Griechisch unterrichten wird. Etwa wieder Schnayder? Eine schöne Geschichte – in diesem Fall wird es mir schlecht ergehen. Dann kommt Tadzio, kippt einen „Eimer" Wein und erstattet Meldung, er habe eine gründliche Inspektion der Maschinen durchgeführt. Die Räder seien in tadellosem Zustand, und wir müßten nichts mehr daran machen. Daher wollen wir morgen bei Tagesanbruch aufbrechen. Die er-

[1] Stanisław Przybyszewski (1868–1927), polnischer Dichter des Modernismus, schrieb auch deutsch.

ste Etappe führt von Carcassonne nach Monte Carlo, über Béziers, Montpellier, Arles, Marseille, und dann folgen alle Wunder der Riviera. Wie sollen wir nur alle unsere Sachen einpacken?

5. 9. 1940

Gestern morgen sagte Tadzio, ohne Radschlüssel würde er nicht losfahren. Daher gingen wir in die Stadt, um einen Radschlüssel zu suchen. Als wir mit der Suche nach dem Schlüssel begannen, fiel uns ein, daß wir auch keinerlei Papiere für die Rückkehr besaßen. Also Ausstellung eines *sauf-conduit*, ohne den man nicht über die Demarkationslinie kommt. Und so kam eines zum anderen. Wir wollen heute fahren, alle zusammen, natürlich jeder in eine andere Richtung. Doch das ist völlig ausgeschlossen: Das ganze „Gemeinschaftszimmer" ist stockbetrunken. Jetzt sitze ich da und denke nach – über die LOGIK im allgemeinen. Das macht mich schrecklich müde. Tadzio singt seit dem Morgen, und wir trinken auf nüchternen Magen Rum, um wieder in Form zu kommen. Und auf diese Weise kommen wir so in Form, daß ich jetzt Carcassonne vor mir sehe wie die Pferdchen eines Karussells. [...] Gestern spielte sich das ungefähr so ab:

Zum Abendessen legten alle bessere Kleider an und banden sogar „Intelligenzen" um, das heißt Krawatten (ein Ausdruck Tadzios). Nach dem Essen begannen wir zu trinken. Ich machte den Vorschlag, nur *mousseux* zu trinken. Der Vorschlag wurde einstimmig angenommen – eine Flasche für 18 Francs. Etwas anderes lohnte sich gar nicht. Und so begann es. Nach sechs Flaschen hatte die Señorita (auch sie war eingeladen) schon genug und ging in unser Zimmer, um sich niederzulegen. Ich schleppte inzwischen immer neue Flaschen an. Weil es eine warme Nacht war, saß die Patronin in der Toreinfahrt und überwachte uns. Sie bat uns, keinen Lärm zu machen. „Selbstverständlich", sagte ich, doch – *apud Polonos nunquam sine clamore et strepitu gaudia fiunt*[1]. Sie nickte und meinte

[1] bei den Polen wird man nie ohne Geschrei und Lärm fröhlich

nur: „*ça va, ça va.*“[1] Sie händigte mir den Schlüssel für den Eisschrank aus und ließ mich selber die Flaschen holen, weil sie keine Lust hatte, jedesmal aufzustehen. Dann rezitierte S. ein patriotisches Gedicht von Tetmajer, und alle brachen in Tränen aus. Darauf stand Tadzio auf und hielt eine lange Ansprache, die mit den Worten begann: „Als der alte Großgrundbesitzer Budrys[2] seine drei Söhne auf die Wanderschaft schickte, sagte er ihnen: ‚Die Pest soll euch erwürgen – zieht los und bringt mir viele Scheibchen mit.‘ Jetzt begeben wir uns genauso auf die Wanderschaft, aber wir bringen unseren Müttern nur Sch… mit, und gebe Gott, daß wir uns selber gesund nach Hause bringen…“ Er sprach lang und immer länger, und ich kippte schließlich vor Lachen unter den Tisch. So etwas hört man wahrscheinlich nur einmal im Leben. Dann sangen wir „Die Erste Brigade“ und vergossen noch einmal Tränen, obwohl ich feststellte, daß es hier nichts zu weinen gäbe, weil es sich dabei bloß um die Melodie des Marsches der Totenkopfhusaren handle, und die seien jetzt die Gestapo. „Ja, Giestapo, Giestapo“, brüllte Tadzio, der sich in allen Diskussionen immer auf meine Seite schlägt. Es kam zu einem Streit wegen dieser „Blasphemie“, und erst J. gelang es, diesen zu schlichten, indem er „Fräulein Franziska“ anstimmte. Anschließend hielt ich eine Rede, doch was ich sagte, kann ich beim besten Willen nicht mehr sagen. Wir sangen noch die „Marseillaise“ und „Noch ist Polen“, und dann weinten wir wieder, doch Tadzio gab eine Vorführung polnischer Tangos zum besten und sang voller Wehmut „Er war ein Apatsche und alle Straßen kannten ihn…“, und ich dachte dabei an die Romane von Kamil Norden. Bei der Zeile „Wenn du mir untreu wirst, du Hur’, sieh dich vor meinen Fäusten vor“, setzte ich mich auf den Boden vor Lachen. Und die Flaschen kamen und gingen. Dann sang S. Zigeunerromanzen, natürlich russisch, und deklamierte Puschkin. Einen Vers habe ich in Erinnerung behalten, und der läßt mir jetzt keine Ruhe mehr: „*Moskva spaliennaja pozarom Franzusu oddana*“.[3] Oder so ähnlich. Ich ersuchte ihn

[1] Gut, gut
[2] Anspielung auf das Gedicht von Adam Mickiewicz: „Drei Budrys“
[3] russ. Das niedergebrannte Moskau wurde dem Franzosen ausgeliefert.

um „Eugen Onegin“, von dem er ganze Abschnitte auswendig kennt. Wir waren hingerissen. Man kann es nicht anders sagen – die russische Sprache hat wirklich Leben in sich, sie wiegt, berauscht und begeistert einen, vor allem unter dem Einfluß von Alkohol. Es ist eine Sprache wie eingelegte Gurken: Sie schmeckt am besten, wenn man beschwipst ist. Im übrigen weiß ich schon nicht mehr, was da noch alles war, aber jedenfalls war es herrlich. Erst jetzt fällt mir wieder ein, daß es in unserem Zimmer noch einen unglaublichen Spaß gab. Die Señorita war ohnmächtig und schlief splitternackt auf einem Bett. Ich wußte, daß S. seit ein paar Tagen ein Auge auf sie geworfen hatte und sich nun an ihr hätte vergehen können. Wir mußten sie also verstecken, denn sie hat für S. nie viel übrig gehabt, und es hätte leicht zu einer Prügelei kommen können. Im Zimmer war es dunkel, weil Tadzio im Gang das Licht herausgedreht hatte, damit „sie nicht dauernd brennt“ (?). S. entdeckte die Señorita im Halbdunkel und machte sich bereit, in Aktion zu treten. In diesem Moment trugen Tadzio und ich sie heimlich zu unserem Bett. S. suchte die Señorita – und nun begann ein Blindekuhspiel. Kaum war er zu dem Bett gekommen, auf dem sie lag, da transportierten Tadzio und ich sie schon wieder zu einem anderen; und das alles im Finstern und begleitet von den Flüchen von S., der völlig außer sich geriet. Sieben Betten, und auf jedem schliefen eine oder zwei Personen, und dazu die Señorita, die von uns von Bett zu Bett geworfen wurde. Schließlich brachte S. alles durcheinander und machte sich an J. heran. Als J. aufstand und S. eine Tracht Prügel verpaßte, quietschte Tadzio vor Vergnügen und zwickte mich. Schließlich warf J. seinen Widersacher auf eines der Betten, wo S. erschöpft einschlief. Unser Findelkind schlief einstweilen auf einem anderen Bett, und alles beruhigte sich wieder.

Es tut mir leid, dieses Hotel zu verlassen, wie überhaupt Carcassonne, das alles hier. Jetzt sitze ich auf einer Bank auf dem Platz, und es ist ein herrlicher Tag, warm und ruhig. Ein Kapitel meines Lebens, meiner Jugend, wunderschön, ausgelassen und frei, ist zu Ende. Und das ausgerechnet in einer

Zeit, in der Millionen Menschen leiden, in der London Nacht für Nacht bombardiert wird und überall auf der Welt Krieg herrscht. Hier, auf dieser Bank, in der Sonne, kann ich das gar nicht glauben. Ich erinnere mich, wie wir auf die Szpitalna gingen, um Bücher zu kaufen. Drei Generationen von Taffets machten zu dieser Jahreszeit die besten Geschäfte. Wir gehen zu Opa Taffet hinein und fragen: „Herr Taffet, haben Sie die Logik?" Der Alte geht im Laden herum und murmelt: „Logik, Logik?" dann kommt er zurück : „Nein, die Logik ist aus, vielleicht ein andermal." Nein, lieber Opa Taffet, diese Logik wird es auch kein anderes Mal geben. Sie ist genauso aus dem Leben verschwunden wie aus deinem geliebten Laden in der Szpitalna, den man betrat, um etwas zu kaufen oder – was noch angenehmer war – unter satanischem Grinsen zu verkaufen, damit man sich Zigaretten und Wodka leisten konnte, um Renan und Spenglers „Der Untergang des Abendlandes" zu lesen, das „Manifest" von Engels zu studieren und den Pfarrer in der Ethikstunde ins Bockshorn zu jagen, zur Freude des Geschichtsprofessors. Und danach schaffte man es nicht bis zum Abitur… So weit war alles logisch. Danach nichts mehr.

Ich durchlebte hier eine Phase der extremsten Jugend, von der Sonne bestrahlt, weinselig, im saphirblauen Meer badend; ich spielte mit dem Gold des Sandes, mit dem Silber des mondbeschienenen Wassers, mit dem heißen Wind. Nie werde ich Gewissensbisse verspüren, daß ich die Jahre der Jugend und den Mangel an Logik nicht genug schätzte. Über die Kronen der staubigen Bäume jagt ein heißer Windstoß, und aus dem Bistro nebenan dringt das Geräusch von Eis, das in einem Eimer zerkleinert wird. Die Stille der südlichen Stadt, die um diese Stunde beim Mittagessen sitzt. Die Glasperlenvorhänge klickern, als sagten sie, auf ihre langen Schnüre gefädelt, leise den Rosenkranz vor sich hin. Manchmal, wenn sich an der untersten Glasperle der Knoten löst, rollen alle auf den Gehsteig, springen fröhlich und widerspenstig, wie Kinder, die aus der Schule gerannt kommen; sie kullern dahin und stoßen einander an. Sie sind frei und freuen sich dessen. Zur Erinnerung trage ich welche in der Tasche mit mir herum. Vielleicht bin ich selber so eine Perle, die sich von der Schnur gelöst hat? Tadzio kommt. Ich schreibe, sehe ihn an und sage ihm, was ich da schreibe:

„Tadzio, ich bin eine Perle. Es ist mir gelungen, mich von der Schnur zu lösen, auf die sie mich früher einmal gefädelt haben... Aber das will ich nie mehr..."

„Du bist besoffen, mein lieber Spitz! Ich habe der Tante gesagt, sie soll für uns zwei Flaschen ‚Wiszy' aufs Eis legen. Wir werden uns ausnüchtern. Ich hab drei ‚Pfauen' (Tadzios Beschreibung für verschiedenfarbige postalkoholische Beschwerden) herausgelassen, und jetzt geht es mir wieder gut..."

Diese Hitze. Ich würde mich gern ganz mit Eis bedecken. Tadzio sagt: „Das ist heute vielleicht ein weißes Fieber im Freien." Der Junge lernt dazu, das kann man nicht besser ausdrükken. Er hat recht, diese Hitze ist weiß. Ich lege den Kopf auf seine Schulter und sehe nur seine Lippen mit der riesigen Zigarette. Der Rauch kräuselt sich ruhig aus seinem Mund, zerdehnt sich, zittert ein wenig und verschwindet dann plötzlich im Wind. Wie alles übrige.

6. 9. 1940

Wir brechen auf. Gestern nachmittag haben wir fast alles eingepackt. Heute sind wir um sechs Uhr morgens aufgestanden und haben die Vorbereitungen beendet. Die Kollegen nehmen gegen sieben Uhr einen Zug nach Toulouse und gehen. Tadzio und ich bleiben allein im Zimmer zurück, wie auf einem Schlachtfeld. Ein trauriges Gefühl. Wir haben uns schon so an dieses Hotel, dieses Zimmer, die Menschen, an das alles gewöhnt. Und jetzt sollen wir das alles zurücklassen. Schweren Herzens tragen wir unsere Packtaschen zur Garage. Nun beginnt das Theater mit dem Packen. Es dauert zwei Stunden, bis wir unsere Sachen verstaut haben, und in dieser Zeit verwandeln sich die Fahrräder in so etwas wie zweihöckerige Kamele. Auf dem hinteren Gepäckträger habe ich den vollen Rucksack, darauf die Decke, in den Gummimantel gewickelt, auf diesem einen großen Brotbeutel mit dem Essen, und darauf einen ganzen Satz Eßgeschirr, das am Brotbeutel, das heißt der „Speisekammer“, festgezurrt ist. Auf dem vorderen Gepäckträger ist ein zweiter Brotbeutel mit der ganzen Unterwäsche und eine Flasche Wein verstaut. Das ganze Gepäck wiegt etwa 30 Kilo. Tadzios Fahrrad hat etwas weniger zu schleppen, aber was das Gewicht angeht, ist es genauso schwer, weil wir seinen Rucksack mit Konserven vollgestopft haben. Als wir versuchen, die Fahrräder von der Wand wegzuschieben, stehen uns die Haare zu Berge. Wir können kaum lenken, wie sollen wir da fahren? Wir gehen zu der „alten Schraube“, um einen Abschiedskaffee zu trinken. Es weiß bereits die ganze Straße, die redliche Rue du Pont-Vieux, daß wir abfahren. Die Ladenbesitzerin gibt uns ein Kilo Makkaroni ohne Karten und Schokolade und verabschiedet uns wie ihre eigenen Söhne. Als uns die „alte Schraube“ den Kaffee bringt, hat sie Tränen in den Augen. Nach dem Kaffee gehen wir zur Patronin des Hotels, um ihr adieu zu sagen. Ich bedanke mich bei ihr für alles und entschuldige mich für das, was ihr vielleicht nicht so gefallen hat, dann küsse ich ihr herzlich die Hand. Sie wiegt den Kopf hin und her und bekommt feuchte Augen. Sie drückt mich an ihren üppigen Busen und küßt mich auf die Wangen. Ich küsse sie ebenfalls, und jetzt bin auch ich den Tränen nahe. Tadzio lächelt komisch und sagt: „Jędruś, Gott soll mir beistehen, gleich plärre ich los.“ Als sie dann auch ihn küßt, fehlt nicht viel, daß er tatsächlich weint. Madame Vitrac schnieft die ganze Zeit über. Ich hätte nie gedacht, daß uns der Abschied so schwer fallen würde. Wir schieben die Räder auf die Straße hinaus. Sie steht in der Einfahrt, und hinter der Scheibe des Bistro lächelt die „alte Schraube“ unter Tränen. Die Señorita beugt sich im Schlafrock aus dem Fenster und zeigt kokett ihr tiefes Dekolleté, und aus der Ferne winkt uns die „Episjerka“[1] nach, die vor ihrem Laden steht.

Es ist zehn Uhr. Hinter den Wolken kommt die Sonne hervor, und ein schöner Tag kündigt sich an. Wir schieben die Räder bis hinter die Kurve, weil wir Angst haben aufzusitzen. Schließlich wage ich es als erster. Tadzio folgt meinem Beispiel. Es ist entsetzlich! Ich bekomme es mit der Angst zu tun.

[1] *épicière* – Kolonialwarenhändlerin

Ich habe den Eindruck, als würde das ganze Rad einsinken, der Rahmen sich verbiegen und jeden Augenblick alles zusammenkrachen. Tadzio ist blaß und plappert ängstlich: „Das geht keine zwanzig Kilometer gut.“ Wir zittern vor Aufregung und konzentrieren unsere ganze Aufmerksamkeit auf die Lenkstange, bis wir nach einer Viertelstunde Fahrt durch die Stadt endlich wie zwei schwere Panzer auf die Landstraße rollen. Hier geht es schon besser. Langsam, langsam entspannen wir uns. Nach fünfzehn Kilometern hört der Lenker auf zu wakkeln, und das Rad scheint nicht mehr einzusinken. Tadzio stellt dasselbe fest. Wir beruhigen uns, und unsere gute Laune kehrt zurück. Wir fahren nach Narbonne – über die alte Route. Prächtiges Wetter, Hitze. In Lézignan bleiben wir stehen. Ich kaufe Brot, Milch und Tomaten und ein Stück Käse. Gegen zwei Uhr fahren wir von der Straße ab und machen uns, im Schatten von ein paar Pinien auf einer trockenen Wiese ausgestreckt, ans Essen. Eine unbeschreibliche Wonne. Wir schwatzen und essen, und bei einer Zigarette überlegen wir, wann wir nach Paris kommen. Auf „kürzestem“ Weg haben wir 1600 Kilometer vor uns. Vielleicht gegen Ende des Monats? Wie werden die Maschinen das aushalten? Wir denken an die erste Reise. Jetzt genießen wir Komfort: Wir haben ein Zelt und müssen kein Nachtquartier auf Bauernhöfen suchen, und abends gibt es warmes Essen. Leider kann man nirgends Brennspiritus auftreiben, und wir müssen über offenem Feuer kochen. Uns erfaßt wieder das wunderbare Gefühl des Herumziehens und der Freiheit.

Gegen vier Uhr kommen wir nach Narbonne. Tadzio bleibt bei den Rädern, und ich gehe in einen Laden mit Angelruten, um zwei Bambusstangen für das Zelt zu kaufen, weil wir keine Stöcke haben. In der Stadt herrscht nachmittägliche Schläfrigkeit, und ich döse beim Gehen durch die Straßen vor mich hin. Ich fühle mich beinahe wie in einem Traum. Ich kaufe zwei Bambusstangen, binde sie am Rahmen fest, und dann fahren wir weiter in Richtung Béziers. Wir nehmen Abschied von Narbonne; das sind noch Reste dessen, was einmal war. Jetzt lassen wir „unsere“ Gegend endgültig hinter uns. Wann werde ich sie wiedersehen? Die Straße nach Béziers ist ausgezeichnet. Die Räder laufen immer besser, und mutig nehmen wir schon ein paar Steigungen. Bei der Fahrt bergab singen die Reifen auf dem Asphalt, und das Rad saust wie eine Bleikugel dahin. Nach Béziers sind es 27 Kilometer. Wir strampeln sie in einer Stunde und ein paar Minuten herunter und erreichen die Stadt. Sie liegt auf einer Anhöhe. Es wird bereits Abend. Wir keuchen mit Mühe die gewundene Straße hinauf. Das Städtchen liegt mitten in Weinbergen und ist getränkt von diesem speziellen Charme der Kleinstädte im Süden.

Die Menschen bummeln, trinken in den Bistros, und man sieht, wie gut es ihnen geht. Wir machen hier nicht halt, weil es dafür keinen Grund gibt. Ein paar Kilometer außerhalb der Stadt beginnen wir, uns nach einem Schlafplatz umzusehen. Nach einer Weile fahren wir nach links zu einer Sanddüne, die unter den Schirmen von ein paar Föhren liegt. Es dämmert schon. Tadzio sammelt Feuerholz, während ich das Zelt aufstelle. Es ist herrlich und bequem. Eine heiße Nacht bricht herein. Wir entzünden das Feuer und kochen unser Essen. Nach 90 Kilometern, bloß mit einem kleinen Imbiß zu Mittag, können wir es kaum erwarten, bis es fertig ist. Ich mache mir in der Zwischenzeit Notizen, während Tadzio ein paar Weintrauben für den Nachtisch pflücken geht. Wir essen uns rundum satt. Dann eine Zigarette im Liegen, der Blick schweift über den sternenübersäten Himmel, ein Moment unbeschreiblichen Glücks. Eine animalische Zufriedenheit mit dem Leben. Heute hier, morgen woanders, sonnige Tage und sternenfunkelnde Nächte.

Montpellier, 7. 9. 1940

Wir schliefen, wie man nur in diesem Alter und unter solchen Umständen schläft. Ein wenig hart nach den wunderbaren Hotelbetten in Carcassonne. Die Räder legten wir neben das Zelt und sperrten sie mit Vorhängeschlössern ab. Tadzio, der Frankreich noch nicht richtig kennt, kann sich nicht daran gewöhnen, daß einem hier nichts droht, wenn man im Zelt schläft; daß es hier keine mit Messern bewaffnete „Wegelagerer“ aus dem Dorf oder der Vorstadt gibt, die auf Händel oder Raub aus sind, usw. Man kann 200 Meter von einem Dorf entfernt oder zehn Meter neben der Straße schlafen, und keiner kümmert sich darum. Es gibt keine betrunkenen Radaumacher, keine NEUGIERIGEN (das ist eine eigene Kategorie) und ähnliche polnische Attraktionen. Tadzio schüttelt den Kopf und sagt: „Kultur und Zivilisation.“ Aber ich schüttle auch den Kopf und sage ihm, nein, das macht vor allem der Reichtum. Sicher – das hat auch einiges mit Kultur und Zivilisation zu tun, aber was den Diebstahl und Raub von allem möglichen angeht, bin ich ein Anhänger eines radikalen Materialismus. Ein Mensch, der genug zu essen hat und etwas sein eigen nennt – auch wenn das nicht viel ist –, ist weniger darauf aus zu stehlen als ein Bettler. Der Franzose hat, zumindest bisher, immer ETWAS besessen. Und er stiehlt ja auch, allerdings auf einer anderen, höheren Ebene. Er überfällt nicht den Nächstbesten mit dem Messer – er macht aber eigentlich dasselbe, wenn er seine Steuererklärung ausfüllt, die Kunden übers Ohr haut, die nächsten Verwandten in allen möglichen Finanzgeschäften betrügt und das Recht überall dort umgeht, wo es nur möglich ist. Das alles geht sanft, subtil, unsichtbar vor sich. Ich bin nicht sicher, ob die KULTUR nicht auch ein sanfterer Verlauf gewisser ethischer und moralischer Krankheiten ist, Krankheiten, die jedem Menschen und jedem Volk angeboren sind, deren Entwicklung bloß vom ökonomischen Klima abhängt. Es gibt Regionen mit Malaria, solche, wo sie sporadisch auftritt, und Gegenden, die völlig frei davon sind; aber dort herrschen dann andere Krankheiten, die ebenso gefährlich sind. Wenn mir jemand sagt, daß die Menschen da und da überhaupt nicht stehlen, dann glaube ich das nicht. Sie stehlen vielleicht nicht nach dem bei uns gängigen Begriff, dafür stehlen sie ANDERS. Hier stehlen sie nicht so, wie Tadzio sich das vorstellt; doch das bedeutet nicht, daß sie gar nicht stehlen und „Kultur und Zivilisation“ vorherrschen. Mörder, Bandit, Räuber, Radaumacher, Dieb, Tagedieb, Figaro, Hochstapler, „Der Geizige“, Gobseck und Nucingen,[1] das sind nur Abstu-

[1] Gobseck – Titel und Hauptperson eines Romans von H. de Balzac, Nucingen – Gestalt aus dem Roman „Vater Goriot“ von Balzac

fungen. Die Kultur spielt dabei lediglich die Rolle von Stufen, über die eine angeborene menschliche Eigenschaft nach oben steigt, wobei sie auf jeder Stufe ihre Kleidung ändert, je nach dem Inhalt des Portemonnaies. Tadzio hat das ausgezeichnet verstanden und viel kürzer gefaßt als ich selbst. Er stützt sich auf den Zeltstock und meint: „Das heißt, immer… aber in anderem Gewand." Natürlich! Ich hätte ihn umarmen können. Und er sagt mit großzügiger Geste. „Na dann, schreib das auf, bitte." Oscar Wilde hat recht: Das Leben kopiert die Kunst. Tadzio sagt das so wie Jaracz in der „Familie" von Antoni Słonimski[1]. Ich bin hingerissen; Tadzio hat noch nie etwas davon gehört und ist nur stolz, daß ich „alles aufschreibe", auch über ihn.

Zum Frühstück trinken wir jeder einen „Eimer" Kaffee mit Kondensmilch (der reinste Himmel im Mund) und essen eine unglaubliche Menge von Brot mit Konfitüre; dann trödeln wir ziemlich lang mit dem Einpacken herum, weil wir noch keine Übung mit diesen Kram haben. Wir führen unendlich viel mit, und alles brauchen wir. Die Sonne brennt schon ordentlich herunter, als wir unsere „Panzer" auf die Straße schieben. Das Fahren fällt uns immer leichter, und wir nehmen fast alle Steigungen, ohne abzusitzen. Leider haben unsere Räder keine Gangschaltung. In Frankreich, das nur im Norden flach ist, ist das beinahe eine Notwendigkeit. Gegen Mittag überqueren wir den Hérault. Bevor wir nach Montpellier kommen, beschließen wir, im Fluß zu baden. Wir fahren also an den Rand, verstecken die Räder unter Weinstöcken, nehmen Seife, Handtuch und Rasierzeug und gehen zum Ufer. Der Weinberg reicht bis zum Fluß. Zuerst pflücken wir ein paar riesige, süße Trauben und essen sie. Man liegt in der Wiese, die weißliche Sonne blinzelt durch die Blätter der Bäume, und stopft sich ganze Trauben in den Mund und beißt rundherum ab wie bei einem Apfel. Das ist ein echtes Erlebnis; ich könnte zwanzig Seiten darüber schreiben. Aber ich weiß nicht, ob sich die Wonne dieser Augenblicke mitteilen läßt – das muß man selber erlebt haben, um es zu verstehen. Und das alles genau unter diesen, nur diesen und keinen anderen Bedingungen. Denn im Urlaub

[1] Antoni Słonimski (1895–1976), polnischer Schriftsteller und Kritiker

oder in den Ferien zum Beispiel, in normalen Zeiten, wird einem jeder angenehme Augenblick gleich dadurch vermiest, daß man, und sei es nur unbewußt, daran denkt, was nach der Rückkehr sein wird: Dieses und jenes muß man bezahlen, Herr X ist ein Schwein, und trotzdem darf man die Beziehungen zu ihm nicht abbrechen, weil er einflußreich ist usw. usf. Dieser ganze Ballast unserer Gedanken in normalen Verhältnissen, der Ballast der Zukunft, ist jetzt wie fortgeblasen. Es herrscht Krieg, ich möchte nach Paris zurückkehren, ich habe keine Ahnung, was morgen oder in einem Monat sein wird, und das interessiert mich auch gar nicht. Die Zukunft kann so oder anders sein, aber sicherlich wird sie nicht so sein, wie ich sie mir vorstellen kann. Daher will ich gar nicht über sie nachdenken – das, was außerhalb meines Blickfeldes ist, spielt keine Rolle. Obwohl die ganze Zivilisation nicht viel taugt, hat sie doch auf den meisten Kontinenten etwas Großes bewirkt: Sie hat es äußerst unwahrscheinlich gemacht, daß die Menschen beim gegenwärtigen Stand der Zivilisation verhungern. Wenn auch das noch zum Teufel geht, dann gute Nacht. Doch einstweilen droht uns das nicht, daher esse ich Weintrauben. Am wichtigsten ist das JETZT, und man braucht sich nicht zu scheuen, dieses JETZT bis auf den letzten Tropfen auszusaugen, dann wegzuwerfen und zu überlegen, wie man sich am besten das nächste JETZT besorgt. Mich macht dabei nur eines stutzig: Das ist kein *Carpe diem* von Horaz, und kein *après nous le déluge*[1]. Für das erste braucht man Ruhe, für das zweite Überdruß oder Erschöpfung. Ich weiß nicht.

Ich liege da, schaue durch eine Brille von dunkelgrünen Blättern in die Sonne und esse Weintrauben. Sie sind sehr schmackhaft. Dann zünden wir uns eine Zigarette an. In der Mittagshitze zieht der Rauch tief dahin und berührt jeden Halm. Wir rasieren uns feierlich, steigen ins Wasser, einer wäscht dem anderen den Rücken, und schließlich schwimmen wir in die Mitte des Flusses hinaus, wobei wir Seifenbahnen hinter uns herziehen. Es herrscht fast keine Strömung, das Wasser ist tief und warm. Natürlich baden wir nackt, obwohl die Brücke nur hundert Meter entfernt ist. Das ist möglich, weil hier nie-

[1] nach uns die Sintflut

mand NEUGIERIG ist, man geht unter in der allgemeinen Gleichgültigkeit. Es sei denn, man spricht jemanden an und fragt ihn etwas. Dann antwortet er mit einem Lächeln, sagt etwas Witziges, fragt einen, ob man beim Fahren keine Probleme hat, und spaziert weiter. Die älteren Menschen plaudern gern, und dann lasse ich mich auf einen Schwatz mit ihnen ein. Tadzio schüttelt den Kopf und sagt: „Die sind lauter Gleichgültler." Wir fahren weiter.

Bis nach Montpellier ist es noch ein schönes Stück. Die Straße ist leer, von Zeit zu Zeit kommen wir an großen, zweirädrigen Wagen vorbei. Es ist heiß, und wir werden von einer solchen Trägheit erfaßt, daß wir kaum noch in die Pedale treten. Es gibt kein Benzin, daher auch keine Autos, und die Straße ist eine stille Allee. Auch das ist ein außergewöhnlicher Umstand, der nicht wiederkehren wird. Wir versinken in Weinbergen; links und rechts, so weit das Auge reicht, nur Weinberge. Hin und wieder kommen wir durch ein Dorf, wo wir das Gebäude der Kooperative der Weinproduzenten sehen. Es ist in jeder Gemeinde das größte und repräsentativste Gebäude. Die Weinbauern arbeiten eigentlich nicht besonders schwer. Der Wein wächst, und im Weinberg schuften spanische, italienische oder polnische Arbeiter für ein paar elende Groschen. Der Patron geht herum und sieht nach dem Rechten, und dann geht er ins Bistro, um etwas zu trinken. Bei der Weinernte gibt es ein wenig Lärm, dann kauft die Kooperative die Ernte oder den Wein, der Patron kassiert Bargeld oder einen Wechsel, und davon lebt er bis zur nächsten Ernte. Die Sonne scheint, die Vögel zwitschern, der Himmel ist blau und der Pastis gelb. Das Leben ist einfach, seit Jahren stabil. Die Reblaus hat hier wahrscheinlich mehr angerichtet als der ganze Krieg.

Gegen fünf Uhr nachmittags kommen wir nach Montpellier. Man sieht auf Anhieb, daß es eine schöne Stadt ist. Wir suchen die Straße, in der sich das belgische Rote Kreuz befindet, weil ich gern Dr. G. sehen würde. Leider ist er nicht da, doch er soll bald wiederkommen. Wir lehnen die Räder gegen die Wand und sehen uns um. Ein paar belgische Soldaten in abgerissenen Uniformen lungern herum. Sie warten auf die

Ausgabe von Zivilkleidung und ihre Registrierung für Züge, die sie zurückbringen. Tadzio sagt: „Andrzej, wir müssen das Rote Kreuz ein wenig ausplündern; die sollen uns was abgeben – wir sind auch leidende Kriegsopfer." In diesem Moment kommt das Ehepaar G. Ich gehe auf sie zu und begrüße sie. Sie freuen sich, betrachten unsere Räder und fragen, wohin wir fahren. Nach Paris? Und habt Ihr genug zu essen für unterwegs dabei? Wunderbar – nach Paris über Monte Carlo – *C'est formidable.* [...]. Aufgekratzt sagt er uns, wir sollen die Fahrräder in die Halle bringen, dann ruft er seine Frau und sperrt sich mit uns in ein Zimmer ein. Er öffnet er die Tür zu einem zweiten Zimmer, und nun beginnt die Plünderung des Roten Kreuzes. Ich protestiere, weil wir keinen Platz mehr auf unseren Rädern haben, doch Tadzio tritt mir gegen den Knöchel und flüstert: „Schweig still, sonst bekommst du es mit mir zu tun!" Sie reichen uns die Sachen, und wir laufen und legen alles in einer Ecke auf einen Haufen. Sardinen, Pastete in Dosen, Zucker, Milchpulver, Käse, Schokolade, Seife, eine Schachtel Kekse, Unterhemden, Unterhosen, Socken, Espadrillos. Dr. G. rennt herum und schaut, was er uns noch zustecken könnte, und am Ende sagt er, wir sollten das alles einpacken, weil er gleich weg müsse. Er entschuldigt sich, daß er uns am Abend nicht sehen könne, doch am nächsten Tag sollen wir zum Frühstück zu ihnen kommen. Die Räder können wir hier lassen, in der Umgebung gibt es viele billige Hotels. Herr G. geht, und für uns beginnt nun das Drama, wie wir das alles verstauen sollen. Ich fertige aus Karton eine Schachtel, und langsam verteilt sich alles. Dann ziehen wir die Shorts aus und lange Hosen an. Und ab in die Stadt.

Wir mieten ein Zimmer in einem malerischen Stundenhotel, lassen dort unsere paar Sachen zurück, und machen uns auf in die Stadt. Für das Abendessen ist es noch zu früh. Neben uns hält eine kleine, grüne Straßenbahn, so wie die Krakauer Eins. Wir steigen ein und fahren. Und wieder zurück. Nur um zu fahren und aus dem Fenster zu schauen. Wir schlendern herum und betrachten die Schaufenster. Herrliche Sportgeschäfte. In den Straßen viele junge Mädchen und Burschen.

Ein warmer Abend bricht herein, und wir sind schon entsetzlich hungrig. Morgen wird Montpellier gar nicht mehr existieren, wird es eine andere Stadt geben. Es gibt keine Zeit, diese zählt nicht mehr. Ich bestehe bloß aus Schauen, sauge alles in mich hinein und denke nichts, weil ich nicht denken kann. Jede Kleinigkeit ist schön, und sogar jede Zigarette schmeckt besser als gewöhnlich. Zum Abendessen gibt es Suppe, Bohnen mit Fleisch (*cassoulet*), Makkaroni mit Tomatensoße und Pfirsiche. Dann Kaffee in einem rot beleuchteten Bistro, voller angemalter Dirnen. (Ich liebe dieses Wort). Es ist schon dunkel, und wir streifen von einem Winkel zum nächsten. Schließlich kommen wir in eine Straße, in der es nur öffentliche Häuser gibt. Aus jeder Tür, jedem Fenster flattern Lachen, Singen, die Töne eines Klaviers oder einer Harmonika, das Klappern von Pantoffeln, das Klirren von Gläsern, das Scheppern von Besteck, das Rauschen des Wassers im Abfluß... Schatten zeichnen sich auf den beleuchteten Leinwänden der Vorhänge in den geöffneten Fenstern ab, hier wird das Licht abgedreht, dort leuchtet es auf. Mit einem Schlag verstummt das Geraune, dann brandet wieder Lärm auf. Ich rufe mir eines der besten Gedichte von Oscar Wilde in Erinnerung, das ich in einer hervorragenden deutschen Übersetzung gelesen habe: „Hurenhaus". Das ganze Gedicht ist mißtönend, *cassant*[1], Reime wie „Grotesken", „Arabesken", trocken und gleichzeitig künstlich und schwül. Wieder tritt plötzlich und unerwartet Stille ein – von irgendwo ist das scharfe, rasselnde Husten von Lungen zu hören, die schon nicht mehr genug Luft bekommen. Ein Lungenschluckauf. Dieses ganze Viertel erscheint wie ein stickiger Keller voller künstlich gezogener, giftig duftender Blumen mit blassen, gewundenen Stengeln, die sich wie Würmer über die Wände schlängeln – interessant, nicht ohne Charme, aber auch abstoßend, glitschig und klebrig. Doch gleichzeitig anziehend. Ich denke an Absinth, an die Zeichnungen von Constantin Güys, an „Die Dirne Elisa" von Goncourt. Ich verspüre den unwiderstehlichen Wunsch, einzutreten, alles anzuschauen, die Farben zu sehen, die ganze Schär-

[1] spröde

fe dieser Atmosphäre tiefer in mich hineinzubohren. Doch Tadzio zieht mich fort: „Jędruś, hauen wir ab von hier." Wir gehen weiter. Ich sitze an einem Tischchen und schreibe. Das Fenster unseres Zimmers geht auf einen kleinen Hof, im Haus gegenüber wieder ein *Hurenhaus*. Wir lachen. Die Nacht ist schwül und schwitzig. Aus einem Fenster über uns ertönt Gesang. Ein warmer, tiefer Frauenalt singt ein sehnsuchtsvolles spanisches Lied. Sogar Tadzio ist gebannt und unterbricht die Erzählung von seinem Schwager, der ihm „einen ganzen Satz Werkzeug geklaut und verkauft hat und dafür Prügel bezog, bis er das erste Bewußtsein verlor". Wir lauschen. Die Melodie schallt von den Dächern nieder und rinnt träge herunter, irrt durch das klebrige Dunkel des Hofes, verstummt und bricht plötzlich wieder mit Worten los, die zahlreiche „r" enthalten. Dann beginnt eine andere Frauenstimme, heiser und krächzend (eine alte Grammophonplatte), jemanden zu beschimpfen, und der Gesang verstummt. Tadzio flucht und zieht sich aus. Jetzt atmet er bereits tief. In dieser Hitze scheint mir, als rinne das Licht der Lampe wie Sand von oben herunter. Erst jetzt spüre ich, wie müde ich bin.

In der Wüste der Camargue, 8. 9. 1940

Wir erwachen vor acht. Auf dem Fenster liegen Weintrauben, und Tadzio steht auf, um sie zu holen. Er bleibt beim Fenster stehen und erstarrt in Reglosigkeit, wie ein Vorstehhund vor einem Rebhuhn verharrt. Er bedeutet mir mit der Hand, leise zu ihm zu kommen. Ich steige aus dem Bett und gehe hin – der Anblick ist schwer zu beschreiben. Der dunkle Hof, von oben durch die Sonne erleuchtet, von irgendwo tönt das Kreischen einer Kreissäge, die Bretter schneidet. Einen Stock tiefer, gegenüber, ein offenes Fenster; ein höhlenhaftes, finsteres Zimmer, in dem die dunklen Möbel kaum zu sehen sind, nur ein dunkles Bett, bedeckt mit etwas Graubraunem. Auf diesem Hintergrund riesige, geöffnete Frauenschenkel; davor seltsam verschränkte Waden. Der übrige Körper in einer schrecklichen Verkürzung, mit seitlich weggleitenden Brüsten und dem Kegel des nach oben ragenden Kinnes. Die Kreissäge kreischt, sie erreicht immer wieder ein entsetzliches hohes C (sicher bei den Ästen). Der Körper leuchtet im Halbdunkel, zieht unsere Blicke an, fasziniert uns. Ich flüstere leise: „Tadzio, das ist Schiele“ (so heißt er wohl). Tadzio versteht natürlich nichts. Ich erinnere mich, daß ich, als mir Franek vor ein paar Jahren ein Album mit Zeichnungen dieses österreichischen Zeichners zeigte, den bis auf die Knochen gehenden Realismus dieser schrecklichen Prostituiertenkörper nicht begriff, die er genial in noch viel schlimmeren Stellungen gezeichnet hat. Ich sagte, das sei „gekünstelt“ und „unwahrscheinlich“. Doch das war genial. Jetzt preßt es mir die Kehle zusammen vor Erregung, daß ich nicht zeichnen kann. Nein – das könnte nur Schiele gut hinkriegen. Diese Häufung von Häßlichkeit, die durch ihre Unwahrscheinlichkeit abstößt, aber gleichzeitig auch wieder anzieht. Und diese monströse Verkürzung. Tadzio ist unerträglich.

„Natürlich würde ich sie, keine Frage, aber dazu müßten sie mich erst einschläfern. Und jetzt heißt es aufwachen, du Proletarierin der Liebe!“ Und er beginnt, sie mit Weinbeeren zu bombardieren. In ihm kommt die ganze Grausamkeit der Masse zum Ausbruch. Ich reiße ihn vom Fenster weg. Ich weiß nicht warum, doch diese Reaktion wird mir vom selben Gefühl diktiert, das mich veranlassen würde, ein Heiligenbild vor der Schändung zu bewahren.

Es ist noch zu früh, um zum Ehepaar G. zu gehen. Wir laufen in die Stadt. Ein sonniger, frischer Morgen, doch man spürt bereits, wie sich die Hitze leise anpirscht, um dann im Verein mit der Sonne hinter den Dächern hervorzuspringen. Auf der Straße neben dem Hotel gibt es einen großen Markt. Auf der Suche nach einem Fahrradschlüssel streifen wir zwischen den Ständen herum, doch es gibt keinen. Die Verkäuferinnen rufen, der scharfe Geruch von Käse mischt sich mit dem Duft großer Pfirsiche. In Montpellier sind viele Menschen aus allen Winkeln Frankreichs und Belgiens zusammengekommen. In den Straßen die großen, zweirädrigen Wagen der Bauern aus dem nördlichen Frankreich, an die sie ihr ganzes lebendes Inventar gebunden haben: Kühe, Ochsen, Stuten mit

Fohlen, ein paar Schafe. Die Seitenwände der Wagen sind über und über mit Käfigen voller Geflügel behängt: Hühner, Enten, Gänse, Truthähne – und im Wagen selber die ganze Familie, gelagert auf Stößen von Wäsche und Kleidung. So sind sie Hunderte von Kilometern gefahren, und jetzt werden sie genauso wieder zurückkehren. Völkerwanderungen. Im Lärm dieser alten Stadt, in diesem Wirrwarr und der Zeitlosigkeit von dem allen spüre ich irgendwie einen Hauch von Mittelalter. Die Wanderung von „Narziß und Goldmund" durch eine Welt, die sich losgerissen hat, etwas sucht… Bunt und düster, wie das Glasfenster in einer Steinrosette.

Gegen neun machen wir uns auf zum Ehepaar G. Sie erwarten uns bereits; der Tisch ist schön gedeckt, und auf dem Tisch BUTTER. Seit der Abreise aus Paris habe ich keine Butter mehr zu Gesicht bekommen. Frau G. bringt einen großen Topf dampfender Schokolade, mit Milch gekocht. (Im Notizbuch festhalten: der Duft heißer Schokolade in einem sonnigen Zimmer um neun Uhr, offene Fenster, durch die jene spezielle Kühle dringt, die es nur vor der Hitze gibt). Wir beginnen zu essen, und Tadzio und ich geben ein Konzert, begleitet von lächelnden: „*Prenez, je vous en prie*".[1] Wir sprechen viel über unsere und ihre Rückkehr, darüber, wie sich die Verhältnisse gestalten, und überhaupt über alles. Sie sind fröhlich, weil sie vor zwei Tagen die Nachricht erhalten haben, daß ihre beiden Kinder leben, daß sie gefunden wurden. Anfang Mai schickten sie die Kinder in ein Ferienlager, dann brach alles zusammen; sie hatten keine Möglichkeit, zu ihnen zu gelangen, und flohen mit der ganzen Welle belgischer Flüchtlinge. Von Mai bis jetzt wußten sie nicht, was mit den Kindern geschehen ist. Die Tatsache, daß die Menschen in alle Richtungen zerstreut wurden und keine Möglichkeit haben, einander wiederzufinden, ist vielleicht das Schrecklichste an diesem ganzen Krieg. Das hat in Polen begonnen und dann ganz Europa erfaßt.

Es klopft an der Tür, und ein belgischer Pfadfinder meldet Herrn G., daß ein paar demobilisierte französische Soldaten um eine Unterstützung ersuchen.

[1] Bitte, bedienen Sie sich.

„Französische? *Tiens, tiens.*“[1]

Wir schauen aus dem Fenster. Dort stehen sie zu sechst, abgerissen, schmutzig, beinahe barfüßig. Herr G. zeigte mit der Hand auf sie und sagt zu mir:

„Sehen Sie, so geht das jeden Tag; dabei haben sie ihr eigenes französisches Rotes Kreuz, nur daß man sie dort hinauswirft und ihnen nichts geben will. Bei ihnen herrscht überall Unordnung und eine gigantische Administration. Das hiesige französische Rote Kreuz hat die Aufgabe, der Zivilbevölkerung zu helfen, und daher kümmert es sich überhaupt nicht um die Soldaten. Aus welchem Grund sollen wir Belgier auch noch den Franzosen etwas abgeben?“ Frau G. beharrt darauf, ihnen nichts zu geben. *Rien du tout*! Warum verwandeln sich Frauen, wenn sie soziale Arbeit leisten, so oft in unsympathische, herzlose Drachen? Von der freundlichen, weichen, flämisch-gemütlichen Frau schlägt einem plötzlich eine ungeahnte Schärfe und Erbarmungslosigkeit entgegen. Die meisten Belgier reden über die Franzosen wie über eine niedrigere menschliche Rasse. Noch am Meer hat mir G. oft gesagt, die sogenannte Größe der französischen Nation, das Genie der Nation, sei wie ein sorgfältig gepflegtes Gebäude, das frühere Generationen errichtet haben, und das nun in immer grelleren und schundigeren Farben bemalt werde. Und jetzt ist ihnen auch noch die Farbe ausgegangen.

In der Zwischenzeit begehren die Franzosen unten weiterhin hartnäckig Einlaß. Tadzio betrachtet sie ebenfalls voll Verachtung und sagt: „Gebt ihnen was – warum soll man sich auch noch rächen an diesen Schneckenfressern.“ Herr G. fragt mich, was Tadzio gesagt hat, und ich muß es übersetzen. Der Begriff *escargophages* gefällt ihm, und er ordnet daher an, jedem von ihnen ein paar Schuhe mit Schnursohle, Socken, ein Hemd und einen Pullover zu geben. Sie wollen auch noch Seife haben, doch die gibt er ihnen nicht. *„Pourquoi du savon! Ils se lavent si peu.*“[2] Endlich ziehen sie ab. Diese Szene hat mich nachdenklich gemacht. Wieviel hängt in dieser Welt al-

[1] So so

[2] Wozu Seife! Sie waschen sich so selten.

lein von der guten oder schlechten Laune, von einer Redensart ab? Jeder von uns geht mit einem Hut herum, gefüllt mit Losen, den er mit der einen Hand jemandem hinstreckt, während er mit der anderen Hand von einem anderen genauso ein Los zieht. Wenn ich jemandem etwas Gutes tue, ist das dann nicht nur so, als hätte er ein gutes Los von mir gezogen, als hätte er ein wenig Glück gehabt? Und was für Gefühle kann es zwischen den Völkern geben? Wohl nur eine mehr oder weniger freundliche Verachtung. Wenn die gegenseitige Verachtung die gleiche Intensität erreicht hat, beginnen die Völker einander zu tolerieren, wobei sie die Regeln des Anstands einhalten, die ihnen durch die gemeinsame Kultur und ihre Eltern eingeimpft wurden. Entgegen allem Anschein sind die Deutschen wohl von anderen Eltern erzogen worden als der Rest des Westens, weshalb sie sich ständig wie Rüpel benehmen. Ich hasse sie nicht wegen des Krieges, sondern weil sie die Familie und die Eltern verraten haben. Dieser Krieg ist kein Kampf mehr an einem gemeinsamen Tisch, bei dem es darum geht, wer mehr Schokoladencreme bekommen soll, sondern ein Kampf von Erwachsenen um eine Erbschaft, um die ganze Erbschaft, das ganze Vermögen. Der Krieg von 1870 war ein Streit um die Creme. 1914–1918 haben die Deutschen dann einen Erbschaftsprozeß vom Zaun gebrochen, den sie in der ersten Instanz verloren, und jetzt haben sie Revision eingelegt. Aber es gibt doch, um Gottes Willen, immer noch so etwas wie Gerechtigkeit. (Ich schaue in den sternenübersäten Himmel und bete um Gerechtigkeit). Stop! – das System von Scarlett O'Hara – ich werde später darüber nachdenken.

Zehn Uhr ist schon lang vorbei, als wir uns zur Abfahrt bereit machen. Frau G. schenkt uns noch eine riesige Tüte mit Milchpulver (sie ist wieder weich und flauschig und gibt mir die Milch mit einer Bewegung, als reiche sie mir diese von ihrer großen Brust), dazu Käse und Seife. So versorgt, packen wir unsere Räder. Wir haben insgesamt ein paar Kilo dazu bekommen, und bei einem solchen Übergewicht zählt jedes Dekagramm wie ein Zentner. Gegen elf Uhr nehmen wir Abschied. Vielleicht gibt es noch einmal ein Wiedersehen.

Wir fahren Richtung Arles. Der Himmel ist bewölkt, und es ist warm. Wir lassen Nîmes links liegen und fahren auf zweitrangigen Nebenstraßen. Auf diese Weise vermeiden wir die Gendarmeriepatrouillen, denen wir nur schwer erklären könnten, daß wir auf diesem Weg nach Paris wollen. Manchmal tröpfelt es ein wenig. Wir treten langsam in die Pedale. Blättrige Stengel neben Teichen, alles flach. Tadzio sagt: „Ganz wie in der Warschauer Vorstadt." In Saint-Gilles trinken wir auf der Veranda eines großen Bistros Bier mit Limonade. Tadzio tyrannisiert mich: „Warum schreibst du nicht, zum Teufel? Sonst kritzelst du wieder bis spät in die Nacht, und uns gehen die Kerzen aus." In der Kleinstadt herrscht schläfrige Sonntagsstimmung. Ein paar hier stationierte Flieger schlendern mit ihren Mädchen durch die Straßen, andere stehen in Gruppen vor den Häusern, und allen fehlt die Sonne. Hier ist ein Tag ohne Sonne wie ein Salat ohne Öl und ein Essen ohne Wein: schwer hinunterzuschlucken. Es ist trübe, und die aschgrauen Steinhäuser sehen aus, als wären sie aus Staub gebaut. Völlig farblos, hoffnungslos monoton. Das Dröhnen eines Motorrads tönt wie das Schlagen eines Hammers in einem leeren Zimmer. Jeans schreibt, daß die Sonne pro Tag so und so viel tausend Kilogramm Licht aussendet. Hier im Süden ist ein Tag ohne Sonne tatsächlich „nicht richtig gewogen", und man spürt deutlich, daß man beim Gewicht betrogen wurde. Man hat gute Lust, einen solchen Tag empört zurückzugeben. Ich schlummere im Sessel ein. Nach einem Blick auf die Karte stellen wir fest, daß wir heute noch ein gutes Stück über Arles hinauskommen müssen, wenn wir morgen Marseille erreichen wollen. Wir schlagen ein schnelleres Tempo ein und jagen durch Arles. Immer noch dieser graue Tag, dumm und unvollständig. Anders kann man das nicht beschreiben. Ich habe nicht einmal den Wunsch, die römische Arena zu sehen. Dafür kaufe ich Eier ein.

Wir wenden uns nach Süden und kommen in die Wüste der Camargue. Der Übergang von der grünen Zone in die grenzenlose rote und steinige Ebene erfolgt ganz abrupt. Gegen Abend klart es auf, und nur im Norden steht reglos eine Wand schwarzer Wolken. Die Camargue ist tatsächlich eine Wüste: eine herrlich asphaltierte Straße und sonst nichts. Auf beiden Seiten, so weit das Auge reicht, eine mit Steinen übersäte rote Ebene. Manchmal ein verkrüppeltes Bäumchen oder ein Dornbusch. Das macht uns Sorgen, weil wir nirgends Wasser erwarten können. Wir legen fünf Kilometer durch die Wüste zurück – nichts. Zehn Kilometer, immer noch nichts. Es ist schon spät, und langsam wird es finster. Nach fünfzehn Kilometern ist ringsum immer noch alles leer. Wie immer in solchen Fällen sind wir doppelt durstig. Doch in diesem Moment rufe ich Tadzio zu: „Da ist etwas!" – „Was?" fragt er von hinten. „Eine Oase!" Neben der Straße sieht man eine schwarze Gruppe von Büschen und Bäumen, und etwas weiter, fast schon am Horizont, die Umrisse eines Gehöfts. Wir kommen zur Oase, die aus nichts anderem besteht als aus einem großen elektrischen Brunnen. Im Brunnenhaus arbeitet ein Elektromotor mit ruhigem Surren, Pumpen holen das Wasser herauf und gießen es in eine steinerne Rinne, von der es in Gräben fließt, die es weiter verteilen. Neben dem Brunnen gibt es einen Streifen Wiese und Büsche, etwas weiter ein kleines Feld mit Wein und etwas Jungwald. Grün ist es nur in der Umgebung der Bewässerungsgräben – hinter dem äußersten Graben wieder Wüste. Wie ein Haarbüschel auf einer Glatze, sorgfältig mit „Silvicrin" konserviert. Natürlich vergeht uns beim Anblick des Wassers der Durst. Rasch schlage ich das Zelt auf, Tadzio sammelt Holz. Der Platz eignet sich wunderbar zum Übernachten. Wir kochen die rituelle Bouillon mit Nudeln, Eierspeise mit Tomaten, zerbröselte Kekse in Milch mit Weintrauben, Wein. Der Mond ist herausgekommen und leuchtet gleißend. Im Norden, in der schwarzen Wolkenwand, zukken Blitze. Der Tau fällt so dicht, daß wir ins Zelt kriechen, um nicht naß zu werden. Eine phantastische Nacht. Tadzio schläft, wie gewöhnlich, mit der brennenden Zigarette im Mund ein. Die Stille ist absolut, weil sogar der Brunnen aufgehört hat zu pochen. Sie haben ihn über Nacht abgeschaltet. Im erlöschenden Feuer zischt und knackt manchmal etwas, eine Flamme hüpft hoch und versteckt sich wieder. „Vater unser, der du bist im Himmel…"

La Bedoule, 9. 9. 1940

Wir stehen nach sechs auf. Der Tag ist sonnig, schön, keine einzige Wolke. Wir können das Zelt nicht sofort zusammenlegen, weil es vom Tau naß ist wie nach einem Regenguß. Waschen und Frühstück. Die Sonne brennt immer stärker, und schon um acht Uhr morgens ist es heiß. Wir haben noch über eine Stunde Wüste vor uns. Wir brechen nach zehn auf. Nach ein paar Kilometern belebt sich die Wüste: links und rechts Flugzeughangars, ein riesiger Stützpunkt, Scheinwerfer, Bodenlichter usw. Irgendwo in der Ferne gehen ein paar Menschen. Tadzio schaut und sagt: „Wenn ich ein Flugzeug sehen würde, dann könnte das nur eine Fata Morgana sein." Ich lache; uns allen hat man vor diesem Krieg Fata Morganas gezeigt und eingeredet, diese seien wirklich. Vor allem bei der Luftwaffe. Wir reden über Fata Morganas. Angeblich kann man hier welche sehen, aber ich weiß nicht, ob das stimmt. Diese Wüste ist seltsam.

Wir erreichen das Meer und kommen dabei am kleinen, herrlich gelegenen Städtchen Fos mit einer schönen romanischen Kirche vorüber. Dann geht es die Küste entlang. In Martigues fahren wir über eine schmale Holzbrücke auf die andere Seite der Lagune. Bei der Auffahrt zur Brücke stürze ich um ein Haar. Zum Glück steht dort ein Gendarm, der mich im letzten Moment stützt. Ich werde blaß. Jetzt verlangt er gleich die Papiere. Aber nichts dergleichen... Er äußerte nur Bedauern, daß wir so schwer bepackt fahren müssen. Ein Unfall, und das Rad ist verbogen. Ich bin sicher, daß ich in diesem kurzen Wortwechsel aussehe wie Flip, wenn er etwas angestellt hat und alles wieder ausbügeln möchte. Dann rudert man wild mit den Armen herum, räuspert sich und lacht dämlich. Es ist so heiß, daß uns der Schweiß in Bächen herunterrinnt und in den Augen brennt. Wir beschließen, etwas zu essen, und lagern im schmalen Schatten von ein paar kleinen Föhren. Unter uns haben wir die blaue Lagune, in der ein paar Schiffe liegen. Der Himmel ist blau, mit einigen weißen Wolken. Die Farben sind erschreckend: Wenn etwas weiß ist, dann ist es wirklich weiß, und wenn es blau ist, dann nichts als blau.

Es gibt keine Zwischentöne; die Farben werden herausgeschleudert wie eine Tonleiter in C-Dur, mit einem Finger, mit dem Pedal. Diese ganze Färbung erscheint geradezu primitiv – eine solche Landschaft könnte man wohl mit Temperafarben malen, ohne diese zu mischen; was immer aus der Tube kommt, es paßt. Ich spreche mit Tadzio darüber. „Ja, du hast recht, die Farben sind aufdringlich." Tadzio ist knapp – und treffend. Wäre diese Bezeichnung „aufdringlich" nicht auch passend für Bilder des afrikanischen Styka[1]?

Wir machen keine lange Pause, denn bis Marseille ist es noch weit, und wir müssen unterwegs noch etwas fürs Abendessen einkaufen. In einer kleinen Stadt bekomme ich zwei Beefsteaks und einen ganzen Laib Brot, obwohl Brot hier nur bis zwölf Uhr mittags verkauft werden darf (?). Doch ich bin so überzeugend, daß mir der Metzger das Brot verkauft und das Fleisch ohne Karten gibt. Am späten Nachmittag erreichen wir einen Berg. Die Straße schlängelt sich in steilen Serpentinen hinauf, und wir müssen von den Rädern steigen. Wir gehen und gehen; hinter jeder Kurve wird der Berg immer noch höher. Dann geht es in rasender Fahrt bergab. Nach ein paar Kilometern erreichen wir einen Vorort von Marseille. Ein seltsamer Wind beunruhigt mich. Der Tag ist heiß, der Wind jedoch kühl. Ich weiß sofort, daß es sich um den lokalen Mistral handelt; jetzt gegen Abend erwacht er langsam, fegt den Straßenstaub vor sich her und uns in die Augen. Ich sage zu Tadzio, daß wir auf schnellstem Wege durch Marseille durch müssen, weil der Mistral hier mit solcher Kraft weht, daß er manchmal die Menschen auf der Straße umwirft. (So hat man mir das berichtet). Wenn er uns aus einer Seitengasse entgegen bläst, dann liegen wir samt unseren Rädern da. Leider ist es nicht so leicht, durch die Stadt zu kommen. Schon in der Vorstadt beginnt ein Pflaster mit tiefen Rillen, das einem die Katzenköpfe in Wilno glatt wie eine Tischplatte erscheinen läßt. Die Fahrräder springen wild hin und her, und wir müssen ganz langsam fahren, damit sie nicht in ihre Einzelteile zerfallen. Noch dazu haben wir die Schläuche wegen der Hitze weich

[1] Jan Styka (1858-1925), polnischer Maler

aufgepumpt; damit fährt man auf Asphalt ausgezeichnet, doch hier schlagen die Unebenheiten immer wieder bis zur Felge durch. Da kann man nichts machen – wir müssen weiter. Es vergeht eine Stunde, und wir sind immer noch in der Vorstadt. Erst nach eineinhalb Stunden erreichen wir die Innenstadt. Das Pflaster hier ist dasselbe, vielleicht sogar noch schlimmer. Es sind viele Menschen unterwegs, alle schlendern auf der Straße, weil die Gehsteige mit Tischen vollgestellt und für Schwätzer reserviert sind, die in Gruppen herumstehen und alle auf einmal reden; sie schreien und fuchteln mit den Händen. Hinzu kommen noch die Schienen der Straßenbahn, denen wir ausweichen müssen. Die Fahrt durch diese Straßen gleicht tatsächlich einem Kunststück. Jedem muß man ausweichen, keiner reagiert aufs Klingeln. Tadzio schaut sich um und sagt: „Jędruś, so wahr mir Gott helfe, das ist die Nalewki[1]." Inzwischen hat der Mistral mit voller Kraft eingesetzt. Die Sonne ist kupferrot, und durch die Straßen treiben Windhosen aus Staub und Abfall, in die wir mit geneigten Köpfen eintauchen. Es vergehen zwei Stunden, und noch immer ist kein Ende von Marseille in Sicht. Dieses entsetzliche Pflaster will auch kein Ende nehmen. Es ermüdet uns so, daß meine Fersen zittern und ich immer wieder einen Krampf in der rechten Wade bekomme. Mich packt blinder Zorn: Wenn ich jetzt dem Bürgermeister von Marseille begegnen würde, wäre ich imstande, ihn allein wegen seines Pflasters zu verprügeln. Drei Stunden dieser höllischen Fahrt haben wir hinter uns, und ich weiß schon jetzt, daß ich Marseille mit einem Trauma für mein ganzes Leben verlassen werde. So eine große Stadt, und die Hauptstraßen so miserabel gepflastert! Dreieinhalb Stunden im Schritttempo. Ich sehe ein Hotel und überlege, ob wir hier übernachten sollen. Doch in Marseille ist das ziemlich riskant. Angeblich fangen sie hier die Polen ein und stecken sie in das nahe gelegene Lager in Carpiani. Schließlich kommen wir doch noch aus der Stadt von Marius und Fanny hinaus. Es war schrecklich. Wir haben Schmerzen in den Nieren, im Rücken, den Händen, überall. Der Mistral bläst mit aller Kraft. Es ist so

[1] Straße in Warschau

kalt, daß wir unsere Pullover anziehen. Die Sonne ist untergegangen, doch wir fahren weiter, weil es nirgends eine geeignete Stelle zum Übernachten gibt. Wir kommen an Aubagne vorbei und biegen rechts ab, in Richtung La Ciotat. Es ist acht, als wir zu einer Schlucht kommen. Wieder geht es in Serpentinen bergauf, und wir müssen absteigen. Es ist dunkel, und der Mond steht am Himmel. Oben heult der Wind zwischen den großen Bäumen, und unten, in der Schlucht, herrscht Stille. Der Weg ist eigentlich wunderschön, doch die Erschöpfung hat uns abgestumpft. Wir schieben die Räder und plaudern ein wenig. Nirgends ein Tropfen Wasser; wir gehen eine Stunde, zwei – ständig bergauf. Die Hände werden gefühllos, der Weg windet sich weiter, die Wände der Schlucht sind so steil, daß keine Rede davon sein kann, hier ein Zelt aufzuschlagen. Erst um halb elf erreichen wir so etwas wie einen breiten Sattel. Wir sehen ein paar Häuser, links einen sanften Berg und ein paar Föhren. Dafür bläst der Wind hier von allen Seiten. Ein wilder Orkan – ein Moment Stille, total und tot, dann fegt er wieder kalt und durchdringend heran. Wir lassen die Räder an der Straße zurück und finden nach langem Suchen einen Quadratmeter Moos unter einem Baum. Wir schieben die Räder hin, ziehen alles an, was wir besitzen, und zünden uns eine Zigarette an. Seit zwei Uhr haben wir nicht mehr geraucht. Wir wollen nur rasch das Zelt aufstellen, um hineinzukriechen und uns aufzuwärmen. Aber das ist bei diesem Sturm gar nicht so leicht. Eine unvorsichtige Bewegung, und das Zelt wird in Stücke gerissen. Die Schnüre verwickeln sich. Wir stellen es schließlich in einem windstillen Augenblick hin, und als der Satan neuerlich zu wüten beginnt, halten wir alle noch lose hängenden Teile mit Händen und Füßen fest. Schließlich steht das „Hotel". Ich schlage die Haken ganz tief ein und ziehe die Schnüre straff, trotzdem wölbt sich das Dach bei jedem Windstoß nach innen. Endlich haben wir es warm. Wir kochen kein Abendessen – nur Käse, Sardinen, Tomaten und Konfitüre, begossen mit Wein. Wir liegen da wie zwei Klötze. Von jetzt an werde ich sogar die geliebten Stücke Pagnols durch das Pflaster von Marseille sehen. Der Mistral verstummt, heult wieder los, attackiert.

Toulon, 10. 9. 1940

Wir haben so tief geschlafen, daß wir wahrscheinlich nicht einmal aufgewacht wären, wenn uns der Mistral das Zelt über dem Kopf weggerissen hätte. Es war warm und wohlig. Selbst ein einfaches Zelt hat etwas von einem „eigenen Heim" an sich. Im übrigen ist alles, was ich mitführe, für mich irgendwie mit Leben erfüllt. Man könnte das den „Charme der Ausrüstung" nennen. Der Mistral tobt immer noch, und es ist gar nicht daran zu denken, bei diesem Orkan ein Feuer zu entfachen. Ich möchte jedoch unbedingt etwas Warmes trinken; ich nehme daher die Thermoskanne, die Kaffeemühle und einen Topf und gehe zu den paar Häusern, die wir am Vortag gesehen haben. Im ersten Haus finde ich die Tür offen stehen und trete ein. Ein sauberer Raum, Feuer im Herd, davor eine alte Frau. Ich begrüße sie und sage, wir hätten in einem Zelt weiter oben übernachtet, und ich würde mir gern Kaffee kochen. Die Alte lebt auf, gießt gleich Wasser in den Topf und stellt ihn aufs Feuer. Wir unterhalten uns; ich frage sie, ob sie hier allein wohnt.

„Nein, mit meinem Sohn. Er ist heute auf Arbeitsuche gegangen, doch jetzt ist es schwer, etwas zu finden."

Am Akzent erkenne ich, daß sie keine Französin ist. Ich frage sie danach.

„Nein, ich komme aus Italien, so wie mein Sohn."

„Und ich bin Pole, Madame."

Die Alte wird lebhaft:

„Mein Sohn hat einen Polen zum Freund gehabt. Der war sehr nett. Er wurde Soldat, und wir wissen nicht, was mit ihm geschehen ist. Ihr Polen seid jetzt wirklich arm dran – wir Italiener übrigens auch. Meinen Sohn haben sie schon zweimal aufgefordert, nach Italien zurückzukehren und sich beim Militär zu melden. Aber er will nicht, *oh non*. Was soll dieser Krieg?"

Ich sage nichts darauf. Sie fragt, von wo wir kommen und warum wir noch echten Kaffee haben. Von meiner Kaffeemühle steigt ein durchdringender Duft auf. Ich gebe ihr eine Handvoll Kaffee und sage, sie solle den für sich selber aufheben. Dann gieße ich den Kaffee in die Thermoskanne und verabschiede mich von ihr. Sie nimmt meinen Kopf in beide Hände und küßt mich auf die Stirn; dann macht sie in typischer italienischer Frömmigkeit ein Kreuzzeichen auf meine Stirn, wobei sie Tränen in den Augen hat. Ich küsse ihr lang die breite, abgearbeitete Hand. Arme Alte. Was ist ihr in dieser Welt geblieben? Ihr Sohn, Kaffee und ein stilles Gebet.

Von dem Zweikilobrot ist nach dem Frühstück nur noch ein Stück übrig. Ich erzähle Tadzio von der italienischen Oma, und auch er empfindet Mitleid. „Schau Jędruś, einzeln sind die Menschen ja in Ordnung – aber alle zusammengenommen sind sie eine Bande von H...söhnen!" Der Sturm tobt immer noch, doch der Tag ist sonnig und etwas wärmer. Wir bepakken unsere „Panzer" und fahren weiter. Nach kurzer Zeit kommen wir zur eigentlichen Siedlung, die sehr schön liegt. Ringsum Wälder, neben den Häusern kleine Felder mit Melonen. Ich kaufe eine riesige Melone für zwei Francs und binde sie am Lenker fest. Dann die Fahrt bergab, in Serpentinen durch einen Wald. Plötzlich – aber nein, das kann man gar nicht beschreiben. Hinter einer Kurve kommen wir mit einemmal zu einem Stück Straße, das aus dem massiven Felsen gehauen ist. Eine lange Balustrade, dahinter gähnende Leere – ein Abgrund, ungefähr 150 Meter tief, und dann die saphirblaue Tafel des Meeres mit einem weißen Schaumkranz entlang des zerklüfteten Ufers. Der Sturm bläst uns so heftig direkt ins Gesicht, daß wir ohne zu bremsen langsamer werden. Der Blick verliert sich am saphirblauen Horizont im Meer, links die aschfarbene Felswand mit der daran geklebten Straße, rechts der Abgrund und zu seinen Füßen ein zweites Meer von dichtem, beinahe schwarzem Grün. Und das alles ist in das vom Wind durchwehte Sonnenlicht getaucht. Wenn der Wind bläst, erscheint die Farbe der Sonne ganz anders, irgendwie kalt wie Email. So fahren wir fast bis zum Wasser hinunter, bis zum Ende eines Felszipfels, wo wir auf der linken Seite wieder zurückfahren. Wir tauchen von neuem ein in das Halbdunkel des Waldes. Die Reifen pfeifen leise über den Asphalt, und in jeder Kurve legen wir uns weich auf die Seite. Bei der großen

Anzahl von Serpentinen ist das wie ein Tanz auf einer entfesselten Maschine. Bei dieser Geschwindigkeit nimmt das schwer bepackte Rad die Kurven wunderbar. Dazu kommt, daß Tadzio unsere engen Rennlenker weiter gemacht hat, so daß wir bequem auf ihnen liegen, breit und sicher darübergebeugt. Nach zwanzig Minuten schießen wir wie zwei Kugeln aus einem Lauf aus dem Wald und kommen auf ein gerades Stück Straße. Links eine kleine Bucht, rechts eine Insel mit einem kleinen Schloß und Zypressen. Böcklin im Sonnenlicht. Die Färbung des Wassers ist geradezu märchenhaft: tiefblau, blaßgrüne Flecken und hellblaue Streifen, übersät mit kleinen Wellenkämmen. Ein Farbenrausch, totaler Wahnsinn. Da ist schon La Ciotat. Die Straße führt jetzt am Meer entlang, wir fahren an Villen vorbei, und zum ersten Mal weht mich die Riviera an. Die großen Palmen sind in diesem Sturm noch zerzauster als sonst, vom Meer her weht es feucht, kühl und salzig. Immer noch braust der Mistral, und diese ganze unmöglich (aufdringlich) bunte Gegend hat etwas Üppiges, Schwungvolles, Lärmendes an sich. Der Mistral ist ein großer Saubermacher und lüftet diese ruhigen, in der Hitze erstarrten Winkel ordentlich durch.

Wir lassen die Räder an der Straße zurück und laufen mit dem Essen zu großen Felsen am Ufer hinunter. Wir essen ganz langsam und genießen jeden Bissen. Zum Essen suchen wir uns immer einen schönen Platz aus; aber heute ist er so schön, daß wir wie betäubt sind. Jede Sardine, jeder Bissen Käse ist ein echtes Erlebnis. Die Sonne scheint, der Sturm peitscht uns ins Gesicht, und manchmal erreicht uns ein Tropfen Wasser, der von den Steinen hochspritzt. Bei jedem Anprall der Wellen entsteht ein Regenbogen, der für einen Moment in der Luft schwebt und dann verschwindet. Angesichts dieser zügellos auf uns eindrängenden Farben könnte man tatsächlich den Verstand verlieren. Ein Jahrmarkt von Farben. Es gibt gewisse Bilder, die ich zu den „intellektuellen" zählen würde. Zum Beispiel ein herbstlicher Sonnenuntergang über der Seine. Die Brücken verschwimmen im Dunst, darüber werden die Pünktchen der Laternen entzündet, riesige Bäume stehen reglos da, das Sonnenlicht wird durch spezielle kleine Wolken gefiltert, von denen jede die Aufschrift „made in Paris“ tragen sollte. Nicht jeder ist imstande, in diesem Bild etwas zu sehen. Hier hingegen bekommt jeder „Dummkopf“ oder „Durchschnittskerl“, um mit Tadzio zu sprechen, auf Anhieb einen Rappel und reißt, wenn schon nichts anderes, so jedenfalls sein Maul auf. Es bleibt ihm gar nichts anderes übrig. Wie beim Anblick einer herrlichen Kokotte, grell und elegant gekleidet. Tadzios Ausdruck dafür: „Das ist wirklich ein Feiertag der See.“

Wir essen unsere mittägliche Ration und fahren weiter. Bis Bandol haben wir noch ungefähr zwanzig Kilometer. Die Straße wird steiler. Wieder steigen wir von den Rädern und schieben bergauf. Die Straße ist so schön angelegt, daß es sogar angenehmer ist, zu Fuß zu gehen als zu fahren. Immer wieder blitzt das Meer von unten durch den dichten Wald. Die Luft ist heiß und duftet nach Harz, und der Mistral erreicht uns hier nicht. Er springt über die Wipfel der Bäume. In einer Kurve begegnen wir einem Begräbniszug. Das ist doch nicht möglich. Die Menschen hier müssen auch sterben? Der Leichenwagen fährt langsam bergab, die Bremsen quietschen erbärmlich, dahinter marschiert die schwarz gekleidete Trauergemeinde. Vor dem Leichenwagen trippelt ein Priester im weißen Meßgewand. In dieser fröhlichen, tänzerischen Atmosphäre, bei diesem Wetter und dieser Sonne wirkt dieser Anblick unnatürlich. Er paßt einfach nicht hierher. Er wirkt so fremd, daß wir die Szene völlig gleichgültig betrachten (Nicht ganz – ich würde sie gerne so malen wie Bonnard). Tadzio stellt fachmännisch fest: „Wenn ihm jetzt die Bremsen versagen, dann hätte der geschätzte Leichnam das Recht, vor Schreck von den Toten aufzuerstehen.“ Wir beginnen, diese Verstellung weiter auszumalen: „Zunächst würde er einmal den Priester überrollen. Wenn er dann den Jungen mit dem Kreuz niederstößt, bekäme er vielleicht das Kreuz auf den Kopf. Die Familie würde zuerst ihre Schritte beschleunigen, dann anfangen zu rennen und schließlich würde sich (so schließt Tadzio kühl und sachlich) die Witwe am Leichenwagen festklammern und dem Chauffeur zurufen: ‚Brems mit dem Gang, wenn dir das Leben des

Toten lieb ist.'" Tadzio erzählt das auf eine Weise und so bildhaft, daß ich bereits „sein" Begräbnis und nicht das wirkliche vor mir sehe.

Wir fahren wieder bergab und kommen nach Bandol. Es ist vier Uhr nachmittags. Bandol ist ein Kleinod in einer bezaubernden Fassung. Es liegt an einer kleinen Bucht; am Strand eine breite Promenade, die gegen das Land hin von einem Paravent weißer Häuser und Villen verdeckt wird. In einem Winkel der Bucht, am Fuß eines mit Häusern und Bäumen bestreuten Hügels, liegt ein winziger Hafen, klein wie ein Spielzeug, mit weißen Strichen – Segelbooten. Im Hafen tummeln sich ein paar Fischer, die in ausgebreiteten Netzen wühlen. So bedächtig, wie das manchmal eine Spinne tut, wenn sie kontrolliert, ob alles in Ordnung ist. Beim Anblick dieser Fischer habe ich stets den Eindruck, sie betrachteten den Fischfang eher als Unterhaltung; sie fahren ein Stück aufs Meer hinaus, bosseln ein wenig herum, fangen ein paar Fische und kehren wieder zurück. Das ist nicht die harte Existenz der Fischer in den nördlichen Meeren oder am Atlantik.

Ich lasse Tadzio mit den Rädern am Hafen zurück und mache mich auf den Weg, um Madame Allègre einen Besuch abzustatten. Ich bin nicht wirklich für einen Besuch gekleidet, weil ich nur Shorts und Hemd trage, aber da kann man nichts machen. Pierre Plane liegt auf dem Hügel, und schon nach wenigen Minuten läute ich bei „Pauline". Mein Herz schlägt, als erwartete ich, daß mir Katherine Mansfield selber öffnet. Es öffnet ein Junge. Ich sage, daß ich Madame Allègre sehen möchte. Er führt mich lächelnd hinein; ich betrete eine kleine, saubere Küche – eine Frau bügelt Wäsche. Madame Allègre, eine kleine, faltige Alte, wieselt zwischen Töpfen herum. Ich stelle mich ihr ganz originell als derjenige vor, der ihr vor einem Jahr aus Paris ein paar Fotografien geschickt hat. Ich sage etwas von Hanka und Franek – sie kann sich sehr gut an sie erinnern; die Fotografien sind angekommen. Sie beginnt seltsam zu lachen, weil *madame* und *monsieur* nicht französisch sprachen, doch mit *monsieur* konnte man sich ausgezeichnet verständigen. „Er war so komisch." Und sie lacht so herzlich, daß ich nicht an mich halten kann und in ihr Lachen einstimme. Ich erzähle ihr, wer die beiden für mich sind, und daß ich jetzt zu meiner Frau nach Paris zurückkehre. Wenig später unterhalten wir uns alle schon ganz fröhlich. Madame Allègre holt leicht getrocknete Feigen von einem großen Brett im Garten, die sie mir in die Taschen stopft. Wir gehen in den Garten hinaus.

Ein kleiner Pavillon neben „Pauline", in dem K. Mansfield wohnte. Ein kleiner Steintisch; eine winzige Terrasse, so groß wie ein Bettvorleger. Auf diesem Tisch hat sie geschrieben, daß dort unten, im Meer, ein Kriegsschiff ankert, und daß der Tag grau und kalt ist. Wenige Worte – ich habe sie in Erinnerung und doch wieder nicht. Damals herrschte ebenfalls Krieg [...]

Dann unterhalten wir uns. Ich erfahre, daß meine Kleidung jetzt an der ganzen Küste verboten ist. Man darf keine Shorts tragen; wenn man mit dem Rad fährt, darf man Shorts tragen, doch es ist strengstens verboten, sich damit in der Stadt zu zeigen. Ich lasse sie das zweimal wiederholen, weil ich es nicht glauben kann. Auf einmal werden sie moralisch – und das auf diese Art. Das sind traurige Aussichten, und es riecht schon von weitem nach Sezession und doppelter Moral. Mit Sicherheit ist das keine deutsche Verordnung. Darin steckt die ganze Lächerlichkeit des autoritären Regimes von Pétain, der auf DIESE Weise zu regieren beginnt. Er befiehlt Frankreich, seine Beine zu verhüllen (dabei hat es so schöne), und gleichzeitig wird er es zu weiß Gott was für Dingen überreden. Natürlich lachen alle darüber; sogar die alte Madame Allègre kichert belustigt und gluckst.

Ich verabschiede mich. Sie wünschen mir eine gute Reise und glückliche Heimkehr. Noch ein letzter Blick zum Steintisch hinüber, dann gehe ich. Tadzio sitzt allein auf einer Bank und schaut vor sich hin. Ich gebe ihm die Feigen, die ihm munden. Wir fahren ein Stück die Promenade entlang und halten vor einem kleinen Café. Bandol ist gut geschützt gegen den Wind, und der Mistral weht hier nicht so stark wie sonst. Am Tisch in der Sonne ist es warm, beinahe windstill. Bier mit Limonade. Neben uns sitzt eine ältere Frau, häßlich wie ein Pekinese und unmöglich angemalt. Zinnober, gebranntes Siena, Karminrot, um die Augen herum Blau [...] Tadzio mustert sie eine ganze Weile und kann dann nicht mehr an sich halten: „Jędruś, was hat diese Ruine, dieser Fetzen, dieser Schutthaufen noch zu erwarten?“ Doch die Ruine beobachtet uns neugierig und wirft mir sogar, was noch schlimmer ist, ein kokettes Lächeln zu. „Oh, daß dich doch...!“ ruft Tadzio jetzt schon laut. Mir ist das peinlich. Nun verstehe ich, wie sich ein junges Mädchen fühlt, wenn ein älterer Herr es „mit den Blikken entkleidet“. Etwas weiter entfernt sitzen ein paar Herren, fein für den Aufenthalt am Meer gekleidet. Erstklassige Sandalen, farbige Hosen aus Segeltuch; bei ihnen sind zwei Frauen mit auffallend hübschen Beinen, beide stark parfümiert. Von Zeit zu Zeit trägt der Wind den Duft ihrer Parfums, vermischt mit Salz und dem Geruch sonnenwarmer Körper, zu uns herüber. Ein leichter Schlag mit einem Fächer ins Gesicht. Ein paar Frauen flanieren über die Promenade. Sie sind wie Rosen im Wind: Sie neigen sich, die Blätter ihrer Kleider flattern und werden gebauscht. Und erst wenn sie vorbei sind, weht ihr Duft zu uns her. Frauen sollte man sich eigentlich gegen den Wind nähern.

Diese ganze Umgebung hat etwas an sich, das es jedermann erlaubt, sich großartig zu fühlen, auch wenn er sein ganzes Leben lang niemand war. Mit Ausnahme der Einheimischen treten hier alle mit einer gewissen Nonchalance in ihren Bewegungen und ihrer Kleidung auf, ihr Gang ist geschmeidig und träge. Ich habe den Eindruck, daß die Menschen hier sogar über ihre Verhältnisse schreiten. Wie bei uns: Alle gingen und liefen über ihre Verhältnisse, schneuzten sich über ihre Verhältnisse, um sich nur ja nicht natürlich zu benehmen. Aber vielleicht ist ja auch die Natürlichkeit bloß eine Pose? (O. Wilde) Ich betrachte durch die gelbe Brille die glänzende Tischplatte, die in der Sonne glänzenden rasierten Beine der Damen und würde am liebsten über diese Gedanken in Lachen ausbrechen. Es gab Zeiten, in denen der Mensch träumte; heute ist das Träumen wohl so sinnlos geworden, daß man es nur mehr betreibt, um nicht außer Übung zu geraten. So wie man von Zeit zu Zeit einen Handstand macht. Das Rätsel des Lebens, des gewöhnlichen Lebens, erscheint so bedeutungsvoll wie nie zuvor. Ich weiß nicht, wie andere das empfinden – ich jedenfalls fühle mich innerlich zerrissen: Auf der einen Seite bin da ich, und auf der anderen ist mein Leben mit Basia. Wenn ich daran denke, benehme ich mich wie ein Arzt am Krankenbett – ich untersuche, horche ab, schaue. Ausgezeichnet – er röchelt noch. Genau darum geht es. Jetzt fahre ich die Côte d'Azur entlang, doch ich verspüre nicht dieselbe Erregung, die ich immer am Samstag verspürte, wenn ich, neu eingekleidet, in den Lux-Torpedo[1] stieg, illustrierte Zeitschriften unterm Arm, in Handschuhen aus Rentierleder und mit einer Packung „Hela" in der Tasche. (Eine Zigarette anzünden, ohne die Handschuhe auszuziehen.) Das ständige Unbefriedigtsein, das es mir nie erlaubte, das wirklich zu schätzen, was ich besaß. Damals merkte ich nicht, daß Frauen gegen den Wind wunderbar sind. Während ich darüber nachdenke, spiele ich in der Tasche mit den paar Glasperlen, die ich vom Gehsteig in Carcassonne aufgesammelt habe. Sie werden immer einzeln klappern; ich werde sie nie auf eine Schnur fädeln...

Wir haben schon jeder zwei Zigaretten geraucht, und es wird Zeit weiterzufahren. Alle mustern uns voll Bewunderung. Ihre Hochachtung gilt vor allem unseren Fahrrädern. Wir sitzen auf und fahren weiter in Richtung Toulon. Bei der Ausfahrt aus Bandol führt die Straße so dicht ans Meer heran, daß wir durch den Wasserstaub der an den Felsen zersprühenden Wellen fahren. In der Luft zittert ein Regenbogen. Kühle, angenehme Regenbogenfarben. Es ist zu spät, um heute noch über Toulon hinaus zu gelangen. Die Gegend hier ist jedoch so dicht besiedelt, daß wir nirgends unser Zelt aufschlagen können. Wir kommen bis kurz vor Toulon. Überall Häuser und Dreck. Wir suchen einen Platz, den wir endlich in einem leeren Wäldchen finden, gleich neben einem verfallenen Haus. Der Mistral tobt wie verrückt, und geht uns schon auf die Nerven. Er ist langweilig, dumm, idiotisch, unnötig, dumpf. Ich werde es ihm schon noch zeigen. Ich reiße mich zusammen und setze Wasser auf. Das Kochen dauert eineinhalb Stunden.

[1] Schnellzug, der in der Zwischenkriegszeit zwischen Drohobycz und Lemberg verkehrte

Gebratenes Fleisch; die Mägen werden gleichmäßig und solide beladen. Jeder Löffel, den wir zum Mund führen, ist wie ein Kran im Hafen, der ein Schiff belädt. Dort unten sieht man ein paar von ihnen. Ich schlafe mit einem einzigen Wunsch ein: daß der Mistral endlich aufhört. [...]

Le Lavandou, 11. 9. 1940

Heute ist schon der siebente Tag unserer Reise. Wir kommen eigentlich recht gut voran, und wenn da nicht das Packen des Gepäcks und vor allem das Schreiben wäre, könnten wir am Morgen schon viel früher aufbrechen. Manchmal notiere ich einige Dinge direkt, gleich unterwegs. Wir bleiben ein paar Minuten stehen, und ich schreibe. Ich habe das Gefühl, daß es mir sonst entgleiten könnte. Ein paar unzusammenhängende Worte im Notizbuch genügen. Das ist dann wie eine Filmrolle mit Bildern, ein Negativ, das am Abend oder am Morgen entwickelt wird. Tadzio benimmt sich wie ein Kunstmäzen: „Du schreib nur, ich mache schon alles. Kümmere dich nicht um die rechte Handbremse." Er zieht das Kabel aus der Halterung, schmiert es mit Vaseline ein, reguliert, richtet, schraubt, klaubt die Sachen zusammen, ordnet sie. „Schau mal, Jędruś, ist es so recht?" – „Sehr gut." – „Nun, ist schejn, *sa wa, nespa*?"[1] – *„Oui, ça va très bien."*[2]

Heute stand ich ungefähr um acht Uhr auf. Tadzio schlief noch. Ich ließ ihm einen Zettel zurück, daß ich einkaufen ginge und sicher gegen zehn wieder zurück sein würde. Ich wußte nicht recht, wohin ich gehen sollte, doch eine Frau in einem leergekauften Laden sagte, daß ich vielleicht im drei Kilometer entfernten Ort La Seyne etwas bekommen könnte. *„Mais pas grand-chose, vous savez; maintenant... oh là là, c'est bien difficile...* "[3] Ich ging also nach La Seyne. Links eine Bucht, in der sich U-Boote sonnten. Ich mag U-Boote nicht; sie ähneln irgendwie Amphibien. Schlanke, graue Körper, denen die Kühle der Tiefe anhaftet, durch die sie sich scheu winden, wobei sie einen mit der Entschlossenheit eines Feiglings in die Füße stechen. Eine eklige Waffe. La Seyne ist ein Vorort

[1] phonet. *Ça va, n'est-ce pas*? – In Ordnung, nicht wahr?
[2] Ja, sehr gut.
[3] Aber sie haben nicht viel, hier gibt es mit allem Schwierigkeiten...

von Toulon; viel Betrieb auf den Straßen, vor allem vor den Läden. In den Bistros Matrosen mit roten Pompons auf den Mützen. Es wimmelt überall von ihnen; offenbar wissen sie nicht, wie sie die Zeit totschlagen sollen. Wozu hat Frankreich diese Schiffe wie Gurken eingelegt? Unsere wären schon längst woanders. Aber hier haben sie sich gewiß fernschriftlich ergeben, per Brief oder Telegramm. Diese Matrosen haben weder Nerven, noch Herz oder Verstand. Das sind Dinge, die ich nicht begreifen kann. Das ist nicht einmal mehr kartesianisch.

In einem Laden finde ich zwei Dosen Bohnen. Ich suche Käse, doch der ist schwer aufzutreiben, und als ich schließlich den letzten Cantal in ganz La Seyne aufstöbere, geben sie mir nur ein halbes Pfund davon. Überall suche ich nach Konfitüre; doch die gibt es nicht. Es ist schon heiß. Der Mistral bläst nicht mehr. Ich gehe ein Bier trinken. An der Bar ein Matrose und zwei Zivilisten. Eine lautstarke Diskussion.

„*Mais, j'te dis*,[1] daß die größte Schlacht an der Marne stattfand. Das war die wichtigste Schlacht."

„*Mais non*! Bei Reims. Dort ist wirklich alles entschieden worden."

„Bei Reims? Etwa deshalb, weil sie dort hunderttausend Amerikaner geopfert haben?"

Ich weiß nicht, ob sie dort Amerikaner geopfert haben und ob sie über die erste oder die zweite Schlacht an der Marne diskutieren, ich weiß nur, daß dort unten in der Bucht U-Boote liegen. Die Diskussion wird fortgesetzt, Kaskaden maßloser Worte über längst vertrocknete Lorbeerblätter, die man vielleicht ganz gut als Gewürz verwenden könnte; sie aber versuchen, sie immer noch als Hauptgericht zu servieren, als sogenannte *plat de résistance*. Es gibt eine medizinische Bezeichnung für eine gewisse Art der sanften geistigen Verwirrung, die darin besteht, daß der Kranke die ersten beiden Sätze vernünftig zum Thema spricht, aber dann redet und redet er ganz durcheinander. Das nennt man *la logorrhée*. Ein Ausfluß von Worten, ähnlich einem Eiterfluß bei gewissen Geschlechtskrankheiten. *La logorrhée* ist die Krankheit Frankreichs – und das schon seit vielen Jahren. Mir scheint, daß von diesem Bier

[1] aber das sag ich dir

derselbe abgestandene Geruch ausgeht wie von den Worten dort an der Bar.

Ich besuche noch einen Laden mir Wurstwaren und frage – nach Konfitüre. Sie haben welche, allerdings nur in Dosen zu einem Kilogramm, und die Patronin warnt mich, daß sie sehr teuer ist – 20 Francs die Dose. Ich bitte sie, mir die Konfitüre zu zeigen. Sie bringt herrliche Aprikosenkonfitüre, eine der besten französischen Marken. Sie weigert sich, mir zwei Dosen zu verkaufen. Ich überschütte sie mit einem Schwall geflüsterter Worte über das Elend von Menschen, die mit dem Rad nach Paris zurückfahren müssen. In einem Winkel steckt sie mir zwei Dosen zu, damit es niemand sieht. Ausgezeichnet. Jetzt noch Brot und Eier. Ich kehre schwer beladen zurück. Die Hitze ist unerträglich geworden, und ich gehe ganz langsam. Ich werfe keinen Blick mehr in die Bucht, wende den Kopf ab. Etwas in meinem Inneren ist zersprungen, es gluckst, mir kommen Worte in den Mund, die ich bisher gar nicht laut auszusprechen gewagt hätte. In meinem ganzen Leben habe ich alles aus Liebe getan. Andere Ehen habe ich nicht anerkannt. Das ist nicht bequem, aber was soll man machen, wenn man nicht anders kann? Auch mit Frankreich habe ich mich aus großer Liebe verheiratet. Und hier in Toulon sehe, fühle, verstehe ich mit einemmal alles; ich verstehe diesen perfiden Briefwechsel und dieses Flirten zwischen Clermont-Ferrand und Toulon. Hier sehe ich Frankreich nackt vor mir, wie es in Toulon liegt wie eine Hure. Sie wartet und lächelt resigniert, macht die Beine breit… Sie betrügt mich. Der Schweiß rinnt mir über die Wangen, ich flüstere etwas vor mich hin. Ach – vielleicht stimmt das ja gar nicht? Ich drehe mich um. Da liegen sie, ruhig und aschfarben, schlank. Etwas weiter draußen zwei Kreuzer. Die habe ich vorher gar nicht gesehen.

Ich komme zum Zelt. Tadzio hat Feuer gemacht, der Kaffee duftet. Er ist geschäftig, sammelt die Sachen zusammen, ordnet sie. „Guten Morgen, Tadzio – wie hast du geschlafen?" – Stille. „Schau her, ich habe herrliche Konfitüre bekommen. Flüssiges Gold in der Dose." Tadzio sagt nichts, er tut so, als wäre ich gar nicht da. Ich gehe zu ihm hin, lege den Arm um ihn, beuge mich zu seinem Gesicht. „Bist du mir wegen etwas böse?“ Er stößt mich weg und sagt: „Geh weg, mir ist heiß.“ – „Was hast du? Fühlst du dich nicht wohl?“ – „Wie soll ich mich wohl fühlen? Komm!“ – Er zieht mich zum Waldrand. Wir stehen hoch oben und haben eine weite Aussicht. Tadzio hat dasselbe gesehen wie ich und schäumt jetzt: „Siehst du diesen ganzen Schrott?“ Er deutet auf die U-Boote und die Schiffe. „Siehst du, wie sie sich aufgestellt haben? Worauf warten sie denn? Daß man sie auch noch verpackt? Daß man sie den Deutschen auf einem Tablett serviert? Hier kannst du eines lernen, die Westerplatte und Warschau waren gut, aber nur zum Fotografieren. Und sie haben inzwischen... einmal Braten, dann Tomaten, und dann Rippchen mit Salaten... Es ist doch schade um jedes Wort.“ Es folgt eine lange Reihe deftiger Adjektive und Substantive.

Wir gehen zurück zum Zelt. Tadzio schlürft so laut, daß man jeden Schluck hören kann. Von Zeit zu Zeit beugt er sich vor, lugt zwischen den Blättern hindurch und richtet sich wieder auf. Ich spüre Trauer und Enttäuschung – er spürt Auflehnung, die Kompromißlosigkeit eines Menschen junger Rasse und Klasse. Ich spüre, wie sich dieser Zorn auch auf mich überträgt. Ich würde am liebsten ausspucken und ganz ordinär fluchen – nein, nicht ordinär, sondern farbig, in langen und komplizierten Sentenzen. Dann zieht Tadzio so fest an den Riemen des Brotbeutels, als würde er jemanden damit würgen... Er reißt einen ab, und wir müssen unser Packsystem ändern. Das nimmt so viel Zeit in Anspruch, daß wir erst um ein Uhr mittags fertig sind. Wir werden heute nicht weit kommen.

Wir fahren durch Toulon. Eine schöne Stadt. Neu und schön angelegt. Die Straßen sind breit, glatt, von Bäumen und Palmen umstanden. Die riesigen weißen Gebäude strahlen, die Cafés sind geräumig – überall viel Raum und Luft. Alles ist großzügig in einem schönen, modernen französischen Stil erbaut.

Hinter Toulon halten wir uns nach rechts. Es gibt zwar einen kürzeren Weg nach Hyères, durch das wir fahren müssen, doch wir ziehen es vor, die Straße am Meer entlang zu nehmen. Der Tag ist heiß und wolkenlos. Vom Meer her kühlt uns eine leichte, salzig-feuchte Brise. Alles ist leer und still, weil es keine Autos und keine Menschenmassen gibt. Nur die reine, gefilterte Schönheit der Küste.

Wir kämpfen uns langsam durch Hyères. Plötzlich zerreißt das Heulen von Autosirenen die Stille des sonnendurchfluteten Nachmittags, und zwei riesige graue Mercedes jagen daher; Deutsche sitzen gleichmäßig und aufrecht in den Wagen geschichtet. Sie sind schon vorüber, doch ich habe das Gefühl, als hätte ich einen Faustschlag in die Rippen bekommen. Im Heulen der Motoren, in den steil aufragenden Rundungen ihrer Kappen, in diesen grafisch so makellos stilisierten Adlern hat sich die Wirklichkeit zurückgemeldet. Tadzio fährt zu mir heran und deutete mit dem Kopf nach hinten.

„Zur Inspektion nach Toulon. Sie werden vor ihnen salutieren, *mersi, pardon…*“

Die Deutschen. Es kommt immer noch vor, daß ich sie vergesse. Nachdem wir eine kurze Strecke auf einer ausgezeichneten Straße gefahren sind, erreichen wir gegen fünf Uhr einen kleinen Badeort, Le Lavandou. Eigentlich beginnt erst hier die Kette der spielzeugähnlichen Sommerfrischen, die bei St. Raphaël in die echte Côte d'Azur übergehen. Das hier ist das Vorzimmer. Ein schöner Sandstrand; Wald und Grün, die beinahe das Ufer berühren. Wir beschließen, hier zu übernachten. Wir steigen von den Rädern und stapfen im Sand zu einer Gruppe großer Büsche. Eine Tafel mit der Aufschrift *Camping interdit*. Ich schaue mich um. Zwei junge Menschen kommen auf uns zu, gleichzeitig entdecke ich unter einem Baum ein Zelt. Sicher seine Bewohner. Ich gehe zu ihnen hin und frage, ob man diese Tafel ernst nehmen müsse.

„Nein, die gilt nur in normalen Zeiten. Jetzt kann man überall am Strand ein Zelt aufschlagen, wo man will. Uns haben sie es gestattet, daher können auch Sie hier zelten.“

Der Junge ist höflich, das Mädchen sehr schön und gut gebaut. Tadzio mustert sie mit gierigem Blick und sagt:

„Ordentliche Werkstatt, Schraubstock mit Klasse. In ihrem Zelt sind alle Schnüre locker, und es schaut aus wie ein Fetzen.“

Das Zelt weist tatsächlich viele „Hänger“ auf, doch ich erkläre Tadzio, daß man untertags immer die Schnüre lockert. Er lacht und meint, wir sollten lieber weit weg gehen. „Was die Ohren nicht hören, das sehen die Augen nicht.“ Die Sonne versinkt langsam, Tadzio sammelt Feuerholz und kontrolliert die Räder. Ich werde das Nachtmahl zubereiten. Wir beschließen, uns maßlos die Bäuche vollzuschlagen, weil wir seit zwölf Uhr nichts mehr in den Mund bekommen haben. In Toulon fiel es uns schwer, etwas hinunterzuwürgen. Man verspürte eher den Wunsch, das Gegenteil zu tun.

Die Nacht bricht herein, und der Mond geht strahlend auf. Es ist ganz hell und still, nur vom Meer her ist ein leises Plätschern zu hören. Wir breiten die Decken im Sand aus und machen aus Tadzios kleinem Koffer einen Tisch, dann essen wir. Dieses Abendessen werde ich wohl nie vergessen. Die Nacht ist warm und hell, der Sand silbrig, aschfarben, das Meer bleigrau. Unser Appetit. Unbeschreibliche Wonne, gedankenlos und gesund. Hier ruft die Schönheit keine Erinnerungen wach, weckt keine Assoziationen – weder von Musik, noch von Poesie. Es ist Schönheit, die man genauso in sich hinein ißt wie diese Spiegeleier mit Spinat aus der Dose und die man dann mit einem Glas Rotwein hinunterspült. Man verspürt gar kein Bedürfnis, irgendwelche Gefühle oder Rührseligkeiten, Sehnsüchte oder Träume aus sich herauszuholen. Hier kann man sich mit einem Schlag diese blauäugige, leinfarben-ebengetreidige, „slawische Empfindsamkeit“ abgewöhnen.

Die Schönheit ist hier ganz einfach da; sie liegt auf dem Teller und ist so greifbar, daß ich die Eier, den Spinat, den Mond, das Meer, den Tomatensalat und die Bohnen esse und mir dann die Lippen lecke. Vielleicht ist es die Schönheit, die keine Wünsche und auch nicht das Bedürfnis verspüren läßt, die Gedanken umherschweifen zu lassen, das „Denken durchzulüften“. Lerchen? Hier schießt man die ab und ißt sie gebraten. Etwas anderes fällt mir hier beim Wort Lerche nicht ein. Kein „Bauer Gottes“, kein dididü oder trrrieh…

Kekse mit Wein und Zucker, Trauben. Dann legen wir uns

in den Sand und rauchen; wir blasen den Rauch gegen den Mond. Wir wollen nicht ins Zelt gehen. Ich liege und schreibe im Mondlicht. Es ist schon eins.

Saint-Raphaël, 12. 9. 1940

Wir erwachen gegen neun. Ein herrlicher Tag. Ich reibe mir kurz die Augen, dann ziehe ich mich aus (am Morgen wird es schon kühl) und lege mich, Schokolade essend, in die Sonne. Erwärmt springe ich ins Wasser; ich schwimme ungefähr 200 Meter vom Ufer weg und unternehme einen ausgedehnten Ausflug entlang Le Lavandou. Der Blick gleitet über die tiefblaue Oberfläche des Wassers bis zum Ufer, wo er kerzengerade in die Höhe steigt wie ein Hydroplan; ein Streifen gelben Sandes, die weiß-schwarze Klaviatur der Häuser und Villen am Ufer (die dunklen Spalten zwischen den Häusern erscheinen wie schwarze Tasten), gestreifte Vorhänge in den Fenstern in allen Schattierungen von Gelb, Orange und Rot, die Tropfen bunter Schirme auf den Terrassen, dann das dunkle Grün der Wälder und der fahlblaue Himmel, Wäschefarbe. Dort ziehe ich eine Runde und lande wieder auf dem Wasser. Nein, nein – ich würde jemanden verprügeln, wenn er mir sagte, was Sie da sehen, mein lieber Herr, das ist ja ganz schön, aber es ist nicht dasselbe wie Koluszki[1] … Ja, dort, mein lieber Herr, in Koluszki… usw. In diesem Fall wäre nicht ich der Snob, sondern dieses Individuum aus Koluszki. Wie muß Mickiewicz Paris gehaßt, wie elend muß er sich gefühlt haben, als er dort seinen „Pan Tadeusz" schrieb.

Ich schwimme über eine Stunde lang; das Wasser ist warm, durchsichtig, weich. Dann fünf Gläser Kaffee und ein Kilogramm Brot mit Pastete und Konfitüre. Wir würden hier gern den ganzen Tag verbringen und müssen uns zur Abreise zwingen. Von hier nach Paris haben wir noch 1200 Kilometer. Wegen der Hitze treten wir nur langsam in die Pedale. Im übrigen ist die Straße so herrlich angelegt, daß man gar nicht schnell fahren kann. Wir kommen an ein paar spielzeugähnlichen Orten vorüber, die an Le Lavandou erinnern. Sie

[1] eine häßliche Kleinstadt in der Nähe von Warschau

liegen hintereinander aufgefädelt, versteckt in den Wäldern der Küste. Dazwischen einsam stehende Villen mit eigenen kleinen Stränden zu Füßen und oft einem kleinen privaten Hafen für Segelboote. Wir fahren über Cavalière, Canadel, Le Rayol, Cavalaire. In einem Bistro an der Straße, das hoch über dem Meer liegt, trinken wir kaltes Bier mit Limonade. Wir tragen die Flaschen auf die Terrasse, setzen uns an den Tisch, die Füße auf einem zweiten Sessel, und sonnen uns. Unter uns das Meer, gesäumt von Grün, über uns Blau und Sonne. Tadzios Ausdruck: „Die Welt ist schön, nur die Menschen sind H...söhne." Der Gedanke an den Krieg, an das gegenseitige Töten auf komplizierteste Weise, erscheint einem hier... Nein, er erscheint einem hier gar nicht.

Ich bin geradezu besessen von den Gedanken. In meinem Kopf findet ein Tontaubenschießen statt. Zuerst fliegen diese runden deutschen Mützen in die Luft, die wir gestern gesehen haben, und verwandeln sich in formlose Bilder von Büchern und Namen: Luther, Hegel, Marx, Nietzsche, Hitler, Rosenberg – und in den Ohren die Bläser Wagners: Ta, ta taaaaa..ta, ta, ta, ta, tiiiiii – Tra, tara, tara iiiiii... Vor meinen Augen das Gesicht von Fräulein Dora Vogel, der Deutschlehrerin, die mit mir oft viel länger als eine Stunde saß, zum eigenen Vergnügen (sie berechnete nur eine Stunde), und mich mit der ganzen unglücklichen Liebe der Jüdin zu den Deutschen, wie Słonimski das einmal nannte, mit dieser Kultur fütterte. „Lesen Sie das noch einmal." Fürs nächste Mal 50 Seiten von „Nathan dem Weisen", in der rosa „Universal"-Ausgabe. Einmal ließ sie mich eine Charakterisierung über sie selbst niederschreiben. Ich begann mit dem Satz: *„Fräulein V. hat große Zaleten, aber auch große Waden."*[1] Dabei hatte sie ganz schmale Waden und war sehr klein. Ich hatte sie sehr gern. Ich nannte sie „Minna von Barnhelm". Und sie stopfte mich hartnäckig wie eine Gans, die ich ja damals im übrigen auch war. „Wir werden Schnitzler lesen, aber der junge Herr darf Mama nichts davon erzählen." Der „junge Herr" war damals sechzehn.

Was ist mir davon geblieben? Ich kann es nicht sagen, aber

[1] ein Wortspiel im Polnischen – *zaleta* – Vorzug, *wada* – Nachteil

ich spüre jetzt eines ganz deutlich: die Hysterie des deutschen Denkens; die Hysterie, mit der uns die Deutschen alle langsam vergiftet haben. Daran erinnere ich mich noch: Luther schrieb, er könne nicht beten, ohne dabei zu fluchen. Wenn er sagte, „geheiliget werde Dein Name“, dann mußte er hinzufügen: „und verflucht seien die Papisten und alle diejenigen, die Dich lästern“. Dort irgendwo, in dieser Gegend, hat die Laufmasche ihren Anfang genommen. Wieviel Hysterie steckt in Marx, die sich dann auf seine Anhänger übertrug. Die ganze Mehrwerttheorie wurde in einer Soße aus Hysterie angerichtet. Ich weiß noch, wie ich einmal mit Frydek aus dem Theater kam, aus einer dümmlichen, heiteren französischen Komödie. Und plötzlich, auf der Szpitalna, sagte er zu mir: „Und jetzt wollen wir das einmal unter dem Gesichtspunkt des Klassenkampfes betrachten.“ Hysterisch! Geheiligt werde Dein Name, oh Proletariat, und verflucht sei die Bourgeoisie usw. Wer hat diese Hysterie ausgelöst? Die Deutschen, das deutsche Denken mit seinen Ausdünstungen, unbefriedigt, gotisch, so wie der Kölner Dom, den ich nicht ausstehen kann. Die Deutschen haben diese verworrene, schreckliche Sprache geschaffen, in der wir nie wissen, was das Wort „*Kultur*“ wirklich zu bedeuten hat. Ob von einer Wohnung mit Badezimmer die Rede ist, von Goethe, oder ob man vielleicht „*Marsch, marsch*“ brüllt. Die Deutschen haben uns die hysterische Verwendung der Substantive gelehrt, mit denen man so vorsichtig umgehen sollte wie mit einer entsicherten Waffe. Sie haben ihre Substantive, wir haben unsere. Sie haben *Volk, Blut, Boden*, und wir „Sozialismus“, „Kommunismus“ – alle verschlucken sich bei der deutschen Art. Eine Welt von Hysterikern. Ich hätte in diesem Augenblick, hier und auf der Stelle, gern die nötigen Bücher, um beweisen zu können, daß ich recht habe. Vor allem eine Auswahl von Luthers Schriften. Hegel brauche ich nicht, den würde ich ohnehin nicht anrühren. Aber andere, viele andere. Ich würde sie auf die Lenkstange legen und lesen. Um von diesem Geruch, den ich aus jenen Jahren in Erinnerung habe, zu dem zu gelangen, was ich jetzt so deutlich verspüre. Von der „Chromatischen Phantasie und Fuge“ von Johann

Sebastian Bach sind wir zu Wagner gekommen… Es ist wie ein Tontaubenschießen. In diesem Augenblick hat es mich gepackt. Ich bleibe stehen, hole das Heft heraus und notiere: „Luther“, „Marx“, „Wagner“. Nun hat auch mich die Hysterie des „hysterischen“ Substantivs gepackt. Und das alles nur wegen dieser Kappen und wegen Toulon. In Toulon sind Tadzio und ich zu Hysterikern geworden.

Wir entfernen uns jetzt vom Meer und durchschneiden den Sockel eines rechteckigen Kaps, an dessen Spitze Saint-Tropez liegt. Wir kommen an zahlreichen Feigenbäumen vorbei, die neben der Straße stehen. Wir essen Feigen. Sie sind außen warm und innen kühl und süß. Bis Sainte-Maxime sind es noch ungefähr zehn Kilometer. Die Küste ist felsig, die Felsen rostbraun. Manchmal ist die Straße aus dem blanken Felsen gehauen und nur mit einer dünnen Schicht von Teer und Schotter bedeckt. Tief unten Dutzende kleiner, von Felsen gesäumter Buchten. An einer Stelle liegt ungefähr 50 Meter unter uns ein kleiner Strand, zu dem aus dem Felsen geschlagene Stufen führen. Ich kann mich nicht zurückhalten. Wir lassen die Räder bei der Balustrade stehen und laufen hinunter. Ich ziehe Shorts und Hemd aus und ab ins Wasser. Ich klettere auf einen großen Stein und springe hinein. Das Wasser ist kristallklar – ich tauche mit offenen Augen. Am Grund große Steine und ein Wald zarter Wasserpflanzen. Verrückte Farben. Ringsum Öde.

Nach Beauvallon kommt eine lange Abfahrt über scharfe Serpentinen; einige haben die Form eines U, eine Krümmung um 180 Grad, die Sehne dieses Bogens mißt höchstens zwanzig Meter. Die Kehren sind gestreut wie eine Rennbahn, und die Fahrt ist hinreißend. Ein Dancing. Am Nachmittag kommen wir durch Sainte-Maxime. Hier ist schon ohne jede Einschränkung die Riviera. Villen, kleine Paläste, ein kleiner Hafen, Yachten, Strand, Palmen. Es gibt kaum Menschen. Die wenigen, die hier sind, sehen aus wie ständige Bewohner; Rentiers und andere Arme, nach französischem Begriff. Es überwiegen ältere Damen, phänomenal prätentiös gekleidet und bemalt – nein, ganz einfach zubetoniert mit allen möglichen *produits de beauté*. Hier findet man bereits die typische Promenade und die typischen großen Hotels im Stil der klassischen Sezession. Jede Menge eiserner Efeuranken, goldener Girlanden, alles wie beim Kaufhaus Printemps in Paris. Aus all dem schlägt einem eine Sezession entgegen, die so konzentriert erscheint, daß ich es gar nicht fassen kann: *Fin de siècle*, „Der Fächer der Lady Windermere", und am Ende begann ich unwillkürlich halblaut „Esik in Ostende"[1] vor mich hin zu sagen. Die goldene Zeit dieser Orte war in den Jahren 1890 bis 1914, und von dieser Atmosphäre hat viel überdauert. Die Jahre nach dem Krieg waren nur noch eine plumpe Nachahmung der glorreichen Vergangenheit. Irgend etwas scheint hier zu brüten, diese Orte haben etwas von einer altmodischen Brillantenbrosche in der Schublade des Toilettentisches einer bankrotten Gräfin an sich. Reste ehemaligen Vermögens, ein wenig Trauer.

Ab Sainte-Maxime schlagen wir ein etwas schärferes Tempo ein. Wir wollen heute noch Saint-Raphaël hinter uns bringen. Die ganze Küste erscheint wie eine Palette. Vor Saint-Raphaël kommen wir an einem großen Flughafen und einem Stützpunkt für Wasserflugzeuge vorbei. Neben der Straße ragen alle paar hundert Meter die Maulwurfshügel von Betonblockhäusern hoch – ganz neu, erst vor kurzem errichtet; vielleicht schon nach dem Waffenstillstand? Bei den Franzosen kann man das nicht ausschließen. Wer weiß, ob man sie nicht aus verwaltungstechnischen Gründen (zum Beispiel, weil es darum ging, wie man den Zementtransport, die Lieferungen usw. verrechnen soll) noch im Juli gebaut hat?

Saint-Raphaël ist schön, weniger Sezessionshotels, moderner. Wir halten mitten im Zentrum, um Obst einzukaufen, dann gehen wir Kuchen essen. Wir essen sechs Stück, dann noch einmal zwei, dann wieder zwei – die Bäckerin glotzt, deshalb essen wir noch einmal zwei. Als Andenken lege ich ein paar Weintrauben neben die Kasse. Es gibt immer noch Kuchen, die wir noch nicht gekostet haben, darum, mampf, gleich noch zwei Stück. Die Patronin lächelt, andere Leute auch; das heißt,

[1] Werk des polnischen Autors Tadeusz Boy-Żeleński (1874-1941)

nicht Leute, sondern ein paar Frauen, die am Abend gekommen sind, um Brot einzukaufen.

„*Mais vous avez un appétit terrible…*“[1]

„Na ja, nach 150 Kilometern“, sage ich angeberisch. Sie bestaunen uns, und dafür gibt es auch allen Grund. Wir sind schokoladenfarben, und die Haare sind schlohweiß.

„*Vous êtes Allemands*?“[2] immer wieder äußert jemand diesen Verdacht.

„*Mais non, Polonais.*“

Nun lächeln sie freundlich, und die Bäckerin beginnt sofort eine politische Debatte. Die Frauen verstehen sicher besser, was Frankreich zugestoßen ist, als die Männer. Nur die französischen Frauen haben manchmal den Mut, laut auszusprechen, daß „unsere geflohen sind und nicht kämpfen wollten“, und wenn man sagt: *Polonais*, dann betrachten sie einen gleich wie einen Helden. „Ihr habt gekämpft – *Varsovie ne voulait pas se rendre*, aber ihr seid schwach gewesen. *Mais la France… c'est honteux*!“[3]

Die Bäckerin poltert hinter ihrem Verkaufspult wie ein Kapitän auf der Brücke. Das zustimmende Brummen der Kundinnen bestärkt sie. „*Nos hommes*? Das sind Faulpelze. *Ça mange, ça vient, ça dort*!“[4] Dieser Bäcker ist wirklich nicht zu beneiden. Doch die Bäckerin hat recht, wenn sie sagt, daß man ihnen vor diesem Krieg nur *balivernes*[5] erzählt hat. Sie haben die ganze Zeit hinausposaunt, „die französische Nation ist das Bollwerk der Kultur“, „die Wiege großer Gedanken“, „*l'esprit français invincible*“ usw. Und um das mit Beweisen zu untermauern, zitierte man: Descartes, Voltaire, *La Révolution*, Napoléon oder Louis XIV., und diese Beispiele endeten gewöhnlich mit Foch oder Lyautey. Und das Fazit von alldem war – Pétain, oder Peten, wie Tadzio ihn nennt. Alle waren überzeugt von ihrer Größe, sie glaubten, Molière und Racine (mit dem habe ich übrigens noch ein Hühnchen zu rupfen) seien erst gestern gestorben, alles sei *formidable,* und dann legten

[1] Ihr habt aber einen ordentlichen Appetit…
[2] Sind Sie Deutsche?
[3] Warschau wollte sich nicht ergeben (…) Frankreich aber… eine Schande!
[4] Unsere Männer? (…) Essen nur, spazieren herum, schlafen!
[5] Unsinn

sich alle ruhig schlafen, wobei sie auf das schworen, was sie immer schon beschworen hatten. Sie fütterten die Welt mit ihrer aufgewärmten Größe. Doch wenn man ständig aufgewärmtes Essen zu sich nimmt, dann wirkt sich das fatal auf die Gesundheit aus.

Nur die Deutschen haben dieses Frankreich ganz durchschaut. *Nous vaincrons parce que nous sommes les plus forts.*[1] Die Franzosen glaubten daran; die Deutschen lasen diesen Slogan wie „*Dubo-Dubon-Dubonnet*", und als Hitler sagte, daß „sie sich selber zerstören", da hatte Frankreich im Herbst vorigen Jahres und im Frühjahr dieses Jahres dafür nur Hohn übrig. Im April sagte er, er würde am 15. Juni in Paris einmarschieren. Sie konnten sich gar nicht halten vor Lachen. Aber wer weiß, ob der deutsche Stab nicht absichtlich den Marsch auf Paris verzögert hat, damit sich die Worte des Führers präzise erfüllen?

Wieviel Illusionen haben wir uns auf die Entfernung geschaffen. Freiheit der Kritik? Ach, sie haben ja tatsächlich keine Angst, etwas zu kritisieren! In Ordnung, aber was? Sie kritisieren Politiker, kritisieren soziale Einrichtungen, kritisieren andere, aber nie sich selber. Denn die französische Nation ist groß, wunderbar, genial, aber sie ist diesem oder jenem ausgeliefert, dieser Institution, diesen Menschen usw. Als Nation bist du schön und gut und wacker und fleißig, du hast diesen und jenen hervorgebracht (die an dieser Stelle zitierten Persönlichkeiten haben gewöhnlich nicht viel übrig gehabt für diese Nation und genau gewußt, was sie von ihr halten sollten. Sonst wären sie ja auch keine großen Persönlichkeiten gewesen), aber sie nutzen dich aus. Die Nation ist nie schuldig? Dort, in Toulon, sind es nicht die Matrosen und die Aspiranten und die jungen Offiziere, die schuldig sind, sondern nur „die da oben". Sie üben Verrat. Sie haben den Krieg verloren, weil sie Verrat geübt haben. Wo sind die Beweise? Warum fahren die Matrosen, Aspiranten und jungen Offiziere nicht mit den Kriegsschiffen aufs Meer hinaus? Worauf warten sie? Darauf, daß sie „eingepackt" werden? Bei uns sind die großen Köpfe

[1] Wir werden siegen, weil wir die Stärksten sind.

geflohen, aber das Volk hat gekämpft. Bei uns in Warschau haben sie nicht auf Befehle gewartet. Die Zerstörer „Zbik“ und „Rys“ würden bei uns ohne Befehl auslaufen. Weil wir keine große Nation sind. Zum Glück! Sie glauben, daß sie denken, daher sind sie. Aber das genügt heute nicht mehr. Heute muß man auch fühlen, um zu sein. Ich kann fühlen, daher bin ich... Wenn ich nur denke, dann kann es leicht geschehen, daß ich nicht spüre, wie sie mir ins Gesicht schlagen... Sie fühlen nicht, sie FÜHLEN schon nicht mehr.

Wir essen noch einmal vier Stück Kuchen, insgesamt achtzehn, dann zahlen wir und gehen.

Wir fahren weiter durch Saint-Raphaël; Villen und kleine Paläste, soweit das Auge reicht. Es ist schwer, einen guten Platz zum Übernachten zu finden. Endlich entdecke ich eine kleine Bucht mit einem steinigen, aber flachen Strand. Dazu gibt es viel trockenes Seegras, das die Wellen an Land gespült haben. Wir schlagen das Zelt auf. Im Inneren bereiten wir ein dickes Lager aus Seegras. Es ist weich wie in einem Nest. Zwei Meter weiter das Meer. Ich mache mich auf die Suche nach Wasser. Es gibt nirgends welches. Erst im Garten einer unbewohnten Villa finde ich einen Brunnen. Ich steige übers Tor und bringe außer dem Wasser auch noch eine Katze mit. Die Katze ist ein schrecklicher Schmusekerl und fühlt sich im Zelt sofort wie zu Hause. Wir essen wieder im Mondlicht. Die Katze schläft artig mit mir ein.

Nizza, 13. 9. 1940

Schönes Wetter. Vom frühen Morgen an Hitze. Ich springe direkt vom Zelt ins Wasser und schwimme weit hinaus. Das Wasser ist lau. Das ist wahrscheinlich die beste Morgengymnastik. Einatmen, ausatmen – Arme und Beine bewegen. Ich kann stundenlang schwimmen, ohne im geringsten zu ermüden. Als ich zum Ufer zurückkomme, erkenne ich unsere Felsen nicht wieder. Sie sehen aus wie grüne, mit Mohn bedeckte Hügel; übersät mit roten Flecken. Erst aus der Nähe sehe ich, daß da eine Kompanie Neger mit roten Fezen auf dem Kopf einen Morgenspaziergang ans Meer unternommen hat. Aus der

Ferne erkennt man ihre schwarzen Gesichter nicht. Sie hokken in Gruppen beisammen, ein Dutzend streift um unser Zelt herum; Tadzio fuchtelt aufgeregt mit den Händen, als wolle er Bienen verjagen. Sie deuten in meine Richtung. Die letzten paar Dutzend Meter kraule ich, wobei ich an ihrem fröhlichen Schnattern höre, wie gut ihnen das gefällt. Als ich aus dem Wasser steige, verstummen sie und flüstern untereinander. Nur Tadzio läuft umher, klaubt die herumliegenden Sachen zusammen und hält den Nächststehenden einen langen Vortrag. So etwa in der Art: „*Kompran pa franse*, also – keinen Millimeter mehr weiter; komm nur nicht zu nahe; verp... dich, du schwarzer Wollschädel einer unbekannten Mutter, sonst vergesse ich mich. Wenn du nicht willst, daß ich dir eine in die Zähne betoniere, dann verschwinde von hier, das ist unser Zelt, nicht deine verlauste afrikanische Strohhazienda. Also mach schon, Bruder, dampf ab und schlag Wellen, hier werden keine Süßigkeiten verteilt... Jędruś, uns fehlt schon ein ganzes Vermögen. Sag ihnen, daß sie abrücken sollen." Ich trockne mir Gesicht und Hände ab, hole eine Schachtel Zigaretten heraus und biete sie den Nächsten an.

„Von wo kommt ihr?"

„Aus Madagaskar", antwortet einer der Mutigsten. Er spricht wie ein Kind.

"Und geht es euch gut hier?"

„Gut." Jetzt wollen alle zugleich etwas sagen. Sie erzählen, man habe sie im Frühjahr hergebracht; sie sollten kämpfen, doch am Ende haben sie gar nicht die Front gesehen, und in einer Woche werden sie nach Madagaskar zurückkehren.

„Da freut ihr euch wohl?"

„Sehr sogar, sehr," lachen sie fröhlich und schnattern durcheinander. Ich sage ihnen, daß wir Polen sind. Sie lachen wieder und einer von ihnen sagt:

„*Polonais bon soldat – Français pas bon, oh – pas bon... Français*",[1] und ahmt mit den schwarzen Fingern nach, wie jemand rasch davonläuft. Die Franzosen sind davongelaufen. Das tut mir leid. Ach, Frankreich, sogar diese Schwarzen...

[1] Pole guter Soldat – Franzose nicht gut, oh – nicht gut...Franzose

Ich schäme mich für Dich. Vielleicht schämen sich jetzt andere mehr für Dich, als Du selber... Es ist bemerkenswert, wieviel Sympathie sich die Polen bei den Schwarzen erworben haben. Die Neger haben die französischen Soldaten aus ihren Quartieren hinausgeworfen, und wenn sich einer dort blicken ließ, haben sie ihn mit Konservendosen, Brotrinden und allem, was ihnen gerade in die Hand fiel, beworfen. Die Polen haben sie eingeladen, bewirtet und gefüttert, angeblich wohnten viele polnische Soldaten ständig bei ihnen. Polen und Neger haben den Rückzug der fliehenden Franzosen gedeckt, den Rückzug der Kultur und Zivilisation. Ist eine Kultur, die ihren Rücken durch Barbaren decken läßt, überhaupt imstande, noch einmal zu strahlen? Wer nicht genug Kraft besitzt, um die Kultur zu verteidigen, der ist auch nicht imstande, anderen Menschen Achtung für die Kultur einzuflößen. [...]

Ein Offizier, ein weißer „Stutzer" in weißen Handschuhen, aufgeblasen und mit Gerte, pfeift plötzlich zum Sammeln, und die Neger marschieren ab. Die Glücklichen! In drei Wochen werden sie in Madagaskar sein. Ich würde gern mit ihnen fahren. Schon nach sechsundzwanzig Jahren, in so jungem Alter, kommt mir Europa zu den Ohren und der Nase heraus... Es tut mir leid, daß ich es nicht mehr geschafft habe wegzufahren. Vielleicht wäre das Leben anfangs schwierig, aber es wäre ein Leben nach einem Plan. Und nicht so ein Blindekuhspiel mit dem Schicksal, ein Leben wie ein Aal, der sich immer von einem Tag zum nächsten schlängelt. Statt auf dem Erdboden zu gehen, geht man auf Aspik aus Schweinshaxen und Kalbsköpfen.

Die Katze trinkt gierig die Trockenmilch und schleckt sorgfältig alle schlecht aufgelösten Bröckchen auf, während wir uns mit Kaffee vollgießen. Nach dem Frühstück trage ich die Katze wieder zur leeren Villa, verabschiede mich ausgiebig von ihr und muß sie zurückjagen, weil sie hinter mir her rennt. Wir fahren weiter. Vor unseren Augen rollt ein farbiger Beifilm mit dem Titel „Côte d'Azur" ab. Wir kommen nach Miramar. Wieder ein paar große Sezessionshotels und „Ruinen" beiderlei Geschlechts. Sienkiewicz hat wohl einmal (in den

„Reisebriefen“?) geschrieben, daß man in Südfrankreich altern, aber nicht sterben kann. Die hier sind offenbar genau von dieser Sorte: Sie altern, und wenn sie Frauen sind, dann malen sie sich gräßlich an, aber „es gibt keinen Tod für sie“, wie Tadzio sagt. Wir fahren durch La Napoule und machen in den Stunden der größten Hitze in Cannes halt. Der Strand ist hier schöner als in den anderen Orten. Bevor wir in diese „urbane“ Stadt hineinfahren, setzen wir uns auf die Terrasse eines kleinen Bistros mit einem Dach aus Segeltuch und trinken Limonade. Die Hitze macht uns träge, und die leichte Brise vom Meer wirkt einschläfernd. Ich döse, verdöse die ganze Welt.

Nach einer Stunde fahren wir weiter nach Cannes. Hier gibt es einen kleinen, schönen Hafen mit vielen Segel- und Motoryachten. Sie blitzen in der Sonne und schimmern weiß wie riesige Schwäne. Neben dem Hafen die Promenade, ein großer Platz, im Schatten von Bäumen, Villen, Hotels, Cafés – weiter drinnen die Stadt; wie jede südliche Stadt duftend und ein wenig schmutzig. Wir stellen die Räder unter Bäumen ab. Tadzio setzt sich auf eine Bank, und ich gehe einkaufen. Der Mangel an vielen Lebensmitteln hat den Vorteil, daß man fast die ganze Stadt anschauen muß, wenn man etwas finden will. Ich flaniere, sehe mich um, halte verbissen nach Eiern und Erbsen in der Dose Ausschau. Die gibt es nirgends. Dafür sind die Auslagen der Galanteriewaren und Juweliere genauso reichhaltig und prächtig wie auf dem Boulevard des Italiens in Paris. Nach einstündigem Herumstreifen habe ich alles gefunden und schlendere langsam zu Tadzio zurück; einen Teil der Lebensmittel trage ich in einem kleinen Kissenüberzug, die übrigen in meiner Baskenmütze.

Tadzio sitzt auf der Bank, raucht gleichgültig eine Zigarette, und um ihn herum steht eine kleine Gruppe Neugieriger. Sie betrachten unsere Fahrräder, nicken und wollen Tadzio in ein Gespräch verwickeln. Er sitzt da wie eine Mumie. Bei meinem Anblick springt er auf.

„Da bist du ja endlich! Was haben diese Froschfresser hier ihre Mäuler zu wetzen? Das sind mir ja richtige Aristokraten – schau dir einmal den sonderbaren Heiligen in den weißen Gamaschen da an; der sieht aus wie der Graf in der ‚Aussätzigen‘[1].“

Der ältere Herr, elegant gekleidet, graue Hose, dunkles zweireihiges Jackett und weiße Gamaschen, ist sehr nett, und wir plaudern angenehm. Er fragt mich zur Abwechslung, ob wir Engländer seien, von wo wir kämen, wie man mit so schwer beladenen Rädern fahren könne usw. Er langweilt sich beim Nachmittagsspaziergang, in Cannes ist jetzt nicht viel los, daher ist er froh, einen Gesprächspartner gefunden zu haben.

Als er erfährt, daß wir Polen sind, äußert er Bedauern und dann einen tief philosophischen Gedanken: „Ja, ja *enfin*[2],Ihr seid es ja gewohnt zu leiden, aber wir?...Was wird das noch geben?...“ Ich beginne herzlich zu lachen. Er hat uns ganz kurz und logisch abgefertigt. „*Oh, mon cher Monsieur, n'ayez pas peur.*[3] Die Franzosen werden das gewiß mit weniger Schaden überstehen als wir, obwohl wir – *comme vous le dites*[4] – darin schon Übung haben. Es ist die Frage der nationalen Widerstandskraft, die uns immer so viel Leid beschert hat. *Vous connaissez un peu notre histoire*?[5] Seit hundertfünfzig Jahren wollen sie uns unsere nationale Identität rauben, aber das ist ihnen nicht gelungen – und deshalb all das Leiden! Ihr hingegen? Euch haben Geld und Wohlstand das Herz aufgefressen, der Verstand hat Euch gefühllos gemacht (für Toulon, jetzt gebe ich's dir für Toulon), Ihr werdet sicher nicht leiden. Wenn Ihr sagt: ‚*Mon Dieu*, was Ihr gelitten habt‘, dann denkt ihr dabei an Hunger, Schläge, Erschießungen, Gefängnis, aber nicht an das, was für uns das größte Leiden darstellt. Uns können sie brechen, umbringen – Frankreich hingegen wird zusammengedrückt wie ein Gummiball, und entweder bleibt es zusammengedrückt, oder es gewinnt wieder seine alte Gestalt.“

Der Alte ist offensichtlich schockiert. Ich habe das ganz ruhig, beinahe melancholisch gesagt, jeden Satz sorgfältig formuliert. Bittere Pillen muß man ihnen immer in einer Oblate

[1] „Tredowata“ (Die Aussätzige), 1908 – populärer Roman von Helena Mniszkówna, einer der erfolgreichsten Vertreterinnen der polnischen Trivialliteratur.

[2] schließlich

[3] Ach, mein lieber Herr, Sie brauchen keine Angst zu haben.

[4] wie Sie sagen

[5] Kennen Sie ein wenig unsere Geschichte?

verabreichen, weil sie diese sonst nicht hinunterschlucken. *C'est le ton qui fait la chanson.*[1] Der Opa schluckt es hinunter, aber ob es ihn auch berührt? Ich verabschiede mich höflich von ihm; ich glaube, daß es von ihm abfließen wird, weil es nicht sein Herz erreicht. Daran sind wir selber schuld. Wir haben sie immer nur Mitleid gelehrt; und das haben wir jetzt davon. Sie sagen: *Vous êtes malheureux*[2] mit derselben Leichtigkeit, mit der man ausspuckt. Nein, ich habe das nicht richtig ausgedrückt, daß es nicht das Herz erreicht; es erreicht nicht den Verstand. Wenn man in Zeiten wie diesen versucht, das Herz zu erreichen, ist das ein vergebliches Bemühen. Die Menschen haben kein Herz mehr. Und wenn sie eines zeigen, dann ist das so, als würde einer mit dem Herzen ausspucken; aus reiner Gewohnheit. Ich verlange kein Mitleid – ich will Verständnis; dann meldet sich das Herz oft von selbst und schlägt edel.

Wir verlassen Cannes und erreichen schon nach kurzer Zeit Juan-les-Pins. Ein Ort, der erst nach dem Krieg in Mode kam, und das sieht man auf Anhieb. Trotz der Leere ringsum scheint alles zu lärmen, eine Rumba-Jazz-Architektur, die Villen wie Saxophone. Als ich in einem Laden Pastete in Dosen entdekke, gehe ich hinein, um ein paar zu kaufen. Nach alter Gewohnheit beginne ich ein Gespräch und erfahre, daß das Polnische Rote Kreuz hier ein Lager für Frauen und Kinder polnischer Offiziere führt, denen es gelungen ist, sich nach England abzusetzen, die sich in Gefangenschaft befinden oder die auch gefallen sind. Ich beginne zu zittern und verlasse eilig den Laden. Wir machen uns aus dem Staub, um nicht zufällig einer dieser Grazien unserer Intelligenz in die Arme zu laufen. Wenn das Meer hier nach zwei Monaten Galle und Leber wie giftigen Schaum ausspeit, dann weiß ich, daß das von diesem Lager kommt. Kein Zweifel! Es riecht mir nach wohltätigen Mahlzeiten in L. und nach dieser ganzen Gesellschaft, insbesondere nach „unseren Fräulein".

Am späten Nachmittag kommen wir durch Antibes. Immer noch Juan-les-Pins, nur daß es Antibes heißt. Villen wie Po-

[1] Der Ton macht die Musik

[2] Ihr seid unglücklich.

saunen. In Nizza möchten wir ordentlich, sauber und gepflegt eintreffen. Wir fahren zur Mündung des Var und am rechten Ufer flußaufwärts. Hier wollen wir das Zelt aufschlagen, um uns morgen im Süßwasser zu waschen, so richtig, mit Seife. Im Meerwasser „greift" die Seife nicht. Das Tal des Var ist ziemlich breit, auf beiden Seiten sieht man die Ausläufer der Seealpen; am Horizont eine Gebirgsbarriere. An den Flußufern liegen prachtvolle Obst- und Gemüsegärten. Von hier kommen die meisten Frühlingsnelken in den Hallen und auf den Märkten von Paris. Überall kleine Häuser und Gärten, nirgends ein Zugang zum Fluß. Schließlich entdecken wir zwischen den Gärten einen schmalen Pfad, beinahe zerdrückt zwischen den Zäunen, die sich unter der Last von Weintrauben biegen, und wir finden einen Platz zum Übernachten. Wir sammeln trokkenes Schilf als elastische Unterlage und schlagen auf diesem Teppich unser Zelt auf. Der Abend am Wasser bricht kühl herein, und Tadzio ruft in kurzen Abständen: „Achtung – Luftangriff!" Die Mücken greifen im Sturzflug an, und das laute Klatschen auf Schenkeln, Händen und im Gesicht klingt wie Explosionen. Die Angriffe sind teuflisch. Wir entzünden rasch ein Feuer und kochen das Abendessen. Ich werfe Gras ins Feuer, und der Rauch vertreibt sie. Jetzt fliegen sie wenigstens nicht mehr in ganzen Formationen heran. Ich erschlage eine, nehme sie in die Hand, betrachte sie und sage zu Tadzio, das sei ein Weibchen. „Woher weißt du das?" – „Schau her." Tadzio schaut, leuchtet mit der Lampe. Ich beginne zu lachen. Er will nicht glauben, daß bei den Mücken nur die Weibchen stechen. „Nun, und was stechen die Männchen hinein?" Ich weiß es nicht; jedenfalls saugen sie kein Blut. Tadzio wendet sich in Worten mit weiblichen Endungen an sie und verkündet eine Reihe antifeministischer Ansichten. „Stell dir vor, wieviel Menschen diese Mücken in Rumänien mit Malaria angesteckt haben; alle diese schrecklichen Krankheiten, und das alles kommt von den Weibern." Wir verschließen das Zelt hermetisch, erschlagen alle Mücken und schlafen ein.

Nizza, 14. 9. 1940

Das Schilflager war weich, und wir haben tief und fest geschlafen. Am Morgen erwachen wir, und ich entdecke auf dem durchscheinenden Dach des Zeltes rote Bläschen, ebenso durchscheinend wie das Zeltdach. Ich sehe näher hin und verstehe alles. Wir haben ein Zelt ohne Boden, daher ist es nicht ganz dicht, und die Mücken sind zu Fuß hereinspaziert. Sie haben uns straflos im Tiefschlaf gestochen, und jetzt sitzen sie da, so mit Blut vollgesogen, daß sie nicht einmal mehr fliegen können. Wir nehmen sie vorsichtig herunter und bringen sie mit Vergnügen um. Wir können sie nicht sitzen lassen, weil wir sonst beim Zusammenlegen des Zeltes Flecken ins Dach bekommen würden. Es dauert eine gute Viertelstunde, bis wir alle zerquetscht haben, und Tadzio hält jedem einzelnen Delinquenten einen längeren Vortrag.

Dann steigen wir ins Wasser. Der Var erinnert an den Dunajec. Bad und Frühstück. Es folgt eine große Wäsche unserer Unterkleidung, und damit vergeht die Zeit bis zum Mittag. Wir brechen auf. Nach einer Dreiviertelstunde gondeln wir die Promenade des Anglais entlang, die einen Bogen beschreibt und irgendwo in der Ferne verschwindet. Rechts das Meer, links Villen, Hotels, Gärten und Palmen. Der Nachmittag ist heiß, und die glühende Luft zittert über dem Asphalt. Für einen Moment glaube ich, einen Werbefilm zu sehen. Tadzio ruft: „Jędruś, ein Hotel!“ Ich sehe ein schmales, dreistöckiges Gebäude; Fenster und Balkone gehen auf die Promenade und aufs Meer hinaus. Petit Idéal Hôtel, ideal gelegen. Ich frage nach dem Preis und kann es nicht fassen. Die Patronin zeigt mir ein großes Zimmer, mit Teppich ausgelegt, ein Bett, groß wie ein Flughafen, ein zweisitziges Sofa, ein Balkon auf die Promenade und aufs Meer – das alles zusammen für 15 Francs am Tag. Ich zahle sofort für zwei Tage im voraus und eile zu Tadzio. Wir binden unsere Packtaschen los, schieben die Räder in die Waschküche und gehen hinauf. Tadzio ist hingerissen vom Teppich, vom eingebauten Bidet, dem Waschbecken, dem Bett und dem zweisitzigen Sofa. Er dreht beim Bidet den Hahn auf und läßt eine Wasserfontäne hochsteigen wie bei einem Springbrunnen, zündet sich eine Zigarette an und fragt beiläufig: „Was wünschen Sie, mein Herr?" Bevor wir unsere Sachen in den Schrank legen, gehen wir auf den Balkon hinaus. Zu unseren Füßen die Promenade des Anglais, ein breiter Streifen Meer, links Nizza. Für 15 Francs am Tag. Tadzio erscheint das lächerlich wenig, und er sorgt sich, ob sich das nicht am Ende mit „Bedienung" versteht, der wir dann 100 Francs bezahlen müssen. – „Vielleicht ist das so ein Haus für Stelldicheins, und gleich geht die Tür auf, und eine dieser Arbeiterinnen kommt herein?"

Wir nehmen unsere Kleidung aus den Rucksäcken und räumen sie in den Schrank, damit sie sich bis zum morgigen Besuch in Monte Carlo „aushängt". Dann kleiden wir uns für den Besuch bei H. um. Vielleicht hat sie schon Briefe von den übrigen Kollegen erhalten? Ich ziehe blaue Hosen an, einen weißen Pullover mit dem großen Wappen von Carcassonne auf der Brust und weiße Schuhe. Tadzio trägt eine graue Hose mit riesigen Karos und einen aschgrauen Pullover. Wir sehen aus wie Sherlock Holmes und Dr. Watson. Ehe wir gehen, füllen wir die Meldeformulare aus und erkundigen uns nach einem billigen Restaurant. Wir beschließen, uns auszuruhen (?) und regelmäßig den Bauch vollzuschlagen.

Flotten Schrittes marschieren wir nach Nizza. Wieder Villen, große und kleine Paläste, Hotels und Pensionen, versteckt im Grün der Parks und Gärten, viele Palmen – mit einem Wort, alles das, was man auf Postkarten oder im Kino gesehen hat und bei dessen Anblick man dachte, „vielleicht werde ich auch einmal dorthin fahren", so wie man sich denkt, „vielleicht werde ich einmal in der Lotterie gewinnen". Jetzt flaniere ich über die Promenade, ich bin die ganze Côte d'Azur entlang gefahren und habe dabei ungefähr 300 Francs ausgegeben, und ich fühle mich wohl, weil ich ein ganzes Vermögen in der Tasche habe, so ungefähr 1000 Francs. Natürlich besitze ich keinen Smoking, wohne in keinem großen Hotel, werde nicht durch die Nachtlokale bummeln und Champagner schlürfen, wozu denn auch? Frankreich hat mir diesen idiotischen polnischen Snobismus und die diversen völlig abgewerteten Sehnsüchte so gründlich ausgetrieben, daß ich mich heute als richtiger, stilechter Vagabund viel besser fühle, als ich mich früher jemals als ein Mensch gefühlt habe, der eigentlich nirgends dazu gehörte. Im übrigen sind da ja noch die Glasperlen. Sie sind da – in meiner Tasche. Nachtlokale und überdachte Schwimmbecken kann ich im übrigen nicht ausstehen. Das Problem der einfachen Existenz, wie man mit diesem Polypen des Schicksals zurechtkommt, erscheint mir nun viel interessanter. Es ist schon möglich, daß der Grund für diesen spezifischen polnischen Snobismus in der ständigen Unersättlichkeit zu suchen ist, die auf der einen Seite durch die ständige Kluft zwischen der Erziehung, den gesteckten Zielen usw. und auf der anderen Seite durch die hohen Preise und die Tatsache, daß viele Kleinigkeiten einfach unerreichbar waren, gespeist worden ist. Wenn sich ein Mensch nicht einmal die kleinen, ganz kleinen, gewöhnlichen Dinge leisten kann, dann träumt er von den außergewöhnlichen. Das ist eine lächerliche Eigenheit der menschlichen Natur; vielleicht, weil man sich gern selber vergessen und verdrängen möchte, daß man sich diese Belanglosigkeiten nicht leisten kann. Ich weiß noch, daß ich in Zeiten, als ich nicht einmal genug Geld für ein Fahrrad hatte, gar nicht an ein Fahrrad dachte: Ich dachte sofort an – ein Auto. Ich hatte zwar kein Auto, benahm mich aber ganz so, als hätte ich eines. Und weil ich neun Kilometer geraden Weges zur Arbeit hatte, fuhr ich, ganz vornehm, mit einem Vorortzug, der einen Umweg machte und bei dem ich umsteigen mußte, und dabei dachte ich die ganze Zeit an ein Auto. Weil ich mir in der Regel in der Eisenbahn keine zweite Klasse leisten konnte, nahm ich wenigstens im Vorortzug zweite Klasse – wenigstens im Vorortzug wollte ich mir etwas leisten. Die literarische Zeitschrift „Wiadomosci Literackie" verkaufte sich so gut, weil sie das Buch ersetzte, das sich alle diejenigen nicht leisten konnten, die vielleicht klug genug waren, die darin behandelten Themen zu verstehen, die aber oft nur mit Mühe die lumpigen 80 Groszy für die „Wiadomosci" aufbrachten, vom Geld für ein Buch ganz zu schweigen. Das war genau so, als ginge man nackt, mit Zylinder und weißer Fliege, die man sich an die vererbte Warze (allerdings ohne Wappen) band, während man ständig von der restlichen Garderobe träumte. Und so war eigentlich auch die ganze staatliche Wirtschaft beschaffen: Gdingen, COP, BGK, die stolzen Gebäude, die Dynamik, die STATISTIK, die Handelsbilanz, die immer positiv war, weil wir Waren exportierten, die wir selber gebraucht hätten, und weil wir Rüstungsgüter ausführten, die dann für die eigene Verteidigung fehlten; der Złoty stand hoch, aber der durchschnittliche Bürger hatte kein Geld, wenn er sich nicht von jemandem etwas borgen, auf Raten kaufen und ständig Vorschüsse nehmen konnte. Und wenn er sich Geld borgte, dann gab er dieses in vielen Fällen nicht für Dinge aus, die er wirklich gebraucht hätte, sondern für irgendwelchen Luxus. Das war besonders häufig bei der Intelligenz der Fall. So einer hatte kein Geld für eine Rolle Klosettpapier, aber er kaufte eine Rolle Film für seine Leica, natürlich mußte es unbedingt eine Leica sein, und statt Klosettpapier verwendete er dann den „Kurier", den er sich von jemandem geborgt hatte. Bei so einem Menschen funktionierte alles wie in einem Mietshaus, in dem es keine Stiegen und keine Wohnungen gibt. Nur im Souterrain und im sechsten Stock, die mit einem Lift verbunden sind, gibt es Wohnungen. Man fährt mit dem Lift zwischen Souterrain und sechsten Stock auf und ab. Den Knopf drückt man mit dem Finger, der in einem Handschuh aus Elchleder steckt, so einem, der sich „wunderbar fürs Lenkrad eignet". Aber nicht etwa für das Lenkrad eines Fords, Gott behüte, sondern gleich von einem Delage, Bugatti, Buick oder Minerva. Als dann die leichter erschwinglichen deutschen Autos und die kleinen Simca auf dem polnischen Markt erschienen, nahmen die Menschen bald Vernunft an. Die Automarken aus einem Roman wurden zu Automarken aus dem wirklichen LEBEN. Das gilt auch für die Menschen selber. Sie wurden auf Anhieb natürlicher, wurden irgendwie zu ANDEREN Polen – zu erträglichen, sachlichen Menschen, mit denen man sich über Autos und Motoren unterhalten konnte. Wenn man den Obstwein von Makowski mit einer Attitüde trinkt, als genieße man echten Wein, dann ist das nicht nur für den echten

Wein eine Beleidigung, sondern auch für den billigen Apfelwein. Aber gerade bei uns wurden viele Dinge auf kulturellem Gebiet mit der Einstellung dieses „als ob" gemacht. Man sprach von einer „Preisschere"; dabei klaffte die „Schere" zwischen Kultur und Wirklichkeit viel weiter auseinander, und das war wohl einer der Gründe für diese kulturelle Psychopathie. Literatur, Kunst und Musik hatten nichts zu tun mit dem täglichen Leben, stellten eine Flucht dar, eine unnatürliche Trennung, ein Schwelgen, waren Ausdruck dieses ganz speziellen, speziell unsympathischen polnischen Snobismus. Man brachte den Menschen die elementaren Bedürfnisse bei, doch eine Schachtel Zigaretten (Plaskie) kostete ein Zweihundertfünfzigstel eines besseren, nicht eines durchschnittlichen Gehalts eines Beamten oder Arbeiters. Ein Grammophon, Fotoapparat, Fahrrad, eine Flasche Wein, französische Sardinen, Cognac, gute Parfums und eine ganze Reihe anderer Nebensächlichkeiten erhielten dabei eine übernatürliche, magische Bedeutung. Man kann nicht normal sein, wenn man Makrelen in Tomatensauce ißt und dabei an Sardinen denkt, wenn man nicht im Zentrum lebt, sondern eher an einer Peripherie von Träumen und Sehnsüchten. Und die Folge davon ist diese seltsame Trennung der Menschen in intelligente und nicht intelligente. Das Wort „intelligent" hatte bei uns wieder eine ganz spezifische – und dumme Bedeutung. Der Begriff „intelligent" tauchte gewöhnlich in einem Gespräch „auf hohem Niveau" auf, in dem das normale Leben nichts weiter war als Hackbraten mit Rüben (etwas, was man in einem „intelligenten" Gespräch gar nicht erwähnt), und die Person, der dieses Adjektiv galt, wurde zur Creme der Gesellschaft gezählt. Man kann es kaum beschreiben, was das war, aber ich bin mir ganz sicher, daß diese Spaltung zu ernsten psychischen Störungen führte; diese Zerrissenheit hat aus uns Menschen gemacht, die von Fremden im Grunde abgelehnt werden. Geben wir uns keinen Illusionen hin – sie mögen uns nicht; und einer der Gründe dafür ist diese selbstgefällige Flegelhaftigkeit. Wenn wir ein einziges Mal im Leben Champagner im Mund gehabt haben, dann benehmen wir uns gleich so, als würden wir den jeden

Tag zum Mittagessen trinken. Dabei trank man bei uns sogar gewöhnliches Bier nur sonntags, weil eine Flasche 90 Groszy kostete.

An all das denke ich, während ich über die Promenade des Anglais flaniere, und ich spüre, daß mir langsam viele Dinge klarer werden. Ich bin Frankreich dankbar, weil es mich dadurch, daß hier so viele gewöhnliche Dinge und diverse Geräte leicht verfügbar sind, von diesem seltsamen Fieber geheilt hat, das die meisten von uns insgeheim verzehrt, unseren Charakter verdorben, uns unsympathisch gemacht hat. Ja – Frankreich war reich, und das war es auch schon vor dem Krieg. Jetzt hat eine zweite Etappe eingesetzt, die interessant zu werden verspricht. Zweifellos werden die Deutschen Frankreich in raschem Tempo ausplündern und damit arm machen. Ich bin nun gespannt, wie lange Frankreich von seinem Kapital leben kann. Nun droht ihnen Arbeitslosigkeit, und die Menschen werden unter ihren Matratzen und aus ihren Sparstrümpfen hervorholen, was sie besitzen. Erst jetzt wird man sich mit eigenen Augen von ihrem Reichtum überzeugen können. Bisher hat man von diesem Reichtum gewußt, hat man ihn überall zu spüren bekommen (allein das gibt dem Menschen schon Mut), aber er ließ sich nicht messen. Aber jetzt wird man diesen Reichtum zu Gesicht bekommen, wird ihn messen können. Und ich bin schon neugierig, wie dieses Experiment, das jetzt begonnen hat, ausgehen wird. Das heißt, der Ausgang wird derselbe sein, wie bei uns – nur die Zeit wird verschieden sein, die das Versuchskaninchen braucht, bis es stirbt. Insgesamt leben wir in spannenden Zeiten, ja, wenn sie nicht sogar zu spannend wären, könnte man sie beinahe interessant nennen.

Wir gehen. Ich beginne zu begreifen, warum unser Hotel so billig ist: Es steht fast am Anfang der Promenade des Anglais, und bis ins Stadtzentrum ist es noch weit. Schließlich kommen wir zum Boulevard Gambetta und tauchen in die richtige Stadt ein. Nizza ist eine Großstadt in Miniaturausgabe. Ein kleines Paris. Durch die Straßen fahren Straßenbahnen, der Bahnhof ist wohl genauso groß wie die Gare Saint-Lazare, und das Meer kann man sich zweihundert Meter davon entfernt kaum noch vorstellen. Große Kaffeehäuser, Kinos, Geschäfte – in normalen Zeiten muß hier ein Leben herrschen wie auf den Pariser Boulevards. Wir betrachten die Schaufenster. Nur den Buchhandlungen nähere ich mich nicht. Besser nicht – Papier ist ungeheuer schwer. H. freut sich über unseren Besuch; sie erzählt, daß ein Teil unseres „Gemeinschaftszimmers“ jetzt in einer Unterkunft des Roten Kreuzes in Grenoble untergebracht sei. Sicher werden wir sie besuchen. Auch ihre Mutter kommt, eine sehr schöne Frau. Sie bietet uns Tee an. Ich unterhalte mich mit ihr. Unser Gespräch besteht aus „Fetzen von Meldungen“, die auf der Trasse Zamek – Klonowa hin und her geschickt werden. Über Menschen und längst vergangene Ereignisse. Ich habe schon oft beobachtet, daß manche Menschen beim Datum 1. September 1939 stehengeblieben sind und dort verharren. Sie können zurück, aber keinen Schritt vorwärts. Alles, was früher war, ist für sie immer noch gegenwärtig, sie zanken sich über Dinge, die längst in Schutt und Asche liegen, die Realität hingegen erscheint ihnen wie ein quälender Traum. Diese Menschen sind von der Wirklichkeit überfahren worden wie von einem Zug. Sie konnten nicht aufspringen, oder haben das gar nicht versucht; sie ließen sich einfach überfahren. Eigentlich sind sie Leichen. Aber ich kann das verstehen: Die Wirklichkeit ist so schrecklich, daß man sich nicht wundern darf. Dazu kommt, daß diese Menschen das Glück hatten, früher wenigstens ETWAS zu besitzen, und nun haben sie alles verloren; ich hingegen hatte nichts, ich habe also gut reden. Dazu kommt, daß ich jung bin. Überhaupt müssen die Zeiten schon sehr schlecht sein, damit ein junger Mensch zurückdenkt.

Wir trinken unseren Tee aus und gehen dann mit H. weg. Sie ist der Ansicht, wir bezahlten sehr viel für das Hotel. Es gäbe welche, in denen man für fünf bis sieben Francs pro Tag wohnen könne. Die Mutter hat sich herzlich von uns verabschiedet, besonders von mir. Im Gespräch mit mir hat sie den Krieg vergessen und ist für zwei Stunden in den Klatsch und Tratsch des *ancien régime* eingetaucht. Als wir die Promenade des Anglais erreichen, ist es schon finster. Der Mond leuchtet, das Meer glänzt, die Silhouetten der Palmen zeichnen sich deutlich gegen den Hintergrund des Wassers ab. Im Restaurant neben unserem Hotel essen wir mit H. hervorragend zu Abend und begleiten sie dann nach Hause. Wir gehen allein zurück. Nirgends sind mehr Menschen zu sehen. Wir setzen uns auf eine Bank an der Promenade und schauen in den Mond. Wir lauschen dem Meer. Dann setzen wir uns noch auf unseren Balkon, essen Weintrauben und rauchen. Der Mond steht schon hoch, und das Meer leuchtet silbern. Die Tür zum Balkon bleibt offen. Wir schlafen auf dem weichen Bett ein. Auf der ganzen Welt gibt es wohl keine so bequemen Betten wie in Frankreich.

Nizza, 15. 9. 1940

Wir erwachen gegen neun Uhr. Ich eile gleich auf den Balkon. Ein sonniger Tag, vom Meer her weht ein starker Wind, die Wellen gehen hoch. Jede Wand, die sich am Ufer bricht, spritzt Fontänen aus Wasser und Gischt empor. Wir werden ein Wellenbad nehmen.

Frühstück im Restaurant. Ich habe eine längere Unterhaltung mit der Patronin zum Thema unserer Ernährung. Ich sage ihr, wir seien erschöpft, hätten einen langen Weg vor uns und müßten gut und viel und dabei billig essen. Sie wird uns daher neben dem gewöhnlichen Menü eine Schüssel Makkaroni mit Tomatensauce oder geriebenem Gruyère geben. Dann gehen wir wieder ins Hotel, wo wir das Zelt reparieren und unsere Shorts auswaschen; anschließend gehen wir baden. H. erwartet uns schon am Strand, der hier nicht viel taugt. Kleine Kiesel und kein einziges Sandkorn. Frankreich wird mit Gewalt moralisch: Hier haben sie eine Verordnung erlassen, daß man am Strand nicht mit den Beinen zur Promenade des Anglais liegen darf; man muß mit dem Kopf zur Promenade hin liegen, die Beine in Richtung Meer. Außerdem haben sie dem Alkoholismus den Kampf angesagt. Sie wollen den Verkauf von Apéritifs verbieten, die mehr als 15 Prozent Alkohol enthalten. Wein hingegen, soviel man will, Cognac, Rum, Liköre, soviel die Seele begehrt. Es geht nur darum, daß man sagen und vor allem schreiben kann, die Regierung Pétain habe mit der „Wiederherstellung“ des Landes begonnen. Und sie glauben daran, so wie sie auch daran glauben, daß die nicht besetzte Zone tatsächlich ein freies Frankreich darstellt. Dabei kann man sich kaum etwas Zerstörerisches vorstellen als diese Teilung des Landes in zwei Länder. Auf diese Weise haben die Deutschen nicht nur Frankreich zerrissen, sondern auch jeden einzelnen Franzosen.

Auf dem Strand ist kaum ein Mensch zu sehen, weil Nizza überhaupt leer ist. Der Wellengang ist hoch. Ich passe den Moment zwischen dem Brechen zweier Wellenkämme ab und schwimme hinaus. Es ist wie eine Schaukel: Einmal sehe ich den ganzen Strand, dann nur Berge von Wasser. Später liege ich in der Sonne und träume vor mich hin. In Gedanken gehe ich alles durch, was mir Mutter über diese Orte erzählt hat. Es war einmal, ist gewesen und kehrt nicht wieder. Die Welt wird mit jedem Jahr ärmer, obwohl sie immer reicher werden könnte. Kein Wunder – bei jeder Produktion sind die Erfahrungen und Experimente am teuersten, bevor überhaupt ein bestimmtes Produkt erzeugt werden kann. Vielleicht hat die ganze Welt unter dem Einfluß der Technik längst mit dem Experiment begonnen, das Leben so einzurichten wie in einer Autofabrik, bevor man ein neues Modell herausbringt. Leider geschieht das in einer Autofabrik viel ernsthafter als bei der Produktion von Systemen. Huxley („Ends and Means“) hat recht: Es ist nicht einzusehen, warum in diesem Zeitalter der Technik, in dem man von jedem gewöhnlichen Ingenieur hohe Qualifikationen verlangt, die Politik jedem offen stehen soll. Jeder der mag, kann kommen und darin herumpfuschen wie eine illegale Hebamme oder Engelmacherin. Die Produktion erwachsener Engel nimmt ohnehin von Jahr zu Jahr zu. Es ist seltsam, daß Huxley, der sein Buch vor gar nicht so langer Zeit schrieb, nicht auffiel, wie unmodern er schon wieder ist mit seiner ganzen Diskussion und dem Kampf gegen das Prinzip „Der Zweck heiligt die Mittel“. Damit haben sich doch alle längst abgefunden. „Ends and Means“ erinnert manchmal an eine Neuauflage der Diskussion darüber, wieviel Engel auf einer Nadelspitze Platz finden. Wir sind heute schon viel weiter: „Das Ziel heiligt die Menschen, die es anstreben." Die geheiligten Mittel sind dabei eine sekundäre Erscheinung. Wenn sie heute so schrecklich sind, dann nicht zuletzt deshalb, weil diese Mittel von jedem Dahergelaufenen aufgegriffen werden, der das Zeichen der Heiligkeit auf der Stirn trägt, das ihm unverzüglich verliehen wird, wenn er nur ein paar Phrasen über die Notwendigkeit der „Erlösung der Welt" brüllt. Man braucht nicht lange nachzudenken, um zu erkennen, daß wir in dieser Hinsicht in einer Zeit des schlimmsten Obskurantismus leben. Huxley scheint gar nicht zu bemerken, daß die wahren Ursachen des Bösen heute vor allem im unbegreiflich großen Potential der AKZEPTANZ aller nur denkbaren Beliebigkeiten zu suchen sind: Die Menschen sind genauso geduldig geworden wie Papier.

Nach dem Bad gehen wir essen. Es ist hervorragend. Nach einem kurzen Schläfchen ziehen wir uns um. Es folgt der große Augenblick des Tages: Monte Carlo. Tadzio kann es gar nicht glauben, daß wir wirklich nach Monte Carlo fahren, und ist schrecklich aufgeregt. „Werden sie uns hineinlassen? Wieviel kann man dort setzen? Kann man dort in SOLCHEN Hosen hinein?" usw. Er zieht sein schönstes Hemd an, nimmt Manschettenknöpfe, macht sein Haar mit Eau de Cologne feucht, spreizt sich und stolziert vor dem Spiegel auf und ab. Die „Intelligenz" binden wir uns noch nicht um, sonst würden wir bei dieser Hitze ersticken. Auch so fühlen wir uns in Sakkos und Strümpfen schon wie gefesselt. Von Nizza nach Monte Carlo sind es 25 Kilometer. Wir holen die Räder und fahren noch vor fünf Uhr los. Gleich zu Beginn wären wir beide beinahe gestürzt. Nach neun Tagen Fahrt auf schwer beladenen Rädern fühlen wir uns irgendwie komisch. Die Straße von Nizza nach Monte Carlo ist ausgezeichnet.

Wir fahren einen steilen Berg hinauf; hier ist das andere Ende der Bucht. Unter uns liegt die Stadt, der Hafen, rechts das Meer, links die Mauer der Seealpen. Das Meer hat eine unglaubliche blau-grünliche Färbung, durchsetzt mit allen

Schattierungen dieser beiden Farben. Die Straße schlängelt sich am Ufer entlang, einmal hinauf, dann wieder hinunter. Steile Hänge, bedeckt mit Villen und Gartenterrassen. Irgendwo hoch oben in den Felsen windet sich das Band der Eisenbahnlinie dahin, das immer wieder von Tunneln verschluckt wird. Die Kurven sind scharf, und manchmal hat es beinahe den Anschein, als rasten wir talwärts direkt aufs Meer zu. Die Straße verschwindet hinter einer Felsnase, eine Kurve – und wieder katapultiert es uns geradezu über einer Bucht heraus, über Wasser und Grün. Es ist eine der schönsten Straßen, die ich je gesehen habe. Wir jagen dahin und kommen so nach Villefranche. Ein hübsches Spielzeug. Ein Puppenzimmer. Obwohl alles in diesen Ortschaften natürliche Dimensionen besitzt (außer den Franzosen), erscheinen alle Dinge kleiner. Mit diesen weißen Segelbooten im Hafen würde ich gern spielen wie mit den Schiffen auf dem Bassin im Luxembourg. Dann erreichen wir Monte Carlo. An der Einfahrt steht ein monegassischer Polizist in weißer Uniform, bestickt mit goldenen Tressen, mit einem riesigen Tschako mit Federbusch. Er sieht imposant aus. Tadzio erstarrt und flüstert mir hochachtungsvoll zu: „Ein schöööööner Wächter." Nein – das ist vermutlich ein Soldat der Garde. Wir sind verschwitzt und müde. Die Sakkos, die Hosen, die Strümpfe und Schuhe drücken und beengen uns. 25 Kilometer haben wir in einer Stunde zehn abgespult. Wir rollen hinunter nach Monte Carlo. Die Altstadt liegt rechts auf einem Hügel, links geht es zum Kasino. Ich erkenne es von weitem. Das Gebäude erinnert an eine pompöse Zigarettendose. Wir kommen zu einem großen Park und stellen die Räder im Polizeikommissariat unter. Ein schnurrbärtiger Polizist macht auf der Stelle den Vorschlag, uns die Räder abzukaufen, falls wir nicht genug Geld haben. Wir lachen: *„Pas si bêtes.*"[1] Wir binden die Krawatten um und setzen uns auf eine Parkbank. Der Schweiß rinnt uns in Bächen herunter.

Tadzio fläzt sich auf die Bank und sagt: „Kannst du dir das vorstellen? Monte Carlo. Und SOLCHES Gesindel wie wir..." Wir beschließen, 30 Francs für das Spiel zu opfern, das heißt

[1] So dumm sind wir nicht.

jeder 15 Francs; der Gewinn wird gerecht geteilt, egal, wer gewinnt.

„Ja, aber weißt du überhaupt, wie man spielt?“ fragt Tadzio unruhig.

„Nein.“

„Ich auch nicht; ich habe ‚Drei Karten‘, ‚Siebzehn und vier‘ und ‚Schafskopf‘ gespielt, aber noch nie Roulette.“

„Drinnen werden wir das schon sehen.“ Ich schaue zum Eingang hinüber. Menschen gehen hinein und kommen heraus, nehmen auf Bänken Platz, gehen ins große und vornehme Kaffeehaus nicht weit von hier. Beide haben wir den peinlichen Eindruck, daß uns alle mit ironischem Lächeln mustern. Schließlich stehen wir von unserer Bank auf und gehen auf einem Umweg, vorbei an ein paar Läden mit phantastischen Galanteriewaren und Schmuck, zum Eingang. Ganz lässig und gleichgültig – mit den Mienen und Bewegungen geeichter Spieler. Doch ich ahne, daß wir eigentlich aussehen wie Flip und Flap. Wir gehen hinein und stehen im Halbdunkel.

Der Portier deutet auf eine Tür links, hinter der die Eintrittskarten ausgestellt werden. Dort sitzen ein paar Herren, überprüfen die Papiere und tragen alle Daten in ein Formular ein, das sie dann zur Kontrolle schicken. Nach einer Weile gibt die Kontrolle ihr Einverständnis, daß man uns einläßt, und wir bekommen namentliche Eintrittskarten. Für diese bezahlen wir „diesem Kassierer“ (dem Kassier – Tadzio ist schon mutiger geworden) jeder fünf Francs.

Wir betreten den Saal. Wieder Halbdunkel, über den Tischen hängen große elektrische Lampen, es herrscht Stille, man hört eigentlich nur das trockene Klappern der Kugel in der Rouletteschale am nächstgelegenen Tisch. In früheren Zeiten hätte man solches Gesindel wie uns in sportlichen Hosen sicher nicht eingelassen, doch jetzt sehe ich hier genügend andere, die ähnlich gekleidet sind wie wir. Einige Herren haben sogar ihre Jacken ausgezogen und sitzen im Hemd. Das sieht eher aus wie eine Pokerpartie im Wilden Westen und nicht wie Roulette im Heiligtum des Kasinos, diesem berühmtesten aller Kasinos. Wir stehen bei einem der Tische. Die Menschen sitzen um die Tische herum, vor sich kleine Hefte und Tabellen voller Zahlen, und notieren penibel jede Nummer, die kommt. Ein Verrückter arbeitet verbissen mit Hilfe eines Rechenschiebers und redet leise mit sich selber. Von Zeit zu Zeit setzt er, ganz versunken in die Ziffern und „sein System", auf eine Zahl – und verliert. Außerhalb des Kreises der Menschen, die um den Tisch sitzen, steht eine zweite Reihe weniger ernsthafter Spieler. Diese werfen achtlos Jetons auf den Tisch, wobei sie bei jedem rituellen *Faites vos jeux* des Croupiers eine Zahl nennen. Das *Rien ne va plus* klingt wie das *ite missa est* während einer stillen Messe in einer leeren Kirche. Wir stehen und gaffen. Tadzio benimmt sich wie in einer Kathedrale. Schließlich hält er es nicht mehr aus. Er flüstert mir ins Ohr: „Jędruś, ich hab schon kapiert, wie das geht. So wie bei uns: bums, Entchen in den Bauch, hier spielt man, dort gewinnt man, Kalk, Bonbons, Schuhwachs, Schokolade, Makrelen…" Ich lache laut auf, und ein paar Leute werfen mir strafende Blicke zu. Tadzio (ihn hat es bereits gepackt) plappert: „Das ist vielleicht eine närrische Kugel – die springt, als hätten sie die Flöhe gebissen. Jędruś – ich weiß schon. Kauf ein paar ‚Scheibchen' (Jetons), und dann werden auch wir die Enten hüpfen lassen."

„Ja, aber wo kaufen wir die?"

In diesem Moment sagt ein Herr neben uns in tadellosem Polnisch mit einer mephistophelisch flüsternden Stimme:

„Jeeeetons brauchen Sie? Die kaufen Sie beim Croupier!"

Tadzio zieht mich zu einem anderen Tisch. Wir kaufen sechs Jetons zu je fünf Francs und beginnen zu spielen. Tadzio setzt. Bisher hat er nie erkennen lassen, daß er die französischen Zahlwörter so gut beherrscht. Mit sicherer Bewegung setzt er einen Jeton auf zwei Zahlen und sagt laut: „*Tres-kators*"[1]. Wir verlieren. Nun setze ich, nur auf die Dreizehn. Nichts. Tadzio auf die Sieben, wieder nichts. Ich überlasse Tadzio das Spiel. Er setzt noch zweimal und verliert. Wir haben nur noch den letzten Jeton. Tadzio setzt schon zum zweiten Mal auf dreizehn-vierzehn. Die Kugel hopst, rutscht – und wir gewinnen.

[1] Phonetisch, eig. *treize-quatorze*: dreizehn-vierzehn

Tadzio wird puterrot. Ganz laut sagt er zum Croupier: „*Messie – isi – tres-kators*." Der Croupier hat keine Eile, und Tadzio wird wütend: „Was schiebt dieser Gärtner mit seinem Rechen nichts zu uns herüber? – *Messie, isi, tres-kators*", hier, mein Herr, dreizehn-vierzehn. Der wirft ihm einen etwas spöttischen Blick zu und händigt ihm einen Stoß Jetons aus – 85 Francs. Ich stecke sofort sechs Jetons in eine Seitentasche, das ist das investierte Kapital, das wir zurückbekommen haben, und zwei gebe ich Tadzio. Er ist schon völlig in Trance; seine Augen blitzen, er trippelt von einem Fuß auf den anderen und drängt sich zwischen den Menschen durch, die um den Tisch stehen. So würde sich Donald Duck im Kasino benehmen. Jetzt weiß ich endlich, an wen mich Tadzio erinnert: natürlich an Donald. Er verliert einmal, dann setzt er auf 35-36 und gewinnt. Ein zweiter Stoß Jetons wandert in meine Hand. Ich gebe Tadzio vier und beobachte die Menschen, ohne auf das Spiel zu achten. Es wimmelt hier von alten Damen, apokalyptisch bemalt, grell und altmodisch gekleidet, in Hüten aus der Epoche des Cancan. Halsketten, Armbänder, Spitzen, schneidende und würgende Parfums. Alle starren auf die Kugel und den Rechen, verfolgen mit eifersüchtigen Blicken jede Säule von Jetons, die zu einem Gewinner hingeschoben wird. Die großen, grauen Bögen der 500-Francs-Scheine wandern aus den Handtaschen in die Taschen des Croupiers, kleine Jetonsäulen werden einmal zu jemandem hingeschoben, dann wieder weg, sie kommen gar nicht mehr zu ihm zurück, oder sie kommen um vieles höher zurück. Ein paar Spieler haben Flecken im Gesicht, einer Dame zittern die Hände, jene krampft die Finger um ihr Taschentuch und versucht, daraus eine Kugel zu formen. Der Mann neben mir greift nicht einmal nach dem Sacktuch, sondern wischt sich mit einer raschen Bewegung mit der Krawatte den Schweiß von Stirn und Nacken. Man spürt, daß das nicht SEINE Bewegung ist; das ist eine Bewegung, die außerhalb seines Bewußtseinshorizonts stattfindet. Alle verhalten sich ruhig, und nur an kleinen Gesten kann man erkennen, was in ihnen vorgeht. Sie erinnern mich an einen Dampfkessel während des Testlaufs: Bei dem sieht man ebenfalls nichts. Nur, daß der Zeiger des Manometers schon über den roten Strich geklettert ist, und ich spüre, was sich dort drinnen abspielt.

Ich begreife nicht, wie man sich soweit erniedrigen kann, daß man seine ganze innere Ruhe, Ordnung und Harmonie, alles, von sechsunddreißig Zahlen und einer Kugel abhängig macht. Während ich diese Menschen beobachte, denke ich, daß der ganze nervliche Aufwand dieser Spieler, die Willensstärke, mit der sie die äußerliche Ruhe bewahren, nicht einmal durch einen großen Gewinn aufgewogen werden kann. Tadzio kommt; auch er ist, so wie die anderen, schon total „fertig". Er reicht mir wieder eine Rolle Jetons. Er hat dreimal verloren, doch beim letzten Mal hat er an einem anderen Tisch gewonnen. Ich zähle nach und sehe, daß wir Gewinn gemacht haben; das Kasino wird unseren ganzen Aufenthalt in Nizza bezahlen. Ich nehme Tadzio zur Seite und sage „genug". Er ist wie vom Blitz gerührt: „Jędruś, nein, nur einmal noch, eine innere Stimme sagt mir, daß die 21 kommt…" Ich schaue auf die Uhr. Es ist schon sechs vorbei.

„Genug, Tadzio, wir haben kein Licht an unseren Rädern, in einer Stunde ist es finster, und sie werden uns noch einsperren, weil wir ohne Licht fahren."

Tadzio ergibt sich, er sackt in sich zusammen, kehrt ins normale Leben zurück. „Gut, daß du mich zurückgehalten hast, es hat mich schon richtig gepackt. Wenn ich weiterspielen würde, dann würde ich unsere Scheibchen und mein ganzes Geld verlieren. Jędruś, ist das nicht schrecklich, hier kannst du die eigene Frau vergessen, die Kinder und dich eingraben lassen…" Wir gehen auf die Terrasse hinaus. Dann wechseln wir unsere Jetons und verlassen das Kasino. Die Sonne geht gerade unter, und es ist schon kühler. Wir trinken ein Bier und schreiben Karten. Tadzio nach Warschau, ich nach Krakau. Als wäre nichts dabei. Vielleicht kommen sie an (sie sind angekommen).

Als wir Nizza erreichen, dämmert es schon. Die brennenden Lampen auf der Promenade sehen aus wie eine Perlenkette. Nach dem Abendessen beschließen wir, noch einmal auszugehen und ein billigeres Hotel zu suchen. Vielleicht können wir länger hier bleiben? Wir schlendern durch die Stadt und finden ein kleines Hotel. Wir gehen hinein, und die Patronin empfängt uns mit freundlichem Lächeln. Zimmer? Ja, hat sie – für zehn Francs, bitte sehr. Sie führt uns in den ersten Stock, öffnet ein Zimmer, zeigt es uns. Wir gehen hinein, sehen uns um. Die Patronin wirft die Tür zu und ist verschwunden. Was ist los? Nach einer Weile klopft sie, bringt ein Handtuch und sagt, immer noch freundlich lächelnd: „Wenn die Herrschaften (dieses *quand ces messieurs*!) fertig sind, gehen Sie bitte über den Hof hinaus, denn *la grande porte sera fermée*[1]." Und weg ist sie. Ich begreife gar nichts, doch Tadzio beginnt bereits vor Lachen zu quieken: „Los, Jędruś, zieh dich schon aus, du mußt mein… das ist das Mindeste, was ich erwarte…"

Ich habe schon lange nicht mehr so gelacht. Ich lege mich aufs Bett, beruhige mich, dann geht es wieder los. Wir verlassen das Zimmer, und ich erkläre der Patronin, noch immer atemlos vor Lachen, daß wir nicht DAS im Sinn hatten. Sie mustert uns mit erkennbarem Mißtrauen – die sind doch nicht ganz normal.

Wir sitzen lange auf unserem Balkon. Die Mondnächte hier sind wunderschön, und es tut einem geradezu leid, ins Bett zu gehen. Erst jetzt spüren wir, wie erschöpft wir sind. Dabei wollten wir uns hier ausruhen. Wir werden uns morgen ausruhen. Bevor ich mich ausziehe, nehme ich alles aus den Taschen, darunter auch die sechs Jetons, die ich weggesteckt habe. Ich habe sie total vergessen und nicht eingelöst. Wir wollen uns ausruhen! Tadzio wälzt sich schon unruhig im Bett und kräht: „Das ist offenbar Bestimmung, morgen fahren wir retour nach Monte Carlo und werden sicher gewinnen. Das ist ein Zeichen. Jetzt kann ich nicht mehr einschlafen…" Tadzio ist Walt Disneys Donald und Jakob der Fatalist in einer Person.

Nizza, 16. 9. 1940

Frühstück um zehn. Wir beschließen trotz allem, morgen weiterzufahren. Man muß das Herbstwetter ausnutzen. Wir fahren über die Alpen. Ich habe keine Bergkarte gekauft, weil

[1] der Haupteingang wird geschlossen sein

wir uns nicht schon von vornherein von den vielen Steigungen abschrecken lassen wollen. Dafür habe ich Brennspiritus gekauft. Es kann schon so kalt werden, daß wir im Zelt kochen müssen, wenn wir nicht in der Kälte oder im Regen mit dem Feuer Verstecken spielen wollen. Leider hat man mir nur einen halben Liter verkauft, obwohl ich alle Register *de mon charme slave irrésistible*[1] zog. Den ganzen Vormittag bringen wir mit Reparaturen und der Wäsche zu. Zu Mittag nehmen wir vor dem Hotel ein Bad. Wieder diese Hitze. Nach dem Mittagessen gehe ich zu einer alten Russin, um unsere durchgewaschenen Sachen zu bügeln. Sie bewohnt in unserem Hotel ein kleines Zimmer neben der Waschküche und wäscht und bügelt gegen Logis die Hotelwäsche. Als sie erfährt, daß ich Pole bin, beginnt sie unser Schicksal zu beklagen und die Situation der ihren mit unserer zu vergleichen. Sie sagt mir, sie habe lange Jahre in Wilna gelebt, und natürlich stellt sich heraus, daß sie beinahe die ganze Familie meiner Mutter kannte. Besonders befreundet war sie mit einer von Mutters Cousinen, einer schrecklichen Ziege. Diese alte Russin erwähnt Rußland gar nicht mehr. Eigentlich ist für sie Wilna ihre Heimatstadt geblieben. Wir unterhalten uns wie alte Bekannte. Bügelnd spaziere ich durch Wilna: Das Ensemble „Reduta“ hatte sein Theater in der Pohulanka, Onkel Julek hatte einen „Essex“, und alle drei Wochen kam der Gerichtsvollzieher zu ihnen und versiegelte wegen der Schulden der „Reduta“ die Wohnung, ich war zuerst in Hala verliebt, dann in die blasse Ala, an die sich nach dem Unterricht ständig der Lulatsch Towianski (gegen diesen Namen habe ich mir eine Abneigung bewahrt) heranzumachen versuchte, bis er schließlich von mir mit dem Federkasten eine über seinen räudigen Schädel bekam. Er hatte am Kopf ganze kahle Stellen. Das gab eine Aufregung, und danach setzte mich Vater zu Hause auf seine Knie und war sehr stolz. „Denk daran, daß man in solchen Fällen immer die Frauen in Schutz nehmen muß. Allerdings nicht mit dem Federkasten. Ein Mann besorgt das mit der Faust.“ Und Mutter sagte: „Henryk, um Gottes willen, das ist mir ja

[1] meines unwiderstehlichen slawischen Charmes

eine schöne Erziehung." Ich war damals acht Jahre alt. Zu Ostern wurden „Eier gerollt". Ein teuflisches Hasardspiel. Ich las „Die Kinder des Kapitän Grant" und begann, Brüche nicht zu mögen. Das ist mir später geblieben. Überhaupt kann ich Brüche nicht leiden – gar keine.

Dann fahren wir nach Monte Carlo. Diesmal stecken wir die ganzen Kleider in die Packtaschen und ziehen uns erst vor der Stadt um, auf der Straße. Würdevoll treten wir über die Schwelle des Kasinos. Bevor ich mich noch unter den Menschen umsehen und ein Spiel beobachten kann, kommt Tadzio schon mit trauriger Miene auf mich zu und sagt: „Wir können abhauen – die Scheibchen sind futsch." Mehr wollen wir nicht riskieren, denn wenn uns die vergessenen Jetons kein Glück gebracht haben, dann „lohnt es nicht, über dieses Thema zu reden", wie Tadzio immer sagt. Wir gehen daher in die Halle und beginnen an Automaten so etwas in der Art von *rouge et noir* und *paire et impaire*[1] zu spielen. Man wirft einen Franc hinein, zieht einen Hebel und wartet. Bei mir läuft es sogar ganz gut, und ständig rieseln mir Einfrancstücke in die Hand. Tadzio schlägt jedesmal mit der Faust gegen den Apparat, „für alle Fälle", und benimmt sich überhaupt unmöglich. Beim Anblick dieses offenkundigen Gunstbeweises Fortunas macht sich eine alte Schachtel an uns heran, die so angemalt ist, daß mir fast die Beine wegsacken, und versucht, uns in eine angeregte Unterhaltung zu ziehen, in der unverkennbaren Absicht, uns ein paar Francs abzuschwatzen. Das ist so abstoßend, schmierig und erniedrigend (Mein Gott, wie sie lächelt!), daß Tadzio sich nervös über die Haare streicht und dann plötzlich einen Satz auf sie zu macht, die Hände ausstreckt und ruft: „Hau ab, verschwinde, siehst du das Kreuzzeichen des Herren? Heb dich hinweg, verdammt noch einmal. Jędruś – spuck dreimal über die Schulter..." (Woher kennt er dieses „heb dich hinweg"?) Wir machen uns aus dem Staub. „Herr Jesu – so eine Mumie, so eine Ruine...", flüstert Tadzio. Diese Mumie lauert gewiß den ganzen Tag vor dem Kasino, erbettelt ein paar Francs und versucht dann ihr Glück im Roulette. Sie lebt

[1] rot und schwarz ... gerade und ungerade

vom Betteln und vom Roulette. Ihre Aufmachung ist der Ausbund des Fin de siècle. Ich werde sofort an diesen Roman von Weyssenhoff über die Riviera erinnert, dessen Titel mir entfallen ist. Wie weit sind wir jetzt von diesen Zeiten und diesen Romanen entfernt.

Wir setzen uns in den Park vor dem Kasino. Er ist einzigartig, voller exotischer Gewächse, eine Orangerie unter freiem Himmel. In den Zeitungskiosken (ich lese nichts) werden zahllose Broschüren mit Titeln wie „Ein sicherer Weg zum Gewinn im Roulette“ und ähnliche Publikationen über das „einzige System“ verkauft. Tatsächlich – die menschliche Dummheit kennt keine Grenzen und ist uferlos wie das Weltall; das heißt, ich kann mir eher die Grenzen des Weltalls vorstellen, als die der Dummheit. [...] Es ist seltsam, daß ich mir erst jetzt, vielleicht unter dem Einfluß von alldem, plötzlich vor langer Zeit gelesene Bücher ins Gedächtnis rufe und ihre Melodien zu verstehen beginne, ohne mich an ihre Töne zu erinnern, daß ich erst jetzt die Nützlichkeit von Dingen entdecke, die mich langweilten und die ich als unnötig ansah, weshalb mich meine Eltern dazu zwingen mußten. Musik, Sprachen (die Mutter) – körperliche Leistungsfähigkeit, Realismus und das, was man „*Handfertigkeit*“ nennt, das heißt die Bearbeitung von Holz, Metall und anderen Materialien (der Vater), die Bildung im allgemeinen (Vater und Mutter zusammen) – alles das purzelt in meinem Kopf herum, so daß ich es nicht loswerden kann. Im selben Moment, da ich das niederschreibe, erinnere ich mich, wie Vater die erste Lektion im Schießen auf ein bewegliches Ziel damit begann, daß er einen wichtigen Grundsatz verkündete: „Laß dir Zeit mit dem Nachschuß.“ Die Flasche schaukelte an der Schnur, ich ließ mir Zeit mit dem Nachschuß, und schoß. Ein paar Jahre später (damals schoß ich schon sehr gut) wiederholte der Vater denselben Satz während unserer ersten Diskussion. „Laß dir Zeit mit dem Nachschuß.“ Das war bedeutend schwieriger als beim Schießen... Das würde ich gerne richtig erlernen. Aber wie zum Teufel kann man in dieser Welt denken und sich dabei mit dem Nachschuß Zeit lassen? Man tut sein Bestes, und damit basta. Diese Flasche übrigens, als die sich dachte, daß ich auf sie schießen würde, hat sich sicher nicht Zeit gelassen mit dem Nachschuß. Sie schießen auf uns! Ich sage das halblaut zu mir selber, während ich im Notizbuch Kleckse mache. Tadzio betrachtet mich merklich beunruhigt.

Wir fahren durch das alte Monte Carlo. Wenn es Museen dieser Art gäbe, müßte man das alte Monte Carlo in einem solchen unterbringen. Als wir aus der Stadt raus sind, ziehen wir uns um. Die abendliche Brise vom Meer her ist kühl, das Licht weich und samtig, alles ist ruhig. Die Küste wischt sich die Schminke ab, ehe sie sich schlafen legt. Der Blick ruht sich aus. Nach dem Abendessen sitzen wir lange im Mondlicht auf der Promenade. Trotz allem zieht es uns schon wieder weiter. Wir essen Makkaroni und Kilometer mit demselben Appetit in uns hinein. Vor dem Einschlafen Weintrauben und Zigaretten auf dem Balkon. Die Stille ist so tief, daß man hören kann, wie die Kerne auf den Asphalt fallen.

Irgendwo in den Bergen, 17. 9. 1940

Wir stehen früher auf als sonst. Ein Tag „wie ein Rubel des Zaren“, wie Tadzio sagt. Einpacken, Abschiedsbesuch bei H. und ein frühes Mittagessen. Die Patronin hat uns restlos zufriedengestellt: Mittagessen und Abendessen mit fünf Gängen und Wein für vierzehn Francs pro Person. Ich hatte jedesmal den Eindruck, als äße ich nicht bloß ein Mittagessen, sondern die Reste von ganz Frankreich. Beim Kaffee sagte ich mir ständig, das sei zu schön, als daß es lang dauern könne.

Hinter Nizza biegen wir nach Norden ab: Route Napoléon. Er wählte diese Strecke nach seiner Flucht von Elba. Ich erzähle Tadzio von seinem Aufenthalt auf dieser Insel, von den hundert Tagen und von Waterloo. Die beste Beschreibung dieser Schlacht findet man wahrscheinlich in Stendhals „Kartause von Parma“. Einfache Sätze, ungekünstelte Worte, und das alles so eindringlich und bildhaft, daß es unmöglich ist, „nicht daran teilzunehmen“. Als ich es las, nahm ich teil an der Schlacht und am Rückzug. Die Route Napoléon verläuft die ganze Zeit durch das Tal des Var. Nach einstündiger Fahrt rükken die Berge auf beiden Seiten enger zusammen, und wir erreichen die Seealpen. Nach so vielen Monaten mit einem weiten und grenzenlosen Horizont fühlen wir uns wie in einem Käfig. Die Berge stürzen von allen Seiten auf uns ein, drücken uns nieder; wir fühlen uns beengt und unbequem. Wir fahren eigentlich die ganze Zeit bergauf, doch der Anstieg ist so sanft, daß man ihn nicht sieht. Man spürt ihn nur in den Schenkeln und Waden: Die Muskeln treten hervor, schimmern durch die Haut. Die Straße ist stellenweise aus dem Berghang gehauen, unten der Fluß und auf der anderen Seite eine Wand. Ich war schon so lange nicht mehr in den Bergen. Wir fahren unter einer schattigen Felswand dahin, an der das Wasser herabsickert, und ich tauche genußvoll in die Kühle und den Geruch feuchten Gesteins, vermischt mit dem Duft von nicht sichtbaren Fichten. Das Tal ist einmal eng, dann wird es wieder weiter und rollt in grünen Hängen mit Wiesen und Feldern dahin. Hier ist die Schlucht nicht breiter als dreißig Meter, dort tut sich ein weiter, grüner Raum auf. Die Straße ist herrlich, und Tadzio stellt am Ende fachmännisch fest: „Dieser Napoleon hat schon gewußt, auf welchem Weg er zurückkehrte."

Wir fahren langsam. Die Berge sind ganz anders als in der Tatra. In der Tatra erscheint alles eng, die Gipfel drängen sich zusammen. Sie ist wie ein Kissen, dicht mit Nadeln gespickt. Hier bilden die Berge ein riesiges, langgezogenes und mächtiges Massiv. Die breitere Stelle des Tales erscheint gleich wie ein ganzes Land. Der Übergang vom Meer in die Berge ist so plötzlich, der Geruch des Windes so völlig anders, daß ich es manchmal gar nicht glauben kann, daß zwanzig Kilometer von hier das Meer ist, mit Palmen und Stränden.

Am Nachmittag ruhen wir neben der Straße aus und essen. Als Nachtisch gibt es weiße Weintrauben, die wir in einem kleinen Weinberg etwas oberhalb gepflückt haben. Sie schmekken ganz anders als die Weintrauben aus der Ebene; sie sind fest und klein, erfrischend säuerlich und von einem dichten Flaum bedeckt, als herrsche in ihrem Inneren eine Temperatur unter Null. Die Sonne wärmt sanft, und die Berge ringsum versinken in einem bläulichen, schon herbstlichen Dunst. Man sieht nur wenige Menschen. Unterwegs sind wir bloß einem Auto und drei Personen begegnet. Wir dösen ein wenig, dann weiter.

Die Sonne berührt bereits die Gipfel der Berge, als wir nach Puget-Théniers kommen. Ein kleines Städtchen wie aus „Peter Pan“. Es gibt hier keine einzelnen Häuser, alle kleben eng aufeinander, sind oft miteinander verbunden, und das, was man eine Straße nennen könnte, endet plötzlich vor einem großen Durchgang – man geht durch einen gewölbten Gang –, und auf der anderen Seite führt dieselbe „Straße“ weiter. Im übrigen kann man sie kaum Straßen nennen; es sind eher rechteckige, wurstförmige, rhombenförmige oder dreieckige Höfe. Die ganze Stadt besteht eigentlich aus einem einzigen Haus und einem Hof, und alles befindet sich „hier“; von keinem Haus oder Laden kann man sagen, er sei „dort“. Dazwischen große Bäume, weit ausladend, zahlreiche Laubengänge und breite Torbögen.

In einem der kleinen Läden „hier“ finde ich Konfitüre. In Nizza kann man von Konfitüre nur noch träumen. Die „Reste“ des ehemaligen Frankreichs bekommt man jetzt nur noch in den kleinen Städten zu kaufen, die weitab von der Bahnlinie liegen. Es gibt kein Benzin und keine Autos, daher auch keine Lieferungen. Der Mangel an Autos beeinträchtigt die ganze Versorgung. Die größeren Städte sind ausgehungert und leergegessen; Dutzende kleinerer Ortschaften verspüren noch keinen Mangel, wenn sie auch keine Produkte vom Land bekommen. Jetzt sieht man, wie groß die Löcher im französischen Eisenbahnnetz sind. Während zum Beispiel in Deutschland, Belgien oder Österreich das Streckennetz tatsächlich wie ein Netz mit rechteckigen Maschen aussieht, ist es in Frankreich wie ein unfertiges Spinnennetz. Paris ist der Sitz der Spinne, und von hier aus laufen sternförmig die Schienenfäden zu den größeren Städten, ohne Verbindungen dazwischen. Es gibt große Linien in sternförmiger Anordnung (Paris-Bordeaux, Paris-Strassbourg, Paris-Marseille usw.), aber zwischen den einzelnen Strahlen der Sterne liegen Hunderte von Orten, die man nur über die ausgezeichneten *routes nationales* der I. und II.

Kategorie, die *routes départementales* und schließlich die *routes communales*, die oft ganz ausgezeichnet [...] sind, erreichen kann. Das Straßennetz ist so dicht, daß ich manchmal beim Betrachten der Landkarte versucht bin, zu sagen das ist ja nun wirklich übertrieben. Jedes Nest kann man von fünf Seiten her erreichen. Und noch dazu auf SOLCHEN Straßen!

Dort, wo die Eisenbahn nicht hinfährt, gibt es noch Konfitüre, Konserven, Schokolade, Kondensmilch, mit einem Wort *douce France*. Doch auch das wird bald verschwunden sein. Inzwischen geloben wir, das in den Bergen nach Möglichkeit auszunutzen, denn hier gibt es keine Flüchtlinge und oft auch keine Eisenbahn. Ich fahre neben Tadzio her und erzähle ihm etwas über die Exotik Frankreichs. Frankreich ist exotisch. Ein seltsames Land. Nehmen wir ein Beispiel: In den alten und nie renovierten Zinshäusern in Paris gibt es gewöhnlich vom vierten Stockwerk aufwärts nur Petroleumbeleuchtung, und man kocht mit Spiritus oder Holzkohle. Klosett und fließendes Wasser gibt es auf dem Gang oder im Treppenhaus. „Comfort" bedeutet auf französisch oft, daß sich das Klosett in der Wohnung befindet (und nicht im Treppenhaus), eine Wohnung mit Badezimmer hingegen gilt als Luxus; die Miete für ein Zimmer mit Bad und Kochnische (ein sogenanntes „Studio") ist im Vergleich zwei- bis dreimal so hoch wie bei uns. Die Rohre für die Zentralheizung und die Gasrohre werden prinzipiell über Putz geführt – sie sind einfach an der Wand befestigt, und auch die Stromleitungen werden außen verlegt, oft nur von einer Holzleiste verdeckt. Das System, die Fenster zu schließen, hat sich seit Ludwig dem Heiligen nicht verändert und verlangt immer noch die kräftigen Hände eines Ritters aus dem Mittelalter. Bei uns zu Hause öffne immer ich die Fenster, weil Basia dazu die Kraft fehlt. Türschnallen sind überhaupt unbekannt. Ein französisches Bett, vorschriftsmäßig bezogen, kann man nicht lüften, ohne im Schweiß seines Angesichts Schwerstarbeit zu leisten. Teppiche und Kotzen klopft man am Fenster aus, den Nachbarn auf den Kopf. Und zwar deshalb, weil man sie laut Gesetz aus irgendeinem Jahr überhaupt nicht ausklopfen dürfte; man darf nur den Teppich in den Hof tragen und dort mit Hilfe einer Bürste säubern; Papier, Dosen, Obstschalen, Asche und Zigarettenkippen werden einfach auf den Boden geworfen. Aschenbecher sind nur begrenzt im Gebrauch. Die Eisenbahnwaggons sind schmutzig, und nie habe ich in einem Waggon Haken zum Aufhängen von Mänteln gesehen. Kein in Frankreich genähter oder verkaufter Mantel, weder für Männer noch für Frauen, besitzt eine Schlaufe zum Aufhängen. In Frankreich sind die Schrauben nicht genormt. Bei unseren Fahrrädern ist jede Schraube anders – und dazu sind sie noch bei meinem anders als bei Tadzios Rad, weil wir Räder verschiedener Marken haben. Aus diesem Grund können wir mit dem von uns gekauften achtkalibrigen gebrauchten Schlüssel höchstens ein Drittel aller Schrauben öffnen. Jetzt verstehe ich auch, warum ein „Franzose" so heißt. Er öffnet jede Schraube, was bei diesen Millionen von Schrauben in Frankreich eine absolute Notwendigkeit ist. Und weil man so einen Schlüssel in Frankreich nicht gut „Franzose" nennen kann, heißt er hier „Engländer". So ist das mit dem Schlüssel, und so ist das auch mit dem „französischen Hündchen", das hier *un chien anglais* heißt. Die Ärzte vernachlässigen die Kranken, und die Medizin ist hier genauso ein Beruf wie jeder andere. Als sich unsere Concierge eines Samstags die Hand brach, konnte ihr Dr. P. trotz seiner beruflichen Verbindungen nicht helfen, und sie mußte bis Montag warten, denn *le samedi et le dimanche on ne travaille pas*[1]. So dreckige Kühe wie in den hiesigen Bauernhöfen und überhaupt solchen Schmutz, wie man ihn hier in den Dörfern antrifft, konnte man bei uns eigentlich nirgends finden. Ich habe in einer großen Munitionsfabrik (5000 Arbeiter) gearbeitet, in der man noch kaum etwas von einer Organisation der Arbeit gehört hatte. Aber das hat vielleicht auch damit zu tun, daß es *une usine nationalisée* war, das heißt ein verstaatlichter Betrieb. Allen war dort alles egal. Die Buchhaltung wurde so geführt, daß Irrtümer aller Art nicht nur als Möglichkeit betrachtet wurden, sondern geradezu als Notwendigkeit. Das Resultat: Bei jeder Lohnauszahlung gab es durchschnittlich

[1] Samstag und Sonntag arbeiten wir nicht.

3000 (wörtlich: dreitausend) Reklamationen. Und auch bei der Korrektur der Fehler irrten sie sich wieder. Die Polen verstanden auf Anhieb, welche Möglichkeit sich damit für sie eröffneten, und reichten nach jeder Auszahlung, ob notwendig oder nicht, ihre *feuilles de paie*[1] ein – „für alle Fälle". Und nicht selten mit Erfolg; oft bekam einer noch etwas draufgezahlt, egal, ob das seine Richtigkeit hatte. Bogdan, ein typischer Warschauer, den Tadzio scherzhaft ein „Kind der Gosse" nannte, sagte mir immer: „Herr B., bei denen ist die Auszahlung wie die staatliche Lotterie." Vielleicht war das bei Citroën oder Somua besser. Das weiß ich nicht; ich weiß nur, wie es bei uns war. Wenn jemandem diese Unordnung auffiel, dann sagte er gewöhnlich etwas, was man über Frankreich schon immer gesagt hat: „Ja, aber insgesamt hält in Frankreich ja doch alles zusammen." Das Geld und der Reichtum haben es zusammengehalten; sie konnten sich diese Unordnung leisten. Und es herrschte natürlich auch Frieden. Dann kam der Krieg über sie, und alles brach zusammen wie ein Kartenhaus. In solchen Fällen hilft Geld nichts. Das wunderbare Frankreich brach schneller (relativ) und schändlicher zusammen als das bettelarme Polen. Werden sie sich das selber eingestehen? Werden sie die Schuld bei sich selber suchen und nicht bei den Umständen, beim „Verrat", „weil Amerika nicht geholfen hat", bei den anderen?

Während ich mich mit Tadzio über das alles unterhalte, versuche ich gleichzeitig, in ihm VERSTÄNDNIS zu wekken; und zwar Verständnis dafür, daß deshalb, weil es HIER so zugeht, BEI UNS nicht unbedingt alles besser war. Ich kann dieses „denn bei uns in Koluszki" und dieses Gerede von der „Kultur" nicht mehr hören, die eine Frau Oberst dagegen protestieren ließ, in einem Hotelzimmer mit eingebautem Bidet zu wohnen (das sind gewöhnlich die besten Zimmer). In einem solchen Fall sagte sie voll Empööörung: „Ich habe nicht die Absicht, in einem Freudenhaus zu wohnen." Diese „Exotik" Frankreichs hat auch ihren Wert. Es stellt sich die Frage, welche „Unzulänglichkeiten" eigentlich ganz heilsam sind für

[1] Lohnabrechnung

die Kultur. Wenn ich diese verschiedenen Schrauben auf- oder zuschraube, fluche ich wie ein Kutscher, das ist richtig, aber gleichzeitig denke ich, MUSS ich denken, daß diese Schrauben von Menschen gefertigt wurden und nicht von Maschinen. Die Fahrräder sind übrigens ganz hervorragend, wahrscheinlich die besten der Welt. Sogar in diesen Rädern steckt etwas von Frankreich.

Die Gegend hier ist völlig ungeeignet, irgendwo das Zelt aufzuschlagen. Der Var fließt in einem breiten Tal dahin, das feucht und kühl ist. Wir kommen zu einem Bauernhof, neben dem ich eine Scheune mit Stroh entdecke. Dort könnten wir bequem und sicher schlafen. Ich fahre zum Haus hin, begrüße den Patron und bitte ihn um ein Nachtlager. Er ist ziemlich steif, erklärt sich aber sofort einverstanden. Seinem Akzent nach halte ich ihn nicht für einen Franzosen. Im weiteren Verlauf des Gesprächs frage ich ihn danach. Er sagt, er sei Spanier, und als ich mich als Pole vorstelle, legt er seine kühle Art ab und lädt uns sofort ins Haus ein. Die Mutter, eine ältere Dame, begrüßt uns feierlich, und als ich ihr die Hand küsse, strafft sie sich momentan und benimmt sich von diesem Zeitpunkt an tatsächlich wie *une grande dame*.

„Wollen die Herren so freundlich sein, Platz zu nehmen, Sie sind gewiß müde; vielleicht etwas Wein? Entschuldigen Sie mich, aber ich muß das Feuer unter dem Kessel für die Konserven überwachen."

Ich schlage vor, sie zu begleiten, und wir gehen hinaus. Im Hof brennen unter zwei Kesseln Feuer; in den Kesseln dickwandige Champagnerflaschen, mit Gummi oder einem Korken verschlossen und mit Draht umwickelt. In den Flaschen kochen sie Tomaten, Erbsen und Bohnen für den Winter ein. Bei den Kesseln lernen wir ihre beiden Töchter kennen – die siebzehnjährige Inez und die fünfzehnjährige Angelica. Beide hübsch, große schwarze Augen und gut gebaut. Tadzio beginnt sofort mit den Füßen zu scharren und Unsinn zu schwatzen, während sich die beiden Mädchen wirklich hervorragend benehmen. Alle legen eine gewisse Würde und ein Verhalten an den Tag, das überhaupt nicht zu den nackten Füßen und der alten Kleidung passen.

Ich unterhalte mich einige Zeit mit ihnen und kann gar nicht glauben, daß ich mit armen, schlecht gekleideten Bauern spreche. Die Töchter sind bezaubernd natürlich, überhaupt nicht schüchtern, ganz gelöst und anmutig. Wir unterhalten uns über das Schulprogramm und die Franzosen. Und wieder tritt etwas ein, was mir schon oft passiert ist: Ein Fremder, der lange in Frankreich gelebt hat, lacht über die Franzosen und verachtet sie sogar. Der Franzose ist für ihn ungeschickt und versteht nicht zu arbeiten. Das hat etwas von der Verachtung an sich, die ein Gesunder einem kränklichen, willensschwachen Menschen gegenüber zeigt. Darin ist eine ordentliche Beimischung von Nachsicht enthalten, die auf dem Gefühl der eigenen Kraft und Geschicklichkeit beruht. Die Töchter betrachten uns voll Bewunderung: Polen. Sie haben von der Verteidigung von Warschau gelesen, von der Westerplatte, von der Haltung der Polen an der hiesigen Front. Der Alcazar und die Westerplatte haben eine geistige Verwandtschaft hergestellt. Es ist eine Unterhaltung wie beim Tee bei X oder Y.

Inez hilft uns dabei, unser Abendessen zuzubereiten, und Tadzio gibt sich die größte Mühe, einen unbeholfenen, hilflosen Jungen zu mimen. Er rollt mit seinen blauen Augen und bringt die Mädchen zum Lachen. Für uns beide wird auf einem gesonderten Tisch gedeckt. Zum Abendessen kommt noch der Sohn hinzu, ein gut aussehender junger Spanier, der gleich in der Nähe in einer Ziegelei arbeitet. Vor dem Essen spricht die ganze Familie ein Gebet. Nach dem Essen plaudern wir noch lange, und erst gegen elf machen wir uns auf ins Stroh, nachdem sich der Vater lange und umständlich dafür entschuldigt hat, daß er uns kein bequemeres Nachtlager anbieten kann. Sie sind arm – das sagt er fast ein wenig beschämt. Der Boden hier ist nicht besonders fruchtbar und erfordert viel Arbeit. Aber er wird schon noch etwas machen aus dem, was ein Franzose hingeworfen hat, weil es für ihn *trop difficile* war.

Tadzio wälzt sich im Stroh hin und her und kann schließlich nicht mehr an sich halten:

„Jędruś, vielleicht sollte ich unterm Fenster von dieser Angelica Wurzeln schlagen? Es lernen die Spanierinnen, die Polen zu ehren, wenn sie erst einmal Tadeusz erkennen…“

„Woher kennst du ‚Alpuhara‘[1]?“

„Das haben wir beim Militär gesungen… Aber die Jüngere, die ist wirklich süß. Ach, die würde ich kosen, ihr Küsse spendieren…Wir könnten hier noch zwei Tage bleiben…“

„Schlaf jetzt endlich, du Almansor aus Praga. Gute Nacht.“

In den Bergen, 18. 9. 1940

Wir schliefen praktisch im Freien, weil die Scheune keine Wände besaß, bloß ein Dach. Wie Unterseeboote gruben wir uns tief ins Stroh und steckten nur das Periskop der Nase heraus. Es war wohlig warm. Ich erwachte früh am Morgen. Es wurde langsam hell. Die Sterne waren blaß, vom Fluß her stiegen Nebel auf, die sich über die Wiesen legten. Die Luft war wie das Wasser einer Quelle. Ich machte ein paar tiefe Züge und schlief noch einmal ein.

Nach dem Frühstück brechen wir auf, verabschiedet von der ganzen Familie. Sie geben uns Milch und Eier mit. Geld nehmen sie keines, und sie wären gekränkt, wenn ich darauf bestünde. Inez und Angelica winken uns noch lange nach.

Ein paar Kilometer hinter dem Bauernhof gabelt sich der Weg: Links führt die Route Napoléon in Richtung Digne, rechts die Route des Grandes Alpes nach Barcelonnette. Wir biegen nach rechts. Der Weg wird immer steiler. Die Sonne scheint, und es ist heiß. Das sind nach wie vor die Seealpen, aber sie werden immer mächtiger. Es ist so, wie wenn man weit ins Meer hinausschwimmt: Nahe beim Ufer sind die Wellen kurz, peitschend, unregelmäßig – weiter draußen werden sie immer länger und höher. So ist es jetzt mit den Bergen. Der Var wird schmaler und ist manchmal kaum noch zwischen den riesigen Felsen am Talboden auszumachen. Die enge, gut asphaltierte Straße windet sich in Serpentinen bergan, und wir müssen absteigen. Wir gehen langsam und unterhalten uns. Tadzio

[1] „Alpuhara“ – Ballade von Adam Mickiewicz, die vom heldenhaften Verteidiger von Granada, Almansor, handelt

schwatzt und bekommt den Mund nicht zu. Ich merke, daß wir einen hohen Paß erreichen, zu dessen Füßen das kleine Dorf La Salette liegt, das aussieht wie eine Ansammlung von Hundehütten. Wir beginnen die Talfahrt. Scharfe Serpentinen, dann wieder lange Tunnels. Das ist jetzt wirklich eine Hochgebirgsfahrt. Geblendet von der Sonne, stürzen wir uns in einen pechschwarzen Tunnel und sehen überhaupt nichts mehr. Die Richtung können wir nur mit Hilfe des hellen Flecks der Tunnelausfahrt halten, der am Ende zu sehen ist. Die Straßenführung gleicht der Trasse eines schweren Rennens. Hinter dem Tunnel ein Berghang, ein paar Serpentinen, und dann geht es wieder in einen Tunnel wie in eine Toreinfahrt. Dabei erreichen wir eine Geschwindigkeit, die überhaupt nicht mehr einem Fahrrad entspricht – bis zu 60 Stundenkilometer. So rasen wir bis zum Städtchen Guillaumes. Es liegt im Tal, umgeben von Bergen und beleuchtet von der Mittagssonne. Die kleinen Häuser stehen eng aneinander. Wir lehnen die Räder gegen eine Bank, setzen uns und rauchen. Und zum ich weiß nicht wievielten Mal sage ich mir beim Anblick der kleinen Häuser und der Menschen, die ruhig und langsam durch die engen Gassen schlendern und in die Läden treten: „Hier würde ich gern leben." Vor meinen Augen rollt ein Film ab, ein farbiger Traumfilm: eine jährliche Rente mit variabler Schwankung wie ein Flugzeugpropeller (für den Fall einer Abwertung des Franc), drei Zimmer mit Küche, viele Bücher, sehr viele Bücher, ausreichend gute Sportausrüstung, im Winter Schifahren und Nizza vor der Nase; hier Schnee, dort Palmen, Zitronen und Orangen, winzige „clémentines", aromatisch und saftig, das Meer… Wie herrlich könnte man leben und dem Schicksal einen Streich spielen… Ich gehe etwas zum Essen einkaufen. Hier gibt es alles, die Menschen sind NOCH glücklich, die Zeit ist stehengeblieben wie ein alter Wecker und bewegt sich nicht [...] Leider wird man ihn zum Uhrmacher bringen und auf die JETZIGE Stunde einstellen müssen. Und dann wird er schrecklich rasseln… Nein, das Leben und das Schicksal lassen sich nicht „beschwatzen", wie Tadzio sagt. Man kann machen, was man will, man wird das Schicksal höchstens dazu bringen, daß es sich von Zeit zu Zeit an der Ferse kitzeln läßt. Zwischen den erbarmungslosen Schlägen und dem harten Denken des Schicksals und den Bestrebungen und dem marionettenhaften Zappeln des Menschen besteht ein ebenso großer Unterschied wie zwischen dem Wunsch, eine schöne Frau zu besitzen, und dem Versuch, zu diesem Zweck die Konjugation des Wortes *amare* zu erlernen. Tadzio ist auf der Bank eingenickt. Ich wecke ihn, und wir fahren weiter. Jetzt weiß ich es – für die Welt ist nun die Zeit gekommen, ihr Gewissen zu erforschen und eine Beichte abzulegen. Und dann wird sie weiter sündigen. Wenn ich Gott wäre, würde ich der Welt nicht noch einmal vergeben. Gott ist eindeutig zu gutmütig.

Der Weg wird schwieriger, und wir müssen immer öfter vom Rad steigen und schieben. Gegen fünf Uhr nachmittags hat Tadzio am Hinterrad einen Platten. Wir beschließen, nicht weiterzufahren, sondern auf einer kleinen Lichtung neben der Straße das Zelt aufzuschlagen. Tadzio macht sich daran, den Schlauch zu flicken, und ich koche. Die Tage werden langsam kürzer, und hier werden sie noch zusätzlich durch die Berge verkürzt. Die Sonne versteckt sich früher hinter den Gipfeln, die sie in rotes Licht taucht. Wir befinden uns jetzt wohl schon in den richtigen Alpen. Die mächtigen Gebirgsmassive sind zuerst orange-gelb, dann nehmen sie alle Schattierungen von Ziegelrot an und werden schließlich blutrot. Eine herrliche Nacht in den Bergen bricht herein, begleitet von einer ganz besonderen Stille; einer Stille, wie sie im Inneren einer Geige herrscht, einer Stille, die geradezu „tönt“. Von einem nahen Bauernhof borge ich mir ein Bündel Stroh, dann sitzen wir am Feuer und unterhalten uns. Wenn man mit der Eisenbahn oder dem Auto fährt, in einem Hotel wohnt und sogar für die Unterhaltung mit Menschen Geld ausgibt, kann man ein Land bloß sehen, aber nicht wirklich kennenlernen. Richtig kennenlernen kann man es nur, wenn man in diesem Land leben, Geld verdienen und jeden Groschen zählen muß.

In den Bergen, 19. 9. 1940

Ich hatte mir Sorgen gemacht wegen des Wetters in den Bergen, doch einstweilen hält es noch. Der Tag ist sonnig, saftig und frisch wie Orangeade vom Eis. Das Meer habe ich schon vergessen, ich bin ganz in den Bergen. Die Berge verändern die Bewegungen, machen den Hals länger (der Blick ist immer nach oben gerichtet) und verhärten etwas im Inneren. In den Bergen fühlt man sich einfach mehr wie ein Mann. Eine vor kurzem gemähte Lichtung hat eine Igelfrisur, und auf den starr hochragenden Halmen sitzen große Tautropfen. Ich krieche aus dem Zelt, lege mich auf den Bauch und schmiege das Gesicht an den Boden. Das Gras ist feucht und sticht in Lippen und Wangen; die Erde duftet nach Grün und nach der neunten Morgenstunde in den Bergen. Ich spüre auf der Brust die Kühle meiner nassen Windjacke und setze mich wieder auf. Ich esse Schokolade mit Sonne und inhaliere den Rauch einer Zigarette, vermischt mit dem Dunst des Morgens. Eine Gebirgs-Nargileh. Das Zeltdach dampft. Ich trage das Stroh zurück, denn die Menschen hier haben wenig, und der Patron hat mich gebeten, unsere Matratze zurückzubringen. Irgendein Tier hat uns die Milch ausgetrunken, die wir gestern abend vorbereitet haben. Der Kaffee riecht nach Rauch, und der Rauch nach Kaffee. Wir brechen auf.

Wir können nicht weit fahren, weil die Straße bald unmöglich steil hinaufführt. Ein Wegweiser verkündet: „Col de la Cayolle – 17 km“. Wir müssen also dauernd bergauf gehen. Die Straße windet sich über die ganze Fläche bergan wie eine Schlange [...] Sie wird so steil, daß wir uns regelrecht mit den Beinen gegen die Straße stemmen müssen, um die Räder halten zu können. Nach einer Stunde schweigsamen Aufstiegs erreichen wir den ersten Stock. Zu unseren Füßen liegt das ganze Var-Tal, und von hier oben sehen wir schon wieder weitere Gipfel. Der Blick erfaßt immer größere Weiten, Weiten, die ich mir bisher nicht einmal vorstellen konnte. Das Tal unter uns ist so groß wie ein ganzer Landstrich. Vor uns das schmale Band der Straße, auf dem man große, weiße Kilometersteine sieht. Wir zählen sie – es sind noch dreizehn. Das erscheint nicht viel. Die Entfernungen dazwischen scheinen gerade 100 Meter zu betragen. Ich sehe die ganzen 13 Kilometer vor mir. Wenn wir eine Pause einrechnen, haben wir noch vier Stunden Aufstieg vor uns. Tadzio will das nicht glauben und meint, wir könnten in zwei Stunden oben sein. Ich versichere ihm, daß er es nur mit Mühe zum Paß hinauf schaffen wird. Wir steigen weiter. Tadzio beginnt zu plappern, verstummt aber bald wieder. Der Schweiß rinnt uns in Strömen herunter, weil der Hang nach Süden, zur Sonne hin liegt; wir haben Mühe, die schweren Räder zu halten. Nach eineinhalb Stunden beginnt es in meinen Schläfen zu pochen, und meine Beine geben nach. Die Schenkel zittern, und die Hände sind steif vom Halten des Rades. Wir legen eine Rast ein.

Wir ziehen Pullover an und strecken uns im Gras aus. Mein Puls klopft in den Schläfen, in den Beinen, den Händen, in der Magengrube – überall. Der leichte Wind weht hier bereits scharf und schneidet eisig in die Beine, obwohl die Sonne scheint. Wir essen Schokolade mit Zucker und Brot. Wir massieren Ober- und Unterschenkel. Dann geht es weiter. Wir passieren zwei Kilometersteine, noch fünf. Manchmal ist die Steigung so extrem, daß wir die Beine hinter das Rad stemmen müssen, während wir es am Lenker festhalten. Wir liegen fast auf dem Asphalt. Die letzten zwei Kilometer sind am schlimmsten. Der Paß hängt über uns, und wir sind nicht imstande, ihn in einem Anlauf zu schaffen. Wir erreichen ihn nicht mehr auf unseren Beinen, sondern auf den blank liegenden Nerven. In meinen Schläfen hämmert es so stark, daß ich die Augen schließen muß, mein Atem geht stoßweise, und ich kann das starke, rasende Klopfen des Herzens hören. Die Räder rutschen nach hinten weg, und wenn wir stehen bleiben, müssen wir die Bremse anziehen. Noch ein Kilometer. Unbewußt beschleunigen wir unsere Schritte. Wir gleichen vermutlich zwei Fischen, die man aus dem Wasser geholt hat [...]. Den letzten Kilometer legen wir in vierzehn Minuten zurück, dann schieben wir uns auf die Paßkuppe. Endlich wollen die Räder nicht mehr nach hinten wegrollen. Wir kommen zu einer mächtigen Granitsäule.

Hier ist die Grenze zwischen zwei Départements: Die Niederen Alpen sind zu Ende. Das sind mir schöne niedere Alpen! Ich lese weiter und kann es nicht glauben: „Col de la Cayolle 2326 m." Und dabei ist das bloß die Paßhöhe und nicht der Gipfel. Die Gipfel ragen über uns auf, in der Ferne verschwimmen die italienischen Alpen, glänzt der ewige Schnee. Ich vergesse für einen Moment meine Müdigkeit. Doch es weht ein schneidender Wind. Die Sonne neigt sich schon dem Untergang zu, und von den schrecklichen Felswänden und Berghängen schlägt uns kalte Luft wie aus einem Eiskeller entgegen. Wir lehnen die Räder gegen die Säule und ziehen Pullover und Windjacken an; Kapuzen über den Kopf. Wir kriechen in eine Erdhütte, die vom französischen Militär errichtet wurde.

In der Hütte ist es warm. Ich hole eine 500 Gramm schwere Tafel Schokolade (ein sogenannter großer Block!) heraus, und wir essen jeder die Hälfte. Ich weiß nicht, ob mir Schokolade je zuvor so gut geschmeckt hat wie diese. Nur in solchen Momenten kann man den ECHTEN, den absoluten Geschmack der Dinge spüren. Die Beine hoch gegen die Wand gestützt, den Kopf am Boden, essen wir die Schokolade. Dann eine *Gipfelzigarette*. Wir haben den Cayolle geschafft, und es geht uns gut. Es ist herrlich, jung zu sein und sich straflos, nur zum Vergnügen, quälen, ziellos quälen zu können, aus reiner Freude am Leben. Wie ich jetzt da in der Erdhütte sitze, verstehe ich zum ersten Mal Sotion aus dem „Olympischen Diskus" von Parandowski so richtig und begreife, was er mit ihm ausdrücken wollte. Wir betonieren uns mit Schokolade zu und kriechen nach einstündiger Rast aus der Erdhütte. Die Sonne ist schon hinter den Bergen verschwunden, und es ist empfindlich kalt. Zähneklappernd setzen wir uns auf die Räder. Wir sind kaum losgefahren, als sich ein Nagel eines Militärschuhs in mein Vorderrad bohrt. Wir fluchen. Mit vor Kälte klammen Fingern können wir nichts richtig greifen. Über die nackten Beine fährt ein eisiger Hauch; ein Sturm, hart wie die im Schatten liegenden Felswände, bricht los und schneidet bis auf die Knochen. Nach zwanzig Minuten starten wir zum Rennen. Von Cayolle nach Barcelonnette sind es 30 Kilometer. Der Weg ist verrückt. Wir legen uns über den Lenker, pressen die Finger gegen die Bremshebel und stürzen uns hinunter, fliegen mit einem Tempo von über 60 Stundenkilometern auf geraden Strecken talwärts. Die Nadel des Tachometers schlägt bis 60 aus und bleibt dann bei dem kleinen Stift stehen. Mehr schafft sie nicht. Vor jeder Kurve quietschen die Bremsen, wir beugen uns vor, der losgelassene Bremshebel am Lenker klappert, und das Rad macht einen Satz vorwärts, als besäße es einen Motor. Auf einer Geraden von dreißig Metern erreichen wir eine Geschwindigkeit von über 50 Kilometer. Nach zehn Kilometern dieser Fahrt sind meine Hände total gefühllos. Sie sind an den Bremshebeln gefroren. Die Beine spüre ich überhaupt nicht mehr; vom eisigen Wind gepeitscht, hängen sie wie fremde Objekte vom Sattel. Nur auf der Brust, unter dem Pullover, schwitze ich, vor Anstrengung und Spannung. Ich berausche mich fast bis zur Bewußtlosigkeit an der Geschwindigkeit, am Heulen des Sturmes, am Tanz um die Kurven. Nur einmal werfe ich einen Blick auf die hintere Gabel, und für einen Moment erstarre ich: Was würde passieren, wenn die Gabel bräche? Bei dieser Geschwindigkeit und Belastung schwingen die Radgabeln vom Ansatz bis zur Achse, sie schwingen wie eine Stimmgabel, die man angeschlagen hat. Ach, was soll's, da kommt schon wieder eine Gerade. Ich lasse den Bremshebel los, erreiche sofort 40, 50, 55, 60 Stundenkilometer – wieder bleibt die Nadel stehen und mein Atem ebenso. Eine Kurve, in einem Satz über eine Brücke auf die andere Seite des Flusses, der Geruch von feuchten Rundhölzern, die neben der Straße liegen, harzig und voller Äste, das kühle Tor eines kurzen Tunnels. Im Tunnel ist der Asphalt naß, und die Reifen machen ein schmatzendes Geräusch, als wäre die Straße mit Kleister überzogen. Es riecht nach Moder und Pilzen. Die helle Öffnung der Ausfahrt wird rasch größer, kommt näher, das graue Band der Straße verschwimmt und stürzt hinunter, in den Wald, in das Grün der Fichten und das frühabendliche Rot der Stämme. Hier fällt die Sonne noch durch einen Spalt ein, sie flimmert wie der Lichtstrahl aus der kleinen Öffnung der Kabine eines Kinovorführers. Eine Leinwand rötlichen Grüns, über die mein Fahrrad rast. Von Zeit zu Zeit sehe ich im Bruchteil einer Sekunde meinen eigenen Schatten. Wenn er verschwindet, glaube ich beinahe, ich hätte ihn überholt und er könne mir nicht mehr folgen. Eine Linkskurve, dann nach rechts, wieder über den tosenden Wildbach, eine Felswand entlang. Die Straße führt nun sanfter nach unten, und nach einer Weile kommen wir direkt auf dem Marktplatz von Barcelonnette heraus. Ich schaue auf die Uhr, ich kann mich kaum mehr auf den Beinen halten. 32 Kilometer in 43 Minuten. Ein Schnitt von 45 Kilometern pro Stunde. Unsere Gesichter, Hände, Ober- und Unterschenkel sind trotz der Sonnenbräune bläulich. Die Finger so steif, daß wir die Zündhölzer nicht aus der Schachtel klauben können. Das ist vermutlich der schönste Tag unserer ganzen Reise. Doch wir sind höllisch müde. Das spüre ich erst jetzt, als ich am Marktplatz stehe und rauche. Meine Hände und mein Mund zittern, als wollte ich im nächsten Moment in Tränen ausbrechen. Sechs Stunden Aufstieg und 32 Kilometer einer höllischen Talfahrt. Tadzio sagt: „An diesen Tag werde ich mich noch nach meinem Tod erinnern."

Barcelonnette ist ein kleines Städtchen und wirkt ein wenig exotisch. Frankreich ist hier vermischt mit Mexiko. Viele Menschen sind von hier nach Mexiko gefahren und später mit dem dort verdienten Geld zurückgekehrt. Manche tragen noch mexikanische Hüte und haben auch sonst etwas von drüben in ihrer Kleidung bewahrt. Es ist nicht leicht zu sagen, was. Sie bewegen sich auch anders als die Franzosen. Von Mexiko erzählt mir ein Großvater, der uns um Feuer für eine zerknautschte, ungeschickt selbstgedrehte Zigarette bittet. Die Hände des Alten zittern, daher kann er den Tabak nicht gleichmäßig einlegen. Während er mit uns plaudert, macht er laute schmatzende Geräusche. Er sagt, es gäbe hier Menschen, die noch vor jenem Krieg nach Mexiko gefahren seien, um dort Gold zu suchen. Der Großvater raucht seine Zigarette mit solchem Genuß, daß ich Lust verspüre, meine eigene wegzuwerfen und ihm seine fasrige „Selbstgedrehte" wegzunehmen. Ich suche ein paar Läden auf – Lebensmittel in Hülle und Fülle: Fleischkonserven, Erbsen, Bohnen und Brechbohnen, Konfitüre, Milch, Schokolade. In wenigen Augenblicken gebe ich über 100 Francs aus, weil wir uns gleich für ein paar Tage eindekken wollen. Es beginnt zu dämmern. Ich berate mich mit Tadzio, ob wir weiterfahren oder gleich außerhalb der Stadt das Zelt aufschlagen sollen. Nein – genug für heute. In einem Jungwald ein paar Kilometer hinter Barcelonnette machen wir Halt für die Nacht. Das Tal ist weit, ringsum sitzen mächtige Gipfel. Diese alpenländische Meublage wirkt prächtig verschwenderisch, überall gibt es mehr als genug Platz. Wenn ich diesen Staat der Riesen betrachte, dann fällt mir als Vergleich nur das Orgelpräludium von Rachmaninov ein. Die Tatra erscheint im Vergleich dazu wie die Taschenausgabe eines Gebirges. Wir stopfen uns gründlich voll und schlafen auf der Stelle ein.

Hinter Gap, 20. 9. 1940

Der gestrige Abend war kühl, und wir zogen alles an, was wir mitführen, und kochten das Abendessen im Zelt, auf Spiritus. Gegen halb sechs Uhr morgens wachen wir beide wie auf ein Kommando auf. Tadzio ruft: „Jędruś – ich bin total erfroren.“ Ich bringe kein einziges Wort heraus, weil ich mich in einen Eisenstab verwandelt habe. In einen stählernen Block. Ich habe den Eindruck, ein paar Reste von mir haben sich zu einem Knäuel zusammengerollt und irgendwo in der Nähe des Zwerchfells gelagert, während der übrige Körper – dieses andere Ich – schon völlig tot ist. Doch ich bewege mich; so bewegen sich wahrscheinlich die kleinen hölzernen Männchen, die überall auf der Rue Bonaparte in Paris verkauft werden und den Malern dazu dienen, die Stellungen von Beinen und Armen wiederzugeben. Ich gieße Wein in die Eßschale, werfe Zucker und Rosinen hinein und zünde den Kocher an. Nach einer Weile wird es heiß im Zelt, und wir loben den Spiritus. Wir trinken den Glühwein, wobei wir uns den Mund verbrennen, und wärmen uns damit augenblicklich auf. Es wird sogar zu heiß, weil ich den Kocher nicht abgedreht habe. Nun kriechen wir aus dem Zelt. Der Blick ist so prachtvoll, daß wir wie zwei Säulen stehenbleiben, statt uns zu bewegen, um uns aufzuwärmen.

Der Himmel wird von Osten her rosig, durchläuft alle erdenklichen Schattierungen von Ziegelrot, Orange und Zitronengelb, und geht schließlich in ein Veilchenblau über, in dem noch ein paar Sterne blitzen. Im Tal ist alles mit Rauhreif bedeckt, der kleine Funken sprüht wie Millionen verstreuter Brillanten; um die leicht rosa angehauchten Bergspitzen winden sich Streifen durchsichtigen Nebels. Langsam geht die Sonne auf und taucht alles in immer neue Farben. Derselbe Baum, derselbe Gipfel ändert sich ständig, legt das eine Gewand ab und zieht ein neues an. Die Fichten wechseln sogar ihren Schmuck, weil die Sonne den Reif zu großen Wassertropfen schmilzt, die in allen Regenbogenfarben blitzen. Das dunkle Saphirblau des Himmels wird heller, nimmt eine violette Schattierung an und wird schließlich hellblau. Die Sterne erlöschen, und es wird Tag. Noch ein paar Korrekturen, ein paar flüchtige Pinselstriche der Sonne, und das Bild ist fertig. Wenn die Schönheit der Küste von St. Raphaël bis Monte Carlo irdisch, greifbar, geradezu dicht war, dann verschwimmt sie hier und scheint unendlich, ungreifbar in ihrer ganzen Fülle, wie ein Ton, der zu hoch ist für unser Ohr.

Wir stehen fast eine halbe Stunde so da, bis uns wieder kalt wird. Doch nun beginnt uns die Sonne zu wärmen. Wir setzen uns vor das Zelt und denken ans Frühstück. Ach, wenn mir jetzt jemand das Frühstück ans Bett bringen würde. Ich bin schrecklich träge. Und außerdem fällt es uns schwer zu warten und zuzuschauen, daß das Wasser nicht sofort und auf der Stelle kochen will. Mit dem Wetter haben wir Glück; wieder ein sonniger Tag. Nach dem Frühstück weitere 35 Kilometer. Bergab. Die Talfahrt ist bedeutend flacher als gestern, doch wir erreichen dieselben Geschwindigkeiten. Die Straße fällt hinab in ein weites Tal. Auf den Hängen große, bequem hingestreckte Dörfer und kleine Städte – eine Reliefkarte im Maßstab 1 : 1. Auf einer Entfernung von einem Dutzend Kilometer kann man mit dem Finger das Band der Straße entlang fahren, hier rechts bei einer *bourgade*[1] stehenbleiben, dann weiter, und kann so die ganze Trasse vorzeichnen, ohne die Karte

[1] kleines Dorf

aus der Tasche zu holen. Die Aussicht erinnert mich an die Bilder, die auf Tiroler Kuckucksuhren gemalt sind, oder an Lithographien von den Alpen vom Ende des vorigen Jahrhunderts.

Gegen Mittag halten wir an einem Fluß, baden und essen. Die Sonne brennt, der Blick verliert sich in den Bergen. Mich überkommt die typische Faulheit des Gebirges. Man kann stundenlang daliegen, Schokolade und Rosinen knabbern, rauchen. Man hört auf, Mensch zu sein, und wird zu irgendeinem einzelligen Wesen, zu einer Amöbe oder Plankton.

Am Nachmittag erreichen wir Gap. Das Städtchen ist größer als Barcelonnette. Man bekommt Lebensmittel, soviel der Magen begehrt. Es gibt hier eine riesige Kondensmilchfabrik der Firma Nestlé und zahlreiche Sägewerke. Ich kaufe ein paar Dosen gezuckerte Milch. Wir essen diese in derselben Absicht, wie Popeye von Fleischer seinen Spinat verzehrt. Es gibt auch Spiritus; ich kaufe gleich zwei Liter, damit wir mit dem Kochen über dem offenen Feuer Schluß machen können. Natürlich kaufe ich auch eine riesige Ladung Schokolade. Die Fahrräder lassen wir in der Obhut der Patronin eines Bistros zurück und ziehen los, um uns die Beine zu vertreten. Sportgeschäfte mit hervorragenden Geräten: gute Schischuhe und Schier. Ich gehe überall hinein, um mich mit den Ladenbesitzern zu unterhalten und ihre Ware „anzugreifen". Sie zeigen mir gern alles und plaudern, obwohl sie wissen, daß ich nichts kaufen werde. Es gefällt ihnen, daß ich etwas von ihrer Ware verstehe. Um ein Haar hätte ich eine spanische Lederflasche für Wein erstanden. Doch sie ist zu teuer, und ich verlasse mit Bedauern den Laden. Beim Anblick von Rucksäcken mit Tragegestell für 250 Francs wird mir fast schwarz vor den Augen. Aber ich muß ein paar Groschen nach Paris mitbringen. Eigentlich denke ich voll Schrecken an diese Rückkehr; je näher ich komme, um so öfter. Ich werde später darüber nachdenken.

Direkt von Gap klettern wir zum Col Bayard hinauf – sieben Kilometer. Als wir den Anstieg beginnen, ist es schon Abend. Wir haben die Absicht, noch ein Stück für morgen übrig zu lassen, und sehen uns nach einem Platz zum Übernachten um. Wir wählen eine Wiese neben der Straße mit einem kleinen Bach. Der Himmel hat sich bewölkt, die Berge sind im Nebel verschwunden, und es ist schwül und heiß. Sicher wird es Regen geben.

Hinter La Mure, 21. 9. 1940

Gegen zehn klart es auf, und die Hitze wird unerträglich. Wir setzen den Anstieg zum Bayard-Paß fort. Pferdefliegen stechen uns in die Beine. Der Paß liegt 1230 Meter hoch. Fast so hoch wie der Turbacz. Von der Paßhöhe geht es hinunter; die Abfahrt ist steil, aber langgezogen, mit vielen geraden Stükken. Der Tachometer bleibt schließlich bei 60 stehen, und das reicht immer noch nicht. Ich spüre deutlich den Luftwiderstand. Plötzlich höre ich ein Klappern und dann ein Klirren; eine Flasche Spiritus ist heruntergefallen. Ich verlangsame das Tempo nicht. Tadzio fährt kurze Zeit neben mir her, verflucht die Flasche und „alle diese halsbrecherischen Abfahrten" und fällt dann wieder in meinen Windschatten zurück. Diese ständigen Talfahrten beginnen uns schon zu ermüden. Im nächsten Städtchen kaufe ich den Spiritus nach. Wir stehen vor einem Haus, als zwei Gendarmen auf uns zukommen. Ich bin sicher, daß sie unsere Papiere überprüfen wollen. Doch sie bleiben nur stehen und mustern uns. Schließlich kommt einer näher und beginnt ein Gespräch: „Ihr seid aber schwer beladen." Wir lächeln. „Wo fahrt ihr denn hin?" – „*À Paris*", antworte ich. „Oh, là, là – das ist aber ein schönes Stück Weges. Und habt Ihr eine *plaque de vélo*?" – Das ist eine Blechmarke, die beweist, daß man die Fahrradsteuer bezahlt hat. „*Bien sûr*", sage ich und greife nicht einmal in die Tasche, um sie vorzuweisen. „Nun, dann ist es in Ordnung – *bon voyage*!" Und sie gehen weiter. Tadzio schaut den beiden schwarzen Silhouetten auf der Straße noch lange nach und macht dann ein paar lobende Bemerkungen über alle „französischen Bullen".

Ein französischer Polizist ist nicht immer klug, es kommt sogar vor, daß er dumm ist, doch er ist oft gutmütig und angenehm im Umgang. Unsere Polizei war auch nicht klug, dafür aber bösartig und machtbesessen. Eine viel schlimmere Kombination. Nur selten wurde man von unserer Polizei wie ein Mensch behandelt. Für sie war der polnische Bürger vor allem eine „angeblich nicht vorbestrafte" Person. Dieses „angeblich nicht vorbestraft" war ein spezifischer Ausdruck der polnischen Polizei, den man wohl nirgends sonst auf der Welt antreffen konnte. Sie hatten dir noch nichts nachgewiesen, wußten kaum etwas über dich, und schon warst du „angeblich nicht vorbestraft". Die erste Frage eines polnischen Polizisten, wenn er jemanden überprüfte, lautete: „Was machen Sie?" Wenn man darauf antwortete „Nichts", wurde das als Spott aufgefaßt, als Verhöhnung der Staatsmacht – dafür war einem Arrest, oder besser ein „Anhalten zur Untersuchung" sicher. In Frankreich würde kein Polizist im normalen Umgang mit der Öffentlichkeit (zum Beispiel bei der Überprüfung der Papiere) so dumme Fragen stellen. Die Papiere sind in Ordnung, der Rundstempel der Republik ist vorhanden, dann kann man ruhig weitergehen. Seit wir Carcassonne verlassen haben, ist heute zum ersten Mal ein Gendarm auf uns zu gekommen, und das nur, um ein freundliches Gespräch zu führen. Die Frage nach der *plaque* diente lediglich dazu, uns (und wohl auch ihn selber) subtil daran zu erinnern, daß er schließlich die Pflichten eines Ordnungshüters versieht. Man kann über sie sagen, was man will, aber man spürt hier eine gewisse Freiheit, einen Rest jener Freiheit, die im Vorkriegseuropa zur Zeit meiner Eltern existierte. Und auch die Verordnungen, die Fremden betreffend, sind erst in den letzten zehn Jahren verschärft worden. Ich möchte gern wissen, in welchem modernen Land zwei Ausländer in Kriegszeiten so ungehindert Hunderte von Kilometern ohne jede Kontrolle herumziehen könnten. *O douce France*! Das Leben hier ist leichter und einfacher, der Mensch ist vor allem ein Mensch. Es fällt einem hier gar nicht schwer, ist geradezu angenehm zu sagen, daß einem „etwas gestohlen bleiben" kann oder man „auf etwas pfeift". Es liegt eine Tragik darin, daß diese Freiheiten, dieser Wohlstand, dieses göttliche *je m'en fiche*[1] auch zu ihrem Untergang beitrugen. Wer weiß... Nein! Daran darf ich gar nicht denken. Diese Möglichkeit schließe ich aus...

[1] Das ist mir egal.

Der Weg wird beschwerlich. Einmal hinunter, dann wieder hinauf. Wir müssen von den Rädern steigen und sie eine halbe Stunde schieben, dann geht es wieder ein paar Minuten bergab und von neuem bergauf. Das ist ermüdender als ein einziger langer Anstieg. Wir wollen noch heute über La Mure hinaus kommen und morgen Uriage, in der Nähe von Grenoble, erreichen. Dort gibt es eine Herberge des polnischen Roten Kreuzes, in der ein paar Kollegen aus dem „Gemeinschaftszimmer“ in Carcassonne wohnen. Vielleicht können wir dort nach den Alpen zwei Tage verschnaufen. Den ganzen Nachmittag über bleibt die Strecke gleich. Ungefähr dreißig Anstiege und Talfahrten. Und schließlich kommt noch, als letzter Sargnagel, ein sechs Kilometer langer Anstieg nach La Mure. Es hilft alles nichts – wir nehmen auch diese Steigung in Angriff. Gegen acht Uhr abends erreichen wir La Mure. Der Abend ist kühl, und wir sind so müde, daß wir uns Schritt für Schritt durch die Straßen schleppen. Ich möchte Fleisch fürs Abendessen einkaufen, daher bleiben wir an einer Mauer stehen und sehen uns um. Zwei Mädchen gehen vorbei und sprechen Polnisch. Tadzio springt sofort hin und sagt: „Verehrte Königin, meine Fliederblüten, süßeste Polinnen und Landsmänninnen, wo können zwei ausgemergelte Bürger Fleisch bekommen?“

Die beiden Fliederblüten, rotbackig und füllig (gefüllter Flieder) beginnen zu lachen und schwatzen drauflos. Woher des Weges? Wohin? Und für wie lange? Und die Tante hat ein Bistro, die kann euch vielleicht etwas verkaufen, denn neben dem Bistro hat sie auch noch einen Laden. Tadzio übernimmt, ohne zu zögern, die Initiative: „Du Zierde Frankreichs, leite uns – wir folgen dir, und sei es ins Bett (hi, hi, hi)“, und so landen wir im Bistro der Tante. Unterwegs macht Tadzio leise Bemerkungen von der Art: „Was für Sautrankköchinnen, Emigrantenkummerliesen, Raketen (?), Schmutzfinken“ usw. usf., doch laut gibt er sich äußerst charmant: „Warum lachen Sie, mein geliebtes Blümchen – das ist nicht gestattet – das ist nicht schön…“, und zu mir halblaut: „Schau dir einmal diese Beine an, Jędruś, nichts gegen diese Beine, aber nur für zu Hause oder um im Dreck herumzuwaten, was meinst du?“…

Im Bistro der Tante gibt es zahlreiche Polen, Emigranten. Sie laden uns an einen Tisch ein, und wir müssen uns mit ihnen unterhalten. Tadzio ist unglücklich, weil er, wie übrigens fast alle Polen, die während des Krieges nach Frankreich gekommen sind, im Grunde seiner Seele Emigranten nicht ausstehen kann. Ich kann ihn verstehen, versuche jedoch, bei ihm auch Verständnis für diese ganz besondere Spezies zu wekken. Der alte Emigrant ist in seiner Seele ein Pole geblieben und hat dafür zahlreiche Beweise geliefert, doch mit seinem Leib hat er – meist unbewußt – längst aufgehört, Pole zu sein. In dieser Hinsicht könnte man von einer ganz eigenen Nationalität sprechen, der Nationalität des Emigranten. Dieser polnische Emigrant ist das Ergebnis der verschiedensten polnischen und französischen Erscheinungen und Lebensumstände; ein nicht immer wohlschmeckender Cocktail, den das erbarmungslose Schicksal angerührt hat und sich obendrein manchmal als ziemlich schwer verdaulich erweist. Wer ist denn nach Frankreich emigriert? Vor allem der unqualifizierte und ungebildete Landarbeiter. Die Karriere eines solchen Arbeiters war gewöhnlich schwer. Vom Elend zu Hause gezwungen, setzte er sich in den Zug, mit einer Tafel um den Hals wie ein Stück Vieh, das zum Schlachter geführt wird; noch in Polen hatte er einen Schuldschein unterschrieben, mit dem er sich für drei Jahre an einen französischen Bauern oder Fabrikanten verkaufte, und dann fuhr er los. Er kam nach Frankreich und arbeitete bei einem Bauern für Kost und Logis und 400 bis 600 Francs im Monat. Gleichzeitig sah er die Freiheit und Demokratie in Frankreich und aß mit dem Patron gemeinsam an einem Tisch; im ersten Jahr war er geblendet, nach zwei Jahren, nachdem er noch weitere Emigranten kennengelernt hatte, war er bereits „klug“, und nach drei Jahren floh er vom Land in die Stadt, wo er Fabrikarbeiter wurde. In der Fabrik lernte er mit dem Schraubenzieher und der Feile umzugehen, erfaßte mit der ihm eigenen polnischen Geschicklichkeit und Intelligenz rasch, was von ihm verlangt wurde, und betrachtete sich deshalb bald als „qualifizierter Schlosser“. Und jetzt konnte ihm die ganze Welt den Buckel hinunterrutschen.

Losgelöst vom eigenen Staatsorganismus und der bürgerlichen Disziplin seines Landes, blieb er zur selben Zeit auch vom Leben des französischen Bürgers ausgeschlossen. Das ist auch die Ursache für den Emigrantenanarchismus, der übrigens jedem Polen angeboren ist und durch den hiesigen Lebensstil noch verstärkt wird. Er verdiente gut, konnte sich Sardinen und Champagner leisten, „hier, mein lieber Herr, ist es nicht so wie bei EUCH in Polen, mein lieber Herr, denn hier, mein lieber Herr, gibt es Egalité und Liberté, mein lieber Herr, hier, mein lieber Herr, hat ein Herr dem Arbeiter nichts zu befehlen, weil man hier den Arbeiter schätzt – wuala!" In seinem tiefsten Inneren ist er der halbgebildete, unaufgeklärte, arme Landarbeiter geblieben, der bloß einen dünnen Firnis höherer Zivilisation und Lebensstandard bekommen hat, der vor allem darauf beruht, daß er sich hier leisten kann, was „sich bei EUCH, mein lieber Herr, nur die Intelligenz leisten konnte – wuala!" Die Erreichbarkeit dessen, was in Polen sogar für die Intelligenz oft genug einen Luxus darstellte, prägte hier sein Denken. Sofort war er klüger als alle anderen, war ein Herr, ein Graf, einer, der alles konnte und alles verstand, und alles war für ihn: „weil bei EUCH in Polen". Eine konzentrierte Mischung dessen, was im Grunde jeden Polen ausmacht, eine Mischung von vergälltem Spiritus, Champagner und – weniger häufig – einer sittlich-kulturellen Politur. Es gibt Ausnahmen, vor allem unter den Bergarbeitern, diesem kompakten und intelligenten Element, das durch die Anforderungen und Gefahren seines Berufs geformt wurde. In diesem Fall könnte man ebenfalls von einer Trennung sprechen: zwischen Emigranten und Bergarbeitern.

Der Emigrant hat sein Polnisch verlernt, er spricht gebrochen Französisch, sagt statt „tak" jetzt „si" oder „wuj", und man muß leider offen sagen, daß meist nur die negativen Seiten der französischen Freiheit und des französischen *laisser-aller* bis zu seinem Verstand vorgedrungen sind. Sein angeborener Fleiß und seine Intelligenz lassen ihn den Franzosen, der weniger hart und ausdauernd ist, verachten. In der Fabrik habe ich sowohl mit Emigranten als auch mit unseren Leuten

„aus Polen“ und mit Franzosen gearbeitet. Dabei habe ich vieles gesehen. Unsere „aus Polen“ verachten im allgemeinen die Emigranten, und das gilt auch umgekehrt. Wie oft habe ich in der Garderobe gehört, wie einer der unseren einem Emigranten herablassend erklärte: „Mein lieber Freund, alle diese Versicherungen, bezahlten Urlaube, das hat es bei uns schon seit Anbeginn gegeben. Bleib mir nur mit deinem Frankreich vom Leib – du hast ja keine Ahnung, was soll ich mit dir reden?“ Auch Tadzio nimmt gewöhnlich kein Blatt vor den Mund: „Was soll ich mit Ihnen diskutieren, wenn Sie so schlau sind. Mein lieber Herr, reden Sie polnisch, was soll dieses ‚wuj‘? Weder sind Sie mein Onkel[1], noch sonst mit mir verwandt – ich versteh nichts – kompran pa!“

Manchmal adelt das Leiden die Menschen, doch gewöhnlich nur diejenigen, die nicht schon vorher gelitten haben. Diejenigen, die von Anfang an gelitten haben, adelt das Leiden nur in den seltensten Fällen. Diese Emigranten haben zuerst in Polen gelitten und dann hier. Als in Frankreich die Krise ausbrach und die Mehrzahl der Ausländer ihren Arbeitsplatz verlor, meldete sich unser Emigrant arbeitslos. Als Arbeitsloser bezahlte er nichts für die Wohnung, bezog eine Unterstützung, und weil die Kontrolle der Arbeitslosen, wie jede französische Kontrolle, ziemlich nachlässig war, arbeitete er nebenbei (er pfuschte). Hier reparierte er einen Ofen, dort malte er eine Wohnung an, anderswo richtete er ein Badezimmer ein oder verlegte eine Heizung (die Polen können alles) usw. – insgesamt lebte er in vielen Fällen ganz passabel. Seine Einstellung der Welt gegenüber lautet: „Du kannst mich mal.“ Die Regierung von Blum und das um vieles leichtere Leben in Frankreich, Arbeitslosigkeit, *bricolage*[2] – alle diese Umstände gestatteten ihm etwas, was er für sein eigenes Verdienst hielt. Die Lektüre der linken französischen Presse, die so herrlich demagogisch ist, vollendete seine Erziehung. Dieses Element, das dritte Geschlecht Polens, ist äußerlich nur schwer zu ertragen, aber innerlich sicherlich wertvoll, dabei insgesamt sehr

[1] *wuj* – poln. Onkel
[2] Pfusch oder Schwarzarbeit

leichtgläubig, was unsere Politiker insofern ausnützten, als sie aus vielen von ihnen Atheisten der polnischen Staatlichkeit machten. Daher auch dieses ewige „weil bei EUCH in Polen". Man hat sie ganz einfach zu oft belogen.

Die Emigranten hier in La Mure haben ein schweres Leben. Die Arbeit ist schrecklich. Fast alle arbeiten in den hiesigen Bleiminen. Der Verdienst ist niedrig, und die heutigen Zeiten lassen nicht zu, daß sie diese Ketten abschütteln und sich ein leichteres oder auch nur gesünderes Brot suchen. Wir unterhalten uns über Polen; die achtzehn Tage, die sich das arme Polen mutig verteidigt hat, verglichen mit dem vierzehntägigen Spaziergang der Deutschen durch Frankreich, haben in allen von ihnen Stolz geweckt. Kaum einer kommt uns nun mit diesem ständigen „weil bei EUCH", dafür höre ich dauernd, „weil bei UNS in Polen". Aber auf unsere „Intelligenz" schimpfen sie, und wahrscheinlich haben sie recht. Als sie unsere verdorbene Crème der Gesellschaft nach deren Flucht aus Polen zu Gesicht bekamen, stieß ihnen diese Intelligenz auf wie schlechtes Fett. Viele von den Flüchtlingen entdeckten in den Emigranten sofort NEUE UNTERTANEN; eine neue kleine Nation, über die sie auf der Stelle herrschen könnten. Die Geduld der Emigranten wurde auf eine schwere Probe gestellt. Aber sie sagten sich nicht von Polen los, obwohl die Versuchung groß war: Die Franzosen haben sie gern in ihr Heer aufgenommen, trotz des Abkommens mit der Regierung des Régina[1]. Die Emigration hat gekämpft, und sie hat gut gekämpft.

Wir trinken unser Bier aus und gehen in den Laden der Tante. Sie legt uns zu den Waren, die wir kaufen, noch gratis zwei Dosen Pastete und zwei Tafeln Schokolade dazu. Ich benehme mich ganz natürlich, einfach menschlich, und sie sind ehrlich, überhaupt nicht „frech" und „arrogant". Mit der Logik hapert es manchmal, weil sie mehr abgebissen haben, als sie schlucken können, aber wenn man einen darauf aufmerksam macht, daß er Unsinn redet, und ihm das mit einem guten

[1] Das Hotel Régina an der Place des Pyramides in Paris war der offizielle Sitz der polnischen Regierung.

Beispiel (das nicht zu weit hergeholt ist) belegt, dann hört er ruhig zu. Er hört gern MENSCHLICHE Worte. Es wird schon dunkel. Lautstark von allen verabschiedet, verlassen wir das Bistro. Sie bieten uns sogar eine Übernachtungsmöglichkeit an und beginnen natürlich sofort, untereinander zu zanken, bei wem wir es bequemer hätten. Doch ich ziehe es vor weiterzufahren, weil ich ahne, daß das in einem schrecklichen Besäufnis enden würde. Auch so haben Tadzio und ich in diesem Bistro schon durch die Nase genug abbekommen, weil wir dauernd den Duft von Rum eingesogen haben. Die Gesellschaft um uns herum ist so laut, daß zwei Gendarmen unsere Papiere kontrollieren, worauf sie in die Besorgnis der anderen einstimmen, wie wir unser Ziel erreichen werden. Bei Einbruch der Dämmerung lassen wir La Mure hinter uns. Hier beginnt eine weite Hochebene, die sich bis Vizille erstreckt. Nebel senkt sich über die Wiesen. Es ist kalt und feucht. Nach ein paar Kilometern wird es finster, und wir schlagen gleich neben der Straße unser Zelt auf, nur von ein paar Büschen verdeckt. Die Nacht ist klar und beinahe durchsichtig. Das Abendessen kochen wir im Zelt, und Tadzio schläft danach sofort ein. Ich schreibe bei Kerzenlicht. Die Grillen zirpen, und das Rascheln eines Käfers, der übers Zeltdach krabbelt, ist direkt laut. Ich bin so müde, daß ich gar nicht schlafen will.

Uriage, 22. 9. 1940

Seit dem Morgen scheint die Sonne. Wir sind früher aufgewacht, wie üblich vor Hunger. Tadzios erste Worte lauten: „Jędruś – was zu essen." Ich hole die Schokolade heraus, und noch im Halbschlaf kauen wir bedächtig. Dann eine Zigarette, und erst jetzt fängt der Tag richtig an. Ich gehe Wasser und Milch holen. Tadzio packt das Lager zusammen. Ich liebe diese beinahe täglichen morgendlichen Spaziergänge. Ich nehme die Flasche und marschiere langsam, in Pullover und Schal gehüllt, die Straße entlang und dann über Feldwege, um einen Bauernhof aufzusuchen. Wie gewöhnlich schläft das ganze Haus noch, und nur der Patron macht sich im Hof zu schaffen, umringt von einem ganzen Gefolge von Hühnern, Enten und

Truthähnen. Sie laufen ihm auf Schritt um Tritt nach und warten darauf, daß er ihnen etwas hinwirft. Ich bleibe ruhig am Zaun stehen und schaue zu. Sie unterhalten sich angeregt miteinander. Der Patron sagt: *Allez, allez, attendez*, und die Hühner antworten mit lautem Gackern, die Enten packen ihn mit raunendem Zischen an den Hosenbeinen, während die Truthühner mit den Mienen von Konzerndirektoren, die ihre Morgenpost durchsehen, in einiger Entfernung bedächtig ihre Kreise ziehen. Sie stolzieren so herum, daß ich wetten könnte, sie hätten die Hände in den Taschen und eine dicke Zigarre im Schnabel. Es herrscht Stille, jeder Laut ist einzeln und deutlich zu hören. Über den Wiesen hängen Nebelschwaden, das Gras glänzt, und ringsum erheben sich die mächtigen Massive der Berge. Das dringt auf direktem Weg in die Seele und macht einen ruhig. Wenn ich das sehe, glaube ich jedesmal, ich hörte eine ältere, kluge und schöne Frau, die mir mit tiefer, gleichmäßiger Stimme etwas erzählt, wobei jedes ihrer Worte tief empfunden und erlebt wirkt. Und dann wieder scheint mir, als sei das alles eine wunderbare, in sich geschlossene, schlichte Gefühlsnovelle, wie die Novellen von Bunin oder Katherine Mansfield, in denen nichts geschieht und gleichzeitig schon so viel geschehen ist; wo die Seiten nicht von links nach rechts beschrieben sind, sondern in die Tiefe, in eine bodenlose Tiefe. In einem solchen Moment bleibe ich manchmal am Zaun oder unter einem Baum stehen, schaue, ohne an etwas zu denken, und versuche nur das in mir zu schärfen, was den Menschen dazu befähigt, die Töne, Farben, Sonnenstrahlen, Gerüche und Brisen intensiver aufzunehmen. Ich verwandle mich in ein Instrument und lasse zu, daß auf mir gespielt wird. Daran ist nichts Überspanntes – das ist eine Dusche für die Seele, genauso wie es eine Dusche für den Körper gibt, und ich empfinde dabei dasselbe Vergnügen. Bei der einen wie bei der anderen Dusche fühlt man das Leben gleichermaßen intensiv und saftig. Unter der kalten Dusche trinke ich jedesmal das Wasser, das mir übers Gesicht rinnt, hier – am Zaun, unter dem Baum – trinke ich das Leben. Jeder von uns hat eine Gangschaltung in seinem Inneren, aber es gibt nicht viele, die sie bedienen können. Ich habe meine erst vor ein paar Monaten entdeckt. Zuerst legte ich den Rückwärtsgang ein und verharrte lange Zeit auf einem toten Punkt, und dann „warf“ ich die andere Gänge ein. Jetzt fahre ich im vierten, wenn nicht überhaupt im sogenannten „Schnellgang“, wie angeblich der große Mercedes einen besitzt. Oder vielleicht täusche ich mich auch? Vielleicht ist es gar nicht der Mensch selber, der die Gänge einlegt und die Kupplung löst? Vielleicht besorgt das unser Schicksal? Oft strebt der Mensch sein ganzes Leben danach, sich selber zu gewinnen – und es gelingt ihm nicht. Das ist eine Lotterie, in der es nur wenige Treffer gibt. Am schlimmsten dabei ist wohl, daß man sich ständig selber verfehlt, ständig auf den Hauptgewinn wartet, der darin besteht, daß sich der Mensch selber gewinnt. Denn erst von diesem Zeitpunkt an kann der Mensch auch einen Gewinn für andere darstellen. Und zwar einen echten, die anderen Gewinne sind nicht echt. Das Papier ist vom Nebel feucht geworden und der Tintenbleistift schreibt jetzt ganz deutlich. Alles wegen dieser Truthühner. Sie haben mich an die Morgenpost erinnert, an Konzerndirektoren und an mich selber, wie ich in einer devoten Verneigung in der Tür stand. Damals wollte ich mich selber gewinnen. Was für ein Mißverständnis… Tragisch!… Brrr…

Milch habe ich keine bekommen, aber das macht nichts: Wir haben noch Trockenmilch. Sie ist ausgezeichnet. Gegen zehn Uhr brechen wir auf. Nach einer Stunde kommen wir zum Rand der Hochebene und sehen Vizille, das tief unter uns im Tal liegt. Die Straße erinnert irgendwie an eine gewundene Küchentreppe: Man purzelt vom sechsten Stock hinunter. Beinahe wäre ich gestürzt. Der Asphalt ist frisch mit Schotter bestreut, der sich noch nicht in den Teer eingedrückt hat. Ich bremse erst in der Kurve und vollführe mit dem Hinterrad einen scharfen Kristiania. Die Steinchen spritzen weg wie Schnee, und Tadzio stößt einen Schreckensruf aus. Wir erreichen Vizille. Auf dem Marktplatz ist es ruhig und würdig – sonntäglich. Wir trinken Bier und essen Kuchen. Hitze und Trägheit. Bis Uriage sind es nur noch neun Kilometer. Unterwegs müssen wir baden und uns rasieren, um einigermaßen gesittet auszusehen, wenn wir in die polnische Herberge kommen. Dort herrscht sicher Noblesse, und *noblesse oblige*. Nach einer gründlichen Toilette außerhalb von Vizille kleiden wir uns feiertäglich: weiße Shorts und blaue Hemden. Uriage ist ein kleiner Sommerfrischeort, Villen, Pensionen – die grüne Lunge von Grenoble, das zehn Kilometer entfernt ist. Grün und Berge. Die polnische Herberge ist in einem der großen Hotels untergebracht. Wir fahren nicht sofort hin. Zuerst setzen wir uns in den Park, um etwas Luft zu schöpfen, weil es tropisch heiß ist. In diesem Moment kommen drei Damen daher: Die eine ist etwas älter, in einem langen Kleid aus Gaze, die beiden anderen sind jung, alle gleich vornehm. In den Händen Feldblumen, die reizvoll herunterhängen. „Hold im Haar ein Lilienring / In der Hand ein Stenglein grün, / Und ein Lamm flieht vor ihr hin; / Über ihr ein Schmetterling…“[1] (aus dem Gedächtnis) Natürlich sprechen sie polnisch. Wir verneigen uns und fragen nach dem Hotel des polnischen Roten Kreuzes.

„Ach, das ist hier, gleich links – die Herren sind sicher neue Gäste… Willkommen, willkommen…“

„Nein, wir sind nur auf der Durchfahrt. Wir wollen Kollegen besuchen.“

„Aha. Und wo fahren die Herren hin?“

„Wir fahren nach Paris. Wir kehren zurück, weil dort…“

„Wie bitte? Nach Paris? Zu den Deutschen? Verräääter! Zosia, Helenka, wir gehen. Mit diesen Herren wollen wir kein Wort sprechen…“ Und sie gehen ab, wobei sie mit den „Wintern hackeln“.

Tadzio wird purpurrot und murmelt etwas von alten … und wir werden schon noch sehen, wer da ein Verräter ist. Ich balle die Fäuste. Tadzio: „Siehst du, wie freundlich sie dir guten Tag gesagt haben? So richtig von Herzen, auf gute polnische Art, für das Geld vom Roten Kreuz…“ Ich beruhige ihn, so gut es geht, und bereite ihn auf weitere Überraschungen vor. Ich habe sie schon ganz gut kennengelernt. Da war diese Frau

[1] Aus: Adam Mickiewicz, Dziady (Die Titenfeier), die erste Zeile muß richtig lauten: „Hold im Haar ein Blumenring“ (Nachdichtung von Siegfried Lipiner, Leipzig 1887)

Oberst, die in Paris Bons für das Gratismenü fälschte, und als ich sie einmal dabei erwischte, half das gar nichts. Drei Tage später machte sie dasselbe wieder, und es gab einen Skandal, weil ich es ihr ein zweites Mal nicht durchgehen lassen wollte. Sie … stahl Mandarinen, sie … meinte, sie habe schon wieder unnötig Geld für die Metro ausgegeben, weil es heute Blutwurst zum Mittagessen gab – „ach, mein Herr, seien Sie doch so gut und lassen Sie es mich im voraus wissen, wann es Blutwurst gibt". – „Telefonisch oder per Rohrpost?" fragte ich ironisch. Endlich begriff sie. Gleichzeitig schämte ich mich Tadzio gegenüber. Immerhin war das ja sozusagen meine Familie…

Schließlich kommen wir zum Hotel. Ich habe beinahe den Eindruck, eine Pension in Zakopane vor mir zu haben. Außer unseren drei Kollegen aus Carcassonne gibt es noch ein paar andere Ingenieure. Eine wichtige Gesellschaft, aufgeblasen, elegant herausgeputzt, steife Krägen, modisch gekleidet – mit einem Wort, vornehm. Zwei unserer Kollegen aus Carcassonne, C. und S., lassen sich kaum dazu herab, uns zu begrüßen, und verschwinden gleich wieder, weil sie mit dem Herrn Direktor und dem Herrn Konsul zu einer Partie Bridge verabredet sind – die warten schon in der Halle auf sie. Nur Stefan Holuj freut sich ehrlich über unser Kommen, hilft uns, die Räder abzuladen, und verspricht, ein Zimmer für uns zu besorgen, in dem wir übernachten können. Dann nimmt er uns zur Seite und schüttet sein Herz aus: „Ihr habt keine Ahnung, was das für eine Bande ist. Hier, wo sich alle Mühe geben sollten, einigermaßen über die Runden zu kommen, wo jeder mit Hand anlegen sollte, gibt es ständig Gezänk, weil die ganze Intelligenz, diese Herren Direktoren, Ingenieure und andere sich weigern, Kartoffeln zu schälen, wenn sie an der Reihe sind, und sie verlangen, daß das von den Arbeitern und einfachen Soldaten gemacht wird. Bei Tisch bedient keiner, weil unsere DAMEN nicht wollen, daß ihre Töchter sich mit SOLCHEN Dingen abgeben, denn schließlich sind sie doch KEINE Stubenmädchen, sondern FRÄULEIN AUS BESSEREM HAUS, und daher servieren bei Tisch FREIWILLIGE, Männer, während die Fräulein aus besserem Haus keinen Finger rühren. Die höheren Sphären unternehmen Ausflüge, spielen Volleyball und Bridge bis spät in die Nacht hinein, aber als ich mich einmal in der Windjacke zum Essen setzte, machten sie mich darauf aufmerksam, daß ich mir zum Essen wohl ein Jackett anziehen könnte. Dabei wißt Ihr doch, daß ich bei der Flucht aus Paris alle meine Sachen verloren habe. Wenn man in so einer Herberge eine Unterkunft finden möchte, braucht man Beziehungen, denn es ist nicht leicht, eine Zuweisung zu erhalten. Darüber entscheiden diverse Direktoren des polnischen Roten Kreuzes in Vichy, in Lyon und in Toulouse. Und das alles müssen sich die Menschen gefallen lassen, denen sie befehlen, Kartoffeln zu schälen, obwohl sie gar nicht an der Reihe sind, einfach nur, weil sie einfache Leute sind und nicht irgendwer. À propos – Ihr zieht Euch besser um und laßt Euch nicht in Shorts blicken, weil sich das ‚nicht schickt ‘ und Ihr sonst noch dem Leiter der Herberge unangenehm auffallen könntet.“

Das ist in aller Kürze das Bild, wie es Stefan zeichnet, der zwar auch Ingenieur ist, aber gleichzeitig auch ein Mensch. Ich sage, wir hätten zwar die Absicht gehabt, uns hier zwei Tage auszuruhen, doch angesichts der Lage wollen wir morgen weiterfahren. Ich bin wütend. Nein – Menschen dieses Schlages müssen verschwinden. Sie müßten mit irgendeinem „Flit“ oder einem anderen „Fumigatore Cimex“ vertilgt werden. Sie haben nichts dazugelernt und hocken jetzt hier auf öffentliche Kosten herum, blasen sich weiter auf, sind hochnäsig, verachten die Menschen „niedrigen Standes“ und scheuen jede „Drecksarbeit“ in der Küche. Fräulein, Jungfern aus guten Häusern, mit Zigaretten zwischen den Zähnen, in feinen Strümpfen, Volleyball, Flirts, Spaziergänge. Da empfinde ich schon bedeutend mehr Achtung für *ces demoiselles* aus den Pariser Häusern mit zweifelhaftem Ruf... Eine bridgesüchtige, dumpfe, gefühllose, schamlose Horde. Ich habe gute Lust, diesen Damen ein paar alte Blumentöpfe auf den Kopf zu werfen, als ich sie unter Stefans Fenster vorbeigehen sehe. Ich habe den Eindruck, daß sich Stefan jetzt genauso schämt, wie ich mich vor wenigen Augenblicken geschämt habe, als ich versuchte, Tadzio zu beruhigen. Da unten sitzen sie, spielen Karten, und gewiß sagt jeder von ihnen ohne Unterlaß: „So weit haben wir es gebracht“. Das ist es ja, daß sie es zu nichts gebracht haben, und nie zu etwas bringen werden. Mit dieser Mentalität...

Nach langem Hin und Her geben sie uns ein Zimmer, und das nur, weil Stefan höflich darum ersucht. Es gibt jede Menge Umstände damit und Fragereien, wer wir seien, doch als sie sich endlich überzeugt haben, daß wir zu „diesen“ gehören (zumindest ich; und was wäre, wenn wir zu den „anderen“ gehörten?), erteilt ein Herr Rechtsanwalt, der zur Zeit die Herberge leitet, seine Einwilligung. Stefan wollte noch um ein Abendessen für uns bitten, doch auf dieses Vergnügen verzichte ich. Ich gehe mit Tadzio in ein Restaurant. Am Abend kommen wir zurück. Das Hotel „Basset“ ist hell erleuchtet, sie spielten Bridge, und die DAMEN spazieren mit der JUGEND durch den Garten und werfen uns bloß verächtliche Blicke zu. Ich verspüre den dringenden Wunsch, sie aufzufordern, sie sollten mich irgendwo küssen – allerdings nur durch ein Blatt von einer der Rosen aus jenem Beet dort. Und wer weiß, ob sich nicht genug Anwärter gefunden hätten, wenn ich ihnen 100 Francs pro Kuß geboten hätte. Denn das liebe Geld haben sie schon sehr gern, und für das liebe Geld tun sie so allerlei. Natürlich nur heimlich und ganz vornehm – damit kein anderer etwas davon erfährt.

23. 9. 1940

Wir schliefen zu zweit in einem Bett, das ziemlich eng war, und es war reichlich unbequem. Tadzio fluchte und wollte in der Nacht in den Park gehen, um dort das Zelt aufzuschlagen. Am Morgen wärmen wir die Milch über dem Kocher und frühstücken in Stefans Zimmer. Der Tag ist sonnig und heiß. Gleich nach dem Frühstück beginnen wir, rasch unsere Sachen zu packen, um uns diskret und wortlos aus dem Staub zu machen. Doch unter den Herren Konsuln und Präsidenten und anderen Titeln hat sich längst herumgesprochen, daß wir nach

Paris zurückkehren. Und während sie uns gestern keines Blikkes würdigten und nicht begrüßten (Verräter), nimmt mich heute einer nach dem anderen auf die Seite, stellt sich vor wie ein Jüngling, der eine unbekannte Maid zum Tanzen auffordert, gibt sich süßlich und demütig und entschuldigt sich für „die Zumutung“, mit einem Wort, der reinste Honigkuchen: „Mein lieber Herr, ich hätte ein großes Anliegen. Ich habe mit meiner Gattin Paris nur mit einem kleinen Köfferchen verlassen, unsere beiden großen Koffer sind im Hotel zurückgeblieben – ach ja, hier haben Sie übrigens die Adresse und eine Vollmacht. Vielleicht wäre es Ihnen möglich, mir die Koffer nachzuschicken?“ Oder: „Wissen Sie, beim Hausmeister dieses Hauses (und schon drückt er mir eine vorbereitete Karte mit der Adresse in die Hand), in dem ich wohnte, ist meine Pekesche und der Persianer meiner Frau zurückgeblieben.“ Schicken Sie mir das nach. Ein anderer nimmt mich zur Seite und sagt unter endlosen Beschwörungen, daß „Sie mir das wohl nicht abschlagen werden – ach ja, verzeihen Sie, ich habe ganz vergessen, mich vorzustellen – ich bin der Konsul aus… (der welsche Teufel soll dich holen) – also, ich habe hier ein Auto (*tiens, tiens*), und das würde ich gerne verkaufen, doch ohne Kaufbestätigung ist das unmöglich. Ich habe es von Herrn M. erworben – einem Franzosen (und wann?) – er wohnt in der Rue… er wird Ihnen diese Bestätigung ausstellen, und Sie schicken sie mir dann…“ Geschäfte, Transaktiönchen, „Sie müssen das irgendwie für mich erledigen, ich habe keinen Groschen, und Sie sehen ja, unter welchen Bedingungen wir hier hausen“. Ich schaue gleichgültig auf die Berge, denke an die wohltätige Institution des tarpeischen Felsens und bemerke trocken, diese Bedingungen erschienen mir durchaus erträglich, und ich würde ihm nur wünschen, daß sie nicht schlechter werden. Und die ganze Zeit denke ich darüber nach, ob sie überhaupt wissen, was es heißt, sich in einer schwierigen Lage zu befinden. Schließlich packt Tadzio allein beide Räder, weil sie mich dauernd auf die Seite ziehen und um etwas ersuchen, selbstverständlich ohne daß die anderen etwas davon erfahren. Einem von ihnen verschlägt es förmlich die

Sprache, als ich, nachdem er sein Anliegen mit der Einleitung beginnt: „Ich habe ihren Onkel sehr gut gekannt“, nur trocken sage: „Na und?“ Das bringt ihn völlig aus der Fassung. Ich weiß, daß ich mich nicht anständig verhalten habe, aber ich lasse sie alle abblitzen: Man darf nichts über die Demarkationslinie bringen, und ich habe selber genug kompromittierende Dinge dabei (dieses Heft – wie bringe ich das hinüber?). Es tut mir aufrichtig leid, aber ich muß das ablehnen. Hätte sich einer gefunden, der einfach gesagt hätte: „Wissen Sie, es ist ja durchaus erträglich hier, aber ich würde meiner Frau gern eine Freude machen – sie hängt so an ihrem Fuchsmantel... Wenn Sie es ermöglichen könnten, wäre ich Ihnen sehr verbunden, wenn nicht, kann man auch nichts machen...“, dann hätte ich das ohne zu zögern erledigt. Aber sie sind der Ansicht, es sei meine Pflicht, mich für sie in Gefahr zu begeben, weil sie immer noch jemand SIND, und sie können nicht begreifen, daß sie einmal jemand WAREN, aber niemand mehr SIND. Du mußt das für ihn erledigen, weil er fest damit rechnet, denn auf diese Weise könnte er, neben den Dollars, die er noch hat, und der Hilfe, die er vom PCK erbettelt, seine Vorräte auffüllen. Dann könnte er noch drei Monate lang Chesterfields rauchen, die Wäsche in die Wäscherei geben, schnorren und auf Kosten des Roten Kreuzes leben, und mit den eigenen Mitteln könnte er die „Fasson“ wahren, den großen Herrn und Bridge spielen, Händel um eine Ehre austragen, die er um keinen Groschen besitzt. Wenn die Natürlichkeit auch bloß eine Pose ist, wie Wilde sagt, dann ist sie jedenfalls die natürlichste Pose. Diese Pose fehlt uns in allem und jedem. Und weil sie uns fehlt, mag man uns nicht, und es kommt oft genug vor, daß man uns einfach nicht ausstehen kann.

Sie lassen endlich von mir ab, und ich bin sicher, daß jetzt einer zum anderen hochmütig sagt: „Ihnen hat er es abgeschlagen? Mir hat er versprochen, das zu erledigen...“ Und er wird sich gleich selber um eine Rangstufe hinaufsetzen. Diese Herberge erinnert mich an St. Helena. Nur daß es auf St. Helena bloß einen Napoleon, zwei Damen und ein Dutzend Höflinge gab, die sich gegenseitig auffraßen, während hier jeder ein

Napoleon ist – mit weniger gibt er sich nicht zufrieden. Und so wie Napoleon kehrt auch hier jeder immer wieder zu seinem Waterloo zurück und gewinnt im Geist die unwiderruflich verlorene Schlacht. Wer weiß, ob sie nicht einen Agenten der Gestapo aus mir gemacht haben. Denn wenn du so einem Menschen einen Dienst abschlägst, wenn ihm das, was du machst, nichts bringt (einer der schlimmsten Ausdrücke), dann leert er dir sofort einen Kübel Unrat über dem Kopf aus. Wir fahren von hier mit einem richtigen Gefühl der Erleichterung weg.

Nach einer halbstündigen Fahrt durch das Tal kommen wir in einen Vorort von Grenoble. Die Vorschriften, wonach Lebensmittel nur auf Karten abgegeben werden dürfen, werden immer rigoroser, und im hiesigen Département (Isère) sind sie seit gestern ohne Ausnahme in Kraft. Daher muß ich jeden Bissen, den ich einkaufe, ehe wir Grenoble erreichen, durch Überredungskünste, Witze und Geplauder erkämpfen. Aber ich schaffe es, und es gelingt mir sogar, zwei Tafeln Schokolade herauszuluchsen, die es offiziell nirgends mehr gibt. Grenoble ist eine nette Stadt, umgeben von Bergen. Hübsche Boulevards entlang der Isère. Ich verspüre große Lust, mich wieder in einen Studenten zu verwandeln und hier in Grenoble zu studieren. Wir fahren durch die Stadt, rauchen auf einer Bank an der Isère jeder eine Zigarette, und weiter. Bei der Ausfahrt kontrolliert ein Gendarm unsere Papiere. Tadzio ist so wütend über den Aufenthalt in Uriage, daß er, während er in seinem Portemonnaie kramt, dem Ordnungshüter einen langen Vortrag hält. Natürlich auf polnisch. Er beginnt damit, daß es immer nur darum geht, „euch diesen Pappendeckel zu zeigen. Paß nur auf, daß ich dir nicht etwas anderes zeige, du trauriges Kapitel eines schlechten Kriminalromans. Statt friedlich zu fahren, muß der Mensch für jeden dahergelaufenen Entenbürzel seinen ganzen Kram aus dem Portemonnaie klauben und sich Mühe geben, einem solchen Provinzgefreiten zu imponieren, wenn der einmal Leute zu sehen bekommt, die nach Paris fahren. Da hast du, lies, du schwarzer Sorgenbinkel!“ und er hält ihm die Papiere unter die Nase. Ich kann mich kaum halten vor Lachen, weil der Gendarm, der diesen Kranz von Warschauer Flüchen offenbar für eine Erklärung hält, auf jedes zweite Wort Tadzios mit einem nachsichtigen *oui* antwortet. Er verabschiedet uns mit einem freundlichen *bon voyage*. Tadzio schimpft ständig vor sich hin und kann sich seit der Herberge nicht mehr beruhigen. Er ist schlechter Laune und nicht zu einem Gespräch aufgelegt. Schließlich fährt er auf mich zu.

„Würdest du mich, wenn du Minister wärst, weiterhin duzen und mir erlauben, daß ich dich auch duze?"

Ich muß gestehen, daß ich überrascht bin. Ich schweige einen Augenblick.

„Vor allem einmal werde ich nie Minister sein."

„Warum nicht? Du bist doch gebildet. Du könntest es werden..."

„Ach, laß mich doch in Ruhe. Weißt du überhaupt, was Politik ist? Ein großer französischer Schriftsteller, Paul Valéry, hat einmal gesagt, am Anfang geht es in der Politik darum, die Menschen daran zu hindern, daß sie sich in etwas einmischen, was sie betrifft, und später geht es darum, die Menschen zu zwingen, Entscheidungen über Dinge zu treffen, von denen sie keine Ahnung haben. Laß mich in Ruhe."

Tadzio lacht. Der französische *esprit* hat den Vorteil, daß ihn die Tadzios auf der ganzen Welt verstehen. Aber er gibt noch nicht auf.

„Nun, aber wenn du Minister wärst, würdest du mich dann duzen, und dürfte ich dich auch duzen?"

„Ja, ich glaube schon." (Ich bin gern ehrlich mit mir selber, und ich fühle, daß ich doch nicht restlos überzeugt bin. Daher dieses „ich glaube schon", wobei ich in diesem Moment spüre, wie stark die Klassenerziehung trotz allem ist).

„Ist dir aufgefallen, wie dich diese Ingenieure aus unserer Fabrik gemustert haben, als ich ‚du' zu dir sagte?"

„Nein, das ist mir nicht aufgefallen, aber du weißt doch, daß mir das egal ist."

„Und ich hatte Angst, es könnte dir vielleicht unangenehm sein, und wollte dort, in der Herberge, schon ‚Sie' zu dir sagen. Aber irgendwie bringe ich das nicht mehr über die Lippen. Jędruś, sag ehrlich, war es dir unangenehm?"

„Nicht im geringsten; und ich kann dir versichern, wenn du das getan hättest, dann hätte ich dir eine aufs Maul gegeben mit den Worten, da hast du dein Sie!'"

Gleich hinter Grenoble kommen wir zum ersten Wegweiser mit der Aufschrift „Paris – 550 km." Es ist nicht mehr weit. Wir essen unter der Tafel. Wir sind müde und wollen nicht mehr treten. Die Straße weist wieder Steigungen auf. Ein Dutzend Kilometer vor Les Abrets schlagen wir in einem dichten Wäldchen unser Zelt auf; aus trockenen Blättern bereiten wir uns eine Matratze. In der Nähe ist ein Hof, und ich gehe am Abend dorthin, um Wasser zu holen. Der Himmel ist bewölkt, doch die Luft ist warm. Es ist ganz still. Das Quietschen des Gatters ist so laut, daß ich unwillkürlich zusammenzucke. In der Kammer brennt schon eine Petroleumlampe, in deren Lichtschein zwei Kinderköpfe zu sehen sind, die sich über Schulaufgaben beugen. Sie schmieren andächtig etwas in die Hefte und kratzen dabei mit den Federn. Ihre Mutter begrüßt mich mit einem ruhigen *bonsoir, monsieur*, als kenne sie mich schon seit langem. Sie fordert die Kinder auf: „Sagt dem Herrn guten Abend". Der Junge und das Mädchen stehen auf, sehen mich mit großen Augen aus den Kinderporträts von Mariette Lidys an, sagen *bonsoir, monsieur*, und setzen sich wieder. Als die Patronin sieht, daß ich in Shorts bin, bringt sie, ohne zu fragen, vier Eier und Milch. Sie ist jung und hübsch und spricht ruhig, mit melancholischer Stimme, gleichmäßig wie das Ticken einer Uhr. Der Mann ist in Gefangenschaft, und sie führt die Wirtschaft ganz allein. Sie gibt mir auch einen Eimer Wasser. Den Eimer soll ich morgen früh zurückbringen. Es ist schon fast dunkel, der Brunnen pfeift, sie spricht leise und eintönig, ist schön und traurig wie dieser Abend. Ich verspüre den Wunsch, nichts mehr zu fühlen, nichts mehr zu denken, nur noch die Stille zu sein, so wie alles ringsum.

Langsam gehe ich zurück zu unserem Wäldchen. Tadzio ist geschäftig und singt vor sich hin. Wir kochen das Abendessen. In den Zweigen flattert manchmal ein Vogel, der aufgewacht ist, ein Insekt, das durch das trockene Blattwerk spaziert, lärmt auf eine Entfernung von zehn Metern; das Wasser im Topf beginnt zu summen.

Bourg, 24. 9. 1940

Das Wetter hält. Bis Bourg haben wir noch rund 100 Kilometer, und wir könnten es eigentlich schon heute erreichen. Wir treten fest in die Pedale und steigern unsere Geschwindigkeit auf achtzehn Stundenkilometer im Schnitt. Trotz Sonne und schönen Wetters wirkt diese Gegend schon ganz anders. Es ist nicht heiß, nicht so hell, die Farben sind andere. Wir spüren, daß wir den französischen Äquator überschritten haben: Der Süden ist zu Ende, und es beginnt das andere, feuchte und kühle Frankreich. Die Weintrauben sind sauer, und die Weinlese ist noch im Gange. Über den Feldern, in der Luft, überall hängt bereits herbstliche Trauer, die ich im Süden nie spürte. Rechts sehen wir die Kette der Alpen, die immer weiter in die Ferne rückt und schließlich im Nebel verschwindet.

Morgen können wir Chalon erreichen; Erregung packt uns. Werden uns die Deutschen durchlassen oder nicht? Tadzio meint, er habe eine gute Vorahnung: „Was liegt ihnen schon an solchen Tölpeln wie uns. Du redest deutsch mit ihnen, wir machen eine artige Verbeugung, sagen ‚nach Parisch…‘, sicher lassen sie uns passieren." Gegen ein Uhr nachmittags wird der Himmel grau und bewölkt. Wir essen am Straßenrand zu Mittag, weiße Weintrauben zum Nachtisch, sauer wie Essig. Überhaupt ist alles irgendwie sauer, kühl und feucht. Die Strekke ist eintönig. Nach dem Essen schlagen wir ein schärferes Tempo ein. Unterwegs hängt sich ein junger, gut gekleideter Bursche bei uns an und hält sich ständig an Tadzios Hinterrad. Beim Bergauffahren überholt er uns, weil er eine Gangschaltung besitzt, doch in der Ebene holen wir ihn wieder ein, und er klebt von neuem an unseren Hinterrädern. Wir beschließen, ihn müde zu machen, und steigern das Tempo. Er fährt an mich heran und sagt:

„Ihr schlagt aber ein ordentliches Tempo ein, mit diesem ganzen Gepäck."

Ich beginne mit ihm zu plaudern und erzähle, von wo wir

kommen. Er war bei seinen Großeltern auf dem Land und kehrt jetzt nach Bourg zurück. Er berichtet, er habe vor zwei Wochen das Abitur abgelegt und wolle jetzt ein Studium der Forstwirtschaft beginnen. Ein intelligenter Junge aus der französischen Bourgeoisie. Ich frage ihn nach den Abiturthemen in Latein und Griechisch. „Habt Ihr Tacitus gehabt oder Livius?"

„Sie haben auch das Abitur gemacht?" fragt er erstaunt.

Ich sage, ich hätte Abitur und *études supérieures*. Er wird noch lebhafter. Nun unterhalten wir uns bereits wie zwei Experten über sein Abitur. Er sagt, in Geschichte hätten sie ein ganz aktuelles Thema bekommen, das vermutlich von den Okkupanten diktiert wurde: „Die Rolle Englands in den Bestrebungen Napoleons." Es ging darum nachzuweisen, daß sich Napoleon das Ziel gesetzt hatte, Europa zu vereinen, doch England, dieses schreckliche und perfide England, wollte das nicht zulassen. Er sagt mir im Vertrauen, sie hätten alle ein wenig Angst, weil sie über England als das einzige Land geschrieben hätten, dem es gelungen war, sich durch seine Unnachgiebigkeit, Kaltblütigkeit und Aufopferung Napoleon zu widersetzen und ihn in der entscheidenden Auseinandersetzung zu bezwingen. Ich habe in letzter Zeit keine Zeitungen gelesen und kein Radio gehört; die Deutschen fliegen jetzt angeblich Tag für Tag und Nacht für Nacht riesige Luftangriffe, und der Junge erzählt mir begeistert von der phantastischen Haltung der Engländer. Tatsächlich – Krieg. Wir überlegen, ob Napoleon wirklich so etwas wie ein Paneuropa unter der Führung Frankreichs schaffen wollte und wann er auf diesen Gedanken kam. Ganz sicher nicht gleich zu Beginn, als er die ersten Erfolge hatte, sondern erst später, als er die ständigen neuen Eroberungen und die Unterdrückung anderer Nationen mit einer höheren Idee, einem Ideal untermauern mußte. Hitler hat bisher noch kein Wort über Europa gesagt, er spricht nur dauernd von den 80 Millionen Deutschen, die *Lebensraum* brauchen. Wann wird er anfangen, über Europa zu sprechen, und sich von einem Materialisten in einen Idealisten verwandeln? Vielleicht hatte ja Napoleon tatsächlich einen derartigen Plan? Ja, aber dann hat er den Krieg gegen Rußland vom Zaun gebrochen, und das war sein Unglück. Er hat eine kapitale Dummheit begangen, die Hitler wohl nicht begehen wird. Ich erinnere jedoch den Jungen daran, daß sich Napoleon zu Beginn mit Alexander am Niemen traf und daß alles gut ging. Erst später ist es schief gegangen. „*Peut-être maintenant ça va changer aussi; on ne sait jamais*.“ Wir lachen. Ich frage ihn, was er von General de Gaulle hält. „Er ist der Einzige, der vor der Welt unsere Ehre rettet.“ „Und Pétain?“ frage ich. „Der versucht, die Nation zu retten.“ Die Franzosen arbeiten jetzt in zwei Schichten. So ist der Wolf satt und das Schaf ganz. Über dieses Thema diskutiere ich gar nicht erst mit ihm. Diese Art von Logik ist mir unbegreiflich. Wir wenden uns wieder Livius und Tacitus, Horaz und Ovid zu und kommen schließlich zur französischen Literatur. Er ist begeistert, daß ich so viel gelesen habe. Ich erkläre ihm, daß jeder halbwegs gebildete Pole die französische Literatur oft besser kennt als die deutsche und daß fast der ganze Balzac in polnischer Übersetzung vorliegt; ich erzähle ihm vom Einfluß der französischen Kultur auf unsere. Er hört begierig zu. „Es ist erstaunlich, wie wenig die Franzosen über Euch wissen.“ Ich sage ihm ganz offen, daß Frankreich zu sehr mit seiner eigenen Größe beschäftigt war; es schritt nicht vorwärts, brachte es nicht zuwege, eine unternehmerische und gleichzeitig idealistische Jugend heranzuziehen, und weist große Versäumnisse auf dem Gebiet der Wirtschaft und Demographie auf; überhaupt hat sich Frankreich auf seinen Lorbeeren ausgeruht; Frankreich hat es weder räumlich noch zeitlich verstanden, jenen Platz einzunehmen, den es für sich in Anspruch nahm. Und daran ist es zerbrochen. Er gibt mir recht, und weil er die Absicht hat, Land- und Forstwirtschaft zu studieren, verbreitet er sich über dieses Thema. Ich erfahre etwas sehr Interessantes: Schon jetzt schätzt man, daß Frankreich in diesem Krieg ungefähr 300000 Pferde verloren hat. „Und daran ist nur die Gedankenlosigkeit der Soldaten schuld“, sagt er. „Man hat Pferde requiriert, egal, ob man sie brauchte oder nicht, man hat sie zusammengetrieben, und dann sind die Tiere umgekommen, sind verhungert, in der glühenden Sonne verreckt, verdurstet.

Womit soll man jetzt pflügen und dreschen? Uns droht eine Hungersnot."

Wie als Illustration unseres Gesprächs kommen wir durch eine kleine Siedlung und müssen auf die Seite fahren, weil auf der Straße – gedroschen wird. Sie kennen Dreschboden in der Scheune, daher dient ihnen der Asphalt der Straße als Dreschboden. Sie legen die Garben auf die Straße und schlagen mit Dreschflegeln darauf los. Im übrigen ziemlich ungeschickt. Die Frauen stehen mit Bürsten und Handbesen daneben, und wenn die Garben gedroschen sind, fegen sie die Körner vom Asphalt. Der Student sagt: „Sehen Sie, jetzt wird überall auf diese Art gedroschen, und wenn ein Auto kommt, dann muß es einen Umweg fahren, weil die Bauern keinen Platz machen. Es heißt zwar, daß uns die Deutschen 2000 Tonnen Öl liefern werden, um die Dreschmaschinen und Traktoren in Betrieb zu nehmen, aber was ist das schon? Ja, das nächste Jahr wird für Frankreich schwer werden…" Er fragt mich, wo wir übernachten wollen. Ich antworte, im Zelt. Er schlägt mir vor, uns bei der Einfahrt von Bourg zu einem Garten zu bringen, der eigens zum Lagern eingerichtet ist; mit seiner Fürsprache könnten wir diese Einrichtung benutzen. In der Sommersaison lagern in diesem Garten die *Éclaireurs* (eine Pfadfinderorganisation), wenn sie durch Bourg kommen. Das Gelände haben die *Éclaireurs* aus Bourg gepachtet und für diesen Zweck ausgestattet. Ich nehme das Angebot gern an.

Wir kommen bei Anbruch des Abends dorthin. Nachdem er uns dem Verwalter des Geländes vorgestellt hat, der gleichzeitig Besitzer eines nahen Bauernhofes ist, verabschiedet sich der Junge von uns und verspricht, am nächsten Morgen vor unserer Abfahrt vorbeizuschauen. Er ist wirklich nett, gesund, voll sportlicher Solidarität und uneigennütziger Kameradschaft. Der Garten ist eigentlich bloß eine breite, von Kastanien gesäumte Allee. Am Ende der Allee befindet sich ein kleiner Pavillon mit dem WC, ein paar Waschbecken und einige Duschen. Einfach und praktisch. Dann gibt es noch einen großen betonierten Müllbehälter, der natürlich abgedeckt ist. Man schläft im Zelt, sonst ist alles wie in einem Hotel. Wir schlagen unser Zelt unter einem der Bäume auf. Der Verwalter bringt uns Stroh und – eine Glühbirne an einem langen Kabel. Er hängt sie an die vordere Zeltstange und geht mit dem Kabel hinter den Baum. Wenig später brennt die Glühbirne. „Über Nacht drehen Sie die Lampe bitte ab – *bonne nuit*." Wir sind sprachlos vor Bewunderung. Bis schließlich Tadzio mit vor Rührung beinahe zitternder Stimme flüsterte: „Jędruś – das nenne ich mir Kultur…"

„Das ist nicht Kultur; das ist Zivilisation", sage ich. […]

Der Abend ist neblig und feucht. Von den verwelkten und zerschlissenen Herbstblättern der Kastanien fallen von Zeit zu Zeit Tropfen aus dem Nebel und spielen ein herbstliches Tam-Tam auf dem Trommelfell des Zeltes. Es ist kalt und trüb. Wir ziehen uns warm an und gehen in die Stadt, um Glühwein zu trinken. Bevor wir das Gelände verlassen, schaue ich zum Verwalter hinein und sage ihm, daß wir für kurze Zeit weggehen, er solle das Tor nicht schließen. Tadzio verneigt sich und sagt schon im Voraus „*Merci messie*." Dann flüstert er mir zu: „Das war aber jetzt Kultur, was?" „Das möchte ich meinen." Das Bistro an der Straße ist leer und finster, Flaschen stehen auf den Regalen und der Theke, dahinter ein dicker Patron, der etwas durch einen Trichter gießt. Wie im Laboratorium eines mittelalterlichen Alchemisten. Stille, das schwache Geräusch von Glas, an das jemand stößt. Man hört, wie sich die Katze, die auf der Bank sitzt, blitzschnell kratzt, im Tempo eines Zweitaktmotors. Er legt los und stirbt gleich wieder ab. Wir trinken Rum, weil er uns Wein mit Saccharin geben wollte. Draußen, vor den dunklen Fenstern, ist nichts. Ein Bistro im Jenseits, eine Schenke aus dem Totenreich. Die feuchte Zigarette glimmt in ihrer Hülse vor sich hin. Wir zahlen. Das Tor quietscht, und der Patron schaut heraus. „*Qui est là*?" – „*C'est nous*." – „*Ah, bien, bien. On aura de la pluie cette nuit*."[1] Wir machen Licht. Tadzio öffnet eine Dose Bohnen und eine Dose Fleisch, nimmt die Taschenlampe und geht hinaus. Ich höre, wie er die Klappe des Müllbehälters öffnet und die leeren Dosen hineinwirft. Er kommt zurück und kriecht ins Zelt.

[1] Wer ist da? – Wir sind's. – Aha, in Ordnung. In der Nacht wird es regnen.

„Das ist Kultur, was?“ Er lacht. […] Nach dem Abendessen waschen wir uns. Dann legen wir uns schlafen. In diesem Moment beginnen Regentropfen auf das Zeltdach zu trommeln. Zuerst ein paar kräftige Schläge – bum, bum, bum – dann ein ganzes Orchester. Der Herbst marschiert im Takt. Zum ersten Mal seit dem 6. September Regen. Wir haben schon vergessen, daß es eine solche atmosphärische Erscheinung überhaupt gibt.

Der Regen trommelt einmal stärker, dann schwächer, manchmal fällt ein großer Tropfen vom Baum und schlägt dröhnend auf. Herbst – den haben wir dort im Süden ganz vergessen.

Ein Pferdestall in Chalon, 25. 9. 1940

Es regnet die ganze Nacht. Ich wache ein paarmal auf, schaue nach, ob es irgendwo naß ist, und nachdem ich mich vergewissert habe, daß alles trocken ist und das Zelt dicht hält, schlafe ich wieder ein. Auch am Morgen hört der Regen nicht auf. Er prasselt unversöhnlich und hartnäckig nieder. Wir essen jeder ein Stück Schokolade, rauchen eine Zigarette und schlafen wieder ein. Man schläft so wunderbar ein, wenn der Regen aufs Dach trommelt, wenn es unter der Decke warm ist, einem die Augen zufallen und ein Gedanke ziellos herumirrt, verschwindet, zurückkehrt und sich neuerlich davonmacht. Gegen zehn wachen wir zum zweiten Mal auf. Wir frühstükken „im Bett“. Wie sollen wir bei diesem Wetter fahren? Tadzio will gar nicht erst darüber diskutieren, dreht sich um und schläft wieder ein. Ich hole das Heft aus dem Rucksack und schreibe. Ein paar Minuten nach elf kommt unser Student auf Besuch, völlig durchnäßt und über und über mit Kot bespritzt. Er fragt, ob wir etwas brauchen, und lädt uns für den Fall, daß wir heute nicht weiterfahren wollen, zum Abendessen ein. „Meine Eltern würden sich freuen, Sie kennenzulernen.“ Er verspricht, am Nachmittag noch einmal vorbeizuschauen. Gegen Mittag lassen wir uns mit Wein vollaufen und essen aus Langeweile. Es regnet und stürmt und wird noch kälter. Tadzio gähnt, rollt sich zusammen und schläft wieder ein. Ich schreibe weiter. Das Zelt läßt keinen Tropfen durch – wir haben also Zeit. Plötzlich erwacht Tadzio, setzt sich auf und sagt entschlossen: „Hopp, auf geht's im Galopp! – fahren wir weiter". Ich klappe das Heft zu, und wir beginnen zu überlegen, was wir anziehen und wie wir fahren sollen. So oder so werden wir bis auf die Haut naß werden. Trotz Kälte entscheiden wir uns für Shorts und Hemden, darüber Pullover, über diese wasserabweisende Windjacken. Wir packen alle Sachen noch im Zelt zusammen, bringen das Gepäck und die Räder zum Bauernhof, dann bauen wir das Zelt ab und beenden das Pakken in der Scheune. Es gießt in Strömen. Tadzio flucht erbärmlich. Gegen zwei Uhr rollen wir auf die Straße hinaus. Ganz Bourg sieht aus wie ein dreckiger Hinterhof an einem regnerischen Tag. In den Straßen liegt Dreck, die Rinnsteine fließen über, die Menschen gehen tief gebeugt. Außerhalb der Stadt schlagen wir ein scharfes Tempo ein, um uns aufzuwärmen. Der Regen hat etwas nachgelassen; unsere Beine sind bis hinauf zum Gürtel mit Dreck bespritzt. Wir treten verbissen in die Pedale – wir wollen noch heute Chalon erreichen und über die Demarkationslinie fahren. Werden sie uns durchlassen oder nicht? Die Deutschen! Tadzio sagt immer: „Das ganze Jahr über bin ich vor ihnen davongerannt, und jetzt fahre ich freiwillig zu ihnen zurück." Wir sind beide nervös. Wir legen ein so verrücktes Tempo hin, daß wir schon gegen fünf in Chalon oder besser am Stadtrand eintreffen. Die *zone libre*[1] wird hier durch die Seine von der *zone occupée*[2] getrennt. Die deutschen Posten stehen bei der Auffahrt zur Brücke, die mit einer Schranke gesperrt ist. Mein Herz schlägt rascher. Wir fahren in vollem Tempo darauf zu und bremsen plötzlich ab. Ich muß mich fast an der breiten, grünlichgrauen Brust abstützen, die einen schweren Stahlhelm trägt. Die Beine in den Knobelbechern stehen schwerfällig gespreizt wie die eines römischen Legionärs. Es ist das erste Mal, daß ich sie „danach" sehe. Dieser Soldat, den ich vor mir habe, macht auf mich den Eindruck einer mächtigen, kraftvollen Erscheinung.

[1] freie Zone
[2] besetzte Zone

Ich hole meinen *sauf-conduit*[1] heraus und zeige ihn vor. Er schaut und schaut – dann wedelt er mit der Hand und bellt kurz, wie ein Karabinerschloß: „*Nein*!“ – „*Non*“, fügt er französisch hinzu. „*Warum*?“ frage ich. Und dann sage ich rasch, im Geiste, „dajmonijè“ zu mir selber. „Warum“ ist doch ein Wort aus jener Welt, aus jener Epoche, ein Wort, das gestrichen wurde. Hier ist es nicht mehr erlaubt, Fragen zu stellen; hier darf man nur noch gehorchen. Der Soldat ist auf eine solche Frage nicht vorbereitet.

„*Haben Sie so einen Ausweis*?“ fragt er und zeigt mir den Passierschein eines Franzosen, der von der Kommandantur in Chalon ausgestellt wurde. Ich versuche, ihm zu erklären, daß mein Passierschein genauso gültig ist. Aus meiner zusammengepreßten Kehle kommen die deutschen Worte und Sätze immer flüssiger. Die „Minna von Barnhelm“ wäre stolz auf mich... Doch nun mischt sich Tadzio ein und läßt mich nicht ausreden. Er macht eine abfällige Handbewegung und sagt auf polnisch, ohne Umschweife, ganz laut: „Was wirst du dich mit so einem Saufkopf unterhalten? Geh doch zu seinem Vorgesetzten und rede mit dem – dort drüben steht ein Gefreiter, der mit dem Bajonett an der Seite.“

Der Gefreite wirft einen Blick darauf und bellt kurz:

„*Morgen, kommen Sie morgen früh. Heute ist's zu spät*.“

Wir sind verschwitzt und durchnäßt zur Schranke gekommen. Jetzt klappern wir vor Kälte mit den Zähnen. Wir machen kehrt und passieren die französische Schranke. Hier steht ein Gendarm und lächelt uns zu.

„Er hat euch nicht durchgelassen, wartet ab, heute regnet es, da lassen sie keinen passieren. Vielleicht scheint morgen die Sonne, dann lassen sie euch durch. Einmal lassen sie die Leute passieren, dann wieder nicht – *on sait jamais de quoi ça dépend*; *de l'humeur des officiers sans doute*[2]... Hier, gleich nebenan, ist ein Pferdestall, da könnt ihr euch häuslich einrichten und warten, daß sich ihre Laune ändert. Dort sind schon so ein paar wie ihr.“

[1] Passierschein

[2] Man weiß nie, wovon das abhängt; sicher von der Laune der Offiziere...

Er führt uns zum Stall, stößt die Tür auf und ruft fröhlich: „*Messieurs, je vous présente de nouveaux locataires*!“[1]

Die Leute im Stall stimmen einen Tusch an, indem sie mit ihren Taschenmessern gegen leere Konservendosen schlagen, und rufen im Chor: „*Salut, camarades*.“ Sie kommen auf uns zu, begrüßen uns und reichen uns die Hände wie alten Freunden. Sie weisen uns einen freien Platz im Stroh zu. „Eure Sachen hängt an Haken, sonst fressen die Ratten in der Nacht alles auf.“

Ein paar entlassene Soldaten, ein junger Bursche mit piepsender, naiver und lustiger Stimme. Der Gendarm informiert sie, wen sie heute durchgelassen haben, wen nicht und warum nicht – „also, diese beiden Polen hier haben sie nicht passieren lassen, weil sie die Polen nicht leiden können“. Alle fragen, was sie uns geantwortet haben, und jeder zieht aus unserer Schilderung seine Schlüsse und wägt die eigenen Aussichten ab. Der eine wartet auf irgendwelche zusätzlichen Papiere, für einen anderen bemüht sich bereits die Tante um die Genehmigung, die ihm dann hierher nachgeschickt werden soll, ein Dritter hat gar nichts vorzuweisen und versucht fünfmal täglich durchzukommen – bis es ihm schließlich einmal gelingt; alle kombinieren irgend etwas, beraten sich mit dem Gendarmen, der, statt am Schlagbaum zu stehen, die ganze Zeit im Stall sitzt und alle paar Minuten ausruft: „*Il faut que je jette un coup d'œil pour voir s'il n'y a pas de clients*.“[2] Insgesamt sind alle guter Dinge; einer singt, drei spielen Ball, andere spielen „Belotte“ mit etwas, was wohl einmal Karten waren. Jemand kommt aus der Stadt zurück und versichert, da und da gebe es Wurst zu kaufen, und gleich gegenüber bekomme man Konfitüre. Das alles wird übertönt von der Piepsstimme des jungen Burschen, eines Schlosserlehrlings (*apprenti*), der fortwährend mit ernster Miene das dümmste Zeug daherredet, naiv alles glaubt, was man ihm erzählt, und am liebsten schon bei seiner Tante in der Rue des Martyrs wäre, um einen „schönen Teller Bohnen“ (*un beau plat de haricots*) zu

[1] Meine Herren, ich stelle Ihnen die neuen Mitbewohner vor!

[2] Ich muß kurz nachsehen, ob es keine Kundschaft gibt.

essen. Wir finden einander auf Anhieb sympathisch, denn die Rue des Martyrs ist auch mein *quartier*, und ein Pariser *quartier* ist eine eigene Stadt für sich. Das ist vor allem eine Frage des Lokalpatriotismus. Schon haben wir gemeinsame Läden gefunden, tratschen über bekannte „Episjers“, lachen über die Verkäuferin in der Rue Saint-Lazare, die stachelige Seeigel verkauft, und mit lauter Stimme ruft: „*Allez-y, allez-y, très bon pour la toilette intime*! – *Tu la connais*? – *Ah, dis donc …*“[1] Ich sehe meinen Balkon vor mir, dort hoch oben zwischen den Kaminen, einen Topf mit einem Strauß Anemonen und ein helles Kleid. Der siebente Himmel. Es preßt mir die Kehle zusammen. *Ah dis donc… tu sais, Paris*[2] …

Wir ziehen uns um und hängen unsere Sachen auf Haken unter der Decke, wenden das Stroh und machen uns ans Abendessen. Der Regen prasselt unaufhörlich nieder, und die Kälte wird immer schlimmer. Wir öffnen eine große Dose Kraut mit Würstchen und machen sie warm. Dazu Glühwein. Das Kraut teile ich mit dem Jungen, weil der Ärmste kein Geld besitzt und zum Abendessen trockenes Brot essen muß. Er ist ganz gerührt, und alle erklären, wir seien hervorragend ausgerüstet, und man sehe sofort, daß wir echte Sportler seien. „Wenn ihr länger bei uns wohnt, dann werdet ihr erleben, wie lustig wir es hier haben.“

Dieser Pferdestall und der deutsche Schlagbaum mit den düsteren Söldnern unter ihren schweren Helmen. Im Vergleich zu den Witzen und Liedern der Menschen hier erscheint das dort drüben wie eine graue Gefängnismauer. Ich liege in die Decke gewickelt auf dem Stroh und spüre zwei Welten um mich herum. Man kann sie beinahe greifen… Und wieder einmal, ich weiß nicht, zum wievielten Mal, denke ich über Frankreich nach. Trotz aller Vorwürfe, die man dieser Nation machen kann, hat sie doch ETWAS für sich. Das sind noch die Überreste von dem, was früher einmal war – und das ist vielleicht das Traurigste an dem Ganzen. Was andere fühlten, wonach sie sich unbewußt sehnten, das konnten die Franzo-

[1] Schauen Sie, wunderbar für die intime Toilette!… Kennst du die? – Ach, sag mal…
[2] Ach, sag mal… weißt du, Paris…

sen in eine klare, für JEDEN verständliche, lebensfähige Form bringen und sichtbar machen. Sie wollten keine „Übermenschen" – sie wollten den Menschen haben, und vielleicht war ihr Einfluß deshalb so groß, hat deshalb so tiefe Spuren in der Kultur der Welt hinterlassen. [...] Aber der vorige Krieg hat sie erschöpft. Was haben sie der Welt nach jenem Krieg noch gegeben? Schon bedeutend weniger, als sie selber glaubten. Ist das der Zerfall?

Alle reden darüber und keiner begreift, warum die Deutschen siegen, wo immer sie angreifen. Man spricht von Ungeschicklichkeit, von Verrat, von mangelnder Vorbereitung; das stimmt alles, doch jeder übersieht dabei, daß er bei seiner Kritik einen schlechten Maßstab anlegt: Er mißt alles an den Deutschen. Natürlich ist niemand so gut vorbereitet wie sie. Alle werden zu einem Opfer dieser Suggestion, kehren die Größenverhältnisse um und nehmen die Kraft der Deutschen als Maßstab für die eigene Schwäche. Man betrachtet die Deutschen als normale Erscheinung. Aber die Deutschen sind eine anormale Erscheinung, die auf eine normale Welt traf. Die normale Welt erwies sich als verfault, schlecht organisiert und schwach, so schwach wie ein nackter Mann, der von einem bewaffneten Betrunkenen oder Wahnsinnigen angefallen wird. Weder Polen noch Frankreich oder England konnten mit ihnen fertig werden, und sie wären auch nicht mit ihnen fertig geworden, wenn ihre Organisation hundertmal besser gewesen wäre. Denn um sich mit ihnen messen und ihrem Ansturm widerstehen zu können, hätten sich Polen und die anderen Länder auf einen ebenso anormalen und verrückten Lebensrhythmus umstellen müssen, wie er in Deutschland herrscht; auf dieses eingleisige Denken, dem man alles übrige unterordnet. Und das schon seit längerer Zeit. Im Ersten Weltkrieg traf ein Gegner auf den anderen, heute treffen zwei Welten, zwei Religionen aufeinander. Die Welt der Deutschen kann man schließlich nicht als normal betrachten, man kann sie nicht als Maßstab nehmen. England kann den Deutschen erst jetzt Paroli bieten, da es selber ihre Methoden und Verhaltensweisen und vielleicht auch teilweise ihre Weltanschauung übernommen hat. Napoleon... Ich bin mir fast sicher, daß die Deutschen diesen Krieg zwar verlieren werden, aber viele ihrer Konzeptionen von der Welt, ihrer wirtschaftlichen und sozialen Konzeptionen werden in Europa einsickern, so wie die napoleonischen Konzeptionen eingesickert sind, die durch SEINEN Krieg verbreitet wurden. Heute ist mir ganz klar, daß die Welt die Deutschen nicht besiegen konnte, weil sie eine andere Welt war, die alte Welt der FREIHEIT. Die Welt der Freiheit, der Freiheitsrechte – die oft auch grausam sein können – konnte sich einem gut organisierten Sklaven nicht entgegenstellen. Gerade hier, auf diesem Stroh, in diesem schmutzigen Stall, rechtfertige ich diese Welt, weil ich hier Lieder und Witze höre, die nur die Freiheit des Wortes, der Gedanken und Anschauungen, aber auch die mangelnde Disziplin, die fehlende Zucht und Aufopferung hervorbringen konnten. Für das alles zahlen wir jetzt, zahlt die ganze Welt, weil sie sich, wenn auch vielleicht nur scheinbar, von der Idee eines Menschen aus Fleisch und Blut leiten ließ und nicht von der Idee eines Wesens, das sich für das Wohlergehen der sogenannten „künftigen Generationen" und für die Größe, für die Utopie aufopfert. Wenn uns diese Welt vielleicht auch nicht die wahre Freiheit gegeben hat, so doch wenigstens den Anschein derselben. Aber die andere Welt gibt uns nicht einmal den Anschein... Ich rolle mich unter der Decke zusammen, weil ich plötzlich mit erschreckender Klarheit erkenne, daß die Deutschen alle Begriffe, alle Werte umkehren. Bisher glaubte man an die Kraft und Überlegenheit des freien Menschen – aber die Deutschen haben uns schon jetzt gezeigt, haben uns eingehämmert, daß nur der Sklave zu echten Leistungen fähig ist; daß NUR er imstande ist, etwas aufzubauen und zu schaffen. Die Deutschen zerstören uns mehr von innen heraus als von außen. Die Folgen können verheerend sein. Und während meine Gedanken eine Gänsehaut bekommen, summe ich innerlich den Walzer aus dem „Faust" von Gounod vor mich hin. Ich habe auch mit meinem Denken eine Grenze erreicht, spüre auch in meinen Gedanken eine Demarkationslinie. Bis ich plötzlich wieder die schmalen, ausrasierten rötlichen Augenbrauen von Fräulein Dora vor mir sehe. Deutsche Worte purzeln durcheinander, setzen sich zu Sätzen zusammen, fallen im Takt der Regentropfen draußen an der Mauer nieder. Erinnerungen, schläfrig und verwischt. Ihr Sinn? Diese Helme? Dort, im Dschungel des Kongo, am Ufer irgendeines Flusses, erinnerte sich Frobenius an einen seltsamen Termitenbau. Ein hoher Kegel, darüber eine wunderschöne Kuppel, durchschnitten von Korridoren und Arterien, in denen sich die Ameisen mit rhythmischen Geräuschen bewegten. Leise und ruhig. Doch alle vier Wochen zerbarst diese Ruhe urplötzlich. Aus dem Inneren waren explosionsartige Töne zu hören wie dumpfe Eruptionen. Bis eines Tages das Äußere des Termitenbaus zerstört war, die Gänge offen standen und Tausende gelblicher Leichen über die rote Erde der Ruine verstreut lagen. Die Kuppel war geborsten. In der Nacht konnte man im Licht von Lampen die junge Generation derselben Termitenart sehen, die aus den unteren Schichten des Baus hervorgekommen war und alles, was oben war, restlos vernichtet und zerstört hatte. In der folgenden Nacht schafften sie die Leichen und Trümmer weg, stellten ihre eigene Ordnung her, und wieder setzte eine Zeit der Stille und der Ruhe ein… Warum hat er das Buch, an dessen Titel ich mich nicht mehr erinnern kann, ausgerechnet mit dieser Schilderung begonnen? „*Fräulein Dora – was meinte er*?" Fräulein Dora holte eine Zigarette aus ihrer Handtasche, lauschte, ob niemand kam, und bot sie mir rasch an. Dann floß ihre mißtönende Stimme, die von Zeit zu Zeit brach, wieder gleichmäßig dahin:

„Als höchste Ordnungsform der Menschen wird heute von den Deutschen der Staat betrachtet. Nach der Hegelschen Philosophie war er der höchste Wert auf Erden und verpflichtete als solcher die Menschen, sich ihm bis zur Aufopferung ihres Lebens hinzugeben…"

„Fräulein Dora, diese Wertung ist falsch. Das ist faaalsch, das ist ein Wahnsinn!!…"

Der Regen platscht im Dunkel der Nacht, der Wind fegt Ströme von Wasser gegen die Wände und rüttelt an der Tür. Ich liege eingerollt unter der Decke, wie eine Raupe, die man auf eine Nadel gespießt hat, und wälze mich hin und her, weil ich nicht einschlafen kann. Und irgend etwas tanzt nur ständig im Takt des Walzers aus dem „Faust“ herum.

26. 9. 1940

Wir müssen früher aufstehen, weil die Uhren auf der anderen Seite, der deutschen Zeit entsprechend, um eine Stunde vorgestellt sind. Und nach dieser Zeit machen die Offiziere an der „Grenze“ ihren Dienst. Es hat aufgehört zu regnen, doch der Tag ist trüb und kalt. Wir kochen Kaffee und geben dem jungen Burschen etwas zu essen. Dann packen wir zusammen. Trotz der Kälte beschließen wir, die Shorts anzubehalten, weil es sich so bequemer fährt. Gegen neun Uhr sind wir fertig und fahren zum vierzig Meter entfernten deutschen Grenzbalken. Unsere Genossen stehen vollzählig auf der Schwelle und verabschieden uns mit einem passenden *bon passage*.[1] Sie sind genauso aufgeregt wie wir. Ob sie uns durchlassen werden, oder ob wir wieder zu ihnen zurückkehren? Ich bin nervös und verspüre so etwas wie Sodbrennen; und auch Ekel. Ich möchte das so rasch wie möglich hinter mich bringen. Wir kommen zur Schranke.

Hier stehen drei Offiziere in grauen Ledermänteln und Handschuhen. Die Passierenden werden von Soldaten und einem Unteroffizier begutachtet, und nur in Zweifelsfällen treffen die Offiziere die Entscheidung. Wir zeigen dem Unteroffizier unsere französischen Personalausweise und den *sauf-conduit*; er schaut sie durch, nimmt unsere Papiere und reicht sie einem Offizier, wobei er salutiert. Die beiden anderen beginnen, sich auch dafür zu interessieren, und umringen uns. Der Offizier liest und sagt dann in gebrochenem Französisch:

„*Vous êtes réfugies*?“[2] Er liest die Daten in meiner *carte d'identité* und lacht auf einmal. „*Wo sind Sie geboren*?“ fragt er plötzlich deutsch. Ich bin schrecklich aufgeregt und antworte ganz unwillkürlich deutsch. Ich antworte ganz unbewußt, ohne nachzudenken, mit einem alten Witz:

„*In Wien bei Wiener Neustadt*!“ Ich mache eine ernste Miene und beiße die Zähne zusammen. Die Offiziere brechen in deut-

[1] gutes Durchkommen
[2] Ihr seid Flüchtlinge?

sches Lachen aus, bierselig und tief. Ha, ha, ha…

„In Wiener Neustadt bei Wien“, korrigiert er mich. *„Ha, ha, ha. Anton, er ist doch dein Landsmann…*“

Anton hat ein schmales Gesicht und lächelt säuerlich. Dieser Österreicher faßt das sicherlich als Bösartigkeit von Seiten des Deutschen auf. So ein kleiner Scherz, eine Stichelei. Es beginnt eine gesittete Unterhaltung. Wie kommt es, daß wir Polen sind? Ich erläutere das kurz und bündig. Der Deutsche nimmt mir das Portemonnaie aus der Hand, holt alles heraus und schaut es durch. Er findet die Fotografie meines Vaters in Uniform; noch im Rang eines Oberst. Er zeigt sie den anderen und ist ganz angetan: *„Was für ein netter Kerl…*“ Meine Fäuste ballen sich unwillkürlich, und ich schlucke eine ganze Menge Speichel hinunter. Das Gespräch geht weiter. Von wo wir kommen, wie lange wir unterwegs sind. Als ich unsere Route nenne, lächeln sie anerkennend. Sie fragen, was wir in unseren Bündeln haben, ob wir keine Waffen und fremde Währungen mitführen. Mein Heft ist ganz unten im Rucksack. Ich mache eine Bewegung, als wollte ich auf der Stelle den ganzen Kram auspacken. *„Nein, nein – na, fahren Sie weiter.*“ Ich glaube, das ist schon alles, und greife nach unseren Papieren. Doch er reicht sie dem Unteroffizier, und der führt uns zu einer kleinen Baracke am anderen Ende der Brücke. Wir schweigen, und ich denke trotz meiner Befürchtungen an das Gedicht von Heine über die Zöllner. Das Schlimmste schmuggle ich im Kopf…

„Warten Sie einen Moment.“ Wir warten. Wir lehnen die Fahrräder an die Barackenwand. Nach einem Augenblick läßt uns der Unteroffizier eintreten. Was wollen sie denn noch? Tadzio sagt, unverschämt frech, aber ein wenig stammelnd, *„Gutmorden*“ und verneigt sich. Dann stößt er mich an und flüstert kaum hörbar: „Heiliger Jesus – Giestapo“. Am Tisch sitzen zwei Militärs. Sie antworten freundlich *„Guten Morgen*“. Sie halten unsere Dokumente in Händen und lesen sie durch. Dann schlagen sie ein dickes Buch auf – ich sehe eine Reihe von Namen. Gedruckt – wie denn sonst – *Ordnung muß sein.* Sie fahren mit den Fingern über die Seiten. Sie flüstern

etwas untereinander. Dann geben sie uns die Papiere zurück.

„*Na, dann könnt Ihr weiterfahren. Warum gehen Sie nach Paris zurück*?“

Ich erkläre ihm, daß dort meine Frau ist, die ich mittellos zurückgelassen habe, und daß ich sie schon seit vier Monaten nicht mehr gesehen habe. Einer von ihnen lächelt melancholisch:

„Ich habe meine Frau schon seit dreizehn Monaten nicht mehr gesehen – *verstehen Sie* – seit dreizehn Monaten…“

Ich mache eine dumme Miene. Mich erwartet noch eine größere Überraschung.

„Wenn Ihr mit dem Zug fahren wollt, geht zum Bahnhof in Chalon. Um elf Uhr geht der Zug nach Paris ab.“

„Besten Dank; wir fahren weiter mit dem Rad. Es sind nur noch dreihundert Kilometer – das ist nicht viel…“

Er lächelt verschmitzt.

„*Sagt doch besser, daß Ihr kein Geld habt, um Euch die Eisenbahnfahrkarte zu kaufen…* Nun, da habt Ihr zehn Mark“, und er holt das Geld aus der Börse. Wenn er nach der Pistole gegriffen hätte, die vor ihm auf dem Tisch liegt, wäre ich weniger überrascht gewesen. Eine peinliche, aussichtslose Situation.

„Nein, danke, das kann ich nicht annehmen. Wir haben noch Geld, aber wir WOLLEN weiter mit dem Rad fahren. Wir haben schon eintausenddreihundert Kilometer hinter uns, und es wäre unsportlich, jetzt mit dem Zug…“, erkläre ich hastig.

„*Machen Sie doch keine G'schichten*“ (einmal sagt er „Sie“, dann wieder „Ihr“ – gewöhnlich, wenn er Tadzio anschaut). „Sie schicken mir das Geld aus Paris zurück. Ich borge es Ihnen.“

„Nein, wirklich, besten Dank. Sie müssen das verstehen. Es wäre unsportlich, nach eintausenddreihundert Kilometern in den Zug zu steigen – *besonders, da wir weder krank sind noch müde…* “

Mit einem Lachen steckt er die zehn Mark wieder weg, dann gehen sie mit uns vor die Baracke. Sie befingern voll Hochachtung unsere Räder. Ich imponiere ihnen. Sie schauen uns zu, wie wir losfahren. Wir machen das rasch und geschickt. Wir kommen nach Chalon. Tadzio wirft einen Blick zurück und sagt:

„So ein süßlicher Scheißkerl, treten sollte man ihn. Was ist nur in sie gefahren?"

„Propaganda. Sie streuen einem Sand in die Augen. Es geht darum, daß wir in Paris erzählen sollen, wie nett und hilfreich sie sind. Jeder Franzose wäre dem auf den Leim gegangen – aber wozu so ein Spielchen mit uns? Sie haben doch genau gewußt, daß wir Polen sind. Ich kapiere das nicht."

Wir kommen in die Straße, in der sich die Kommandantur befindet. Wir müssen anhalten und warten, weil gerade die Wachablösung beginnt, feierlich, mit einem ganzen Zug. Die Soldaten treten aus dem Wachgebäude, stellen sich in Reih und Glied auf, ein kleiner Unteroffizier tritt vor. Ein französisches Sprichwort sagt von solchen kleinen Leuten, „die sind so klein, daß sie den Staub vom Boden aufwirbeln, wenn sie furzen". Er kommandiert; er bellt ein paar kurze Worte, die Soldaten sind wie Automaten. Dann ein kurzer Marsch im Paradeschritt. Die genagelten Stiefel hämmern aufs Pflaster, voran der kleine Unteroffizier. Bei jedem hochgerissenen Schritt wackelt der Helm auf seinem Kopf wie ein Fingerhut auf einem Zündholz. Bumm, bumm, bumm – hämmern die genagelten Stiefel auf das Pflaster dieser französischen (mir sticht offenbar gerade jemand eine Nadel ins Herz) Kleinstadt, so daß das Echo von den Wänden der alten Häuser widerhallt. „Halt!" Stille. Und wieder marsch. Es gibt ein Gedicht von Kipling – „Stiefel".[1] Ich erinnere mich, daß sich alle paar Zeilen rhythmisch die Worte „Stiefel, Stiefel, Stiefel" wiederholen. Ich habe es einmal gelesen, jetzt höre ich es zum zweiten Mal, wunderbar in einer für alle verständlichen Sprache rezitiert, im Original, in der Sprache dieser ausdrucksvollsten Stiefel auf Erden, von wahren Meistern dargeboten. Sie können sich ausdrücken, wie sie wollen; im Grunde können sie sich ja doch nur mit dem Dröhnen ihrer Stiefel ausdrücken, mit dem

[1] Rudyard Kipling, Boots: „- Boots – boots – boots – boots – movin' up and down again!"

Tritt ihrer genagelten Knobelbecher. Darin steckt ihr Geist, wie er wirklich ist, ohne Verstellung. Sie sind Künstler. 80 Millionen talentierte Komponisten einer für Stiefel geschriebenen Musik.

Ich gehe ganz auf im Zuhören. Genauso dröhnen die Stiefel in Oslo, in Kopenhagen, in Warschau, in Brüssel und in Amsterdam. Überall sind sie zu hören. Und wo werden sie noch überall dröhnen? In diesem Moment hämmern sie auf das alte Pflaster von Frankreich. Enthält jeder dieser Pflastersteine ein Stück meines Herzens? Erst jetzt fühle ich, wie sehr ich Frankreich liebe. Ich kann es gar nicht glauben – diese Stiefel zerstampfen mein Herz. Die Wachablösung ist zu Ende, und wir fahren weiter. In den Straßen wimmelt es von Soldaten. Sie schlendern herum, betrachten die Auslagen, trinken Bier. Sie sind sehr gut gekleidet und sauber. Die gemeinen Soldaten tragen Handschuhe. Sie sind gut gebaut, sportlich und ordentlich genährt. Ganz Europa war der Ansicht, in Deutschland herrsche Hunger; man lachte darüber, daß sie „mit Lebensmittelkarten einen Krieg beginnen wollen". Jetzt werden alle Nationen auf Karten essen, und sie werden sich die Bäuche vollschlagen. An den Hauswänden kleben große Plakate mit sinkenden Schiffen und einem untergehenden französischen Matrosen. Dazu der Text: „Erinnere dich an Dakar." Wenn man nur dieses Dakar auslöschen und „Toulon" drüber schreiben könnte. Ich beiße die Zähne zusammen. Wir sind in ein anderes Land gekommen. Es war ja doch eine Grenze. Das Wetter entspricht ganz der Stimmung: der Himmel, die Felder, die Häuser und Wände – alles ist *feldgrau*. Kalt und hoffnungslos grau.

Vorgestern haben wir 100 Kilometer zurückgelegt, gestern 80, und jetzt sind wir müde. Die Straße weist wieder Steigungen auf. Die Atmosphäre ist so bedrückend, daß ich davon träume, mich ins Stroh einzugraben, irgendwo in einer Scheune zu verstecken, um für einen Moment mir selber zu entkommen. Alle Augenblicke saust ein deutscher Wagen oder ein Motorrad an uns vorüber, sonst ist alles leer und still. Neben der Straße liegen noch hier und da die Wracks zerstörter Autos, manchmal ein französisches oder auch ein deutsches Grab, mit einem Helm auf dem Kreuz. Die deutschen Gräber sind eingezäunt, sehr gepflegt; zu den französischen fürchten sich die Menschen sicher hinzugehen. Das besorgen die Deutschen für sie. Wir sehen zwei Soldaten, die gerade damit fertig geworden sind, ein paar eigene Gräber mit frischem Grün zu schmücken, und sich jetzt andächtig einem Franzosen zuwenden. *Anständige Buben – und so gut erzogen…*

Wir sind so verfroren, daß wir in einem Dorf einen Rum trinken gehen. Wir trinken jeder ein Weinglas voll und schleppen uns weiter. Der kalte Wind schneidet in die Beine. Wir beschließen, nicht mehr im Zelt zu schlafen. In der Scheune eines Bauernhofs wird es bequemer und wärmer sein. Ich wäre gern schon in Paris und habe zur selben Zeit Angst vor dieser Rückkehr. So plötzlich in dieses völlig andere Paris zu kommen.

Wir haben die Uhren eine Stunde vorgestellt, und es fällt uns schwer, uns daran zu gewöhnen. Eine Vergewaltigung der Sonne, die bisher unser Herr und Meister war. Schließlich verlassen wir um fünf Uhr nachmittags die Straße und gehen zu einem Hof. Der Patron ist freundlich und gestattet uns gern, im leeren Pferdestall unser Lager aufzuschlagen. Verfroren und hungrig bereiten wir unser Lager auf einem Strohhaufen und ziehen alle warmen Sachen an. Wir hängen das feuchte Zelt auf. Der Patron kommt auf einen Plausch in den Stall. Ich erfahre von ihm, daß sie bei ihm schon das gesamte lebende Inventar und die vorhandenen Vorräte an Getreide, Kartoffeln, Bohnen, Erbsen usw. registriert haben. Er sagt, er habe nur die Hälfte angegeben, denn „ich weiß genau, wozu sie das machen". Und wenn sie suchen wollen, dann sollen sie ruhig suchen… Père Grandet lächelt listig. Im Dorf – *ça ira*[1], aber in den Städten wird es Hunger geben. Gegen Abend verläßt er uns und verspricht, uns morgen früh zu wecken. Wir essen zu Abend und graben uns im Stroh ein. Draußen ist es feucht und kalt. Wir sind die Kälte nicht mehr gewohnt. Ach – der Süden… Dort hatten wir es so gut. Ich verstehe die Menschen, die sich, wenn sie einmal den Süden Frankreichs kennengelernt haben, immer dorthin zurücksehnen.

[1] wird's irgendwie gehen

27. 9. 1940

Der Patron weckt uns am frühen Morgen und bringt einen halben Eimer Milch. Vor dem Frühstück gehen wir zum Brunnen, um uns ordentlich zu waschen, denn wenn man ehrlich ist, haben wir uns zum letzten Mal vor fünf Tagen gewaschen. Der Tag verspricht sonnig und etwas wärmer zu werden, doch schon am Morgen verschwimmt alles im herbstlichen Nebel. Die Tauben gurren auf dem feuchten Dach, und die Patronin zankt laut mit einer großen Katze, die in der Nacht etwas angestellt hat und jetzt im wilden Wein über der Tür ihre Trapezgymnastik vollführt. Dann unterhalte ich mich mit ihr über wirtschaftliche Fragen. Mit unschuldiger Miene fragt sie mich, ob ich keine silbernen 10- oder 20-Francs-Stücke besäße, weil sie diese „sammle". Wie immer in solchen Zeiten erlebt die Numismatik im französischen Dorf einen Aufschwung. Ich sage, daß ich keine habe. Gewisse ökonomische Gesetze, soweit man in der Ökonomie überhaupt von „Gesetzen" sprechen kann (diese Wissenschaft gleicht am ehesten der Meteorologie: Es wird schön sein, kann aber auch regnen), wird es immer geben, trotz aller „Planwirtschaften", „geschlossenen Geldkreisläufe" und der interessanten Studien von Pierson, Mises oder Barone. In keiner einzigen Gleichung von Barone (das Produktionsministerium im kollektivistischen Staat) konnte ich auch nur eine Spur von Vater Grandet finden. Lipinski[1] hatte völlig recht, als er in seinen ausgezeichneten Vorlesungen sagte, man müsse die Wirtschaft AUCH von Balzac lernen. Ich bin gespannt, ob es in Frankreich zu einer Inflation kommen wird. Die Erhaltung der Okkupationsarmee kostet die Franzosen täglich 400 Millionen Francs, das sind 12 Milliarden Francs im Monat, 144 Milliarden pro Jahr. (Das hat man mir unterwegs erzählt.) Wenn sie das schaffen wollen, werden sie die französische Produktion steigern müssen. Vater Grandet „sammelt" daher Silber. Dann geht er über zu Dollars und Gold, zu Louisdors. Im Gespräch mit dem Patron erfahre ich auch, daß sie ihm in ein paar Tagen als Arbeits-

[1] Edward Lipinski (1888–1987), polnischer Ökonom, Professor an der Hochschule für Welthandel in Warschau.

kräfte – französische Kriegsgefangene zuweisen wollen. Die Deutschen haben rund zwei Millionen Franzosen gefangen genommen (das kann ich kaum glauben). Ein Teil dieser Gefangenen sitzt in Frankreich in Lagern. Um sich das Problem ihrer Ernährung, der Unterbringung im Winter usw. vom Hals zu schaffen, verteilen die Deutschen sie als Arbeitskräfte an französische Bauern. Ein französischer Kriegsgefangener wird bei einem Franzosen arbeiten, der persönlich für diesen Gefangenen verantwortlich ist. Mein Patron kratzt sich am Kopf, verzieht das Gesicht und meint, er könne sich das nicht gut vorstellen: „Ich, ein Franzose, der auch im Krieg war und der nur deshalb kein Gefangener ist, weil er es geschafft hat zu fliehen, soll einen Gefangenen herumkommandieren und als Arbeiter behandeln, der ebenfalls Franzose ist. Ich darf ihm nichts bezahlen, weil er ein Gefangener ist, und wenn er nicht arbeiten will, dann kann ich ihn nicht antreiben oder mich über ihn beschweren, weil er schließlich Franzose ist. Ich muß ihm zu essen geben, weil er ein Gefangener ist, den mir die Kommandantur zugewiesen hat, und wenn er mir nach Hause durchbrennt, dann trage ich die Verantwortung dafür." In der Tat keine leichte Situation. Manchmal habe ich den Eindruck, daß die Franzosen nicht nur nicht kämpfen, sondern nicht einmal fliehen wollten. Nach dem Frühstück packen wir zusammen und fahren weiter. Der Tag ist sonnig, aber kühl.

In einem kleinen Städtchen machen wir halt, um Fleisch für den Abend einzukaufen. Ich gehe in einen kleinen Laden, bekomme schöne Koteletts und zahle mit einem 100-Francs-Schein. Die Patronin wühlt in der Kasse und gibt mir den Rest in Mark heraus, die sie mit Hilfe einer großen Pinzette aus der Lade fischt. Ich spüre, wie etwas in mir anschwillt, und breche in zügelloses Lachen aus. Sie hingegen schimpft drauflos:

„Ich soll DAS in die Hand nehmen? Das ist Geld", und sie wedelt mit den Francs. „Die Visitenkarten dieser *messieurs en gris moisi*,[1] die gekommen sind, um uns einen Besuch abzustatten, die sind kein Geld!"

Ich stecke die drei Mark (60 Francs) mit dem festen Vor-

[1] der Herren in den faulig-grauen Uniformen

satz in die Tasche, sie bei der nächsten Gelegenheit wieder loszuwerden. In dieser Pinzette kam Frankreich, mein Frankreich zum Vorschein. Diese Patronin müßten sie später einmal in die Ehrenlegion aufnehmen – sie als erste. Ich erzähle Tadzio von ihr. Er beginnt sofort zu singen: „Denn das beginnt ja meistens so..." Ja, damit beginnt es.

In allen Dörfern sind deutsche Truppenverbände einquartiert. Autos und Motorräder dröhnen durch die Straßen. Trotz seiner Kraft macht dieses Militär auf mich einen minderwertigen Eindruck, wie Nürnberger Spielzeug. Ein ganz unsinniges Gefühl, das ich nicht begründen kann. Diese Armee erscheint irgendwie blechern-minderwertig. Dasselbe stellt Tadzio ganz unabhängig von mir fest. Vielleicht ist das bloß ein Selbsterhaltungstrieb, wie diese Pinzetten. Weil man nicht anders kann, möchte man wenigstens auf diese Weise. Jetzt... Überall sind bereits die Lebensmittelkarten in Kraft, und besonders um Brot und Käse muß ich lange Kämpfe ausfechten. Natürlich bekomme ich es immer ohne Karten. Die Einstellung der Menschen den Deutschen gegenüber ist von Schweigen geprägt, aber auch von Ablehnung. Obwohl mir eine Ladenbesitzerin ganz offen sagt, was das Militär betreffe, ziehe sie die deutschen Soldaten vor: „Unsere haben auf dem Rückzug die Läden und Bistros geplündert und die Menschen verprügelt, wenn sie sich den Plünderungen widersetzten. Die Deutschen hätten sich alles nehmen können, und obwohl es Leute gab, die ihnen alles ohne Bezahlung geben wollten, haben sie das abgelehnt und immer bezahlt. *Il sont gentils, on ne peut rien dire*..."[1] Ich sage ihr, wir sollten uns darüber noch einmal unterhalten, wenn die Deutschen zum Rückzug aufbrächen... Die Gegend wird immer uninteressanter und eintöniger. Wir denken an unsere Reise bereits so, als hätten wir sie schon hinter uns. In einem Dorf steht deutsche Kavallerie, in einem anderen sind Panzer stationiert – man sieht sie überall. Sie haben sich auch schon Mädchen gesucht und flanieren mit ihnen durch die Straßen. Wenn Tadzio so ein Paar sieht, beschimpft er sie im Vorbeifahren lauthals: „Du verschnupfte

[1] Sie sind nett, da kann man nichts sagen...

Flunder, komm nur her, komm, dann wirst du schon sehen... Ich schieß dich bis in den ersten Stock hinauf..."

Wenn man wenigstens irgendwie über die Zukunft nachdenken, irgendwelche Überlegungen anstellen könnte – aber nein, nichts, gar nichts. Über die Vergangenheit nachdenken? Das hat keinen Sinn. An das Morgen denken? Wie denn? In den Kategorien von gestern? Unsinn. Es bleibt nur der Augenblick. Man muß sein Denksystem noch weiter vereinfachen und versuchen, nur zu leben – sein Auskommen zu finden und zu überleben. Und was wird sein? Das weiß man noch nicht.

Wieder geht es bergauf. Wir gehen oft zu Fuß, weil die Beine müde sind. Jetzt helfen nicht einmal mehr die Klipse an den Pedalen. Während wir bergauf gehen, unterhalten wir uns. Wir wägen die Möglichkeiten eines weiteren Lebens in Paris ab. Irgendwie werden wir uns einrichten müssen. Ich stand schon oft vor der Frage „Was weiter?" und sah so oft keine weitere Möglichkeit für mich, daß ich mich am Ende schon daran gewöhnt habe; ich mache mir keine übermäßigen Sorgen und – pfeife darauf. Plötzlich sehen wir auf der Straße Motorradfahrer, die ein Auto bewachen, das in einiger Entfernung steht. Die Posten halten uns an. Wir bleiben stehen. Die Motorhaube des Wagens ist hochgeklappt, und zwei Soldaten reparieren etwas. Eine dicke Person in hellem Mantel geht auf der Straße hin und her, umringt von ein paar Offizieren. Ich schaue und schaue, dann hole ich meine Brille aus der Tasche des Rucksacks, setze sie auf und traue meinen Augen nicht. Dort, hundert Meter vor uns, spaziert Göring mit seinem Gefolge. Tadzio schaut ebenfalls, dann beugt er sich zu mir: „Jędruś – der Teufel soll mich holen – Gieryng!" Ganz sicher. Es gibt keinen Zweifel. Tadzio meint, der Horch habe eine Panne, und dieser (hier folgt eine Flut von Schimpfworten, die Pantagruel und Gargantua wie unschuldige Kinder erscheinen ließe) wartet nun, daß sie ihn reparieren. Sie machen einen Versuch – der Motor heult auf. Einer läuft hin und erstattet Meldung. Die Motorradfahrer befehlen uns inzwischen, von der Straße in den Graben zu treten. Das ist mühsam, weil die

Räder schwer sind. Tadzio flucht laut. Er prophezeit „Gieryng…“ Wenig später fährt der Wagen an uns vorbei, noch immer langsam. Natürlich ist es Göring. Ich sehe ihn für einen Moment aus einer Entfernung von fünf Metern. Er ist anders gekleidet als der Rest. Daß jeder dieser großen Führer so einen Hampelmann braucht. Napoleon hatte Murat, aber Murat kam aus dem Zirkus, und man kann ihm seine Straußenfedern, das Leopardenfell und Goldlamé nicht übelnehmen. Es ist schon seltsam, wenn man zuschaut, wie die Geschichte vor unseren Augen gemacht wird. Wieviel Geschichte wird in einem Jahr, in zwei, in drei wohl noch fabriziert werden? Denn die Ereignisse jagen dahin. Die Erfindung des Benzinmotors und die Erhöhung der Geschwindigkeit bewirkten auch eine Beschleunigung der Ereignisse. Die Weltgeschichte erinnert an einen Kurzfilm, in dem der amerikanische Komiker plötzlich zu rennen beginnt, die Menge hinter ihm her… „Polizei“ mit Charlie Chaplin. Seit damals ist erst ein Jahr vergangen. Tadzio fragt mich dauernd, wie lange es noch dauern wird? Ich sage ihm, dies sei leider erst der Anfang – mit Sicherheit noch zwei, drei Jahre. „Und wer wird gewinnen?“ – Ich glaube Stalin. Er schaut beim Ringen dieser beiden Mächte zu und bereitet sich auf seine Rolle als Dritter vor. Tadzio lacht und sagt, ich mache wohl Witze. Ein wenig, aber nicht wirklich. Im übrigen bin ich nicht der Einzige, der so denkt – das sagen auch die Leute auf den Bauernhöfen und in den Läden. Anscheinend ist das jetzt Mode. Aber die ändert sich von Monat zu Monat.

Gegen Abend kommen wir durch Avallon. Überall Soldaten, sie sitzen in den Bistros und singen ihre *Lieder*. Es gibt auch schon deutsche Frauen, sicher die Frauen von Offizieren. Sie sind schon gekommen. Wir fahren an so einer Gesellschaft vorüber, die gerade gut gelaunt in den Wagen steigt. Ich verspüre jetzt Ekel vor der deutschen Sprache, obwohl ich sie früher sehr gern mochte.

Ein altes französisches Städtchen mit einer romanischen Kirche und mitten drin eine lachende *blonde Hure*, die laut vor einer Reklame für „Pernod Fils“ schmollt: „*Rudi – da mußt*

Du mir aber eine Aufnahme machen!" Ich verspüre sofort alle nur denkbaren Anwandlungen eines Sexualmörders in mir aufsteigen. Was würde ich nicht alles mit ihr machen… Sie fühlen sich wie zu Hause. Tadzio ruft unvorsichtig ganz laut: „Was habt ihr euch hier herumzutreiben, zum Teufel, auf nach England, dort könnt ihr fotografieren. Dort werden sie euch ausknipsen, eine in die Schnauze, eine mit dem Messer, ihr deutschen Stumpfen (?)…"

Ich kaufe ein Pfund Tomaten und eine Schachtel Zigaretten, und dann flüchten wir aus Avallon. Im übrigen ist es Zeit, eine Übernachtungsgelegenheit auf einem Hof zu suchen, weil wieder ein kalter und feuchter Abend hereinbricht. Bis Paris sind es noch 200 Kilometer. Übermorgen können wir es erreichen. Die Sonne ist schon untergegangen, als wir in einem Dorf nach einem Bauernhof fragen, wo wir übernachten können. Der feiste Patron eines Bistros an der Straße gibt uns die Adresse der alten „Mère Marie", die „solche Burschen wie euch gern hat, deshalb übernachten immer alle Pfadfinder bei ihr".

„Mère Marie" erweist sich als fröhliche Alte. Nach unserem *bonsoir* beginnt sie gleich fröhlich loszuzwitschern. Ich schwatze Unsinn und mache Witze, und sie ist hingerissen. Sie rennt herum und will uns selber das Stroh ins Zimmer bringen, das sie uns in einem leeren Teil ihres Hauses angewiesen hat. Sie gibt uns eine Decke und ein Kissen und macht Milch warm. Sie prahlt, daß im Juni zwei Generäle bei ihr übernachtet hätten, und dann der Direktor eines großen Betriebes mit einem ganzen Stab von Sekretärinnen und Tippsen. Sie kichert schelmisch: „*Vous savez*, sie haben alle beisammen geschlafen, *le directeur et les belles filles de Paris*.[1] Schade, daß ihr damals nicht hier wart…", und sie macht ein schmatzendes Geräusch. Ich umarme sie und klopfe ihr auf die Schultern. Die Alte hat offenbar eine Manie, daß alle bei ihr übernachten müssen. Sie ist wie ein Echo des früheren Frankreichs von Anatole France und Daudet. Wir bitten sie um einen Eimer Wasser. Sie erlaubt uns nicht, ihn selber zu holen. Sie jagt

[1] Wißt Ihr … der Direktor und die hübschen Mädels aus Paris

den struppigen und schmutzigen Paulot zum Brunnen. „Das ist MEIN Gefangener, unser Gefangener, den sie mir für die Arbeit zugewiesen haben. Er ist aus Paris – ein schrecklicher Faulpelz, der nichts arbeiten will; alle aus Paris sind so. Ein armer Junge, aber ich werde ihm schon noch beibringen, was es heißt zu arbeiten. Warum sollt ihr selber das Wasser tragen? Den ganzen Tag *il fume ses sales cigarettes et siffle ses chansons de Paris*...“[1] Ich gebe Paulot ein paar Zigaretten. Er vertraut mir an, daß Mère Marie ihn antreibt. In Paris war er seit zehn Jahren arbeitslos. Ich frage ihn, was er von Beruf ist. Es stellt sich heraus, daß er ein ganz seltenes Fach hat: Perlenbohrer. Einer, der die Löcher in die Perlen macht. Der Handel mit Perlen ist sehr zurückgegangen, weshalb er in seinem speziellen Beruf keine Beschäftigung finden konnte. Und er wartete lieber zehn Jahre, als einen anderen Beruf zu erlernen. So sind sie. Wenn er von Beruf „Nägeleinschlager“ ist, dann wird er sich um nichts in der Welt bereit erklären, Nägel herauszuziehen, auch wenn er sein ganzes Leben lang arbeitslos bleiben müßte. Denn Nägel herauszuziehen, das ist nicht sein *métier*. Doch Paulot striegelt schon ganz geschickt die Pferde, bringt den Mist hinaus und treibt die Kühe auf die Weide. Tadzio gibt ihm auch ein paar Zigaretten und klopft ihm auf den Rücken: „Lern nur was, du Stiefelknecht. Es werden schon noch Menschen aus dir werden, du Grobsack, du.“ Wir kochen in „unserem“ Zimmer das Abendessen und legen uns schlafen.

28. 9. 1940

Am Morgen freuen wir uns, weil die Sonne scheint. Es ist nicht warm, aber erträglich. Mère Marie gibt uns drei Liter Milch und setzt sich beim Frühstück zu uns. Sie zwitschert vom frühen Morgen an wie die Spatzen auf dem Dach. Eine Gestalt wie aus einem Roman. Sie ist auf ihre Art so vollendet und wunderbar wie eine Fuge von Bach. Wir brechen auf. Mère Marie küßt uns auf die Stirn, wir küssen ihr die Hand, was sie geradezu in Trance versetzt. Sie rennt in den Garten, reißt

[1] Er raucht seine widerlichen Zigaretten und pfeift seine Pariser Lieder.

Astern ab und überreicht uns einen ganzen Strauß. „*C' est pour votre femme – ne les perdez pas*…"[1] Tadzio verabschiedet sich vom struppigem Paulot: „Salut, du Hirte von Bethlehem, salut." Paulot lächelt freundlich. Die Gegend ist langweilig, doch flach, und wir fahren, ohne uns besonders anzustrengen. Gegen Mittag ziehen Wolken auf, und es beginnt, leicht zu regnen. Eine richtige Krautsuppe, eine französische *bruine*[2], die einen leicht, doch bis auf die Haut durchnäßt. Es ist kalt und trüb. Wir kommen an einem Flughafen vorbei – dort liegen französische Jagdflugzeuge (sie sehen nach „Bristoles" aus), die Hälfte ausgebrannt. Dann beginnt es so stark zu regnen, daß wir uns umziehen und unsere Sachen anders packen müssen. Wir gehen zu einem Hof neben der Straße und stellen uns im Wagenschuppen unter. Eine Alte kommt am Stock herein und nörgelt mißmutig. Der totale Gegensatz zu Mère Marie. Sie erlaubt uns nur sehr ungern den kurzen Aufenthalt unter dem Dach des Wagenschuppens, murmelt etwas vor sich hin und hat die ganze Zeit ein wachsames Auge auf uns. Tadzio sagt, er würde „diesen modrigen Sarg gern auf einen Papagei schneiden", doch er befürchte, das würde zu viel Staub geben. Ich stelle mir vor, wie die Alte die übrige Familie tyrannisiert, die nur auf ihren Tod wartet, um sich über die Erbschaft herzumachen. Sie klopft alle paar Worte mit dem Stock auf den Boden, trippelt unruhig herum und läßt ihre kleinen Äuglein hin- und herflitzen. Ich bin sicher, daß sie alles sieht: sogar das, was hinter ihrem Rücken geschieht. Die konzentrierte Bösartigkeit und Mißgunst in einem verkrüppelten, altersschwachen Körper. Tadzio zieht sich um und packt die Sachen neu, wobei er sich dauernd mit der Alten unterhält: „Na, was schaust du so, du alte Zitrone – wir führen dir schon nichts weg von deiner elenden Hazienda. Klopf nur mit deinem Stock, du alte Baba Jaga, dann wird auch der Tod bald bei dir anklopfen. Was? Haben die gnädige Frau noch nie eine Decke gesehen, oder wie? Die gehört uns, nicht dir, du alter Kosakenhäuptling…" Worauf die Alte wieder etwas zu ihm sagt. Als

[1] Der ist für Ihre Frau, verlieren Sie ihn nicht…
[2] Sprühregen

sie sieht, daß wir gleich fertig sind und die Absicht haben weiterzufahren, kommt sie von hinten und will uns mit dem Stock antreiben. Das ist mir dann doch zu viel, und ich donnere, jeder Zoll Aristokrat, im Argot los: „*F…moi la paix, vieille crécelle, sommes pas des voleurs … Merde!*“[1] Dann setze ich mich auf eine Deichsel und hole eine Zigarette heraus. Sie beruhigt sich und verzieht sich in eine Ecke. Tadzio hält noch eine längere Ansprache auf polnisch und zündet sich ebenfalls eine Zigarette an. Der Regen hat etwas nachgelassen, und die Alte trippelt unruhig hin und her. Wir rollen auf die Straße hinaus.

Wir kommen nach Auxerre. Es gießt in Strömen, und der Himmel ist so dicht mit schwarzen Wolken verhangen, daß die Stadt halbdunkel ist. Kein Mensch ist auf der Straße, alles ist leer. Ich möchte Zündhölzer kaufen und Brot. Doch Zündhölzer gibt es nirgends. Ich renne durchnäßt von Bistro zu Bistro; schon seit drei Wochen gibt es keine Zündhölzer mehr. Ich gehe in eine Bäckerei. Die Patronin, jung und hübsch, will mir ohne Karten kein Brot verkaufen. Ich erkläre es ihr, flehe, sage, daß wir nach Paris zurückfahren und hungrig sind. Es hilft alles nichts. Ich sehe, daß sie mir das Brot gern verkaufen würde, aber Angst hat. Sie zittert am ganzen Leib und ist den Tränen nahe: „*Chaque soir ILS me comptent les tickets*[2] – ich kann Ihnen nicht einmal ein Gramm ohne Karten verkaufen…“ Über die Auslagenscheiben der Bäckerei fließt das Wasser wie aus Eimern geschüttet, die Dachrinnen glucksen und verschlukken sich. Ich stehe da und sage nichts mehr. Ich schweige. Stille. Und plötzlich beginnt die Frau lauthals zu schluchzen, läuft zum Regal, packt einen großen Laib Brot und kommt damit auf mich zu. Sie legt einen Arm um mich, preßt den Kopf an meine Schulter und weint haltlos, während sie mir das Brot mit zitternder Hand aufdrängt. Sie weint und schreit beinahe. Abgehackt dringen die Worte durch das Weinen: „*Prenez, mangez …vous êtes jeune…*“[3] Sie schüttelt drohend die Faust in Richtung Straße, „*…tant pis … j'ai pas peur…ILS*

[1] Verf … dich, alte Schachtel, wir sind keine Diebe … Scheiße!
[2] Jeden Abend zählen SIE mir die Karten.
[3] Nehmen Sie, essen Sie… Sie sind jung…

… *ILS ont défendu de vendre…*“[1] Schließlich bringt sie, außer sich vor Schluchzen, kein Wort mehr hervor und stammelt nur noch von Zeit zu Zeit „*ILS*“; sie hat das Gesicht in meine Windjacke vergraben und wird von hilflosem Zorn und Auflehnung hin- und hergeschüttelt. Ich streichle ihr über den Kopf, schiebe sie langsam von mir weg und setze sie auf einen Hokker. Sie sitzt gekrümmt da, den Kopf geneigt. Ich gehe ohne ein Wort zu sagen. Das Rauschen des Regens auf der Straße, das Halbdunkel der Bäckerei, dieses einzige verständliche Wort „SIE“, das sie unter Tränen hervorstieß, das alles war genauso erschreckend wie manche Novellen von Maupassant. Ich habe einmal eine aus der Zeit des französisch-preußischen Krieges gelesen. Ich erinnere mich nicht mehr an den Titel, aber ich weiß, daß ich jetzt so etwas erlebt habe und daß das damals genauso gewesen sein MUSS. Etwas Schweres schlägt mir auf den Kopf und aufs Herz, wie ein riesiger grauer Stahlhelm. IHR Helm. Wir stehen unter einem Dach, um uns herum die Fransen des Regens. Ich drücke das Brot an mich und höre in der platschenden Leere dieses Regentages die ganze Zeit dieses Weinen und Schluchzen. Ich spüre immer noch ihr Gesicht an meiner Schulter und würde am liebsten selber in Tränen ausbrechen… In den Garten der glücklichen Kinder, die in der Sonne im Sandhaufen spielten, ist ein garstiger Junge eingedrungen, hat ihre Sandkuchen zerstört, ihre Burgen zertreten, ihnen Sand auf ihre Butterbrote gestreut und die hellen Mädchen und die Jungen in den weißen Halskrausen an den Haaren gerissen.

Auf der Straße schleppt sich ein alter, gebeugter Mann dahin, gehüllt in eine Pelerine mit Kapuze. Beim Gehen klopft er mit dem Stock auf das Pflaster des Gehsteigs. In diesem Moment saust lärmend ein Motorrad vorbei, rast durch eine Pfütze und verschwindet. Ein Schwall ergießt sich über die Pelerine. Der Alte bleibt stehen, hört auf, mit dem Stock aufs Pflaster zu pochen, richtet sich auf und schüttelt drohend die Faust, wobei er leise etwas vor sich hinjammert, was ungefähr

[1] Es macht nichts … ich habe keine Angst … Sie … Sie haben verboten, etwas zu verkaufen...

so klingt, wie „he … ee … ee“. Dann setzt er seine Wanderung auf drei Beinen fort.

Erregung packt mich, meine Gedanken sind auch nur noch ein einziges „Hee … ee … ee“, und mir teilt sich diese stumme Angst mit. Alles ringsum zittert nervös, und in der ganzen Umgebung ist etwas, das schlimmer ist als die Hoffnungslosigkeit des herbstlichen Wolkenbruchs. Wir wollen den Regen abwarten, ganz egal wo, nur nicht in dieser Stadt. Wir setzen die Kapuzen auf, ich schnüre meine sorgfältig fest und ziehe sie wie Scheuklappen über die Augen; dann fahren wir los und tauchen in den Wolkenbruch ein. Ein paar Kilometer außerhalb der Stadt entdecken wir neben der Straße eine leere Hütte – ein kleines Häuschen für Arbeiter, die Straßenarbeiten verrichten. Wir kriechen hinein, entzünden den Kocher und machen einen Liter Wein mit Zucker und Rosinen heiß. Das bringt uns wieder auf die Beine. Der Regen hört langsam auf, und es wird heller. Weiter. Die Gegend ist flach. In einem Dorf bekomme ich noch ein Stück Wurst und eine Dose Erbsen. Gegen Abend machen wir es uns in einer einsam auf einem Feld stehenden Scheune voll Stroh bequem. Ich lasse das Rad zurück und gehe ins Dorf, das ein paar hundert Meter entfernt liegt. Tadzio: „Wo gehst du jetzt noch hin?“ – „Ich will den Besitzer der Scheune suchen und fragen, ob er gestattet, daß wir hier schlafen.“ – „Ich verstehe, ich verstehe…“ Der Patron ist gern einverstanden. „Gebt nur acht mit dem Feuer.“ Der Abend ist eiskalt. Ich beschäftige mich mit dem Abendessen und pfeife vor mich hin. Ich weiß nicht warum, aber unvermutet fällt mir eine Symphonie von Bizet ein. Ich weiß allerdings nicht welche. Tadzio hört zu. „Jędruś, das ist wunderschön. Was ist das?“ Der Kocher summt. „Wie weit haben wir es noch bis Paris?“ – „Das werden wir morgen sehen.“

Paris, 29. 9. 1940

Diese deutsche Zeit bringt uns dauernd durcheinander. Der Morgen ist noch grau, man könnte meinen, es sei erst sechs, dabei ist es schon acht Uhr. Im Sommer werden die französischen Uhren um eine Stunde vorgestellt. Dann kamen die Deutschen und stellten sie um eine weitere Stunde vor. Bis wir das Frühstück bereitet und unsere Sachen gepackt haben, ist es zwölf. Obwohl immer noch ein wenig die Sonne scheint, ist es schon so kalt, daß wir unsere Shorts einpacken und lange Hosen und Pullover anziehen. Wir fahren zur Straße und suchen den ersten Kilometerstein. „Paris 135 km." Ich blicke Tadzio an. „Legen wir ein Finish hin?"

„Wenn wir einmal ordentlich aufstoßen, sollten wir es bis zum Abend schaffen. Auf zum Finish!"

Die Straße ist eben, und wir schlagen sofort ein mörderisches Tempo ein. Die Nadel des Tachometers schwankt zwischen 25 und 28 Stundenkilometern. Ohne Gepäck wäre es beinahe wie ein Rennen. Bei einer solchen Anstrengung hört man gänzlich auf zu denken. Das Denken wird zu Kilometern. Auf dem Gepäck vorn habe ich eine Uhr angebracht, auf die ich die ganze Zeit starre. Wir treten in die Pedale. Ich kehre zurück, kehre wirklich zurück. Ich spüre nicht das geringste Gefühl von Fremdheit und denke keinen Moment daran, daß ich in einem fremden Land bin. Ich kehre nach Hause zurück. Die langen Wochen des Herumziehens in der Sonne sind in meiner Erinnerung schon völlig verschwommen. Ich denke an meine Straßen in Paris, wie ich früher an meine Straßen in Krakau dachte. Alle Augenblicke blitzt in der Entfernung ein weißer Kilometerpfahl auf, kommt näher, ist schon da; jetzt wieder 100 Meter, 200 Meter, 300 Meter…

Wir fliegen durch Sens. Neben der Straße tauchen gelbschwarze deutsche Tafeln und Wegweiser auf. Die darauf genannten Entfernungen zu den an der Straße liegenden Kleinstädten sind immer um einen oder zwei Kilometer größer oder kleiner als auf den entsprechenden französischen Tafeln. Denn SIE wissen immer alles besser: es sind nicht 45 Kilometer, sondern 46. *Das ist ja doch ein Unterschied.* Ob sie das noch einmal nachgemessen haben? Bei denen ist alles denkbar. Jedenfalls sind alle „Michelin"-Karten wertlos geworden. Die Namen der Orte haben sie einstweilen noch gelassen. Anscheinend ist es den Franzosen in diesem Fall gelungen, präzise zu sein, obwohl man nie wissen kann, ob nicht zum Beispiel Melun unter Karl dem Großen Mehlein genannt wurde... Gleich ist es drei. Wir kommen nach Montereau. Wir haben schon beinahe 60 Kilometer zurückgelegt – bleiben uns bis Notre-Dame noch ungefähr 78. Halb Montereau liegt in Trümmern. Es ist Sonntag, und die Menschen flanieren durch die Straßen. Gleich hinter der Stadt nehmen wir wieder die alte Geschwindigkeit auf. Wir lassen Fontainebleau links liegen und rasen weiter in Richtung Melun. Wieder hefte ich den Blick auf den Tachometer und die Uhr, aber ich spüre schon die Müdigkeit. Die Hände sind steif, und der Rücken schmerzt. Ich kann die Geschwindigkeit nicht mehr halten. Es ist vier. Vier Stunden, ohne Atem zu schöpfen. Wir erreichen noch vor fünf Melun und gelangen, beinahe ohne das Tempo zu verringern, wieder auf die Überlandstraße. Man spürt schon Paris. Viele Fahrräder und Tandems. Er, sie und das Tandem unternehmen einen Sonntagsausflug. Wie in früheren Zeiten. Ich hänge mich bei einem dieser Familienräder (ein Tandem erinnert mich immer an ein französisches Bett) ans Hinterrad und lasse mich ziehen. Gleich geht es leichter. Doch nach zehn Kilometern komme ich nicht mehr mit. Wir sind erschöpft, seit über fünf Stunden „brettern“ wir ohne Pause dahin, ohne zu verschnaufen und ohne einen Bissen zu essen. Noch 30 Kilometer. Ich rechne aus, daß wir uns eine kurze Rast gönnen dürfen. Wir fahren an die Seite und springen von den Rädern. Es sind nicht mehr unsere Beine, auf denen wir stehen. Sie haben sich in harte Stelzen verwandelt. Wir sitzen im Graben, und erst jetzt spüren wir die über 100 Kilometer, die wir in fünfeinhalb Stunden zurückgelegt haben. Daß wir in den Städten das Tempo verlangsamen mußten, hat uns viel Zeit gekostet. Wir essen Wurst, Käse, Konfitüre und trinken dazu Milch. Ich gebe eine Menge Zucker in den Becher mit Milch. Nach sechs fahren wir weiter; wir nehmen ein Wettrennen gegen die Nacht auf. Es sind zahlreiche Fahrräder unterwegs – alle schwer beladen. Sie ziehen Anhänger mit vollen Kartoffelsäcken. Wir fahren schon langsamer, unsere Beine wollen nicht mehr arbeiten, jeder Kilometer nimmt eine Ewigkeit in Anspruch. Die Sonne geht rot und groß unter. Wir müssen um jeden Preis vor Einbruch der Nacht hinkommen, weil wir kein Licht haben. Ich biete noch einmal meine letzten Kräfte auf. Wir schaffen es. Entlang der Straße Bistros mit kleinen Gärten, davor graue Wagen und SIE, die sich vergnügen. Man hört *Lieder*. Über den Eingängen zu den Gärten große Aufschriften: *Bier*. Da haben wir es – *Biergärten* in den Vororten von Paris.

Es ist nicht mehr weit, wir dürfen schon nicht mehr auf der Straße fahren, sondern müssen auf einen speziellen Weg für Radfahrer ausweichen. Wie könnte es anders sein – plötzlich ruft Tadzio: „Jędruś – ich hab hinten einen Platten." Gerade als wir durch das Wäldchen von Vincennes fahren wollen. Wir halten an und beratschlagen kurz. In Tadzios Hinterrad sitzt ein kleiner Nagel. „Lassen wir ihn drin – ich pumpe es auf, und wenn die Luft ausgeht, dann wieder, buch..."

Dämmerstunde. Ich werde immer ungeduldiger, sehne mich nach Hause. Sie weiß seit zwei Monaten nicht, was mit mir los ist... Ich nehme einen letzten Anlauf. Wir müssen möglichst schnell fahren, weil die Luft aus Tadzios Reifen langsam entweicht und wir bei jedem Aufpumpen kostbare Minuten verlieren. Wir fahren über die Brücke über die Marne, durch das Wäldchen, Paris. Neben dem Zoologischen Garten müssen wir wieder pumpen. Es ist noch nicht finster, aber eigentlich müßten wir schon mit Licht fahren. Vom Zoo weht ein scharfer Geruch von den Löwen- und Tigerkäfigen herüber, irgendwelche Vögel kreischen. Ich bin völlig durchgefroren. Wir kommen zur Porte Dorée und fahren die Avenue Daumesnil hinauf. Ich bin so gerührt, daß ich am liebsten in Tränen ausbrechen würde. Denn hier ist schon „unser" Brunnen, und da „unser" Hotel, in dem wir einmal wohnten. Ich begrüße jedes Steinchen, jeden Baum. Oh – hier habe ich im Vorjahr am 1. September einem Jungen den „Paris-Midi" aus der Hand gerissen und gelesen, daß der Krieg ausgebrochen ist. Dem Genie auf der Säule an der Place de la Bastille, auf der braven „Bastoche", würde ich gern die Hand reichen. *Ça va*? Nein – das ist keine fremde Stadt, ich kehre wirklich nach Hause zurück.

Es ist dunkel. Die Polizisten sind überaus taktvoll und wollen uns nicht sehen. Man erkennt sofort, daß es französische Polizisten sind und keine Gestapobeamten, die sich die Uniformen französischer „Flics" angezogen haben, wie man uns im Süden versicherte. République. Der Platz ist leer, und wir fahren seelenruhig ohne Licht dahin. Paris ist finster, in die Luftschutzverdunklung gehüllt. Wir machen für einen Moment halt und zünden jeder eine Zigarette an. Dann fahren wir über die Boulevards. Wir treten ganz langsam in die Pedale. An der Ecke zum Boulevard Sébastopol kann ein Polizist nicht mehr an sich halten: „*Vos feux, messieurs*!"[1]

Ich bleibe stehen, deute auf die glimmende Zigarette und sage mit einem Lächeln: „*Mais voilà mon feu…*"[2]

Er lacht.

„*Je vous demande votre éclairage.*" – „*C'est mon seul éclairage*,"[3] antworte ich, wobei ich mit der Zigarette winke. Er lacht und bittet uns, von den Rädern zu steigen. Er versichert mir, daß wir eigentlich eine Strafe bezahlen müßten – „*c'est plus comme avant – les temps ont changé…*",[4] fügt er melancholisch hinzu. Ich seufze ebenfalls. *Ordnung muß sein.* Wenn sie jetzt noch die Leute zwingen, zwischen den Nägeln über die Fahrbahn zu gehen, dann beginne ich, ans Ende der Welt zu glauben. Wir gehen zu Fuß. Es ist nicht mehr weit. Die Boulevards… Am Straßenrand zahlreiche Autos, die Cafés entlang der Boulevards voller Soldaten. Die Deutsche Wehrmacht genießt die Früchte von Paris. Es ist so finster, daß wir uns beinahe vorwärtstasten müssen. Rue Richelieu, Rue Laffitte. Nach einer Weile erkenne ich die Umrisse der Säule von Notre-Dame de Lorette. Ich sage leise zu Tadzio, daß wir schon zu Hause sind. Die Straßen hier sind leer wie Kellergewölbe. Mein Herz schlägt so stark, daß ich in dieser Stille jeden einzelnen Schlag deutlich hören kann. Meine Kehle krampft sich zusammen. Ich öffne das Tor. Ich lasse Tadzio mit den Rädern im Hof zurück und laufe die Treppe hinauf. Ich läute. P. öffnet. Ich stoße ihn zur Seite und eile in die Küche. Ich sage nur

[1] Ihr Licht, meine Herren!

[2] Aber hier ist mein Licht … (ein Wortspiel: *feu* bedeutet Licht und auch Feuer)

[3] Ich meine die Lampe. – Das ist meine einzige Beleuchtung.

[4] Es ist nicht mehr so wie früher – die Zeiten haben sich geändert.

einen Namen und spüre überall die Wärme des Körpers, der sich anschmiegt, sich in meine Arme preßt, den Duft der Haare, die Augenhöhlen unter meinem Mund, den Geschmack der Tränen, salzig und heiß...

3. 10. 1940

Paris ist still. Durch die Straßen fahren nur deutsche Autos, sonst sind bloß Fahrräder unterwegs. Das Fahrrad ist das wichtigste Fortbewegungsmittel, und Paris hat sich in Kopenhagen verwandelt. Es gibt wenig Verkehr, überall Deutsche. Lebensmittel gibt es auf Karten, aber man kommt irgendwie zurecht. In den Läden sieht man Deutsche, die jetzt die Reste von dem aufkaufen, was sie in den letzten drei Monaten gekauft haben. Sie zahlen für alles, selbstverständlich völlig legal, mit Okkupationsmark im Verhältnis 1 Mark = 20 Francs. Und sie schicken alles *nach Hause*. Auf Schritt und Tritt spürt man, kann man beinahe greifen, wie ganz Frankreich mit diesen Papierchen aufgekauft wird, die drüben, jenseits des Rheins, gedruckt werden.

Wir haben kein Petroleum und sitzen am Abend bei einer Kerze. Wir kochen mit Spiritus, den man allerdings immer schwerer bekommt. Jede Kleinigkeit nimmt die Ausmaße eines Problems an. Vielleicht ist es besser so? Man hat keine Zeit, um nachzudenken. Ich habe mich durch alle Formalitäten gekämpft und auch Tadzio dabei geholfen. Wir waren auf der Polizeipräfektur, aber dort wissen sie noch nicht so richtig, wie sie mit den Ausländern verfahren sollen. Sie haben uns nur einen Stempel gegeben und gesagt, daß wir uns anmelden müssen. Die Lebensmittelkarten bekamen wir in der Mairie ohne Probleme. In allen Ämtern herrscht noch Chaos, und überall spürt man, daß die Beamten noch nicht so recht an die Freiheit glauben wollen, die ihnen die Deutschen einstweilen eingeräumt haben. Unsere Fabrik wurde von den Deutschen übernommen – der Zutritt ist unter Todesstrafe verboten. Die ehemalige Direktion amtiert im Ballsaal der Mairie. Ab morgen werde ich wieder arbeiten. Rechtliche und soziale Fürsorge für die polnischen Arbeiter. Der französische Direktor, Ingenieur Chappel, verhält sich den Polen gegenüber so, daß mir die Worte fehlen, um sein Verhalten zu beschreiben. In jeder seiner Gesten, jedem Wort erkennt man die große französische Kultur reinsten Wassers, die sich direkt vom edelsten Denken Frankreichs herleiten läßt. Ein MENSCHLICHER Blick auf den MENSCHEN. Es gibt keine Franzosen, keine Polen – es gibt nur MENSCHEN, verlassene, ratlose Menschen, die Hilfe brauchen. Mehr nicht. Aber darin steckt schon ALLES. In diesen Zeiten genügt EIN EINZIGER SOLCHER Mensch, damit man wieder an die Menschheit glauben kann. Und an Frankreich.

27. 10. 1940

Ich kann nicht französisch lesen. Ich kann es nicht. Jedes Wort, jede Wendung in dieser Sprache würgt mich. Ich kann diese runden Sätze und Ausdrücke, diese Empfindungslosigkeit und den Kult der Worte ohne Gefühle nicht ertragen. Ich weiß, daß das unsinnig ist, aber ich kann es einfach nicht. Wenn ich meine Bücher im Regal betrachte, die alle ohne Ausnahme gut und sorgfältig ausgewählt sind, dann ist es mir unmöglich, auch nur eines von ihnen zur Hand zu nehmen. Ich habe das Gefühl, als hätte ich zu viel von schweren, picksüßen Pistazientorte mit zu viel Creme gegessen. Eine physische Übersättigung und ein Ekel vor diesen Worten, Sätzen und Themen. Ich habe mit geradezu barbarischer Gier den „Pan Tadeusz“[1] verschlungen, und jetzt schlage ich meine Zähne in die „Sturmflut“[2] wie in eine fette Hammelkeule. Ich lecke mir die Lippen, schmatze, wische mir die fettigen Finger an der Hose ab und – fresse in mich hinein. […] Gewiß lese ich „Die Sturmflut“ auch deshalb, weil mir ringsum diese „Verwegenheit eines Ulanen“ so sehr fehlt. Cambronne hat *Merde*! gesagt, und dann, glaube ich, hinzugefügt: „die alte Garde stirbt, aber sie ergibt sich nicht.“ Diesmal haben sie *Merde*! gesagt und hinzugefügt: „die alte Garde ergibt sich und stirbt nicht.“ Und die Folge ist Pétain. Dabei hätte es schließlich noch eine dritte

[1] Versepos des polnischen Romantikers Adam Mickiewicz
[2] Roman von Henryk Sienkiewicz

Lösung gegeben: „Die alte Garde stirbt nicht und ergibt sich NICHT." Sie sind der Meinung, sie hätten genau diese dritte Lösung gewählt, aber es fällt einem nicht leicht, das zu glauben.

2. 11. 1940

Heute ist Allerseelentag. So wie im Vorjahr besuchen wir wieder den Friedhof Père Lachaise. Der Tag ist sonnig und warm, auf dem Friedhof sind wenig Menschen, weil die meisten schon gestern dort waren. Wir gehen zuerst zum Grab von Chopin. Dort liegen viele Blumen, ein Bukett, zusammengebunden mit einer breiten, rot-weißen Schleife. Wir legen unser kleines Bukett dazu, das ebenfalls mit einer polnischen Schleife gebunden ist, und entzünden die Kerzen, die von meiner Geburtstagstorte aus dem Vorjahr übriggeblieben sind. An diesem Grab denke ich an nichts und bete nicht. Ich bete mittels der Melodien, die ich innerlich eine nach der anderen summe. Am häufigsten kehren dabei die von mir so geliebten, aber selten gespielten Stücke „Rondeau" und „Berceuse" wieder.

Am Grab steht eine ältere Französin und fragt, ob wir Polen sind. Dann sagt sie, wie schön sie es von uns finde, daß wir seiner auf diese Weise gedenken, sie selber komme auch jedes Jahr hierher, sie habe die Polen sehr gern. „So eine tapfere und edle Nation wie die Eure darf nicht zugrunde gehen und wird auch nicht zugrunde gehen." Gott möge dich gesund erhalten. Ich kann das schon nicht mehr hören. Das klingt ganz so, wie „Opa, da habt Ihr einen Groschen, kauft Euch was dafür, falls Ihr etwas braucht." Dann macht man die Türe zu, setzt sich in den Fauteuil, liest ein Buch und nascht dazu Bonbons. Ich antworte ihr jedoch so, wie man es an der Akademie für polnisch-französische Freundschaft tun würde, das heißt, ich sage dasselbe über Frankreich. Erstmals in der Geschichte befinden wir und sie uns in einer vergleichbaren Lage. Obwohl das, was für uns eine Katastrophe darstellt, für sie bloß eine Niederlage ist. Dieser Unterschied ist so bedeutsam, daß man das kaum vergleichen kann. Wenn wir leiden, dann nehmen sie das hin, wenn wir nichts haben, bleibt ihnen immer noch der

Anschein, wenn es für uns unmöglich ist, nicht zu denken, dann denken sie nicht und leben dafür. Sie sind wie ein reicher Mann, der Gott weiß wieviel verloren hat, aber immer noch irgendwo Unterstützung findet; wir hingegen sind wie ein Bettler, der alles auf eine Karte gesetzt und verloren hat und der jetzt alles wieder zusammensuchen muß.

So wie im vorigen Jahr denke ich auch jetzt, während ich an diesem Grab stehe, über die Ähnlichkeiten seiner Zeit mit unserer Zeit nach. Im Vorjahr gab es in Paris eine polnische Regierung, eine große und uninteressante Emigration, und alles war genauso wie in der Einleitung zum „Pan Tadeusz" – wie zu seiner Zeit. In diesem Jahr sind viele Hoffnungen geplatzt, die Emigration ist nach England abgewandert, und in Paris sind nur einzelne zurückgeblieben, die sich, getreu der polnischen Tradition, untereinander auffressen, obwohl sie nur so wenige sind. Bridge sollte als polnisches Nationalspiel angesehen werden: Lizitation und Spiel. Das ist es, was unsere Leute am besten können.

Von Chopins Grab gehen wir zum Grab von Oscar Wilde. Mein bescheidener Strauß ist der einzige, der das große, beinahe zu große Grabmal belebt. Dann noch ein paar Minuten Andacht am Grabmal von Balzac. Dort unten liegt sein Paris. Der Himmel rötet sich im Westen, und davor ein Meer grauer Dächer im Nebel. Es sind diese Dächer, die es so seltsam färben. Sie „färben aus" im Nebel. Auf den Pfaden Stille, Massen von Gräbern und der Duft von Astern. Die Kränze aus Blech oder Glasperlen sehen aus wie Kringel.

13. 11. 1940

Man kann alles in dieser Welt ertragen, wenn man nur ein geliebtes und liebendes Herz besitzt. Ein kluger Gedanke, ganz nach der Art von: „Teigtaschen sind eine feine Sache". Ja, nur daß es nicht leicht ist, wirklich gute Teigtaschen zu finden.

15. 11. 1940

Um etwa acht Uhr morgens laufe ich hinunter, hole das

Rad aus dem Keller und fahre nach Châtillon. Ich habe fast eine Stunde Fahrt vor mir. In den Straßen ist es noch ziemlich dunkel. Durch die Rue Le Peletier komme ich zu den Boulevards, überquere diese und fahre durch die Rue Richelieu. Hier ist es dunkler als in den anderen Straßen, weil sie so schmal und eng ist. Man muß sehr aufpassen. Die Deutschen stellen hier über Nacht ihre Lastwagen ab und lassen sie ohne Licht stehen. Heute stieß ein vor mir fahrender Junge mit dem Kopf gegen das Heck eines Wagens, den er nicht gesehen hatte. Er verlor das Bewußtsein. Ringsum war kein Mensch. Ich hob ihn auf und trug ihn in ein nahes Bistro, von wo ich den Rettungsdienst anrief. Sein halbes Gesicht war eine blutige Masse. Wir alle fluchten lauthals. Die Polizeivorschriften gelten natürlich für alle, nur nicht für sie. Wenn man am Fahrrad kein Rücklicht hat, setzt es eine Strafe bis zu 200 Francs.

Ich fahre an der Comédie Française vorbei und komme zum Louvre. Langsam wird es hell. Manchmal marschiert eine Abteilung Soldaten am Arc de Triomphe du Carrousel vorbei, die ein Lied singen. Die frische Morgenluft trägt die deutschen Worte des Gesangs weiter, sie werden vom Flügel des Louvre zurückgeworfen und verhallen zwischen den nackten Bäumen der Tuilerien. Das ist so traurig und unglaublich, daß ich am liebsten vom Rad steigen, auf allen Vieren laufen und wie ein Hund heulen würde. Ich überquere die Seine und den Boulevard Saint-Germain und fahre den Boulevard Raspail hinauf. Hier entfernen sie gerade das hölzerne Pflaster von der Fahrbahn und legen Pflastersteine. Man sieht oft, wie Leute die herausgenommenen Holzklötze stehlen und in Säcke stecken. Als Heizmaterial. Der Polizist gibt vor, nichts zu sehen, und sie stopfen hastig die Säcke voll und verschwinden in der Dämmerung. In den Straßen ist es leer und ruhig, der Nebel ist klebrig, und ringsum sieht alles aus, als wäre es mit einer Froschhaut überzogen. Glänzend und glitschig. Von Denfert-Rochereau fahre ich geradewegs zur Porte d'Orléans. Ich komme am deutschen Schlagbaum vorbei, der den Verkehr ihrer Autos und Wagen kontrolliert. Neben mir fährt mit höllischem Getöse ein Zug ganz neuer französischer Panzer (Renault), in denen natürlich ihre Soldaten sitzen. Sie überholen mich. Aus jedem Turm schaut ein Soldat in schwarzer Uniform. Außerhalb der Stadt bleiben sie stehen, klettern aus den Maschinen und umringen einen jungen Offizier. Dieser bellt mit schneidender Stimme seine Bemerkungen. Sie lernen auf französischem Gerät zu fahren... Ein kurzes Kommando, die Motoren heulen auf, und der ganze Zug setzt sich wieder mit Poltern und Rasseln über das Pflaster in Bewegung.

Ich komme zur Fabrik, oder besser zum Ballsaal. Die Franzosen machen sich verschlafen daran, in den Papieren zu wühlen. Ich begrüße die Kollegen, *Ça va*? – *Ça va*! (bei ihnen heißt es immer *Ça va*). Ich sammle Material für die Fahrt und kehre in die Stadt zurück.

Laufereien bei den Bürgermeistereien, bei der Polizeipräfektur, beim Arbeitsministerium, bei den Herbergen. Jeden Tag muß man für jemanden etwas erledigen, erleichtern, erkämpfen.

Alle hören jetzt die Rundfunksendungen aus London. Täglich gibt es sensationelle Meldungen. Alle glauben, die Deutschen hätten schon verloren, noch ein wenig Geduld, und dann sind unsere obenauf. Ich habe meine eigenen Ansichten zu diesem Krieg und lasse mich nicht von der Begeisterung mitreißen. Was besagt es schon, daß die Engländer etwas hier oder dort bombardiert haben. Das ist ein Spiel noch auf viele Jahre hinaus, mit zahlreichen Unbekannten. Die Deutschen hätscheln Frankreich und wollen die französische öffentliche Meinung um jeden Preis für sich gewinnen, sie wollen Frankreich zu ihrem Bundesgenossen machen und die Regierung Pétain, die sich bisher noch irgendwie widerspenstig zeigt, wie Plastilin kneten. In dieser Regierung gibt es zwei Lager: ein prodeutsches, das für eine Zusammenarbeit eintritt; das zweite ist proenglisch und für die Schaffung eines freien Frankreichs in den Kolonien und den Anschluß der Kolonien an England. Über diese Regierung gibt es die verschiedensten Gerüchte, doch es ist schwer, zur Wahrheit vorzustoßen. Die Zeitungen werden diktiert. Ich lese sie gar nicht.

Zum Mittagessen fahre ich rasch nach Hause. Mit den Lebensmitteln ist es noch nicht so schlimm. Vor unserem Haus geht gerade der Markt zu Ende, und die Verkäuferinnen fahren mit ihren Wagen weg, ebenfalls zum Essen. Ein paar rufen noch und wollen die Reste verkaufen: „*Allez-y, allez-y, tapez dedans, profitez…allez-y.*“[1] Nach dem Essen kehre ich in die Fabrik zurück oder fahre wieder kreuz und quer durch die Stadt. Am Abend habe ich oft rund 80 Kilometer nur durch Paris in den Beinen. Gegen Abend komme ich nach Hause. Die Sonne geht über den Champs-Élysées unter, und ein leichter Nebel zieht auf. Unser Viertel, das früher sehr ruhig war, ist jetzt sehr belebt. Alle Bars, Dancings und Freudenhäuser, die während des Krieges geschlossen waren, öffnen jetzt eines nach dem anderen wieder. Überall sieht man Aufschriften *Nur für die Deutsche Wehrmacht.* Vor den Eingängen der Freudenhäuser sieht man oft Schlangen stehen. Ein Unteroffizier sorgt für Ordnung, eine gottesfürchtige *Schwester* nimmt den Glücklichen zuerst einmal mit, um ihm eine Spritze zu verpassen. Vor dem „Alcazar“, wo mit großem Erfolg eine Nacktrevue läuft, steht oft eine ganze Abteilung in Zweierreihen. Ein Unteroffizier besorgt an der Kasse die Eintrittskarten, kommt zurück, brüllt *rechts um,* und die ganze Kompanie marschiert in Zweierreihen hinein. Nach der Vorstellung werden sie mit Autobussen zur Place Pigalle gebracht, marschieren auf Kommando in die Freudenhäuser und kehren auf Kommando wieder zurück. Wenn Paris wenigstens zu ihrem Capua würde…

So vergeht ein Tag nach dem anderen, und bald ist Neujahr. Alle sagen: „Wir müssen nur den Winter überstehen – im Frühling kommt wieder etwas in Bewegung.“ Der Winter verstreicht, das Frühjahr verstreicht, und alle werden sagen: „Wir warten auf den Sommer.“ Der Sommer verstreicht, und wieder taucht das Problem auf, wie man den Winter überstehen soll. Und so geht es noch ein paar Jahre weiter. Denn ich glaube nicht, daß dieser Krieg bald zu Ende gehen kann.

20. 11. 1940

Die Situation der Polen in Paris ist klar. Und gleichzeitig irgendwie unwirklich. Die Deutschen, oder besser die Gesta-

[1] Los, los, wählt aus, nutzt die Gelegenheit

po, haben hier ein spezielles „Polenreferat“ eingerichtet, an dessen Spitze ein gewisser Rat Schwerbel steht. Dieser Deutsche hat angeblich das polnische Gymnasium in Włocławek[1] absolviert, er spricht ausgezeichnet Polnisch und „kümmert sich“ um uns alle. Die Polen sind mehrheitlich in drei Herbergen untergebracht, die nach langen Kämpfen mit der katholischen „Caritas“ von der sogenannten Marquise übernommen wurden, einer gebürtigen Polin, die mit einem Franzosen verheiratet ist. Sie hat sich mit diesem Deutschen angefreundet, hat mit seiner Hilfe Pater Cegiełka und die Führung der ihr nicht genehmen Institution bei der polnischen Kirche in Paris einsperren lassen; die Gestapo hat eine genaue Kartei angelegt – und nun herrscht Ruhe. Der Herr Rat hat in den Herbergen leichtgläubige Freunde gefunden, die ihm Briefe an ihre Familien in Polen mitgeben („Ich werde sie für euch abschikken“), er unterhält sich über die polnische Literatur und Kultur, *et voilà*… Eine Idylle, in der natürlich auch ich und ein paar meiner Bekannten einmal an die Reihe kommen können. Aber vielleicht auch nicht. Ich tue jedenfalls mein Bestes.

In den französischen Ämtern herrscht noch Verwirrung, und am schlimmsten ist es bei der Polizei. Ich fühle mich völlig leer. Die Politik ist zu einem Teil des Lebens geworden. Die ewigen Fragen: Wie wird das ausgehen, was werden die Deutschen tun, was wird mit dem Balkan geschehen? Ich vermeide solche Gespräche. Ich weiß nur eines: Heute ist der 20. November, und die Deutschen sind nicht in England gelandet. Das steht fest. Wenn ich an diesen Krieg denke, kommen mir immer die Napoleonischen Kriege in den Sinn. Das ist mein Hobby. Hitler besitzt ein Handbuch der Napoleonischen Epopöe mit einem schlechten Kommentar, und nach diesem erteilt er seine Befehle und Anweisungen. Napoleon wollte auch in England landen, er konzentrierte sogar Truppen am Kanal, jagte den Engländern einen Schrecken ein, und dann verlief alles im Sand. Der gegenwärtige Krieg besteht aus einer Reihe deutscher Kampagnen in Europa und dem dauernden Kriegszustand mit England, mit dem es zu keiner entscheidenden

[1] Bunzlau

Auseinandersetzung kommt. Die Deutschen haben schon fast ganz Europa, doch in Wahrheit haben sie es auch wieder nicht. Das wichtigste Problem dabei ist RUSSLAND. Wird es am Ende auch in dieser Hinsicht eine Ähnlichkeit mit den Kriegen des großen Kaisers geben? In letzter Zeit sieht man zahlreiche Fotografien von Stalin. Wird der listig lächelnde „batiuschka“[1] eines Tages sagen: „Und jetzt komm zu mir – bei mir hast du viel Platz“? Die Deutschen werden in Rußland einfallen und sich in dieser Weite auflösen wie ein Stück Zucker in einem Glas Tee. Und dann werden die Engländer und Amerikaner sie bei irgendeinem Waterloo versohlen. Ich träume, ich bin ein Rzecki[2], wie übrigens jeder Pole ein wenig. Dieser hartnäckige Krieg wird lang dauern, und nur Gott weiß, was dabei herauskommt. Trotz allem ist jeder Tag, den wir überleben, jeder ruhige Tag wichtig, weil er uns diesem unbekannten Ende näher bringt.

25. 11. 1940

Der Herbst ist in diesem Jahr kalt, aber schön. Pariserisch, emailliert und sonnig. Am Abend sitze ich am Fenster und schaue in den Sonnenuntergang. Das Meer der Dächer, das man von unserer Mansarde aus sieht, wird zuerst taubengrau, dann bläulich und kalt. In weiter Entfernung sieht man im Dunst den Eiffelturm mit der Hakenkreuzfahne auf der Spitze. Auch das mußte diese einundfünfzigjährige Pariser Matrone noch erleben. Auch sie haben sie eingekleidet. Ich habe heute das Öfchen geheizt, im Dunkeln gesessen und in das vom Feuer erleuchtete Fensterchen aus Glimmerschiefer gestarrt. Die verbrannten Notizhefte und polnischen Zeitungen kann ich nach wie vor nicht verwinden. Was für Helden! Die P.s wußten, daß ich schreibe. Nach dem Einmarsch der Deutschen in Paris befahlen sie Basia, alles zu verbrennen. Aus Angst. Nur gut, daß sie ihr nicht befohlen haben, auch noch die paar polnischen Bücher zu verbrennen. Sie wachten darüber, daß Ba-

[1] russ. Väterchen

[2] Ignacy Rzecki, Gestalt aus dem Roman „Die Puppe“ von Bolesław Prus (1847–1912), ein altes Faktotum, nach außen hin trocken und gewissenhaft, innerlich ein Träumer, der insgeheim Tagebücher schreibt.

sia das vor ihren Augen ausführte. Sie hat bloß ein Dutzend Seiten aus den Heften gerissen. Es ist von ihnen gerade so viel übrig geblieben, wie in meinem Inneren von meiner Vergangenheit. Ich werde nichts und will gar nichts rekonstruieren. Schon das, was man sofort niederschreibt, ist immer ein wenig verlogen, ein deformierter Gedanke, eine schlechte Wiedergabe des wahrhaften Tones. Es ist gewöhnlich dieselbe Melodie, aber mit Sicherheit in einer anderen Tonart geschrieben. Schlimmer noch – Dur wird oft zu Moll und umgekehrt. Da hilft auch das beste Ohr nichts. Vielleicht ist nur das gut, was aus einer direkten Verbindung der Feder mit dieser seltsamen Welt der Gedanken und Gefühle hervorgeht? In vielen Fällen spürt man, daß diese Verbindung nicht direkt ist, daß sie mühevoll über diverse Zentralen verläuft, in denen man die dummen Stimmen der Telefonistinnen hören kann. Diese Stimmen der Telefonistinnen lassen sich in einem geschriebenen Text leicht erkennen. Mit wieviel Anstrengung hat sie Flaubert aus seiner Prosa eliminiert, und wieviel haben sie bei Balzac hineingeschwätzt.

Ich verbringe den ganzen Tag damit, durch Paris zu fahren. Von den breiten Boulevards biege ich in dunkle und immer andere (oder auch dieselben und doch andere) Gassen ein, schaue, denke oder denke nicht, pfeife vor mich hin, strecke bei Kreuzungen den Arm aus und zeige die Richtung an, in die ich abbiege und lächle den Polizisten zu. Manchmal warte ich, bis eine Kolonne grauer Wagen vorbeirollt, und fahre dann weiter. Ich rede mit dem Denkmal von Molière; zum Denkmal von Gambetta im Louvre sage ich immer: „Höchste Zeit, daß dich die Deutschen wegschaffen“, (die Deutschen haben angeblich diese edle Absicht bekundet); dann fahre ich an der Kirche Saint Germain vorbei oder stöbere auf der Rue Bonaparte in Bildern, Reproduktionen und antiquarischen Büchern. Ich tauche in die alten Gäßchen ein und komme im Vorzimmer irgendeines Ministeriums oder einer Fabriksdirektion wieder an die Oberfläche. Ich weiß, daß es mir gelingen wird, alles zu erledigen, aber erst in drei Monaten. Auch die Leute aus dem Pulvermagazin werden ihr Geld bekommen. In der

Zwischenzeit muß man Briefe schreiben und in den Vorzimmern herumlungern. Ich lungere also herum. Dann überquere ich wieder die Seine und fahre in die Rue du Faubourg-Saint-Honoré. Schöne Frauen, die man früher nicht zu Gesicht bekam, gehen jetzt zu Fuß oder sind mit Pferdewagen unterwegs. Kleine Kutschen, Tilburys, Karriolen. Paris sieht aus wie vor hundert Jahren: eine kleine, stille Gasse, das Klappern von Pferdehufen und ein kleines Gefährt mit einer schönen Frau darin, ebenfalls ein wenig à la Louis-Philippe gekleidet. Ich denke an George Sand, an Lady Dudley, an die Prinzessin de Langeais, an Liszt... Die Okkupationsarmee benimmt sich tadellos. Sie sind ruhig, würdevoll, gut erzogen. Ich habe noch keinen einzigen Betrunkenen gesehen. Eine Armee beherrschter Verrückter, die alles unter Aufsicht des Oberarztes, der ebenfalls verrückt ist, erledigen. Aber sie imponieren den Menschen. Hat man je gesehen, daß jemand einer Dame in der Metro den Platz anbietet? Die deutschen Soldaten machen das mit Eleganz. Mit tausend Vorwänden machen sie sich die Franzosen gefügig und bereiten den Boden für die „Kollaboration", über die immer lauter geredet wird. Nun, und schon haben wir EUROPA. Ich denke an das Gespräch mit dem Studenten, den wir auf der Rückfahrt trafen. Das Wort „Europa" wird einstweilen noch vorsichtig eingeworfen, wie die ersten Tennisbälle, wenn die Spieler zunächst einmal die gegenseitigen Reaktionen „abtasten". Vorsichtig, leise und diskret ersetzt dieses große Wort „Europa" in der offiziellen Sprache „Deutschland". Der deutsche Soldat kämpft nicht mehr für die Größe Deutschlands, er wird für das Glück Europas, für Europa kämpfen. Ein aggressiver Nationalismus, der eine wachsende Zahl besiegter Nationen unter seiner Fuchtel halten möchte, muß internationale und idealistische Losungen und Slogans verkünden. Es ist immer dieselbe Komödie – die napoleonische Komödie, die sich bis ins letzte Detail wiederholt. Die Schaffung „unabhängiger" neuer Staaten. Noch haben sie nirgends einen König ernannt. Göring zum Beispiel würde sich hervorragend für diese Rolle eignen, dieser Prince Murat Hitlers. Die Fabrik der Geschichte arbeitet in drei Schichten und hat sich die neuesten Maschinen besorgt. Die beste von ihnen ist vielleicht die Maschine der Lügen. Ihre Konstruktion ist tatsächlich bewundernswert. Diese Lügen gleichen irgendwie schlecht nachgemachten Banknoten. Aber von denen wurden schon so viele in Umlauf gesetzt, daß wir alle sie annehmen und mit ihnen bezahlen, als wäre nichts dabei. Wir wissen, daß sie falsch sind, aber wir stecken sie in die Geldbörse. Die Welt? Die Menschheit? Der Mensch? Bitte sehr! 1500 Lg. von diesem eben erst in Umlauf gesetzten Zahlungsmittel; es besitzt zwar keinerlei Deckung, doch es droht ihm auch keine Abwertung.

28. 11. 1940

Nebelige Herbsttage. Die Sonne scheint ausweichend, unverbindlich. Die Bäume haben die Blätter verloren, und der Winter rückt an. Jeder Tag versteckt sich mit einer unbestimmten Anzahl anderer Tage hinter einem *gris-moisi*[1] farbenen Paravent und springt jeden Morgen hervor, verstreicht, vergeht. Es ist wie bei der Uhr eines Taxameters.

Ich habe Tadzio Piotrowski getroffen. Er hat ein Zimmer bei einer Französin gemietet. Er ist aus Paris geflohen und vor kurzem zurückgekommen, um sein Studium fortzusetzen. Seine Patronin hat alle polnischen Bücher verbrannt, die er in seinem Zimmer hatte. *Mesure de prudence*![2] Ich verstehe: Die Barbarei weckt Angst, die Angst weckt Barbarei. Die Deutschen müssen nichts organisieren, niemanden zu etwas zwingen; sie MACHEN ANGST. Der Rest geschieht von alleine. Unter dem Einfluß der Angst bricht im Bruchteil eines Augenblicks alles zusammen. Ich spüre, daß ich selber auch zusammenbrechen würde, wenn ich Angst hätte. Und daher will ich keine Angst haben.

4. 12. 1940

Angeblich hat Italien vor ein paar Tagen Griechenland den Krieg erklärt. „Rom“ unterwirft Hellas. Diesmal werden je-

[1] schimmelig-grau
[2] Vorsichtsmaßnahme

doch die Griechen die „Römer“ schlagen. Die Balkanfrage ist noch nicht gelöst und wartet auf eine Entscheidung. Gleichzeitig gehen Gerüchte um, daß die ganze französische Regierung in Vichy auf ihren gepackten Koffern sitzt und nur auf den geeigneten Augenblick zur Flucht nach Afrika wartet, um sich eindeutig auf die Seite Englands zu schlagen. Die hiesigen Zeitungen greifen natürlich alle Minister in der Regierung Pétain an und nennen sie proenglische Verräter. Sie sprechen sogar von irgendwelchen Verhaftungen, aber was für Verhaftungen das sind und wen sie betreffen – das weiß man nicht. Jedenfalls ist die Regierung Pétain nicht noch deutlicher in Richtung einer eindeutigen „Kollaboration“ gerückt. Ich würde ja gern, aber ich traue mich nicht... Noch schämen sie sich.

10. 12. 1940

Der Mensch lebt wie ein Troglodyt. Vom Morgen bis zum Abend sind die Probleme, die ihn am intensivsten beschäftigen – Essen, Brennstoff, Licht. Die Deutschen haben bewiesen, daß man das römische Prinzip „panem et circenses“ auch *à rebours* anwenden kann, und die Wirkung ist dieselbe. Entweder gibt man den Leuten Brot, damit sie nicht denken, oder man gibt es ihnen nicht, und dann hören sie auch auf zu denken. Besonders hier, wo jeder Denkprozeß mit dem Magen zusammenhängt. Der Kopf ist kein Lagerraum für Gedanken, sondern ein Lebensmittelmagazin. Man wird von irgendeinem Teufel geritten und betrachtet es als seine heilige Pflicht, Okkasionen zu suchen, die man ohne Lebensmittelkarten bekommt. Ganz Paris hat einen neuen Snobismus entdeckt. Wenn jemand sagt, er habe ein Pfund Butter ohne Karten bekommen, dann muß man höflich lächeln und so nebenbei hinwerfen: „Ich habe drei Kilo Zucker für zwölf Francs erstanden.“ Am jämmerlichsten ist ein Mensch, der bei der Erwähnung von Butter aufspringt wie von der Tarantel gestochen und mit lauter Stimme fragt: „Wo?“ In seiner grenzenlosen Naivität erwartet er, daß ihm der andere sagt, „wo“. Aber der lächelt bloß und gibt eine ausweichende Antwort. *Il faut être malin.*[1] Noch nie haben Egoismus und Neid, in ein Lächeln verpackt, solche Blüten erlebt wie jetzt. Alle Gespräche in Paris erinnern in diesen Tagen an die Gespräche im Klub der Bildhauer in Krakau, wo sich alle am liebsten gegenseitig in einem Löffel Wasser ersäuft hätten. Es wimmelt von diversen Schokolade-, Butter-, Zucker- und Milchtalenten, die eines dem anderen jedes Talent absprechen.

[...]

15. 12. 1940

Kälte. Nebel und Milchsuppe. Der Nebel ist so fein und dicht, daß er geradezu zischt, wenn er auf meine undurchlässige Jacke fällt. Ein ununterbrochenes Zischen. Ich gehe in ein Bistro in der Rue Broca und trinke Glühwein. Stille. Ein mit Fässern beladener Brauereiwagen fährt durch die Straße. Jeder Hufschlag auf dem Pflaster ist deutlich vom anderen abgesetzt. Ich zünde eine Zigarette an und schaue vor mich hin. Der Patron hinter der Theke macht sich mit einem spitzen Gerät zum Zerhacken von Eis an einem Korken in einer Flasche zu schaffen. Dann schüttet er aus ein paar Flaschen Limonadenreste zusammen, und wenn ich eine „panaché" (Bier mit Limonade) bestellen würde, dann würde er sicherlich diesen Cocktail in mein Bier schütten. Ich bestelle etwas anderes. Eine lokale Prostituierte in Schuhen mit sehr hohen Absätzen kommt herein. Sie hat hübsche Beine. Sie sagt: „*Quel temps*!",[2] und trinkt ein Glas Cognac. Sie sieht mich an und lächelt. „*Ça va*?" – „*Oui, merci, ça va.*" – „*Tu veux*?", und sie macht eine Kopfbewegung in Richtung des Hotels gegenüber. „*Non, ma cocotte, merci.*"[3] Sie verdienen jetzt ausgezeichnet. Sie bezahlen alles in Mark. Vorher hatten sie Pfund. Nicht nur sie. Ein paar Kolleginnen aus der Fabrik „lernen" ebenfalls deutsch. Eine von ihnen rühmte sich vorgestern mir gegenüber, daß sie jetzt Stunden nimmt: „*Ich lerne Deutsch.*" „Mit Offizieren oder mit Soldaten?" fragte ich gleichgültig. Sie lachte dümmlich und ging. Alles nur, weil eine Mark 20 Francs entspricht.

[1] Man muß klug sein.
[2] Was für ein Wetter!
[3] In Ordnung? – Ja, alles in Ordnung, danke. – Willst Du? – Nein, Schätzchen, danke.

Das Mädchen geht hinaus. Der Patron sitzt hinter der Theke und schaut aus dem Fenster. Ich auch. Ich fühle mich wohl. Die Atmosphäre in diesem abgelegenen Bistro an diesem nebeligen Tag hat etwas Beruhigendes an sich. Die Nerven werden zu Angorafäden. Die man sich um den Finger wickeln kann.

16. 12. 1940

Ein Gespräch mit der Kassiererin in der Fabrik, einer älteren, klugen Frau.

„Was denken Sie über den Krieg?"

„Der interessiert mich nicht. Die Menschen bringen einander um, keiner weiß warum. Und was denken Sie?"

„Wenn ich sicher gehen könnte, daß ich hinkomme, würde ich nach England fahren."

„Mon Dieu! Was für eine Idee! Hier sind Sie doch viel eher von Nutzen. Warum, wozu?"

„Sie müssen das doch verstehen – es gibt etwas in jedem Menschen, das ihm befiehlt, anders zu denken, als ihm die Vernunft gebietet, das ist so ein Gefühl, der Wunsch, sich selber die Wahrheit zu sagen, ein Glaube…"

„Ich habe keine Ahnung, wovon sie sprechen; Sie haben doch eine Frau, sie verdienen – *il faut gagner sa petite vie et c'est tout*[1]."

„Sehen Sie, hier geht es um die Ehrlichkeit, um die Wahrheit oder einfach um die Pflicht…"

„???"

„Nun, wenn Sie zum Beispiel jemanden lieben, oder wenn Sie ein Ideal haben, und sei das auch ein Mensch. Vielleicht geht es mir auch um ein Ideal."

„Ja… Ich habe jemanden, den ich liebe."

„Könnten Sie diese Person betrügen?"

„Ich glaube… schon. Aber nicht mit dem Herzen!"

„Das ist egal. Würden Sie nicht die Notwendigkeit, beinahe die Verpflichtung verspüren, ihm davon zu erzählen?"

Sie fuhr auf:

[1] Man muß seinen Lebensunterhalt verdienen, das ist alles.

„Mein Herr, DAS SAGT MAN DOCH NIE!“

Dieses Gespräch erinnert mich an die Unterhaltung mit einem befreundeten Briefträger, noch vor dem Krieg. Er zeigte mir pornographische Bilder von Liebesstunden zu viert: er mit der Frau seines Freundes, der Freund mit seiner Frau. Er schilderte in allen Details, wie das vor sich ging. Ich fragte ihn:

„Ja wie? Sie gestatten diesem anderen alles mit Ihrer Frau. Küssen und...“

Er unterbrach mich aufgebracht:

„Mein Herr, alles, nur nicht küssen. DER MUND MEINER FRAU IST MEINE PRIVATE ANGELEGENHEIT!“

Und da soll man mit ihnen diskutieren.

17. 12. 1940

Es ist kalt. Das Thema aller Gespräche: das Essen. Das Thema aller Gedanken: das Essen. Während ich heute an der Notre-Dame vorbeifuhr, dachte ich unwillkürlich: „Wenn diese Figuren aus Butter wären, und wenn das keiner wüßte!“ Dann versuchte ich mich zu erinnern, unter welchen Begleitumständen man in Tibet tatsächlich große Plastiken aus Butter fertigt. Ich weiß ganz sicher, daß sie dort solche Plastiken machen. Und wenn der Krieg so ausgeht, wie sich alle das wünschen, dann... dann werden vor allem einmal große Schiffe mit amerikanischen Konserven kommen... Dann dachte ich über die Ewigkeit nach und stellte fest, was Gewöhnung bedeutet. Man kann sich viel leichter vorstellen, daß sie kein Ende kennt, weil man das seit seiner Kindheit so gehört hat. Aber wir können uns überhaupt nicht vorstellen, daß die Ewigkeit auch keinen Anfang hat. Dieser Gedanke kann einem die Augäpfel um 180 Grad umdrehen.

18. 12. 1940

Sehr charakteristisch. Zum Abendessen in einem polnischen Restaurant. Eine Serie von Lithographien und Stichen, mit denen der Saal geschmückt ist, auf denen die Uniformen des polnischen Militärs zur Zeit der napoleonischen Kriege und des Novemberaufstandes abgebildet sind. Nach dem Einmarsch der Deutschen in Paris kam die französische Polizei gerannt und befahl, diese „Planchen“ sofort von der Wand zu nehmen. (Nur gut, daß sie nicht verlangten, sie zu verbrennen...) Die Patronin widersetzte sich und nahm sie nicht ab. In der Zwischenzeit begannen auch deutsche Offiziere, von denen viele polnisch sprachen, das Lokal zu besuchen. Einige von ihnen wurden sogar zu *Stammgästen*. Die französische Polizei kam noch einmal angerannt und drohte, das Lokal zu schließen, wenn sie diese „Planchen“ nicht abnehme. Sie nahm also die „Planchen“ ab, und an den Wänden blieben helle Rechtecke zurück – die Spuren der Bilder. Als die Deutschen kamen, erhoben sie ein Geschrei. Wo sind die Bilder? Was haben Sie mit ihnen gemacht? Sie erzählte ihnen von der Anordnung der Polizei. Sie waren aufgebracht und befahlen ihr, auf der Stelle wieder alle Bilder aufzuhängen. „Wir haben nichts gegen das polnische Militär. Der Pole war immer ein tapferer Soldat. Der echte Krieg hat in Polen stattgefunden, nicht hier...“ Das sagte ein Leutnant der Wehrmacht.

Und alle Bilder hängen wieder an ihrem Platz, und die Polen, die hierher kommen, sind begeistert. Unsere Leichtgläubigkeit hat sich seit der Zeit der Teilungen nicht geändert. Wenn man mit der weiß-roten Fahne vor unserer Nase wedelt, unsere Helden ehrt und uns erlaubt, „Gott, der du Polen“, die „Rotte“, „Noch ist Polen...“ und „Die Erste Brigade“ zu singen[1], dann kann man viel erreichen. Man darf sich nicht wundern, daß so viele Franzosen jeden Tag den Köder der scheinbaren Großzügigkeit der Deutschen schlucken und sich zur Kollaboration im neuen Europa verleiten lassen, von der immer öfter die Rede ist. Nach dem zu urteilen, was man im Radio hört, haben die Deutschen das bei uns alles durch ihre eigene Dummheit verpfuscht. Das ist noch ein Glück. Sie hassen uns zu sehr, um sich nur von der Psychologie leiten zu lassen.

19. 12. 1940

Ein ungemein wichtiges Problem des Lebens ist jetzt das ANSTEHEN IN SCHLANGEN. Ich stehe in einer Schlange

[1] Patriotische polnische Lieder – „Noch ist Polen...“ (*Jeszcze Polska...*) ist die Nationalhymne.

und lausche. Ich stehe in einer Menge von Weibern, in einer Menge von Wesen, die an lebende Karikaturen von Daumier erinnern, an die Stiche aus der Zeit der Revolution im Museum Carnavalet, an Wirkerinnen. Wesen, gekleidet in schmutzige Fetzen, ausgelatschte Schuhe, klebrig von Schmutz, mit rutschenden Strümpfen und zerzausten Haaren. Jede will die anderen mit der Anzahl von Schlangen übertreffen, die sie heute schon hinter sich gebracht, mit der Anzahl von Stunden, die sie sich angestellt hat. „Zwei Stunden, *pensez-vous*[1], so weit haben wir es gebracht. Gestern mußte ich zum Mittagessen…" Hier folgt eine detaillierte Beschreibung der Tätigkeiten für die Zubereitung der Mahlzeit. Und dann wieder Fleisch, Zukker, Butter, Kartoffeln. Plötzlich Lärm. Jemand versucht, sich an die Spitze der Schlage zu schieben. Ein paar wütende Weiber stürmen von hinten nach vorn und beginnen, diese *resquilleuse*[2] zu beschimpfen, wobei sie die unmittelbare Umgebung als Zeugen anrufen. Die übrigen murren in tausendfacher Wiederholung in allen Tonlagen: „*Ah non, ça alors*."[3] Die Angelegenheit klärt sich auf: Die Frau, die sich in der Schlage vordrängen wollte, ist schwanger.

Sie streckt ihren Bauch heraus, zeigt ihn in der Runde, und keift die Weiber an. Sie sieht aus wie ein dicker Blechkreisel, der verschiedene Geräusche und Summtöne von sich gibt, während er sich dreht. Schwangere Frauen genießen Vortritt, sie haben von der Mairie ausgegebene „Vortrittskarten" und brauchen sich nicht in der Schlange anzustellen. Die Weiber kehren auf ihre Plätze zurück und grummeln: „Keiner will sich um einen Platz zanken – *pensez-vous* – aber Gerechtigkeit muß sein, *quand même*[4]…" Vor allem gegenüber Schwangeren sind sie äußerst mißtrauisch, weil zu Beginn, als es noch keine amtlichen „Schwangerenkarten" gab, die man auf Grund von ärztlichen Bestätigungen bekommt, zahlreiche schwangere Frauen in den Schlangen auftauchten, die auf ihre *priorité* pochten. Diese erlangten sie dank dem hier vorherrschenden

[1] Stellen Sie sich das vor!
[2] Betrügerin
[3] Nein, so was…
[4] trotz allem…

Schwangerschaftskult. Als man jedoch von Zeit zu Zeit unter dem Kleid oder Mantel ein kleines Kopfkissen entdeckte und sich herausstellte, daß die Frau den mächtigen Bauch ausgestopft hatte, war es mit den guten Zeiten vorbei. Jetzt besteht die erste, nur schwer zu bremsende Reaktion dieser wütenden Megären darin, den Bauch der sich in der Schlange vordrängenden Frau zu betasten. „*On les connaît bien ces femmes enceintes...*“,[1] sagen sie stets, wenn sie wieder auf ihren Platz zurückkehren wie Wanzen, die hinter eine Leiste beim Bett schlüpfen.

Die plötzliche Aufregung hat sich gelegt – die Weiber nehmen ihre Unterhaltung wieder auf. Fleisch, Zucker, „Olida“-Konserven, Schmalz, Bohnen. Und alles noch einmal von vorn: Fleisch, Zucker, „Olida“... Viele bringen Strick- oder Wirkarbeit in die Schlange mit. Ich verspüre oft Lust, ihnen die Hände zu fesseln, die Zunge mit einer Stricknadel zu durchbohren und sie so stehen zu lassen. Wie eine Megäre auf einer dieser makabren Karten zum Ersten April, die bei uns verkauft werden. Von diesen philosophischen Abhandlungen über das Essen kann einem richtig schlecht werden. Sie sprechen darüber mit unvorstellbarer Gier, voll Neid; wenn es zum Beispiel um jemanden geht, der vom Dorf ein Paket bekam, dann hecheln sie jeden Bissen durch, bis sich die ganze Welt am Ende in FRESSEN, TRINKEN, SCHLAFEN, SCH... verwandelt hat. Immer wieder kommt es vor, daß eine von ihnen aus der Schlange tritt, der vor ihr stehenden Person unmißverständlich zu verstehen gibt: „*Je suis derrière vous*“[2] (als Zeuge für den Fall einer Auseinandersetzung oder von Vorwürfen der Personen hinter ihr), einen Blick in den Laden wirft und mit Neuigkeiten zurückkehrt. Mit Schadenfreude in der Stimme verkündet sie: „Für die am Ende wird es nicht reichen.“ Das sagt sie so laut, daß die am Ende sie hören können. Sofort bricht ein Sturm los: „Nicht jeder kann es sich erlauben, früher zu kommen... Nicht immer ist einem das möglich...“ Und das Weib greift sogleich den Faden auf und beginnt zu erzäh-

[1] Wir kennen diese Schwangeren nur zu gut...

[2] Ich bin hinter Ihnen.

len: „*Mais MOI... ET MOI... SI JE...*“[1] Sie allein ist groß, man braucht nur IHREM Beispiel zu folgen, und alles sieht gleich ganz anders aus. Rufe und Schimpfen. In diesem Moment kommt ein Polizist, der die Ordnung in den Schlangen überwacht, schaut in den Laden und beruhigt: Es reicht für alle. Nun beginnen die anderen über das Weib herzufallen, die ganze Schlange. Und das wiederholt sich immer wieder. Schlange um Schlange, es geht um alles und um nichts, Schlange für Schlange, Schlange zu Schlange. Fleisch, Zucker, „Olida“, Kartoffeln, Schmalz, Bohnen...

Insgesamt ist der Mensch ein Wesen, das nur danach trachtet, eine gewisse Menge von Kohlenstoffen und Fett mit Eiweiß in sich hineinzustopfen, diese nach dem Essen wieder auszuscheiden und neuerlich nach Kohlenstoffen und Eiweiß Ausschau zu halten. Es handelt sich nicht darum, daß man leben kann, sondern daß man etwas hat, was man sch... kann. Tag ein, Tag aus. Das Leben beschränkt sich auf das Funktionieren des Verdauungstraktes, das durch die Geldmenge reguliert wird, über die man verfügt. Es ist abstoßend.

21. 12. 1940

Eine Vernehmung. Ich kam am Abend ins Polnische Haus. Die Arbeiter sagten mir: „Schwerbel ist oben, er vernimmt die Leute wegen der Pelzmäntel, welche die Marquise für das Heim bekommen hat und jetzt für 100 und 150 Francs verkauft.“ Ich verstand. Ich unterhielt mich eine Weile mit ihnen, der eine braucht Unterstützung in der Mairie, ein anderer möchte nach Süden...

Plötzlich stürmt einer herein und sagt: „Herr Schwerbel bittet Sie hinauf.“ Ich bin überrascht. Ich habe nie in einem Heim gewohnt. Aber sie haben ihm schon von mir erzählt... Ich gehe. An der Schreibmaschine sitzt ein noch junger, äußerst sorgfältig gekleideter Mann, der englische „Black Cats“ raucht (ein Erbe der Engländer) und mich mit einem Lächeln begrüßt. Er spricht ausgezeichnet polnisch.

„Guten Abend. Ihr Name ist mir entweder aus der Litera-

[1] Aber ICH ... UND ICH ... WENN ICH ...

tur oder aus der Geschichte geläufig…"

Ich habe Angst, doch nun würde ich am liebsten losplatzen vor Lachen.

„Einstweilen weder das eine noch das andere. Sie irren sich," antworte ich lächelnd.

„Ach so… ich dachte nur. Was machen Sie in Frankreich?"

„Ich bin vor dem Krieg hergekommen, ich habe bei den Franzosen gearbeitet und arbeite immer noch…"

„Sie waren nicht beim Militär?"

„Nein."

„Sie brauchen das nicht zu verbergen. Wir haben nichts gegen Soldaten. Das ist eine Pflicht wie jede andere auch. Sie waren also nicht beim Militär?"

„Nein, war ich nicht. Ich habe gearbeitet. Ich wurde in die Industrie mobilisiert."

„Nun, und was ist dabei? Sie wollen sicher nach Polen zurückkehren? Der Platz jedes guten Polen ist jetzt in Polen. Wir müssen arbeiten, einer ehrlichen Beschäftigung nachgehen…"

„Nein."

Er ist verblüfft, schwafelt aber weiter.

„Ich tue, was ich kann, um allen die Rückkehr zu ermöglichen, aber diese Aktion von Pater Cegiełka und bestimmte Aktivitäten der polnischen Kommunisten machen mir die Arbeit unmöglich, verzögern alles…"

„Das ist schade."

„Ja, sehen Sie, die Menschen sind ja so dumm. Was sollen diese Machinationen? Wenn jemand nach England fahren will, kann er mir das doch ganz offen sagen. Ich würde ihm einen Passierschein für die von uns besetzte Insel Jersey ausstellen, zu der Schiffe des englischen Roten Kreuzes Lebensmittel bringen. Wir haben ein Arrangement mit den Engländern. Und dann soll er sich aufs Schiff setzen und nach England fahren, in diese Hölle. Bitte schön, soll er nur hinfahren!"

Ich sage nichts, aber ich würde trotz allem am liebsten laut lachen. Aufhängen sollte man ihn. Ich beginne langsam diese ganze Politik zu begreifen. Die Deutschen lassen uns jede Bewegungsfreiheit und wollen nur die Elemente herausfischen, die ihnen gefährlich werden könnten; mit dem Rest wollen sie sich gar nicht befassen, den überlassen sie der Kontrolle der Marquise in „ihren“ Heimen, und die ganze Last der sozialen Fürsorge bürden sie den Franzosen auf. Sie haben wichtigere Dinge im Kopf als ein paar hundert Polen. Und der Herr Rat kompliziert die Angelegenheiten ganz bewußt, er macht sich wichtig, damit er ein bißchen Arbeit hat und nicht zum Militär einrücken muß. Wenn ihm jemand unbequem wird, dann sperrt er ihn ein. Dank seiner „freundlichen Art“ hat er zahlreiche ihm ergebene Informanten und weiß alles, und als Resultat ist unser Zusammenleben mit den Deutschen unbestimmt friedlich. Das Gespräch geht weiter.

„Was wissen Sie von diesem Verkauf der Pelzmäntel durch die Frau Marquise?“

„Eigentlich weiß ich gar nichts darüber.“

„Ach, Sie sagen also zugunsten dieser Dame aus?“

„Ich sage gar nichts aus.“

Er schreibt das alles deutsch nieder und liest es mir laut vor. Ich unterschreibe. Der Herr Rat ist der einzige Vertreter der Deutschen und unser „Schutzengel“. Keine andere deutsche Behörde beschäftigt sich mit uns – sie haben ja IHN. Und so wird es vermutlich irgendwie weitergehen.

[...]

23. 12. 1940

Es ist traurig. Es fehlt jede Festtagsstimmung. Ich flüchte mich in Gedanken zu den wenigen Herzen, für die es sich lohnt, zu leben und das alles zu überleben. Kalt und grau. Von Zeit zu Zeit wird ein Schneeregen gegen die Fensterscheiben getrieben und drückt dagegen. An der Seine und bei der Madeleine werden Christbäume verkauft. Ich wollte einen kaufen, doch sie sind sehr teuer. Ich setze mich neben den Ofen und lese meine Notizen aus dem Süden durch. Wenn man versucht, Südfrankreich zu beschreiben, ist das ungefähr so, als wollte man die Sonne mit Tinte malen. Ich habe Lust, endlos lang über das alles zu schreiben; vor allem jetzt. Der Wind rüttelt an den Türen, kriecht durch alle Ritzen, klopft mit Regentropfen an die Fenster oder überzieht die Dächer plötzlich mit einem Tuch aus Schnee, das von weit her geflogen kommt und aussieht, als wäre es vom Boden losgerissen worden. Ein schmutziger Fetzen, der von einem Misthaufen fortgeweht wurde.

Einsamkeit. Ein geradezu durchdringender Schmerz des Alleinseins. Es fehlen Lächeln, Lärm, Leben. Das ist mehr als Einsamkeit; es ist eine totale Leere, die das Fremde um uns herum unterstreicht. Man ist an nichts gebunden, mit niemandem verbunden. Wir sind zu zweit allein, und jeder klammert sich an den anderen wie an einen Schiffsmasten während des Sturmes. Das ganze Jahr über ist es möglich, diese Einsamkeit nicht zu spüren, man kann sie sogar genießen, aber jetzt schmerzt sie.

24. 12. 1940, gegen Mitternacht

Es ist ein Abend wie jeder andere. Ich heize ein, und es wird warm. Wir waschen uns in unserer Schüssel, und dann legt sich Basia ins Bett. Sie ist sehr müde. Ich schiebe den Tisch heran und setze mich ordentlich gekleidet allein hin. Wir stellen Fotografien auf den Tisch und brechen die Oblate miteinander, wobei wir die Bilder betrachten. Wir essen Sardinen, Barszcz mit Teigtäschchen und Datteln. Und dann hole ich als Überraschung die Flasche Champagner hervor. Sie lächelt und gibt mir einen Kuß. „Du bist so gut, daß du daran gedacht hast…“ Doch obwohl sie Champagner gern hat, will sie nichts trinken. Ich wende mich ab, damit sie nicht sehen kann, daß ich Tränen in den Augen habe. Ich bin wirklich traurig. Ich lasse den Korken nicht knallen, sondern ziehe ihn leise heraus. Vor den Fenstern ächzt der Wind und möchte unbedingt ins Zimmer kommen. Ich trinke fast die ganze Flasche allein aus, dazu esse ich Datteln und rauche eine Pfeife. Die Kerze brotzelt von Zeit zu Zeit, und der Wecker tickt laut. „Welche Stunde haben wir?“ Ich streichle ihr über den Kopf. „Schlaf – sie geht vorüber, und es werden andere kommen…“

1941

3. 1. 1941

Wir sind in Reuilly in UNSEREM ZIMMER. Das kostete mich einiges... Ich stand am Morgen auf und fuhr zum Polnischen Haus, zu Tadzio. Es dämmerte gerade. Ich ging in ihr Zimmer. Tadzio schlief noch. Igiełka war schon auf und bastelte an etwas herum, Boruc lag im Bett und döste. Igiełka begrüßte mich lärmend: „Herr B., mit Tadzio werden Sie keine Freude haben, er ist erst um zwei Uhr morgens stockbesoffen nach Hause gekommen."

Ich weckte Tadzio. „Aaa, Jędruś, ich bin schon auf den Beinen. Ich bin vielleicht was betrunken. Ich zieh mich gleich an und geh den Wagen holen." Er stand tatsächlich auf und begann herumzutrödeln. Die beiden anderen machten ihm Vorwürfe, und er blieb ihnen keine Antwort schuldig. Tadzio war halb nüchtern. Ich kenne ihn und weiß, daß man es ihm auch nicht ansieht, wenn er völlig betrunken ist. In der Zwischenzeit holte Igiełka einen Viertelliter Wodka, eine Dose mit Pastete und Brot aus einer Ecke und verkündete, wir müßten das Neue Jahr begießen. Also tranken wir. Es begann, uns zu schmecken. Tadzio stellte fest, es ginge ihm immer besser, und es wurde lustig. Schließlich legten wir unser Geld zusammen und schickten Igiełka nach einem halben Liter Wodka und eingelegten Heringen. Er lief nach Saint-Paul zu Dombrowski und brachte alles. Es war schon hell, draußen fiel der Schnee in dicken Flocken. Wir wurden sentimental, und „jeder einen Eimer", wie Tadzio sagt. Hopp, hopp, hopp – Brot mit eingelegtem Hering, und wieder hopp. Ich hatte schon einen ordentlichen Dusel, und Tadzio und Igiełka waren völlig besoffen. Aber wir hielten uns wacker. Igiełka bot uns seine Hilfe an.

Zu dritt gingen wir schwankenden Schritts hinunter, schnappten den Wagen und machten uns auf den Weg. Es ging auf zehn zu. Dichter Schnee fiel still und leise. An der Seine war es leer, eine Reihe gebückter Bäume, Häuser, das linke Ufer – alles verschwand im verschneiten Nebel und verschwamm vor den Augen. Der Schnee fiel einem in den Kragen, machte das Gesicht naß und setzte sich in einer dichten Schicht auf die Schultern und den Hut. Er fiel so dicht, daß Tadzio mit den

Händen herumfuchtelte und rief: „Auseinander, lassen Sie die ehrenwerten Träger durch“, dann boxte er gegen die Flocken und hielt einen Monolog.

Auf der Höhe von Arts-et-Métiers verspürten wir wieder Durst und gingen ein Bier trinken, und nach dem Bier einen Cognac. Wir kamen zu den Boulevards, und bei der Porte Saint-Martin genehmigten wir uns einen Kirsch. Das gab uns den Rest. Jetzt war auch ich schon besoffen. Wir schwatzten nur noch dummes Zeug. Wenn Tadzio an einem Polizisten vorbeikam, verneigte er sich und sagte: „Verspüre den Geist, du... in einer Pelerine“ – mit einem Wort, eine Karawane Besoffener, die sich am Wagen festhielt. Gegen zwölf erreichten wir die Rue Saint-Lazare. Mit viel Getöse und Geschnaufe kletterten wir in den sechsten Stock hinauf.

Es schneite und schneite, der Schnee fiel ohne Unterlaß auf die Stadt nieder. Wir trugen die Sachen hinunter, verstauten sie auf dem Wagen, deckten das Zelt darüber und fuhren los. Nun brach ein richtiger Schneesturm los, und wir ahnten, daß es nicht leicht werden würde. Wir schleppten uns langsam dahin. Schritt um Schritt, die Füße glitten und rutschten dahin. Von Saint-Lazare bis nach Reuilly sind es ungefähr sechs Kilometer. Schon bei den Boulevards waren wir völlig nüchtern. Schwer atmend setzten wir einen Fuß vor den anderen. Von der Porte Saint-Denis steigt der Boulevard leicht bis zur République an. Wenn uns hier nicht ein Franzose schieben geholfen hätte, der Mitleid mit uns empfand, als er unsere vergeblichen Anstrengungen sah, weiß ich nicht, ob wir überhaupt von der Stelle gekommen wären. Es hörte nicht auf zu schneien, und der Schnee hüllte die Stadt in einen dicken Mantel.

Wir verstummten und bewegten uns mühsam, Meter um Meter, vorwärts. Trotz der eisigen Kälte floß uns der Schweiß in Strömen übers Gesicht, und wir waren von Kopf bis Fuß naß. Schließlich erreichten wir nach fünf Stunden das Hotel. Tadzio hatte es eilig, zu einem Rendezvous zu kommen, und machte sich gleich auf den Weg, während ich mit Igiełka unsere Sachen ins Zimmer trug. Dann fuhren wir mit dem leeren

Wagen zum Polnischen Haus. Das war jetzt nur noch ein Kinderspiel, denn bis zur Rue Crillon ist es nicht weit. Wir gaben den Wagen zurück, ich drückte Igiełka die Hand und bedankte mich für seine Hilfe. Ohne ihn, nur zu zweit, hätten wir es nicht geschafft. Dann kehrte ich nach Saint-Lazare zurück.

Ich war so erschöpft, daß ich grundlos zu weinen begann, als ich mich im Gang hinsetzte. Erst nachdem ich mich etwas ausgeruht hatte, trug ich mit Basia die letzten Kleinigkeiten hinunter; dann fuhren wir mit der Metro nach Reuilly.

In dem kaum geheizten Hotelzimmer erscheint es uns beinahe heiß. Die sechzehn Monate in unserem Taubenschlag haben uns völlig fertig gemacht.

6. 1. 1941

Wir haben beide den Eindruck, wir befänden uns in einem Sanatorium für Nervenkranke. Es geht uns so gut, es ist so ruhig und heimelig, daß wir manchmal an gar nichts denken. Wir genießen alles. Das Bett ist ein Genuß, das Waschbecken, die eigene kleine Küche, das Gas, das elektrische Licht, die Schränke, der mit Linoleum bedeckte Boden und sogar die Menschen: die Patronin, die auf die Besatzung schimpft und das Radio mit den Meldungen aus England mit voller Lautstärke aufdreht, der Bäcker und die Bäckerin, die uns begrüßen wie in alten Zeiten, mit dem Lächeln dicker und gutmütiger Menschen, der Ladenbesitzer mit seiner Tochter, der kleinen Französin, die aussieht wie eine Vogelscheuche, der streitsüchtige *marchand de vin*, ein ehemaliger Flieger, der große Sympathie für Basia empfindet und bei ihrem Anblick seinen Kunden laut zurief: „*Voyez-vous, madame est Polonaise. On les aura, n'est-ce pas, madame*?!“[1]

Alle haben uns erkannt und wieder in ihrem *quartier* aufgenommen, in die große Familie der ständigen Bewohner des Hôtel du Commerce. Die Patronin hat Basia in „ihren“ Läden empfohlen, wo sie ohne Probleme eingetragen wurde. Die Menschen hier sind ganz anders, ein wenig wie die Menschen in der Provinz. Nicht wie diese schreckliche, gierige, unver-

[1] Diese Dame ist Polin. Es stimmt doch, denen geben wir's, nicht wahr, Madame?

schämte Bande im *9. arrondissement*. Im Hotel sind dieselben Bewohner wie früher; sogar unsere Nachbarn auf der anderen Seite der Wand sind dieselben geblieben. Sie ist immer noch dick und von imponierender Gestalt – und er ist klein, hübsch, zart und jünger als sie. Und wieder dringen die Geräusche ihres lauten und komplizierten Liebesspiels zu uns herüber.

Ich komme am Abend nach Hause und habe den Eindruck, die Zeit sei stehengeblieben, es sei immer noch „vorher". Ich betrachte gerührt die Figur vor dem Eingang, die mit Efeu bewachsene künstliche Grotte und den Baum vor dem Fenster. Es ist schon seltsam – im Hotel habe ich ein Zuhause gefunden.

Wir haben keine Lust, etwas zu tun, auszupacken, uns einzurichten. Wir legen uns ins Bett, drehen die Nachttischlampe an und lesen. Liegen und lesen. Es gibt keinen eiskalten Steinboden mehr, keine Probleme mit dem Spiritus, man muß nicht auf Zehenspitzen durchs Zimmer gehen, kann sich die Hände mit warmem Wasser waschen und kann im Pyjama, ohne Pullover und Schal überm Kopf, schlafen. Es ist wie ein Traum.

7. 1. 1941

Jetzt wissen wir, wonach wir uns richten müssen. Herr Rat Schwerbel kam am Weihnachtsabend in das Heim in der Avenue Wagram, und nach dem Essen hielt er eine Rede an die Polen. Die Rede war durch und durch positivistisch und endete mit einigen Zeilen aus diesem eindringlichen und programmatischen Gedicht von Asnyk[1]:

Man muß mit Lebenden voran,
Nach neuem Leben drängen
Sich nicht ums Haupt, aus Trotz und Bann,
den welken Lorbeer hängen

Verstanden? Diese Gestapo, die da bei einem polnischen Weihnachtsmahl die positivistischen Verse Asnyks vorträgt,

[1] Adam Asnyk (Pseud, El-y; 1838–1897) polnischer Lyriker, Wortführer des (lyrischen) Positivismus; die Zeilen stammen aus dem Gedicht „Daremne zale" („Umsonst"), in der Übertragung von Karl Dedecius.

hat schon etwas Pikantes an sich. Nach dieser Rede begab sich der Herr Rat in das Zimmer der Frau Marquise, und sie sangen gemeinsam – polnische Weihnachtslieder. Der Herr Rat ist musikalisch und singt sehr schön. Unsere Leute lauschten im Gang, und E., ein intelligenter Mensch, und B., ein Arbeiter (E. notierte das Gedicht, von ihm habe ich diese Strophe), sagten mir später, als sie mir davon erzählten: „Herr B., er ist ganz sicher ein Pole!" Ja, weil er Verse von Asnyk aufsagt und polnische Weihnachtslieder singt. Das reicht schon. Ich sagte ihnen darauf, wenn er ein Pole sei, dann sei ich ein Deutscher. Wenn der Herr Rat in diesem Jahr noch die Initiative ergreift und Seelenmessen für Piłsudski, Dmowski und Daszyński lesen läßt, dann gute Nacht! Dann steht der Unabhängigkeit Polens nichts mehr im Wege.

10. 1. 1941

Seit Neujahr läßt der Frost nicht locker, und das Wetter ist gar nicht pariserisch. Es ist frisch, und die Straßen sind mit einer dicken Schicht Schnee bedeckt. Der Schnee wird nur langsam weggeräumt, und man könnte wunderbar durch ganz Paris mit dem Pferdeschlitten fahren. Mit den Lebensmitteln gibt es immer größere Probleme. Überall tauchen jetzt Steckrüben auf, die man „rutabaga" nennt. In den Zeitungen werden tausendundeine Art der Zubereitung dieses Gemüses beschrieben, und man versucht, die Menschen vom Nutzen und Vorteil zu überzeugen, sich von diesem Schweinefraß zu ernähren. Dazu gibt es eine Flut von Witzen über das Essen von Steckrüben. Die Zeitungen quellen über von witzigen Zeichnungen. Da sieht man zum Beispiel eine Familie beim leeren Tisch sitzen, der Vater mit einem Buch in der Hand: „Statt des Mittagessens wollen wir jetzt über das Gelage des Pantagruel lesen." Die deutsche Zensur hat angeblich nicht mit diesem Humor gerechnet und betrachtet ihn als unzulässig und schädlich. *Schädlich!* Wie kann man in einer solchen Situation über dieses Thema spotten und Witze reißen? Ich erinnere mich, daß in dem wunderbaren Buch „Les Silences du Colonel Bramble" von André Maurois ein Engländer zu einem Franzosen sagt:

„Wissen Sie, warum dieser Krieg so schrecklich und tragisch ist? Weil die Deutschen keinen Humor haben." Das stimmt. Das trifft genau den Kern. Ohne subtilen Humor kann es keine Kultur geben. Ich fürchte Nationen, die keinen Witz, keine Leichtigkeit haben. Auf diesem Gebiet gibt es zwischen Deutschen und Franzosen eine tiefe Kluft, die sich durch nichts überbrücken läßt, durch keine Kollaboration, keine Verständigung und auch keinen neuen Platz, den man Frankreich im neuen Europa zuweist.

Darüber wird immer öfter gesprochen. Vichy hat die Anglophilen hinausgeschmissen und setzt nun eindeutig auf eine Zusammenarbeit mit den Deutschen. Sie wollen die öffentliche Meinung in diese Richtung beeinflussen. In den Schlangen habe ich schon ein paarmal die Ansicht gehört, die Deutschen seien *gentils*[1], sie seien gute Organisatoren und würden ihre Kartoffeln nach Frankreich schicken. Wo zum Teufel bleibt ihr *esprit de contradiction*[2]? Ihr angeborener Widerspruchsgeist richtet sich gegen *notre gouvernement*, im Vergleich zu dem die Deutschen natürlich fehlerlos erscheinen. Die ganze Verwaltung haben sie den Franzosen überlassen, und diese Verwaltung weist selbstverständlich Mängel auf, weil sie sich plötzlich als noch „planmäßiger" erweist als die deutsche; jede Menge Papiere und Formulare, und die Mägen sind leer.

20. 1. 1940

Der Herr Rat ist ein guter Psychologe. Er hat nicht befohlen, die Leihstelle für polnische Bücher im Polnischen Haus zu schließen. Er nahm nur den Katalog, strich die „*nieblagonadioschne*"[3] Titel, ließ sich diese aushändigen und ging selber daran, sie zu lesen. Unter den gestrichenen Werken befand sich auch ein deutschfeindliches Buch von Axel Munthe. Der Herr Rat las es und brachte es ein paar Tage später einem Polen in der Herberge in Batignolles. „Das müssen Sie lesen, das ist wahrscheinlich die beste Charakterisierung der Deutschen." Angeblich hat Axel Munthe sie darin ordentlich zer-

[1] nett
[2] Widerspruchsgeist
[3] russ. (politisch) unzuverlässig

zaust. (Ich habe es nicht gelesen.) Sollte das eine Warnung sein? Er ist wirklich drollig. Die Optimisten meinen, er spüre, daß die Deutschen den Krieg nicht gewinnen können, und wolle sich auf diese Weise für die Zukunft absichern. Wir sind eine große Familie, an deren Spitze der Herr Rat steht, ein sanfter Vater, allwissend und allmächtig. Ehemaligen Soldaten, die von keiner Seite Geld bekommen, gibt er manchmal ein paar Francs für Zigaretten. „Und wenn euch die französische Polizei Schwierigkeiten machen sollte, weil ihr keine Papiere habt, dann kommt zu mir. Ich werde schon so mit ihnen reden, daß sie euch in Ruhe lassen." Und dann arbeitet er natürlich ständig im Schweiße seines Angesichts daran, allen die Rückkehr in die Heimat zu ermöglichen. „Gebt nur acht, daß Ihr mir mit Eurem Verhalten nicht meine Arbeit schwer macht." Und ein Teil der Kinder ist artig. Aber nicht alle…

31. 1. 1941

Amerika erinnert an eine Katze, die in ein Faß Wasser steigt. Sie steckt eine Pfote hinein, schüttelt sie, dann steht sie da und schaut. Schließlich taucht sie die zweite Pfote ein, zieht sie rasch wieder zurück und schüttelt sie. Vielleicht wird sie sich doch einmal entschließen hineinzusteigen.

C. verlieh heute der Ansicht der „aufgeklärten" Franzosen Ausdruck: „Die Deutschen behandeln uns noch viel zu sanft. Sie müßten die Schraube ganz fest anziehen, damit wir etwas daraus lernen. Das ist die einzige Möglichkeit, um uns vor dem Untergang und dem moralischen Verfall zu bewahren."

Ich versicherte ihm, er brauche sich keine Sorgen zu machen. Die Deutschen werden die Schraube ganz sicher fester anziehen, weil das das einzige ist, was sie wirklich gut können. Aber das wird Frankreich auch nicht vor dem Untergang bewahren. Ich bin beinahe sicher, daß sich die Griechen ganz ähnlich verhalten haben, als die römischen Legionen in Griechenland einmarschierten. C. erzählte mir mit diesem typischen französischen Objektivismus, von der Faulheit und Stumpfheit der französischen Jugend, vom Verschwinden des Handwerks und der skandalösen Leistung der Arbeiter. Keine Disziplin und Zucht. Er unterrichtet an einer Berufsschule, die an eine Fabrik angeschlossen ist. Als Beispiel erzählte er mir, daß die Ergebnisse der psychologisch-technischen Eignungsprüfung bei der Aufnahme der Schüler an diese Schule von Jahr zu Jahr schlechter würden. In diesem Jahr war zum Beispiel eine ganze Reihe vierzehn-, fünfzehn- und sechzehnjähriger Jungen nicht imstande zu beschreiben, was sie am letzten Sonntag gemacht hatten. Nichts – totale Leere. Da saß so einer dann eine ganze Stunde mit der Feder in der Hand da und schrieb keinen Buchstaben. Ich kenne übrigens keinen größeren Subjektivismus als diesen französischen Objektivismus. Sie können wunderbar parteilich sein und dabei gleichzeitig den Anschein eines faszinierenden Objektivismus wahren.

[...]

6. 3. 1941

Einer der Arbeiter, der noch vor dem Krieg in Rumänien gearbeitet hatte, erzählte mir heute, wie gastlich er die polnischen Flüchtlinge im Herbst 1939 aufgenommen hat: „Ich besaß ein eigenes kleines Haus. Am Abend kamen oft bis zu dreißig Personen zu mir. Jeder fühlte sich bei mir wie zu Hause. Sie schlugen einander in die Fresse..." Kann man AUF POLNISCH kraftvoller und besser beschreiben, wie wohl sich die Gäste fühlten und was für eine wichtige polnische Institution sein Haus darstellte? Er sagte das voll Stolz, ganz ernst.

1. 5. 1941

Tag der Arbeit und Namenstag von Pétain. Es wurden Plakate mit seinem Bild und einem albernen Slogan angeschlagen: „Ich halte die Versprechen, sogar jene, die andere gegeben haben." (*Je tiens les promesses, même celles des autres.*) Wer sind „die anderen"? Daß er die deutschen Versprechen halten wird, daran ist nicht zu zweifeln... Unter diesen Worten findet sich eine Botschaft an den französischen Arbeiter, die in ihrer Dummheit alles übertrifft, was bisher zu diesem Thema gesagt wurde. – Die Zeiten waren schlimm, weil es soziale Unterschiede und Klassenkämpfe gab. Man muß sich bemühen, die sozialen Unterschiede auszugleichen, dann werden die Klassenkämpfe von selber verschwinden, und es wird das Paradies auf Erden kommen. Das alles macht er – Pétain. Nein – so einfach ist das nicht, und außerdem wäre es wirklich höchste Zeit, endlich damit aufzuhören, dem Herrgott und seinem Paradies Konkurrenz machen zu wollen. Das Paradies ist eine überaus komplizierte Maschine, und es ist unmöglich, sie ohne Konzession und präzise Pläne einfach nachzumachen. Sonst geht das so aus, wie solche Unternehmen gewöhnlich enden – mit dem Bankrott.

Ich weiß nicht, ob es schon je zuvor eine so verlogene Epoche gegeben hat wie unsere. Die auf die Gewalt gestützte Lüge preßt sich, mit Hilfe der ordinärsten Methoden und unter hohem Druck, als Wahrheit ins menschliche Denken hinein. Sie befiehlt uns, an sie zu glauben, und basta. Unter diesem Ansturm von Lügen hört das Denken schließlich auf, selbständig zu arbeiten, es fügt sich und gibt nach; wie ein Brückenpfeiler unter dem Druck des Wassers oder der Eisschollen. Menschen, die nicht glauben, glauben. Das ist die neueste Errungenschaft der gegenwärtige Lüge. Die oberste Schicht des Denkens und des Gehirns, für den täglichen Gebrauch bestimmt, ist nicht imstande, Widerstand zu leisten, und unterwirft sich gar nicht einmal raffinierten, sondern ganz primitiven und dickfelligen Lügen. Nur die tieferen Schichten des Gehirns und des Denkens arbeiten noch normal und zeigen von Zeit zu Zeit eine Reaktion. Erst dann spüren wir, in welchen Ketten und welchem Gewirr von Lügen die heutige Menschheit lebt. Die Machtlosigkeit gegenüber diesen Lügen schwächt die Widerstandskraft noch zusätzlich, und sogar die vernünftigsten Menschen werden zu einer Herde von Schafen. Ich kann das an mir selber beobachten: Ich lese etwas in der Zeitung und ertappe mich erst eine Weile später dabei, daß ich es glaube. Ganze Nationen sind schon darauf dressiert, die Lüge als Wahrheit anzunehmen; du mußt sie schlucken – und man schluckt es immer leichter, wie ein krankes Kind das Rizinusöl. Nach dem ersten Löffel gehen die nächsten schon leichter hinunter.

Nach altem Brauch werden heute überall Nelken verkauft.

Doch es ist immer noch kalt und trüb. Jugoslawien und Griechenland gehören bereits der Vergangenheit an. Sie lassen griechische Gefangene frei, und Hitler hielt eine Rede, in der er betonte, wie hoch er die Kultur dieser Nation schätzt, nicht zuletzt auf Grund seiner Studien. Ich möchte gern wissen, wie weit die archäologischen Entdeckungen von Schliemann den Deutschen den Kopf verdreht haben. Sie sind doch schon seit langem der Ansicht, sie seien die modernen Griechen. Sie sind vielleicht Spartaner, aber niemals Athener. Es ist schrecklich, wenn eine ganze Nation an einem Komplex leidet. [...]

In allen Zeitschriften zahlreiche Bilder von deutschen Soldaten auf der Akropolis, das heißt (um einen technischen Ausdruck der Fotografensprache zu verwenden) „kontrastreiche Bilder". Sehr sogar!

6. 5. 1941

Ich sitze im Hotelzimmer von G., einem Arbeiter, und höre ihm zu. „Wissen Sie – in diesem Hotel habe ich eine sehr schöne Frau kennengelernt. Sie hat ein Zimmer drei Stockwerke höher und lebt mit einem Algerier zusammen, der jeden Tag um sechs Uhr morgens zur Arbeit geht und erst am Abend zurückkommt. Ich stehe auch um sechs Uhr auf und laufe, kaum daß er weg ist, sofort zu ihr hinauf. Wir schlafen bis um neun Uhr miteinander, dann steht sie auf, macht Kaffee, Brot mit Butter, ein gutes Frühstück. Was wollen Sie; ich habe kein Geld fürs Essen und muß an meine Frau denken. Man muß sehen, daß man sich für sie irgendwie heil und gesund nach Polen zurückbringt. Ich habe keine Arbeit – so habe ich wenigstens jeden Tag ein gutes Frühstück." Das alles in ganz ernstem Ton, ohne einen Hauch von Ironie. Er hat ein eigenes System zum Überleben erfunden.

17. 5. 1941

Zum ersten Mal seit Kriegsausbruch war ich im Theater. „Vive l'Empereur" bei Sacha Guitry. Ein herrlicher Unsinn. [...]

Sacha Guitry mußte nicht einmal etwas spielen, so einfach

war seine Rolle. Schöne Kostüme, schäbige Dekorationen, echte Requisiten, wahrscheinlich aus seinem Privatbesitz. Es dämmerte schon, als wir das Theater verließen. Wir gingen von der Madeleine zur Oper zu Fuß und unterhielten uns über das Stück. Auf dem Boulevard war es leer und ruhig. Nur von Zeit zu Zeit dröhnte die Metro unter der Erde oder surrte ein aschgraues deutsches Flugzeug am Himmel. Ein hübsches Mädchen blieb alle paar Schritte vor den Auslagen stehen und gestattete so einem langsam hinter ihr her schlendernden Kunden näherzukommen. Im Café de la Paix keine Menschenseele. Zwei Offiziere tranken auf der Terrasse ihr Bier aus. Die Schaufenster waren dunkel. Trotz der Stille und abendlichen Leere in dieser Stadt, die früher zu den belebtesten Städten der Welt zählte, hat diese Stimmung etwas für sich, was sie einem noch näher bringt, einen noch stärker gefangen nimmt. Ich habe mich an diese Winkel gewöhnt, habe mich durch meine täglichen Fahrten mit dem Fahrrad in den alltäglichen, oft so grauen und seltsamen Umgang mit ihnen völlig eingelebt. Ich kenne jeden Stein, jede Unebenheit des Pflasters, denen ich in der Nacht blind ausweiche. Und trotz dieser alten Bekanntschaft ist alles immer wieder neu. Haben mich diese Winkel und Steine am Ende vergiftet?

Könnte man so ein Stück auch bei uns spielen? Ich weiß nicht, ob nach einer Übersetzung viel davon übrig bliebe; ob nach einer Verpflanzung vom Théâtre de la Madeleine an ein polnisches Theater nicht dieses „Etwas“ auf der Strecke bliebe, das sich so schwer beschreiben läßt. Diese französischen Stücke sind so französisch, daß sie ihr Bukett verlieren, wenn man sie in einem anderen Klima, mit einer anderen Temperatur serviert. Und ähnlich wie beim Wein ist bei ihnen gerade das Bukett am wichtigsten. In einem anderen Klima mißt man diesen Dingen entweder zu viel Bedeutung bei, oder man beachtet sie zu wenig. Aus dem, was hier die Vorspeise ausmacht, bereitet man bei uns oft genug ein ganzes Mahl, oder aber man ißt es gar nicht. Und darüber darf man sich nicht wundern. So muß es sein.

Paris und das französische Denken haben etwas vom Champagner, von Pfirsichen, Burgunder, Sardinen, von Käse an sich. Saftig, erregend, leicht verdaulich, pikant, geschmackvoll und flaumig. Und lebensnah. Die Franzosen mögen keine Übermenschen und Übergedanken. Das hat sie mir immer sympathisch gemacht – auch wenn man aus zahlreichen anderen Gründen die Nase voll hatte von ihnen, sie sogar als Menschen verachtete. Vielleicht ist ihr Verhalten in diesem Krieg bloß menschlich, lebensnah und praktisch? Praktisch ist es ohne Zweifel. Der beste Beweis dafür ist, daß ich jetzt ruhig das Theater verlasse und über solche Dinge nachdenken kann. Haben sie keine Ehre? Aber nur jetzt. Denn vielleicht werden sie am Ende mit allen Ehren dastehen, und wenn nicht – dann ist die Welt auch so bereit, ihnen zu vergeben und alles zu vergessen. Was vergibt man einer schönen Frau nicht alles, ohne die man nicht leben KANN? Polen hingegen? Die „Cousine Bette" der Nationen. Sie werden uns immer alles vorwerfen, so wie man einer armen Cousine alles vorwirft. Wir leben im ständigen, unbewußten Lampenfieber. Und wenn wir unsere „Frage" aufsagen und unsere Rolle spielen sollen, chargieren wir. Solche Schauspieler kann das Publikum nicht leiden. Vor allem das gute Premierenpublikum. Und es ist nun einmal so auf der Welt, daß gerade dieses die Meinung formt. Frankreich kommt in der öffentlichen Meinung weiter, so wie die Schüler, die bis zur Hälfte der siebten Klasse gut gelernt haben und dann auch noch das Abitur schaffen – dank der guten Meinung, die man von ihnen hat. Sie schlängeln sich durch. Mehr noch: Sie werden Helden genannt. Und wieder dasselbe: Gestern konnte ich sie nicht ertragen, heute liebe ich sie, morgen werde ich sie verfluchen… Auf dem Gebiet des Denkens bleiben sie jedenfalls ein Abführmittel, eine stärkende Injektion, ein appetitanregendes Mittel. Für alle anderen Nationen.

24. 5. 1941

Słowackis „Briefe" an seine Mutter. Bis zu seiner mystischen Periode ist er mir nahe und verständlich. Dann adieu! Ich bin nicht imstande, das zu schlucken, würge es wieder heraus. Sehr treffende Bemerkungen über Frankreich. Man spürt einen außergewöhnlichen Witz, schlank und duftend. Doch dann fällt der Vorhang. Diese polnische Bereitschaft, sich dem Mystizismus hinzugeben, ist geradezu ein wenig erschreckend. Wir sind nur zu oft Exemplare, bei denen es keinerlei Grenze zwischen Physik und Metaphysik gibt. Dafür erstrecken sich dort „Wilde Felder", auf denen diverse Towiańskis[1] straflos ihr Unwesen treiben und unsinniges Zeug schwätzen. Aber was bleibt einer stets armen, stets von Vernichtung bedrohten und unterdrückten Nation denn auch anderes übrig, die gleichzeitig sehr eingenommen ist von sich selbst und würdevoll schnaufend im altpolnischen Oberrock einherstolziert? Wenn wir eine reiche Nation wären, eine Nation im Galarock und mit Brieftasche (es muß ja nicht gleich eine „Geldkatze" sein), dann wäre unsere Geschichte vielleicht die berühmteste der Welt. Auf jeden Fall die heroischste. So aber ist die Einstellung der Welt uns gegenüber bestenfalls freundlich-nachsichtig. Sie behandeln uns ganz so, wie „kultivierte" Antisemiten sich Juden gegenüber benehmen: „Schließlich darf man keine Schweinerei begehen..." Wir sind oft wie dieser Bettler, der an die Tür klopft und sich dann, wenn man ihm eine Suppe und ein Stück Brot anbietet, plötzlich in die Brust wirft, seinen Schnurrbart zwirbelt und französisch, aber mit unverkennbaren Akzent von der Weichsel, ausruft: „*Madame, je ne mange que la langouste à la mayonnaise*."[2] Unsere Sehnsucht nach diesem dumpfen Märtyrertum, unsere ständige Bereitschaft zu sterben – egal, ob das von uns verlangt wird oder nicht –, zu jeder erdenklichen Aufopferung, haben dazu geführt, daß Franzosen oder Engländer überzeugt sind, es falle uns leichter, in den Tod zu gehen, als den Angehörigen irgendeiner anderen Nation. Gewiß, vom Gesichtspunkt der reinen Ethik, Moral und Ehre sind wird um vieles achtenswerter als andere; aber die Welt denkt nun einmal praktisch. Der immer wiederkehrende Konflikt, in den unsere Psyche mit der

[1] Andrzej Towiański (1790–1878), polnischer Philosoph, Mystiker und Spiritualist, beeinflußte in der französischen Emigration die führenden romantischen Dichter Adam Mickiewicz und Juliusz Słowacki.

[2] Madame, ich esse nur Langusten mit Mayonnaise.

Psyche von Fremden gerät, hat seine Ursache in einem ständigen Mißverständnis und darin, daß wir die Theorie über die Praxis stellen und mit der Kavallerie gegen Panzer kämpfen. (An diese Kavallerie, die man gegen Panzer in die Schlacht geworfen hat, kann ich immer noch nicht glauben.) Wir führen Begriffe der ritterlichen Ehre im Mund, wobei wir in unser von Minderwertigkeitskomplexen geprägtes Verhalten ständig herrschaftliche Gesten und leider auch flegelhaften Hochmut einfließen lassen. Wir ziehen theoretisch richtige Schlüsse und stellen sie einem kühl berechnenden, sorgfältig kalkulierenden Denken gegenüber, in dem sogar die Schäbigkeit sanktioniert wird, wenn sie nur greifbare Vorteile mit sich bringt. Das erinnert mich immer an einen Kollegen, mit dem ich manchmal Schach spielte. Er wollte aus Prinzip keine Figuren schlagen oder tauschen, weil darunter die „Ästhetik des Spiels" leiden würde. Als ich das herausgefunden hatte, begann ich gnadenlos, jeden Moment auszunutzen, in dem ich spürte, daß er dabei war, um der „Ästhetik des Spiels" willen eine Dummheit zu begehen. Ich schob ihm meine Figuren zum Schlagen hin, wobei ich genau wußte, daß er sie nicht schlagen würde. Oft gewann ich dadurch nicht bloß eine Figur, sondern eine POSITION. Das war noch wichtiger. Und ich schlug alle seine Figuren. Er war wütend, sprach von der „Ästhetik des Spiels" – und verlor. Er mußte verlieren. Uns kennt man schon von dieser Seite. Sie wissen, daß wir um der „Ästhetik des Spieles" willen diese und jene Dummheit begehen. Und sie schlagen nicht nur unsere Bauern, sondern auch die wichtigeren Figuren, obwohl ich nicht weiß, ob es uns überhaupt jemals gelingen wird, mit echten Figuren zu spielen. Die Anzahl dieser Spiele könnte man an den Fingern einer Hand abzählen. Und es ist ja bekannt, daß man Bauern auch *en passant* schlägt... Kultur? Kultur ist für uns oft nur wie ein Lippenstift. Ein paar Striche damit, bevor man zu einem Empfang geht. Und dann benehmen wir uns herausfordernd. Wir leiern Balzac, Flaubert, Montaigne, Chamfort, – Marx, Tolstoj, Shakespeare herunter, sind um ein tadelloses Bewahren der äußeren Formen, „bon ton" (nicht immer) bemüht und legen gleichzeitig eine erschreckende Taktlosigkeit an den Tag. Es ist dieselbe Taktlosigkeit, die wir oft den Juden vorwerfen. Wir sind ihnen sehr ähnlich, und darin liegen gewiß auch die Wurzeln unseres Antisemitismus.

Die Tschechen. Hacha hat unterschrieben, das Land blieb – unangetastet; seit dem Verlust ihrer Unabhängigkeit haben sie nie aufbegehrt, sie haben beschlossen, sich innerlich nicht zu unterwerfen und den ersten sich bietenden Moment zu nutzen, um ihre äußere Unabhängigkeit wiederzuerlangen. Und in der Zwischenzeit haben sie Geld gemacht. Jetzt werden sie ihre Unabhängigkeit wiedererlangen, denn sie werden ebenfalls als Helden gelten, und man wird sie höher schätzen als uns und mehr von ihnen wissen. Man hat mir erzählt, daß es in Paris 240 tschechische Flüchtlinge gibt. Aber die hausen nicht in Herbergen, sie entblößen nicht ihr heroisches Elend vor den Blicken der anderen. Jede der hier seit langem lebenden tschechischen Familien hat angeblich einen Flüchtling aufgenommen, den sie unterstützt. Sie besitzen die Mittel dazu. Und wir? Es ist das ewige Verhältnis des bankrotten Aristokraten gegenüber dem jüdischen Pfandleiher. Jude, schau dir die Porträts meiner Ahnen an, die Waffen an den Wänden, meine Narben, die ich in Zweikämpfen um die Ehre davongetragen habe – und borge mir ein paar Groschen, du Schuft. Und manchmal gibt ihm der Jude mit nachsichtigem Lächeln etwas, er behandelt ihn geringschätzig, weil man die Narben, die verrußten Porträts und das eingetrocknete Blut nicht versetzen kann. Die alten Waffen? Kommt darauf an welche. Und der gnädige Fürst benimmt sich noch anmaßend. Nein. Keine „Gemeinschaft aller verehrten Herrschaften“. Man muß ruhig Platz nehmen, sich den Rock ausziehen, die Krawatte lockern und auf das Schachbrett schauen. Und sich immer wieder vorsagen, „Ich bin ein Pole“, ohne gleich das Lied vom Ulanen anzustimmen oder in trübe Metaphysik zu versinken. Wir sind viel zu wertvoll, zu begabt und zu scharfsinnig, uns drohen zu viele Fallen, als daß wir es uns leisten könnten, auf diversen „Wilden Feldern“ herumzutollen.

Słowacki äußerte sich voll Anerkennung über George Sand. Ich habe mir etwas eingebildet.

31. 5. 1941

Aus der Atmosphäre von Paris kann man irgendwie einen unerklärlichen fiebrigen Zustand herausspüren. Abends in „unserem“ Kino. Bevor die Wochenschau anläuft, wird jetzt ein kurzes Kommuniqué verlesen: „Die Leitung des Kinos ersucht das Publikum, sich während der Vorführung der Wochenschau ruhig zu verhalten, weil alle Manifestationen eine Schließung des Kinos und Bestrafung der Schuldigen, in erster Linie des Besitzers, nach sich ziehen würden.“ Das ist eine Anordnung der Polizeipräfektur. Dann wird die Wochenschau der „Association cinématographique européenne“ gezeigt. Wir sind schon ein großes kämpfendes Europa. Im Film werden immer nur englische Flugzeuge abgeschossen und englische Schiffe versenkt. Ein französischer Arbeiter hinter uns bemerkt: „*En même temps*[1] schießen sie in den Londoner Kinos nur deutsche Flugzeuge ab und versenken nur deutsche Schiffe. *Ils sont quittes*[2].“ Nein, das ist keine Nation, die bereit wäre, sich dumpf einzuordnen. In Afrika ist es nicht lustig . Dort gibt es nichts, was sie zeigen könnten. Um Tobruk ein Stellungskrieg. Im Kino herrschte Totenstille.

1. 6. 1941

Ich habe zwei Tage frei. Heute und morgen. Heute wurde es plötzlich Sommer. Mit der Sonne kommt fast schlagartig auch die Hitze. Es hat in diesem Jahr kein Frühjahr gegeben. Zum ersten Mal seit vielen Monaten lese ich französisch. Es geht ganz gut. „Indiana“ von George Sand. Słowacki hat sie mir empfohlen, und ich beschloß, Frau Sand näher kennenzulernen.

Vor ein paar Wochen hat auf dem Boulevard Saint-Michel eine große deutsche Buchhandlung aufgemacht. Geschmackvoll eingerichtet, modern, die Schaufenster hervorragend ge-

[1] Zur selben Zeit

[2] Sie sind quitt.

staltet, die Bücher und Einbände makellos. Deutsche Grafik voll Einfachheit, Harmonie, farblich abgestimmt – mit einem Wort, ausgezeichnet. Ich habe diese Buchhandlung vor ein paar Tagen besucht. Es war ein sonniger Nachmittag, der Himmel war blaßblau und alles in dieses scharfe, aber gar nicht ermüdende Pariser Licht getaucht. In den Bistros ringsum geschäftiger Lärm wie in einem Bienenstock, die kleinen und großen Buchhandlungen mit Ständen voll Büchern auf dem Gehsteig. Die Bücher unordentlich durcheinander, Stöße von Balzac für drei Francs das Stück. Flaubert, Gautier, Dumas, Madame Sand. „Die Kameliendame", beinahe erdrückt von einem Album mit den Meisterwerken aus dem Louvre, die „Cousine Bette" neben einem Büchlein über Cézanne, „Die drei Musketiere" neben dem „Fräulein de Maupain", die Briefe der Madame de Sévigné und die Briefe des Fräuleins de Lespinasse, Octave Aubry mit seinen Napoleons. Die Umschläge nichtssagend, meist überhaupt keine. Ich ließ die deutsche Buchhandlung mit ihren herrlichen Ausgaben links liegen. Diese gotische Schrift, die so steif und gleichmäßig marschiert, mathematisch präzise, die Linien und Flächen genau und harmonisch eingeteilt, wie bei einem Militärmarsch: bum, bum, bum und trara, machte mich wütend. Düstere Visionen der deutschen Gotik in wunderbar edierten Kunstbänden. Ich ging zu den schmutzigen Tischen hinüber und fühlte mich gleich wohler. Ich hatte den Eindruck, daß diese unscheinbaren Bücher, die da in Haufen lagen, über die Buchhandlung vis-à-vis kicherten und ihre Witze machten. Und das alles überstrahlte das königliche Lächeln einer Reproduktion von „Indifférent" von Watteau – ein blaßblaues, samtenes Lächeln der Überlegenheit. Eine leichte Brise brachte es zum Erzittern, und es schien mir zu tanzen. Ja. Sicher sogar. Hier war Geist – während dort drüben, in dieser ganzen Redlichkeit der grafischen Kunst auf höchstem Niveau, die beschlagenen Stiefel im Takt der Trommeln und Pfeifen dröhnten.

Ich betrachtete die Buchhandlung beinahe mitleidig aus der Ferne und aß in der Sonne einen Pfannkuchen aus Buchweizenmehl mit Konfitüre. Die werden auf der Straße ohne Karten verkauft. Diese deutsche Buchhandlung ist ein einziges großes Mißverständnis. Meine Finger waren noch etwas klebrig vom Rest der Konfitüre, und so kramte ich ungestört in den Büchern. Ich stöberte im lächelnden, freien Geist, der hier für jeden hingeworfen lag. Und ich kaufte „Indiana" von Madame Sand.

5. 6. 1941

Einer der Arbeiter, der in der Herberge in der Avenue Wagram wohnte und ganz krank und verzweifelt war wegen der Schikanen der Marquise (sie befahl ihm jeden dritten Tag, in ein anderes Zimmer zu ziehen), ist aus dem fünften Stock gesprungen. Der Selbstmord hat uns alle deprimiert. Heute fand das Begräbnis des armen Kerls statt. Unter anderen kam auch der Herr Rat zum Begräbnis und legte als Vertreter der Gestapo einen Strauß weiß-roter Blumen aufs Grab. Er hielt keine Rede und zitierte keine Gedichte von Asnyk. Der Herr Rat hat mir Asnyk und die Positivisten für den Rest meines Lebens verleidet.

Angeblich wollen die Engländer Syrien angreifen. Jede Concierge spricht davon. Dann muß es wohl stimmen. […]

7. 6. 1941

Die Engländer haben offenbar wirklich die Absicht, in Syrien einzumarschieren. Die Hausmeister und ihre Kolleginnen sind schon längst einmarschiert, die Engländer aber nicht. Titanen eines raschen Entschlusses. Es kann aber sein, daß sich die Franzosen zur Wehr setzen.

9. 6. 1941

Die Engländer sind in Syrien einmarschiert. Unglaublich! Die Franzosen haben beschlossen, sich zur Wehr zu setzen! Allerdings ohne den Engländern den Krieg zu erklären. Den Deutschen können sie sagen: Schaut her, wir sind auf eurer Seite. Und den Engländern werden sie später einmal sagen: Wir wollten keinen Krieg – wir waren auf eurer Seite. Nein, ich kann es nicht glauben, daß DAS wirklich Frankreich ist.

Das will ich nicht, weil ich weiß, wie sehr wir dazu neigen, anderen Impertinenzen zu sagen. Aber was in meinem Inneren vor sich geht… Frankreich hat jedoch gute Advokaten. Eben, es geht darum, ob es welche HAT; oder ob das nicht allzu oft nur die Schatten der Toten sind, die mit der Stimme von Lebenden sprechen. Das ist das Geheimnis Frankreichs, und Frankreich versteht es ausgezeichnet, sich dieses Geheimnis nutzbar zu machen. Die großen Federn und Geister Frankreichs sind ja noch gar nicht gestorben, obwohl man sie längst begraben hat. – Zum Glück! *Gott sei Dank*! Wenn ihnen Frankreich irgendwann einmal gestatten wird, tatsächlich zu sterben, wenn es sich von ihnen lossagt, dann ist sein Ende gekommen. Und das Ende von uns allen.

12. 6. 1941

„Indiana“ und „Valentine“ von Madame Sand. Ich vertiefe mich mit Vergnügen in die Atmosphäre der französischen Romantik. Es ist eine gartenhaft-gestutzte, mondhaft-geschlechtslose Romantik. Worte sind Wörtchen, Sätze Sätzchen, Gefühle zephirische Brisen, trotz aller Bemühungen, ihnen die Kraft von Orkanen zu verleihen. Gestutzter Rasen, kleine Vögel, sorgfältig gepflegte Teiche, Bäume und Blätter auf Netzen, wie bei einer Theaterdekoration. Organdy. Der allgemeine Eindruck: Sorgfalt und Eleganz. Alles mit einem gewissen Niveau, gleichmäßig und rhythmisch, wie die Sonaten von Karl Czerny, die man mit dem Metronom spielt. Nicht einmal ein Verbrechen oder ein Selbstmord sorgen für Aufregung. Sie sind einfach ein „forte“ (Gott soll behüten ein „fortissimo“), das von der Handlung verlangt wird, so wie der Text Satzzeichen verlangt. Dem Selbstmord oder Verbrechen wohnt die Kraft eines Rufzeichens inne. Nicht einmal von zwei Rufzeichen, weil keiner, der etwas auf sich hält, zwei Rufzeichen setzt. *Quelle vulgarité*! Höchstens Balzac, dieses *Enfant terrible* der französischen Literatur, über den man übrigens oft mit einem Lächeln spricht wie über den unartigen Józio. Von Balzac trennen George Sand Welten. Ich bewundere ihn dafür, daß es ihm gelungen ist zu beweisen, daß dieser regulierte

Strom der französischen Literatur auch über die Ufer treten und aufschäumen kann, daß er tatsächlich eine Flut ist und kein sorgfältig geplantes Öffnen eines Teiches. Wenn ich Balzac lese, habe ich den Eindruck, in eine riesige Fabrik zu treten. Die verwickelten Sätze hämmern, hier dreht sich ein Rad, dort ist etwas kaputt gegangen, und das ständig wiederholte „*dont*“[1] knirscht wie ein schlecht geschmiertes Kugellager. („*... Un fauteuil dont les bras étaient terminés par des têtes de sphinx bronzées dont la peinture s'en allait...*“[2] – „Cousine Bette“). Wir messen dem Stil und der guten Form nicht solche Bedeutung bei wie die Franzosen. Aus diesem Grund können wir uns viel mehr für Balzac begeistern.

„Die Schattenlinie“ von Conrad. Ich entdecke ihn zum zweiten Mal. Was für eine herrliche Fähigkeit, nicht greifbare Dinge mit einfachen Worten wiederzugeben. Mit der Beschreibung einer ganz materiellen und greifbaren Sache versteht er es, eine Stimmung wiederzugeben, die sich eigentlich nicht in Worte fassen läßt. Noch in den kleinsten Handlungen seiner Menschen kündigt sich ein herannahender Sturm an. Man denkt nicht an diese Handlungen, sondern die ganze Zeit an den Sturm.

Endlich ist es Sommer. Am Abend gehen wir in den Bois de Vincennes. Die Teiche und das Grün sind wie eine herausgeputzte Landschaft. Schlimmer noch – wie ein Öldruck. Vom Zoologischen Garten tönen die Schreie der Pfauen herüber, auf dem Teich schwimmt ein Paar Schwäne.

[...]

14. 6. 1941

Champs-Élysées. Sonne und Hüte, Hütchen, kleine Turbans aus Blumen, Nebel von Schleiern. Bemalte Beine, die Kleider wie mit schüchternen Turnüren, Frisuren à la 1900. Kuchen und Erdbeeren auf der Terrasse eines Cafés. Deutsche gehen mit harten Schritten vorüber und halten nach „Erobe-

[1] Pronomen

[2] ... Ein Fauteuil, dessen Lehnen in bronzefarbenen Sphinxen ausliefen, von denen die Farbe abging...

rungen“ Ausschau. Die Auswahl ist beachtlich. Neben uns sitzen zwei Deutsche mit ihren Frauen. Zwei riesige Walküren, in dieser farbigen, hellen Umgebung massig wie ein „Blitz aus heiterem Himmel“. Sie sehen aus wie Karyatiden neben Tanagrafiguren. Sie riechen nach Sauerkraut und Bier; und nach einer gut eingerichteten Küche mit Reihen von Fayencegefäßen mit den Aufschriften: „*Reis*“, „*Salz*“, „*Pfeffer*“. Und auf den Geschirrtüchern sind goldene Gedanken eingestickt.

16. 6. 1941

Heute fuhr ich durch den Bois de Vincennes. Die Deutschen haben dort ihre Kriegsautowerkstätten. Heute herrschte dort hektisches Treiben. Sie packten, verstauten, fuhren ab. Die Leute standen herum und gafften. Von einem Franzosen erfahre ich, daß sie Leute von der Straße weg zur Abreise animieren. Wohin? Es scheint nach Polen. Das genügt mir. Ich werde von Erregung gepackt. Ich denke gründlich darüber nach und komme zum Schluß, daß das Krieg mit Rußland bedeutet. Der Komplex Napoleons. Ich bin wie hypnotisiert von diesem Gedanken. Doch wem immer ich davon erzähle, der lacht nur ungläubig. Auf dem Weg zur Fabrik fahre ich eine Weile neben einem französischen Arbeiter her. Ich unterhalte mich mit ihm darüber. Er will es nicht glauben. K. überdenkt das mit mir und lächelt ebenfalls ungläubig.

17. 6. 1941

Ich könnte nach Polen fahren. Ich war noch einmal im Bois de Vincennes. Sie nehmen die Leute buchstäblich von der Straße mit. Im Grunde scheren sie sich um keine Qualifikationen. Ich bin meiner Sache ganz sicher. Aber die Leute haben Angst, daran zu glauben. Sie sagen, das wäre zu schön.

21. 6. 1941

Seit vier Tagen herrschen geradezu unerträgliche Temperaturen. Eine entsetzliche feuchte Gluthitze. Man kann kaum atmen. Der Asphalt hat sich an manchen Stellen in Sumpfboden verwandelt. Im Zimmer gehen wir barfuß und in Shorts.

Die Nächte sind genauso heiß, und das Leintuch dampft. Dazu ist die Stimmung erkennbar gespannt. Wieder warten alle. Man spricht immer lauter über Rußland. Das wäre die entscheidende Wendung in diesem Krieg.

22. 6. 1941

Sonntag. Ich sitze am Morgen im Lehnstuhl und lese. Basia geht in den Laden. Plötzlich ruft sie vom Hof herauf. Ich beuge mich aus dem Fenster. „Sie sind heute morgen nach Osten marschiert." Ich würde am liebsten aus dem Fenster springen. Ich kann es nicht glauben. Es macht mich schwindlig. Ich laufe zur Patronin. Mit vor Aufregung zitternder Stimme erzählt sie mir von der Rundfunkmeldung: „Monsieur, jetzt bekommen die *Boches* wohl eine ordentliche Abreibung" (*Ils vont prendre une bonne pilule*). Wir diskutieren hitzig über das Kriegspotential Rußlands. Die Franzosen glauben an Rußland. Vor allem an sein unerschöpfliches Potential an Menschen. „Sie haben genug Leute." Doch heute läßt sich noch nichts sagen. In drei oder vier Wochen wird man mehr wissen. Wenn sie dem ersten Ansturm standhalten und den Kampf in die Länge ziehen können, wer weiß, ob das dann nicht der Anfang vom Ende ist. Ich wünschte mir, daß dieser Monat schon vorbei wäre und man etwas mehr sagen könnte. Denn das jetzt ist etwas ganz anderes. Bisher stieß ein bestimmtes System, das eine gewisse Ideologie, oder besser Philosophie besaß, mit etwas zusammen, was viel umfassender war als ein System. Jetzt stoßen zwei Systeme zusammen, die beide auf ihrer eigenen Philosophie aufbauen und sich im Rahmen dieser Philosophie gnadenlos und kompromißlos entwickelt haben. Das ist etwas, was den bisherigen Gegnern der Deutschen abging, weshalb sie auch Prügel bezogen.

Nun kommt es dort zu einer riesigen Material- und Menschenschlacht. Die Deutschen stimmen sofort das hohe „C" an und wollen das vermutlich in einem Atemzug beenden. (Genauso wie Napoleon, denke ich jetzt natürlich. Smolensk, Borodino…). Die Russen verfügen über genügend Bewegungsfreiheit, sie können unbegrenzt zurückweichen – und sie werden versuchen, das so lange hinauszuziehen, daß jeder nachfolgende Ton der Deutschen immer tiefer ausfällt. Ich liege über die Landkarte gebeugt. Europa ist im Vergleich zu Rußland eine enge Einzimmerwohnung.

Nachmittag im Bois de Vincennes. Die Hitze ist schrecklich. Im Wald sind Massen von Menschen und Unmengen von Papier. Jeder sucht sich ein Stückchen Rasen im Schatten und verbringt den Sonntag im Schoß der Natur. Von den nachlässig gekleideten und halb nackten Männern und Frauen geht der Gestank schmutziger und verschwitzter Körper aus. Das Volk von Paris riecht übel, es schwitzt und hinterläßt Unrat. Alle lesen Zeitungen, und man kann in ihren Gesichtern eine gewisse Konzentration erkennen. Oder vielleicht macht das nur die Hitze. Eine Rede Hitlers oder eher ein Aufruf an die Nation im „Paris-Midi". Ein Haufen Seichtheiten und Lügen, Verdrehungen der Wahrheit und das ewige „Wir waren bedroht und mußten handeln". Wir kehren in der Dämmerung nach Hause zurück. Jemand geht an uns vorüber, und ich höre, wie er sagt: „Jetzt hat wohl der richtige Krieg begonnen." Auf einer Bank im Halbdunkel ahmt ein Paar den „Kuß" von Rodin nach; auf den heimkehrenden Rädern Blumensträuße. Die Dynamos surren. Im Zimmer kann man kaum atmen. Ich gehe ein Bier trinken. Der Patron und die Patronin sitzen beim Radio wie am Lagerfeuer und zwinkern mir zu. Das Bier ist schlecht, aber eisgekühlt. Im Bistro sind alle schon bestens über Rußland informiert und reden natürlich jede Menge dummes Zeug. Das wichtigste an dem ganzen ist, daß jemand für sie kämpft. Das erinnert mich an die Begegnung mit den Negern am Meer. Die kuriose Überzeugung, dieser Jemand sei verpflichtet, für das zu kämpfen, was sie für richtig halten. Auch die Gedanken sind verschwitzt. [...] Als die Concierge im Hof aus dem Klosett trat und laut die Wasserspülung betätigte, sagte sie: „Es wird regnen, weil das Klosett stinkt." Die Butter sickert sofort ins Brot ein, Fliegen tanzen um die Glühlampe. Krieg.

26. 6. 1941

Heute erschien ein großes deutsches Kommuniqué, das die

Ergebnisse der einwöchigen Kämpfe zusammenfaßt. Sie sind ein wenig vorgerückt und nennen eine ganz unglaubliche Zahl zerstörter sowjetischer Flugzeuge und Panzer. Über 4000 Flugzeuge und 2000 Panzer, so und so viele Geschütze, Maschinengewehre usw. Keiner will das ernst nehmen, alle sind guten Mutes, und sogar unter den Franzosen beginnt sich etwas zu regen. Der Mythos von Rußland tut seine Wirkung. Aber nicht nur der Mythos. Da ist noch etwas, was viel tiefer geht, eine Klassensympathie, die Sympathie des Volkes in diesem Land der unvollendeten Revolutionen für ein Land, das seine Revolution mit einem Schlag vollendet hat.

Natürlich hat England die Russen auf der Stelle als Verbündete anerkannt. Auch Amerika bis zu einem gewissen Grad. Durch die Straßen weht so etwas wie ein Hauch von Hoffnung. In der Metro sieht man immer mehr Fahrkarten, die in Form eines „V" eingerissen sind – „*Victoire*", oder in Form eines „H" – „*Honneur*"[1] de Gaulles. Etwas regt sich, etwas vibriert in der sonst totalen Ruhe und den immer weiter fortschreitenden Vorbereitungen Vichys zur Kollaboration. Syrien verteidigt sich „heldenhaft" gegen die langsam vorrückende Invasion der Engländer.

13. 7. 1941

Die Hitze ist höllisch. Die Engländer haben Syrien eingenommen, obwohl noch vorgestern in ganz Paris Plakate mit der Aufschrift „Warum kämpfen wir in Syrien?" angeschlagen wurden. In der Tat, warum? Man kann die Dummheit dieser Propaganda und Lügen gar nicht fassen, die im heutigen Europa in den Rang der höchsten Institution erhoben wurden.

Morgen ist der 14. Juli, ein arbeitsfreier Tag; man muß ihn andächtig und ruhig begehen, ohne Umzüge und Manifestationen.

Es sind nun drei Wochen dieses „Kreuzzuges gegen den Bolschewismus" (so lautet jetzt die offizielle Bezeichnung) vergangen und – nichts. Nicht einmal die Front haben sie durch-

[1] Ehre

brochen. Die Russen ziehen sich langsam zurück, vernichten alles hinter sich und kämpfen.

16. 7. 1941

Endlich ist es kühler. Diese Hitze hat uns ausgelaugt. Wir ernähren uns schlecht, es gibt wenig Fleisch, und der Organismus ist kaum imstande, die geringste Anstrengung zu ertragen. Auch Obst gibt es nur wenig, und es ist sehr teuer. Wir finden nur mit Mühe unser Auskommen und müssen etwas von unseren Ersparnissen zu meinem Verdienst zuschießen. Zwar habe ich seit dem 1. Juni eine Erhöhung von 1,15 Francs pro Stunde (es gab eine allgemeine Lohnerhöhung in Frankreich) bekommen, aber das reicht nicht. Obwohl die Preise fixiert sind, bleiben alle Versuche, sie stabil zu halten, ohne Erfolg. Am 14. Juli gab es Unruhen, vor allem im Quartier Latin. Die Leute zertrümmerten die Schaufensterscheiben der deutschen Buchhandlung, die Polizei riß den Leuten die dreifarbigen Blumensträußchen herunter, die sie sich angesteckt hatten, und jagte Mädchen auseinander, die zu dritt in blauen, weißen und roten Kleidern durch die Straßen zogen. Heute sind in den Zeitungen warnende Artikel erschienen: Ihr dürft nicht glauben, daß ihr tun und lassen könnt, was ihr wollt. Was ihr habt, ist bloß eine Gnade. Denkt an den Winter. Von eurem Verhalten wird eure Ernährung abhängen usw. Aber in der Metro gibt es immer mehr Fahrkarten in Form eines „V" oder „H".

Dieses plötzliche Erwachen des Patriotismus genau in dem Moment, da Rußland zum Gegner Deutschlands geworden ist, finde ich bemerkenswert.

20. 7. 1941

Der deutsche Propagandatrick mit diesem „V" setzt doch allem die Krone auf. Heute haben sie riesige Plakate mit einem großen „V" und der Aufschrift „Victoria" angeschlagen, und darunter steht: „Der Sieg Deutschlands, das für ein Neues Europa kämpft." Sie haben sich das Londoner „V" angeeignet und sind jetzt zufrieden. Auf dem Eiffelturm weht eine große

Fahne mit dem „V“; auf allen Autos ein „V“ in einem Lorbeerkranz, im Radio der Marsch „Victoria“ – ein einziges Kasperltheater, eine Operette.

22. 7. 1941

Ein Monat der deutschen Kampagne in Rußland ist verstrichen, und die Sowjets haben standgehalten. Jetzt muß man nachdenken und überlegen, wie lange sie noch durchhalten können. Die Deutschen schlagen pausenlos auf sie ein. Die Franzosen erwachen. Ich habe den Eindruck, daß es eher die französischen Kommunisten sind, die sie aufwecken. Solange die Sowjets Verbündete der Deutschen waren, herrschte Stille. Wer weiß, ob nicht genau das hinter der ganzen französischen Niederlage von 1940 steckt, ob Frankreich diesen Krieg nicht vielleicht von unten her verloren hat, so wie wir unseren Novemberaufstand[1] verloren haben. Natürlich ist das jetzt ein anderer Maßstab, ein paar Stufen höher, weil sich seit damals doch vieles verändert hat. Aber das Prinzip ist dasselbe geblieben.

London meldet, daß das „V“ in der deutschen Version „*Verloren*“ bedeutet, und Moskau behauptet, daß man nur Goebbels anschauen müsse, um zu der Überzeugung zu gelangen, daß nicht der Mensch vom Affen, sondern der Affe vom Menschen abstammt. Jeder wie er meint. Was mich betrifft, neige ich bei Betrachtung der gesamten Menschheit – und nicht nur von Goebbels – der Moskauer Version der Evolutionstheorie zu.

27. 7. 1941

Es ist die Rede von einem polnisch-sowjetischen Abkommen. Alles ist möglich. Die Kobra kann auch mit dem Kaninchen ein Abkommen schließen, obwohl das am Ende nur dazu führt, daß das Kaninchen von der Kobra verschlungen wird. Nachdem sie dieses sorgfältig und zärtlich eingespeichelt hat, damit es leichter hinuntergleitet.

[1] Aufstand im russischen Teilungsgebiet Polens gegen Rußland, begonnen im November 1830

30. 7. 1941

Das Wort ist Fleisch geworden, und Rußland ist unser Verbündeter. Die Regierung Sikorski[1] unterzeichnete in London ein Abkommen mit Rußland. Rußland erklärte alles für ungültig, was die Annexion unserer Gebiete nach 1939 angeht. So etwa nach Art der Unterhaltung: „Ich habe dir die Uhr weggenommen, er hat mir die Uhr genommen, also gehört die Uhr dir." So geht es auch... Am wichtigsten dabei ist, daß in Rußland eine polnische Armee aufgestellt wird und sie die Verbannten und politischen Häftlinge freilassen. Wieviel? Wieviel sind deportiert worden? Ich verstehe gar nichts mehr. Ich weiß nur, daß mir die Franzosen voll Anerkennung sagen: „Sie lassen eure Leute frei, *c'est formidable*." Aber wenn man sie fragt: „*Et de quoi étaient-ils coupables*?"[2], dann schweigen sie. Was kümmert sie das schon? Die Kobra speichelt bereits das Kaninchen ein, sie ist liebenswürdig und nett und macht Propaganda für sich. Sie sind uns in den Rücken gefallen, haben die Deutschen unterstützt, haben unsere Teilung unterzeichnet und Hunderttausende Menschen verschleppt, deren einzige Schuld darin bestand, daß sie als Polen zur Welt gekommen sind, und dann lassen sie diese Menschen großzügig frei, erlauben ihnen, sich zu organisieren, und führen der Welt ihren „Großmut" vor. Und die ganze Welt glaubt ihnen, und die ganze Welt ist gleich davon überzeugt, daß wir schuld waren und jetzt den Sowjets dankbar sein müßten.

3. 8. 1941

Sonntag. Ein schöner Tag, die Sonne scheint fahl. Am Nachmittag gehen wir in den engen Gassen der Île Saint-Louis an der Seine und bei Notre-Dame spazieren. Die Straßen sind leer und verschlafen. Die Gedanken zerfließen im Rauch und Dunst, der über den Brücken, Dächern und Bäumen hängt. Man bummelt herum, damit auch das Denken „bummeln" kann. Wir irren durch die verwinkelten Gassen und kommen gegenüber von Notre-Dame an der Seine heraus. Die Stände der

[1] Władisław Sikorski (1881–1943), Ministerpräsident der polnischen Exilregierung, die bis Juni 1940 in Paris und später in London ansässig war.

[2] Aber worin bestand ihre Schuld?

Bouquinisten sind geöffnet. Ich finde einen ganzen Satz Karikaturen von Gavarni und einen Stoß Zeitungsausschnitte mit Karikaturen von Daumier. Diese Karikaturen von Daumier und auch von Gavarni haben etwas, das sie gar nicht als Karikaturen erscheinen läßt, sondern als Zeichnungen, die ganz normale Menschen und natürliche Typen darstellen. Man braucht nur eine halbe Stunde später durch eine Gasse zu gehen, und gleich sieht man die normalen, natürlichen Menschen als Karikaturen. Diese Striche geben die Menschen so genial wieder, daß einen die Zeichnungen überhaupt nicht unangenehm berühren – dafür wird man von den lebenden Modellen unangenehm berührt, die einem in Scharen entgegenkommen.

Nachdem wir zwei Stunden in den Bücherkisten herumgekramt haben, setzen wir uns in ein Bistro gleich hinter dem Park bei Notre-Dame. Das schale Bier und die schale Zigarette bekommen hier einen ganz besonderen Geschmack. Sie sind an so einem Sommernachmittag, der in Farben, Töne und träg dahinfließende Gedanken getaucht scheint, herrlich und gehaltvoll. Ich beobachte die Menschen, wie sie gehen, wie sie fischen. Alles hier erscheint in Übereinstimmung mit sich selber, die Menschen haben keine Probleme und Komplexe, sie wollen nicht die Sterne vom Himmel holen. Das Leben sind sie, sie sind das Leben – *il ne faut pas chercher à comprendre*.[1] Die Dinge so zu nehmen, wie sie sind, aus Gewohnheit zu fluchen und zu schimpfen, ohne Schaum vor dem Mund, lachend und mit einem Witz auf den Lippen. Und nicht einmal seinen Egoismus zu verbergen. Denn der Mensch ist bloß ein Mensch und nichts weiter, und das Leben ist kurz. Vielleicht ist das alles nicht gut, vielleicht werden sie dafür eines Tages teuer bezahlen müssen – so hat man es uns gelehrt. Doch am Ende müßte man schon ein Dummkopf sein, um an so einem Nachmittag seine Seele mit Gedanken zu quälen, die keinem etwas bringen. Ich ziehe es also vor, mein Bier zu trinken und eine Zigarette zu rauchen. Warum soll ich immer Walderdbeeren zwischen den Baumstämmen suchen, den Blick scham-

[1] Da gibt es nichts zu verstehen.

haft zu Boden gerichtet? Man darf nicht hinabsteigen, denn dort unten gibt es keine Stürme und Wolken, keinen Lärm und kein Getöse…

5. 8. 1941

Seit ein paar Tagen ist die ganze Atmosphäre von Paris irgendwie revolutionär geladen.

7. 8. 1941

Radio London berichtete heute, die Deutschen hätten England ein Friedensangebot gemacht. Nicht offiziell. Ein Waffenstillstand, Rückzug aus Norwegen, Belgien, Dänemark und Holland – zu einem späteren Termin aus Frankreich. Eine Garantie der Grenzen des Britischen Imperiums. Elsaß und Lothringen werden dem Reich angegliedert – die Zustimmung Vichys liegt bereits vor. Das europäische Rußland wird für fünfundzwanzig Jahre besetzt. Polen, die Tschechoslowakei, Jugoslawien und Griechenland werden unabhängige Staaten. London hat abgelehnt.

Das macht großen Eindruck. Außerdem haben sich die Deutschen angeblich vor Smolensk eingegraben. Der Blitzkrieg ist zum Teufel.

Die heutigen Pariser-Berliner Zeitungen melden, daß General Anders zum Befehlshaber der polnischen Armee in Rußland ernannt wurde. Und das ohne die geringste ironische Bemerkung. Beinahe mit echter Hochachtung. Was soll das bezwecken? In der Buchhandlung in der Rue de Rivoli wurde die große Landkarte von den Operationen im Osten entfernt!!! Eine Kompromittierung?

8. 8. 1941

Schon wieder berichten alle Zeitungen offiziell und ganz ernst, daß eine polnische Militärmission von London nach Rußland reiste. Ich verstehe gar nichts mehr. Wenn ich Rzecki wäre, würde ich jetzt einen ganzen Rattenschwanz von Vermutungen anstellen… Ich sitze mit K. an unserem Tisch, und wir reden den ganzen Morgen über diese Meldungen. Er hat Grips im Kopf, aber auch er kann sich keinen Reim darauf machen. Wir kommen nur zum Schluß, daß „etwas dahinterstecken muß“.

Man hat damit begonnen, systematisch die deutschen Plakate abzureißen. Die Kommunisten setzen ihre Organisation in Bewegung. Anstelle der großen Plakate mit dem „V“ werden Plakate mit einer Karte von Europa geklebt, mit Pfeilen, die von den Staaten, die sich am Krieg gegen Rußland beteiligen, wegführen. Die Aufschrift: „*Croisade contre le bolchevisme.*“[1] Von dieser Aufschrift kratzen sie jetzt die Buchstaben „l“ und „visme“ weg, und es bleibt „Croisade contre le Boche“ übrig. Etwas köchelt unter dem Deckel der normalen Stille und des Friedens. In Paris sind fast keine Deutschen mehr zu sehen – es ist wie leergefegt. Nur an einigen Punkten treiben sich manchmal ein paar Soldaten oder ein Offizier herum. Um die Oper, an der Concorde, in der Gegend vom Montmartre. Aber sogar auf den Boulevards bekommt man sie kaum noch zu Gesicht – das *Feldgrau* ist verschwunden.

9. 8. 1941

Überall werden sie aufgehalten. Daher haben sie jetzt mit Budjonny eine Schlacht um Kiew angezettelt.

10. 8. 1941

In Vichy-État (wer hätte gedacht, daß die Etikettenaufschrift dieses Mineralwassers jemals so wahr werden könnte?) gibt es eine große Konferenz. Angeblich verlangen die Deutschen von Pétain die Herausgabe von Dakar und der Flotte, im weiteren den Eintritt Frankreichs in den Krieg gegen Rußland, eine Mobilisierung usw. Die Antibolschewistische Legion, die sie jetzt mit großem Getöse und Trara unter dem Patronat von Vichy aus „Freiwilligen“ aufstellen, genügt ihnen offenbar nicht mehr. Das Radio hat um sieben Uhr angekündigt, um neun Uhr die Ergebnisse der Verhandlungen bekanntzugeben. Um neun Uhr wird verkündet, man könne nichts sagen. Die

[1] Kreuzzug gegen den Bolschewismus

Zeitungen widersprechen den Gerüchten – natürlich würden lediglich interne Angelegenheiten behandelt. Und die Franzosen bekommen einen Riesenschrecken. Wieder einmal ist man drauf und dran, sie zu mobilisieren. Ausgerechnet zu einem Zeitpunkt, als bereits gesichert schien, daß andere an ihrer Stelle ihre Unabhängigkeit erkämpfen werden.

12. 8. 1941

„*À Vichy rien*“[1] – so lautet der Titel der heutigen Artikel zum Thema der großen Konferenz. Es herrscht allgemeine Nervosität.

13. 8. 1941

Es endete mit einer schlotternden Rede von Pétain, der sich offen dazu bekannte, daß seine Politik nicht die erhofften Resultate gebracht hat und überall auf Unverständnis gestoßen ist. Daher erweitert er die Vollmachten von Darlan und – „*je doublerai l'activité de police*“[2]. Die Rede hinterläßt einen fatalen Eindruck.

Ich sprach heute mit B. über den Krieg, und er legte mir den französischen Standpunkt dar. Einfach und verständlich, logisch, lebensnah und leicht.

„Was wollen Sie“, sagt er, „der Krieg ist uninteressant. Ich kann verstehen, daß einem der Krieg zur Zeit der Römer etwas geben konnte. Ein junger Mann zog in die Schlacht, und wenn sein Land siegreich blieb und er am Leben, dann bekam er so und so viel Hektar Land, ein Dutzend Sklaven und ein paar griechische Beischläferinnen. Das war Grund genug zu kämpfen. Aber heute? Ich bin im Jahre 1919 als Sieger nach Hause zurückgekehrt und mußte trotzdem weiter normal arbeiten und Steuern zahlen. *C'est pas du tout intéressant, la guerre.*“[3]

Ein Witz, aber in diesem Witz schwingt etwas Allgemeineres mit, so etwas wie der müde Seufzer einer alten Nation.

[1] In Vichy nichts

[2] Ich verdopple die Aktivitäten der Polizei.

[3] Der Krieg ist ganz uninteressant.

14. 8. 1941

Heute wurden Plakate mit der Nachricht angeschlagen, daß die kommunistische Partei in Frankreich aufgelöst wurde. Erst jetzt?

16. 8. 1941

Am Nachmittag im Rodin-Museum. 1001 Liebesfiguren, wobei man nicht weiß, wer mit wem, wer wem, wohin und auf welche Weise. Ein paar wunderschöne Köpfe, sonst eher mäßig eindrucksvoll. Ein schönes Palais in einem ruhigen, ein wenig vernachlässigten Garten. Wir sitzen am Rand eines Brunnens, etwas weiter laufen ein paar Kinder herum wie bunte Kugeln. Die Kugeln laufen an einer Stelle beim Teich zusammen. Dort schwimmt ein ertrunkener Vogel, und die Kugeln wollen ihn herausfischen. In der stillen Luft summen kleine Fliegen. Sommernachmittag.

Anständigkeit ist das wichtigste. Beim Pissen liest man ein Plakat über die Heilbarkeit der Syphilis, das innen angeklebt und von außen nicht sichtbar ist, während man selber von den Passanten vom Gürtel aufwärts gesehen werden kann.

18. 8. 1941

Neue Plakate. Eine Million Francs Belohnung für Hinweise auf die Täter, die ständig die Eisenbahnschienen aufschrauben. Es entgleisen nur deutsche Züge – in letzter Zeit oft. Auf die deutschen Plakate werden „Schmetterlinge“ mit Hammer und Sichel geklebt. Die Kommunisten haben den Deutschen im Gebiet des besetzten Frankreichs den Krieg erklärt.

Das heutige Kommuniqué aus London ist einfach und trokken. Die deutsche Offensive in Rußland ist zum Stillstand gekommen, beide Seiten bereiten sich darauf vor zu überwintern.

23. 8. 1941

Gestern wurde ein deutscher Offizier getötet. Heute gibt es neue Plakate. Alle Häftlinge französischer Nationalität, die von den Deutschen oder auf Befehl der Deutschen verhaftet wurden, gelten als Geiseln, und falls sich solche Anschläge wiederholen, wird ein Teil von ihnen erschossen.

Es verspricht, heiter zu werden. Einer meiner französischen Kollegen ist aufgebracht: „Das hat keinen Sinn – das kostet zu viel."

Zaleski, Seyda und Sosnkowski[1] wurden freigelassen. Angeblich waren sie nicht mit dem polnisch-sowjetischen Abkommen einverstanden. Vielleicht sehen sie die Konsequenzen voraus?

27. 8. 1941

Ein Gerücht über die Verhaftung Görings. Das ist zu früh. Ein dummes Gerücht.

28. 8. 1941

Eine kleine, enge Gasse in der Nähe des Jardin des Plantes. Durch Dunst gefiltertes Morgenlicht. Auf der Straße herrscht goldglänzendes Halbdunkel, am Rand des Gehsteigs stehen überall noch Kartons mit Müll, in denen Hunde wühlen. An den Hauswänden trotten schwerfällig ein paar große Ratten entlang. Und in der Mitte der Straße schleppt sich ein Blinder mit einem weißen Stock dahin, der einen schwer beladenen zweirädrigen Karren hinter sich herzieht. Er tastet sich mit dem Stock vor und zieht den Karren bis zu jedem ertasteten Punkt. Der Karren bewegt sich in zahlreichen kleinen Sprüngen vorwärts. Auf dem Karren flattert ein schmutziger, purpurroter Fetzen.

30. 8. 1941

Sie haben sieben Franzosen und einen Holländer erschossen. Drei wegen Spionage, fünf wegen ihrer Teilnahme an der kommunistischen Manifestation gegen die deutsche Armee. Es wurden Plakate geklebt.

Die Polizei führt große Razzien und Durchsuchungen in den Hotels durch. Es wurden über ein Dutzend Polen verhaftet, doch Schwerbel intervenierte unverzüglich bei der Polizei, und sie wurden wieder freigelassen. Dieser Gestapomann kümmert sich um uns wie um seine eigenen Kinder und läßt

[1] Mitglieder der polnischen Exilregierung unter Władisław Sikorski

nicht zu, daß uns ein Leid geschieht. Aber Pater Cegiełka, Konarski[1] und Rosinkiewicz sitzen noch immer. Zum Glück noch in Paris. Seit dem 12. Februar hält Schwerbel sie in Fresnes fest. Angeblich sagt er, wenn es ausschließlich nach ihm ginge, hätte er sie schon längst freigelassen. Doch Pater Cegiełka macht ihm alles kaputt. Schwerbel ist ein interessanter Mensch. Er hat ein paar Schachzüge in Bezug auf die Polen unternommen, die man sich nur schwer erklären kann. Er hat sich ganz einfach menschlich verhalten, manchmal mit einem tiefen Sinn für Humor, was bei einem Deutschen geradezu unglaublich erscheint.

Paris ist wieder überschwemmt mit Soldaten. Sie haben sie bewußt geholt, um die aufgeregten Gemüter zu beruhigen. Der Sommer geht zu Ende, die Tage werden immer kürzer.

1. 9. 1941

Der zweite Jahrestag des Ausbruchs dieses Krieges. Ich kann es gar nicht glauben. Es ist mir gelungen, es ist mir gelungen, zu überleben. Ich hatte bisher Glück. Ich schäme mich, aber trotz allem, was uns bisher begegnete, war ich noch nie im Leben so glücklich wie in diesen Jahren, sogar in den beiden Jahren des Krieges. Noch nie im Leben habe ich mich so wohl gefühlt. Ich schreibe das im Vollbesitz meiner geistigen Kräfte und kann es mir selber nicht erklären. Doch so empfinde ich es, und ich kann mich dagegen nicht wehren. Vielleicht bin ich in diesem Moment das einzige Exemplar dieser Sorte? Das Leben nimmt mich voll in Anspruch, dieses herrliche, saftvolle Leben, dieses Paris während des Krieges, jeder einzelne Tag.

3. 9. 1941

Es ist schon September. Der Sommer ist wie im Flug vergangen. Ich bin heute ganz durchgefroren, Gedanken qualmen durch meinen Kopf wie der Rauch einer Zigarette an einem heißen Sommerabend. Manchmal ist es eine Kleinigkeit, die einen in so eine Stimmung versetzt. Und heute stieß mir so eine Kleinigkeit zu.

[1] Szymon Konarski, Direktor der polnischen Bank in Paris

Heute mittag verließ ich nach dem Essen das Bistro, um mir ein wenig die Beine zu vertreten. Ich ging zu dem kleinen Platz vor der Kirche in Châtillon. Es ist ein ruhiger Platz, umschlossen von den Mauern kleiner Häuser und dem gotischen Kirchlein. Die Sonne schien, es war warm, der ganze Platz döste vor sich hin und sah aus wie eine Dekoration in der Oper. Ich setzte mich auf eine Bank. Da entdeckte ich neben mir ein Stück Papier, das mit einem Stein beschwert war. Ich hob den Stein hoch und las die paar schlichten Worte: „Marc – komm herauf. Mutter ist in die Stadt gefahren. Ich warte." Ich legte den Brief wieder zurück, beschwerte ihn mit dem Stein und ging mit halb geschlossenen Augen weiter. Ich glaubte, zu träumen. Ruhe, Stille, Sonne, die kleinen Häuser und das Kirchlein, und „Marc – komm herauf…"

Ich hätte am liebsten geweint vor Glück über diese beiden, ich verspürte den Wunsch, sie zu segnen, ihre Zärtlichkeiten, ihre Liebe. Weinen vor Glück, daß so etwas noch möglich ist. Trotz allem.

4. 9. 1941

Ich jage in halsbrecherischem Tempo auf dem Fahrrad von der Étoile die Champs-Élysée hinunter. Ich beuge mich über den Lenker, pfeife die Melodie von „Toréador" und habe im Rucksack 5 (in Worten: fünf) Kilogramm Brot, das unsere Arbeiter aus der Herberge in Levallois für mich besorgt haben. Sie kennen einen Bäcker, so einen wunderbaren Bäcker, der den Polen Brot ohne Karten gibt. Weil er die Polen mag. Es hat sich so ein Narr gefunden. Warum er uns mag? Ich zum Beispiel kann uns überhaupt nicht ausstehen. Und die braven Burschen kaufen auch für mich ein. Vom „Toréador" wechsle ich zum Marsch von Schubert, ich beobachte die Bewegungen des Polizisten und sause mit einer Geschwindigkeit von 60 Stundenkilometern über den Rond-Point. Beim Anblick der Säule an der Concorde pfeife ich den Marsch aus „Aida", dann komme ich zum Ufer der Seine und fege die Tuilerien und den Louvre entlang. Und nun ein kleiner Sprung zu den Hallen und eine Inspektion der Abfallhaufen. In Schlangenlinien winde ich mich durch die engen Gassen. Nach dem heutigen Markttag quellen die Abfallhaufen über. Salatblätter interessieren mich nicht. Übrigens braucht man bei dieser Suche ein System, einen Kompaß. Dieser Kompaß sind die Hunde. Ein Abfallhaufen, um den sich Hunde scharen, kann etwas Interessantes beinhalten, etwas aus Fleisch oder Knochen. Da ist es – ich ziehe die Bremse an. „Verschwinde“ sage ich höflich zu der Promenadenmischung und schiebe sie mit dem Vorderrad weg. Der Schweinehund knurrt, da muß es etwas Besseres geben. Ich schaue und traue meinen Augen nicht. Ein ganzer Hammelkopf. Ich hole Papier aus der Tasche, wickle den Kopf hinein und verstaue ihn. Er riecht schon ein wenig, aber dafür ist jede Menge Eßbares dran. Und wieder jage ich die Seine entlang. Mein Blick bleibt auf einem Plakat von „Madame Capet“ mit Cécile Sorel (verwünscht soll sie sein) hängen, und ich stoße mit aller Wucht mit der Schuhspitze, verstärkt durch den Klips des Pedals, gegen den Kotflügel einer deutschen Limousine. Der Kotflügel wird ziemlich schlimm verbeult. Sabotage – zum Glück hat es keiner gesehen. Beglückt mache ich mich davon. Konnte ich mich also doch noch irgendwie dem Vaterland nützlich erweisen. Ich komme nach Hause und bringe, den Onestep „Salomé“ pfeifend, den Kopf hinein. Kriegsrat mit Basia. Riecht er? Hammel riecht immer. Wir führen eine Sektion durch. Ich schneide den Schädel mit einer Eisensäge auf – da ist das Hirn. Außerdem die Zunge und das Fleisch von den Backen. Ich esse mich satt.

Dann setze ich mich in den Lehnstuhl und lese. Ich fühle mich prächtig. Wenn ich manchmal in rasendem Tempo auf dem Rad durch die Straßen jage und die Sonne scheint, bin ich so glücklich wie noch nie zuvor in meinem Leben. Ich habe das Lächeln der Gedanken entdeckt. Ich kann das nicht anders nennen. Ich verspüre Lust, mit mir selber Faxen zu machen und Unfug zu treiben; ich könnte vor kindischer Freude und Leichtigkeit beinahe zerspringen. Alles gefällt mir, alles ringsum ist Musik. Die im Vorbeifliegen aufgefangenen Stimmungen einzelner Straßen und Blicke wirbeln durch mein Inneres wie ein Reigen von Paaren, von denen jedes ein anderes Kostüm trägt. Ich trinke etwas in großen Schlucken, was ich nicht beschreiben kann. Die Jugend? Ich fühle mich wohl, weil ich jung bin und stark; ich fühle mich wohl, weil ich ich selber bin und so frei denke wie nie zuvor. Und weil ich Basia habe. Was braucht man mehr?

Basia hat recht. Einmal antwortete sie auf meine stolze und eingebildete Frage: „Wo würdest du noch einmal so einen Mann finden wie mich?", kurz und trocken:

„In Tworki [1], mein Lieber!"

Ihr Witz ist stets dünnlippig.

5. 9. 1941

Die Morgen sind kühl, aber sonnig. Alles ist in einen von der Sonne getränkten Dunst getaucht und glänzt zart. Die Häuser, Brücken und Bäume sind keine Häuser, Brücken und Bäume – sie erscheinen wie deren zarte Erinnerung, wie ein leise gesprochenes: „Erinnerst du dich?..." Ich tauche ein in die engen Gassen um den Jardin des Plantes. Leere. Nur vor einem Haus steht ein Wagen voller violetter Sträuße von Erika. Ein paar schwache Sonnenstrahlen huschen darüber hinweg, und dann werden die Erika fast rot. An den Gehsteigrändern stehen noch nicht entleerte Kisten mit Abfällen. Hunde stützen die Vorderpfoten auf den Rand der Kisten und stöbern mit dem Kopf darin herum. Manchmal hört man das Krachen zerbissener Knochen, appetitlich und fest. Ich verspüre auf der Stelle Hunger und beneide die Hunde. Etwas weiter entfernt klappert ein offener Fensterladen. Und an den Mauern rennen Ratten mit fetten, widerwärtigen Schritten entlang. Sie sind graubraun, ekelhaft, doch gleichzeitig rätselhaft und geheimnisvoll.

8. 9. 1941

Vorgestern war Samstag. Ich verließ zu Mittag das Büro und ging ins Bistro, um ein Bier zu trinken. Dann sollte ich ans andere Ende von Paris fahren, in die Gegend von La Muette, um Butter und andere Lebensmittel auf Karten ohne Karten

[1] bekanntes Irrenhaus in der Nähe von Warschau

einzukaufen. Ich stand an der Bar, kaute ein Stück trockenes Brot und trank dazu mein Bier. Da kamen Franzosen aus unserem Betrieb herein. Der Chef der Finanzabteilung, der Chauffeur des Direktors und zwei weibliche Büroangestellte. Sie tranken einen Apéritif vor dem Mittagessen und luden mich ein. „Was trinken Sie?“ „Nur Cognac“, antwortete ich. Die Patronin stellte ein kleines Glas Cognac vor mich hin. „*Non, madame*, bitte im selben Glas wie die Herren und dieselbe Menge.“ Die Herren zuckten förmlich zusammen, die Damen wurden grün. Das Gespräch begann mit dem Sprichwort oder eher der Redensart *soûl comme un Polonais*[1]. Ich erklärte ihnen, daß dieser Ausdruck angeblich aus dem Mund Napoleons stammt und überhaupt keine Beleidigung für uns darstellt. Angeblich war der polnische Soldat sogar betrunken zum Kampf bereit, während der französische Haudegen in diesem Fall nicht mehr zu gebrauchen war. Es folgte eine Diskussion über Napoleon. Ich schlug ihnen vor, ebenfalls Cognac zu trinken, und sie erklärten sich bereit, ihn zu probieren. Die Diskussion über Napoleon weitete sich aus. Der Chef der Finanzabteilung kritisierte Napoleon. Warum trieb es Napoleon nach Rußland? Weil er mußte. Warum ließ er nicht zu, daß bei Borodino die Garde eingesetzt wurde? „Achthundert Meilen von Paris entfernt riskiert man nicht die letzten Reserven“, zitierte ich Napoleon. Ein Gast betrat das Bistro, der Patron bediente ihn kaum. Er stützte sich auf die Ellbogen und hörte zu. Die Bäckerin von gegenüber kam herein und hörte ebenfalls zu. Wir hatten Publikum. Ich bestellte eine Runde Cognac, und wir wechselten das Thema und sprachen über die „alte französische Galanterie“. Die Damen erklärten, diese sprichwörtliche französische Galanterie sei nichts anderes als Angeberei. Ich verbeugte mich und küßte beiden Damen die Hand. Die Kassiererin erklärte offen, unsere Arbeiter seien „viel netter“ als die französischen Kollegen. Der Chef der Finanzen versuchte eine Analyse des Begriffs und meinte, die Polen hätten vor allem *le charme slave,* und das sei etwas anderes als *galanterie*. Aber ich holte das Beispiel der deutschen

[1] betrunken wie ein Pole

Soldaten hervor. Sie treten in der Metro den Frauen die Sitzplätze ab. Sie sind besser erzogen oder vielleicht besser dressiert als ihr. Ihr habt eure Ritterlichkeit verloren. Dann sprachen wir eine Weile über Musik. Der Chauffeur des Direktors lebte auf. Deutsche Musik – Beethoven, Mozart, Schubert. Ich protestierte – das waren keine Deutschen. Der wahre Geist der Deutschen, das ist Wagner. Können Sie Wagner ertragen? Ich nicht – rief ich und bestellte eine neue Runde Cognac. Die beiden hatten schon genug. Das Gespräch wandte sich Polen zu. Der Chef der Finanzen meinte, die Franzosen verwechseln ständig Polen mit Rußland und kennen nur ein paar Namen von uns: Mickiewicz, Maria Leszczyńska, Sienkiewicz, Marie Curie…

„Und Chopin?" rief ich. Proteste. Chopin war Franzose. Nie im Leben. Wir begannen zu streiten. Plötzlich tauchte die Patronin ganz ruhig hinter der Theke auf. Sie hielt die große Enzyklopädie von Larousse in der Hand und sagte: „*Messieurs – silence*!" Sie las aus dem Larousse vor: „Frédéric Chopin, compositeur polonais d'origine française…" Damit beendete sie die Diskussion. Die Herren wurden leiser. „Die Kunst ist international", tröstete ich sie. Sie schwankten bereits. Der Chef der Finanzabteilung schaute auf die Uhr und begann zu taumeln – drei Uhr. Er war stockbetrunken, die Damen lachten. Wir gingen auseinander. Ich setzte mich aufs Rad und fuhr nach La Muette.

Heute war die Frau des Finanzchefs böse auf mich. Sie reichte mir kühl die Hand. „Bis drei Uhr habe ich mit dem Essen gewartet – es gab *pommes frites* – in Zeiten wie diesen *pommes frites* – und natürlich sind sie vertrocknet. Pierre ist schließlich kein Kind mehr, er hätte anrufen können…", und es folgten tausend Beschuldigungen an meine Adresse. Und jedes dritte Wort „POMMES FRITES".

„Das nächste Mal werde ich Sie anrufen", knurrte ich. Sie lächelte säuerlich.

11. 9. 1941

In Paris ist es in Mode gekommen, auf deutsche Soldaten und Offiziere zu schießen. Am 6. September, am 10. September und gestern wurden ein paar angeschossen. Und nun erschießen die Deutschen Geiseln. Die Kommunisten retten auf diese Weise die Ehre der Franzosen, die nach dem Krieg sagen werden: „Das sind wir gewesen."

14. 9. 1941

Gestern hielt Roosevelt eine kriegerische Rede. Er befahl seinen Schiffen, auf alles zu schießen, was deutsch ist. Und er beschimpfte die Deutschen in Straßenausdrücken. Was für ein Flegel! Frau P., ihrer Herkunft nach Amerikanerin, sagte mir einmal, der Krieg gegen die Deutschen sei in Amerika unpopulär, und Roosevelt würde zuerst die Japaner provozieren und den Deutschen via Japan den Krieg erklären. Denn ein Krieg gegen Japan wird in Amerika als „heiliger" Krieg betrachtet. Genug von diesen Komplikationen, aber in Zeiten wie diesen muß man sogar die Meinung alter verrückter Weiber in Betracht ziehen. Schließlich muß man im Narrenhaus auf die Irren hören. Wenn sich nur am Ende nicht alle als verrückt erweisen.

16. 9. 1941

Plakate melden die Erschießung von zehn Geiseln. Die Atmosphäre wird angespannter.

19. 9. 1941

Wieder wurde ein deutscher Offizier erschossen. Bisher ist kein einziger dieser Jäger geschnappt worden. Eine gut organisierte Arbeit der Kommunisten. Daher wurde heute eine Strafverfügung bekanntgemacht, die für ganz Paris gilt: Am 20., 21. und 22. dieses Monats darf man nach neun Uhr abends nicht mehr auf die Straße gehen. Leute, die man nach neun Uhr erwischt, werden als Geiseln ins Gefängnis gesperrt. General Stülpnagel warnt die Bevölkerung, falls in Zukunft noch mehr Deutsche ermordet würden, würde er sich gezwungen sehen, immer schärfere Maßnahmen zu ergreifen. Gleichzeitig entschuldigt er sich bei den Einwohnern von Paris und unterstreicht, er wisse sehr gut, daß die echten Franzosen mit diesen Morden nichts zu tun hätten, das seien nur die Kommunisten, aber die Bevölkerung trage die Verantwortung. Wenn die Täter nicht ausfindig gemacht würden, zeuge das davon, daß die Umgebung sie unterstütze und die Morde erleichtere.

Und dieses Herumreden nennen sie dann Okkupation. Trotzdem ist die Stimmung allgemein gedrückt, und es herrscht sogar Empörung über die Kommunisten.

Kiew ist genommen. Irgendwie scheinen sie im Süden zu gut voranzukommen. Der Krieg im Osten wird langsam alt. Ich lese jetzt „Die Puppe" und stelle fest, daß ich seit längerer Zeit Rzecki nachahme.

Am Nachmittag mit Lola auf den Champs-Élysées. Das Wetter ist herrlich, es sind wirklich goldene Herbsttage. Wir setzen uns auf die Terrasse eines Cafés und beobachten eine Horde von Biertrinkern. Ich zünde mir eine Zigarette an, dann werfe ich die Kippe auf den Boden. Nach einer Weile kommt ein kleines Mädchen, hebt die Kippe auf und steckt sie in eine große Dose. Wenig später kommt ein Junge mit einer Metallbüchse in der Hand, die Augen auf den Boden geheftet. Bei allen belebten und eleganteren Pariser Cafés treiben sich jetzt ganze Scharen von Kippensammlern herum. Seit der Beschränkung des Verkaufs von Tabak (120 Gramm pro Person im Monat) sind Kippen zu einer gesuchten Handelsware geworden. Eine Packung Zigaretten kostet im Schwarzhandel 40 Francs.

Die Blätter an den Zweigen werden schon gelb, die Sonne leuchtet fahl. Auf den Champs-Élysées sind viele Menschen. Plötzlich erscheint auf der Fahrbahn eine große Kutsche mit vier Pferden. Bräutigam, Braut, Hochzeitsgäste, eine singende Gesellschaft, die durcheinanderschreit und sich mit den Passanten unterhält. Sie vergnügen sich damit, vom Rond-Point zum Bogen an der Étoile und wieder zurückzufahren. Ringsum ertönt Lachen, Sorglosigkeit. Die Hochzeitsgesellschaft ist weg. Jetzt hört man wieder Hufe klappern. In gestrecktem Trab kommt ein Pferd, das einen kleinen, rot bemalten zweirädrigen Wagen zieht. Das Pferd hat ein rotes Geschirr und rot lackierte Hufe. Und die schöne Frau, die neben einem wichtigen

Herrn sitzt, hat blau gefärbtes Haar. Bewegung, Farbe, Duft. Ich schließe halb die Augen und fühle mich wohl; ganz einfach und ohne viel zu denken wohl.

22. 9. 1941

Wieder rote Plakate. Zwölf Geiseln wurden erschossen.

Das Wetter ist ganz sommerlich. Sonnige, warme Tage, in herbstlichen Dunst gehüllt. Wir sitzen abends im Bois de Vincennes. Totale Stille. Nur von Zeit zu Zeit ist von den großen Bäumen ein Rascheln der Kastanienblätter zu hören, die herunterfallen. Und ein lautes Aufklatschen auf dem Boden. In dieser abendlichen Ruhe fallen die Blätter sanft und still herab, wie die Blätter von Rosen, die von der Hitze erschöpft sind. Die Kastanien hingegen lärmen.

Abends fragt mich Basia, wie man Garnelen ißt, was da zum Essen dran ist.

„Die Hälse", sage ich.

„Das ist nicht viel."

„Das stimmt. Man braucht viele davon. Willst du welche kaufen? Sie sind es nicht wert. Ich, der ich öfter im Ausland war, kenne mich da aus…"

„Ich war auch schon öfter im Ausland."

Ich mache große Augen. Ich weiß, daß sie nie weggefahren ist.

„Ja. Zum Beispiel – in Polen."

Meine Schmallippige.

27. 9. 1941

Die drei Bände der „Puppe". Eine große Trilogie, größer als die von Sienkiewicz. Man kann kaum ein besseres Buch finden, kaum eine gründlichere Darstellung aller unglückseligen Züge des polnischen Charakters. Unsere Gesellschaft hat sich seit damals so wenig verändert. „Unglückselige", nicht „negative" Charakterzüge, denn unser größtes Unglück sind diese dummen und so schwer festzumachenden Fehler – vor dem Hintergrund der großen Vorzüge – , die alles verderben und so oft den Wert der anderenorts tatsächlich anzutreffenden Vorzüge schmälern. Der polnische Charakter hat etwas Irritierendes an sich; es sind diese irritierenden kleinen Merkmale, die meist noch dazu völlig gedanken- und taktlos auftreten. Du darfst nicht um des Verdienstes willen Geld verdienen, und wenn du das unbedingt tun mußt, dann tu wenigstens so, als handle es sich um eine „Tätigkeit fürs Vaterland". Polen ist ja gut und schön, aber manchmal habe ich den Eindruck, daß uns dieses arme Polen tatsächlich die Gehirnwindungen verstopft und regelrecht verblödet hat. Nur zu oft sehen wir im Vaterland ein *Mädchen für alles*. Und je lauter wir darüber reden, um so mehr muß man sich in Acht nehmen, weil wahrscheinlich irgendein „Genie", das ständig Polen im Mund führt, gerade etwas „Geniales" vorbereitet.

Die Beschreibung Wokulskis in Paris gibt vermutlich am besten wieder, was Prus ausdrücken wollte und was man Positives über dieses „Etwas" schreiben kann, in dem sich ein solcher Wokulski erst richtig wohl fühlt. Zumindest so wohl wie ich. Manchmal glaube ich, daß jeder lebende Pole irgendwo in seinem tiefen Inneren einen Schuldkomplex mit sich herumschleppt, weil es ihm vom Schicksal nicht vergönnt war, fürs Vaterland zu sterben. Sogar ich trage dieses Schuldgefühl mit mir herum. Und dagegen lehne ich mich auf. Denn der Tod ist für mich immer schrecklich, sogar der fürs Vaterland.

Am Abend im Kino, „Trois Valses" mit Yvonne Printemps und Pierre Fresnay. Ein alter, aber schöner Film. Ein paar Fragmente wie Degas, Landschaftsbilder, Manet in Schwarzweiß. Wenn man jetzt aus dem Kino kommt, stürzt man in völlige Dunkelheit. Aus anderen Kinos kommen auch Menschen, überall blitzen Lampen. Wir gehen eng umschlungen nach Hause, ich summe Basia „*Je t'aime quand même*"[1] ins Ohr und komme zu dem Schluß, daß ich auf keinen Fall sterben möchte. Das will schließlich niemand, nur daß man das bei uns nicht laut sagen darf. Die nationalen Mythen konnten mich noch nie überzeugen, am wenigsten dieser, der als der wichtigste gilt.

28. 9. 1941

Ein herrliches Essen – wirklich sonntäglich. Dank Lola, die

[1] Ich liebe dich trotzdem.

uns gestern ein großes Stück Huhn brachte. Ich bin jetzt ständig hungrig. Manchmal wache ich in der Nacht auf, esse ein Stück Brot, trinke Wein dazu und lege mich wieder ins Bett. Ich fahre Tag für Tag 50, 60, 70 Kilometer mit dem Fahrrad durch Paris und die Vorstädte, und es gibt nichts Ordentliches zu beißen.

29. 9. 1941

Einer unserer Arbeiter, der Schwarzhandel treibt und in der Herberge Avenue Wagram wohnt, feierte gestern seinen Namenstag. Unter den Eingeladenen befanden sich die Marquise de Bonnières, die Direktorin der Unterkunft und eine der treuesten Kundinnen des Namenstagskindes, und auch unsere Gestapo in Gestalt von Herrn Rat Schwerbel. Die Gesellschaft unterhielt sich ausgezeichnet, es wurde aus voller Brust gesungen, und am Ende intonierte der Gestapomann: „Hej, Schützen mit uns, über uns der weiße Adler“[1]. Das grenzt an Surrealismus.

Das erzählten mir der Pförtner aus Wagram, ein Augenzeuge, und K., der dort wohnt und die ehrliche Absicht bekundet, von dort auszuziehen.

30. 9. 1941

Ich sitze auf einer Bank am Boulevard Arago und unterhalte mich mit einem alten Mechaniker. „Onkel“ Galant, ein Säufer und Radaumacher, hat mir ein Kilo Brot mitgebracht, ich habe ihm dafür ein wenig Tabak gegeben, und so lebt man.

Die Nachmittagssonne geht irgendwo hinter Denfert-Rochereau unter, der Tag ist warm und golden. Wir sprechen über den Krieg. „Onkel“ war im Kaukasus und in Turkestan. Wir sprechen über die Zukunft. „Wissen Sie“, sagt der alte „Onkel“, „nach diesem Krieg wird sich die europäische Gesellschaft ein wenig zusammenschließen müssen. Und nicht jeder so für sich allein. Sonst wird dieses ganze Europa wieder zum reinsten Bordell werden.“ Kurz und bündig. „Nach diesem

[1] Lied der „Schützen“, einer paramilitärischen Organisation, die vor dem Ersten Weltkrieg in Galizien entstand. Einer der Führer war der spätere Staatschef Józef Piłsudski.

Krieg…" Wann wird das sein? Es ist besser, sich in der Sonne zu wärmen und nichts zu denken.

1. 10. 1941

So ein Wetter wie hier habe ich noch nie gesehen. Vom Morgen bis zum Abend ändern sich die Farben ständig, und alle sind bezaubernd zart, wie durch eine Gaze von Wolken geseiht. Meine Händlerin in Châtillon verkaufte mir heute irgendeine Pastete ohne Karten. „Was ist das?" fragte ich. „Ich weiß es selber nicht, vielleicht vom Hund", sagte sie mit der Gleichgültigkeit der Menschen aus dem Süden. Sie kommt vom Fuß der Pyrenäen. […]

4. 10. 1941

Dieser Narr hat eine Rede gehalten. Er sagte, seit 48 Stunden gebe es eine Offensive an der russischen Front, die zur völligen Vernichtung und Zerstörung der Roten Armee führen werde. Daß es diese Offensive gibt, das ist eine Sache, aber ob sie zur Zerstörung der Roten führen wird, das ist eine andere.

Am Abend in Vincennes. Teich, Bäume, Rasen, Himmel – alles sieht aus wie Illustrationen aus „Peter Pan". Die Stille wird vom Aufschlagen der Kastanien gestört.

5. 10. 1941

Am Nachmittag ein Spaziergang, der nie langweilig wird. Louvre, Tuilerien, Champs-Élysées. Dann über die Madeleine und die Boulevards zur Oper. Die Blumenbeete am Louvre sind wunderschön und mit Herbstblumen bepflanzt. Gruppen von Menschen bleiben ostentativ beim Arc de Triomphe du Carrousel stehen und lesen laut die Worte, die dort eingraviert sind: „Bei Austerlitz, wo die Macht Deutschlands gebrochen wurde…" Leider werden das diesmal nicht sie besorgen. Aber sie werden sich dieser Illusion hingeben. Das ist für sie das Wichtigste.

Der Tag ist warm und lau. In den Tuilerien viele Menschen. Im Freilichttheater spielen sie „Mireille" von Gounod. Um den niedrigen Zaun, der das Theater umgibt, steht und sitzt das

Gratispublikum in andächtiger Stille. Sie schnappen die Fragmente der Musik und des Gesangs auf, die bis hierher dringen – manchmal tönen sie lauter, dann verhallen sie wieder zwischen den Bäumen. Die Bühne ist eine Plattform, die durch eine Dekorationswand quer geteilt wird. Man sieht die Schauspieler, wie sie auf die Bühne gehen und dann wieder hinter die „Kulissen" abtreten. Mireille singt ihre Arie, tritt von der Bühne ab, setzt sich auf einen Hocker und beginnt zu stricken. Jetzt betritt der Tenor die Bühne, läuft ein paar Meter über die Bretter und wütet auf der Suche nach Mireille herum. Der Chor wirft die Zigarettenkippen weg, streift die Kostüme über, nimmt hinter der Bühne eine offizielle Haltung ein und tritt langsam auf. Mireille hat ihre Strickarbeit weggelegt und tritt ebenfalls auf. Ein Duett. Die sentimentale Musik Gounods plätschert sanft dahin, rote Blätter fallen auf die Krempe meines Hutes; und eine zerknautschte, fünftklassige Blondine küßt dem Dikken neben ihr die Hand. „*Chéri...*" Ende des Aktes, verwaschener Applaus erklingt. Paris des Jahres 1941 oder das Paris meiner Mutter?

Neben dem Grand-Palais spielt eine deutsche Militärkapelle. Irgendein Operettenpotpourri. Eine Oma sagt zu ihrer kleinen Enkelin: „Siehst du, *mon petit chou*[1], hier hat früher unser Militär gespielt, ja, *les soldats français...*"

Auf den Champs-Élysées wird es eng. Auf den Terrassen der Cafés sitzen Menschen. Die herausgeputzte teure Halbwelt klappert mit den Holzsohlen ihrer phantasievollen Sandalen. Und Straußenfedern – der letzte Modeschrei.

Die Place de la Concorde ist aufgegraben. Sie nehmen das Holzpflaster heraus und legen Pflastersteine. Die Brunnen sprudeln. Im Maxim's herrscht Hochbetrieb, die Stunde des Dîner. Die Schaufenster in der Rue Royale erscheinen immer ärmlicher, die ledernen Damenhandtaschen verschwinden und werden durch auffallende Taschen und Beutel aus Stoff oder Filz ersetzt. Ein Modell vom letzten Renntag in Auteuil – 400 Francs. Die Boulevards; in den teuersten Läden sind die Preise gestiegen, allerdings nicht so dramatisch. Es gibt nur immer weniger Waren.

[1] mein kleiner Schatz

6. 10. 1941

„Nadel“ war bei uns zum Abendessen. Er wird mir den Mantel zu Hosen fürs Radfahren umarbeiten. Er meint, er werde das zusammenstückeln. Ein Schneider-Künstler, Schneider-Freigeist. Er wohnt nicht in einer Herberge, sondern haust in einer „Kajüte“ bei der Heilsarmee, er bezieht Arbeitslosenunterstützung von der Mairie und verdient sich mit Näharbeiten etwas dazu. Was er verdient, das gibt er sofort wieder aus. „Einmal habe ich nichts zu essen, und dann esse ich wieder bei diesem Itzig neben dem Hôtel de Ville für 50 Francs zu Abend, alles ohne Karten.“ Er hat große Probleme mit der Beschaffung von Zwirn und Accessoires – das wird immer schwieriger. Er weiht mich in die Geheimnisse des Schwarzhandels ein, in diese phantastischen Transaktionen von einer Hand zur anderen. Er erzählt von einem ehemaligen polnischen Flieger, der jetzt mit Brillanten handelt. Hinten, bei den Küchenausgängen suspekter Kneipen, wo 120000 Francs von einer Tasche in die andere wandern.

7. 10. 1941

Es heißt, daß Beck[1] in Amerika ist und mit Vorträgen herumreist.

Es gibt Leute, die aus einem 40-Gramm-Paket Tabak 64 Zigaretten drehen, wobei sie dafür Kippen und dann Kippen aus Kippen verwenden. Eine andere Methode besteht darin, fünf Zigaretten aus zehn Kippen zu machen, wobei man drei pro Zigarette aufwendet. Zuerst macht man drei Zigaretten – bleibt eine Kippe übrig. Von den drei Zigaretten erhält man drei Kippen + eine = vier Kippen. Aus denen dreht man eine Zigarette. Bleiben zwei Kippen übrig. Jetzt borgt man sich eine Kippe, dreht eine Zigarette, raucht sie und gibt die geborgte Kippe zurück. Ehrensache – keine Schulden.

Eines ist sicher: Hitler hat eine gewisse Anzahl Menschen zur Tötung vorgesehen, und das wird er einhalten.

[1] Józef Beck (1894–1944), Oberst, 1932–1939 Außenminister Polens, lehnte ein Bündnis mit der Sowjetunion gegen Deutschland ab; führte seit 1935 eine Politik der Annäherung an Deutschland

In der nicht besetzten Zone nennen sie Pétain *Saint Philippe qu'on roule*[1].

Im Herbst und Winter soll es viel Fleisch geben, vor allem Lamm, weil die Deutschen alle Schafe schlachten, um Fellmäntel für das Militär im Osten herzustellen.

Die besten Zahlungsmittel in den Dörfern sind Tabak, alte Kleidung, Benzin und Speiseöl.

Der Krieg beginnt, in drei Jahren zu Ende zu gehen.

C. erzählte mir heute lachend, daß einer der größten Betriebe zur Erzeugung chirurgischer Instrumente, in dem er früher gearbeitet hat und mit dem er immer noch Kontakt hält, von den Deutschen eine Bestellung für 10000 Endoskope erhielt, die für die Bewohnerinnen der Freudenhäuser bestimmt sind. Jede öffentliche Lustspenderin soll ihr persönliches Endoskop bekommen. Und sie werden dann hineinschauen. *Ordnung muß sein.* Typisch.

10. 10. 1941

P. bat mich, bei der Räumung der Wohnung eines unserer ehemaligen Attachés an der Botschaft (Oberst Fyda) mitzuhelfen und aufzupassen. Es ging darum, die Möbel aus dem ersten Stock in eine Garage zu transportieren, wo sie eingelagert werden. Man bot mir dafür 100 Francs, und natürlich habe ich das nicht abgelehnt. Zehn Stunden schwerer Arbeit zu dritt, mit einem suspekten Arbeiter und einem noch suspekteren Dienstmädchen. Sicher werden sie einiges zur Seite schaffen.

Ich kehre nach Einbruch der Dunkelheit zurück. Es fällt ein kalter, durchdringender Regen. Scharfe Windstöße reißen die Blätter von den Bäumen. Ich bin entsetzlich müde, doch mit merkwürdigem Vergnügen plansche ich durch den Regen und tauche in die dunklen Alleen beim Trocadéro und Alma-Marceau ein. Herbst.

11. 10. 1941

Die Situation an der Ostfront ist kritisch. London verbirgt keineswegs seine Besorgnis, die englischen Kommuniqués sind überaus pessimistisch.

[1] der ausgerollte Heilige Philipp (eine witzige Deformation des Namens und der Kirche Saint Philippe du Roule in Paris)

16. 10. 1941

Am Abend im Odéon, in der szenischen Bearbeitung des „César Birotteau“ von Balzac.

Das Stück ist sehr gut adaptiert, aber weniger gut gespielt. Nur der Popinot brachte es zuwege, den echten Popinot Balzacs aus sich herauszuholen. Das Stück ist durch und durch moralisch – und noch dazu tendenziös moralisch. Seit einiger Zeit weht durch Frankreich eine Brise der „Erneuerung“, einer Erneuerung des Charakters, der Moral, der Religion, der Weltanschauung. Nur schade, daß eine Reihe wirklich kluger Gesetze ausgerechnet von dieser Regierung eingeführt wurde. Der Plan einer „Rückkehr aufs Land“ (*retour à la terre*), eine Prämie für Kinder, Familienbeihilfe, Sozialfürsorge – das alles gerät jetzt in Bewegung, und wenn es auch Frankreich nicht wiederaufrichtet, wird es ihm doch gestatten zu überleben und diese Grippe leichter und ohne größere Komplikationen zu überstehen. Pétain operiert mit Hilfe von Geld – indem er bezahlt. Er druckt und zahlt. Eigentlich hat die Inflation längst eingesetzt, aber die französische Widerstandskraft gegen eine Inflation ist größer als in anderen Ländern. Das Geld ist ein Teil ihres Charakters, es ist ihre Tradition, ihre Geschichte, ihre Moral, beinahe ihr Leben.

Genau genommen beruht die ganze Moral von César Birotteau, die ganze Moral dieses Stückes auf der kompromißlosen Einstellung dieses Bankrotteurs seinen Schulden gegenüber – das Geld, mit großem „G“ geschrieben, das sich überall hineindrängt, wird mit dem Leben besiegelt. Und wenn man den ganzen Balzac analysiert, dann sind die Moral und Charaktere seiner Personen, die so sein sollen, daß der Leser sagt: „Sieh an, genau so soll ein starker, sauberer und edler Mensch sein“, eigentlich immer von der Einstellung des Helden zum Geld bestimmt. Balzac baut die ganze Moral seiner „Menschlichen Komödie“ auf den zahllosen Kombinationen auf, in denen seine Charaktere mit dem Geld konfrontiert werden. Er wirft den Menschen gegen das Geld und beschreibt den Klang, den das ergibt. Das Geld ist für seinen Charakter dasselbe, was die Marmorplatte für die Goldmünzen ist.

Der französische Charakter hat sich nicht wesentlich verändert, und Balzac ist immer noch aktuell. Lange Zeit mit Schweigen übergangen, nimmt er langsam wieder die Rolle eines Moralapostels der Nation ein. Und Frankreich macht den Versuch, sich zu erneuern. Man weiß nur nicht, wem es das zu verdanken hat: sich selber oder den Deutschen. Denn „*retour à la terre*", das ist ganz einfach „*Blut und Boden*", alle Unterstützungen und sozialen Fürsorgeeinrichtungen ergeben in der Summe die „*Winterhilfe*", und die Propagierung der Fruchtbarkeit und des dumpfen Nationalismus sind ebenfalls deutsche Erfindungen.

17. 10. 1941

C. hat mir heute von seinem Bekannten erzählt. Dieser Herr besaß vor zehn Jahren einen kleinen Betrieb und ging bankrott. Er einigte sich mit seinen Gläubigern auf 50 Prozent. Trotzdem beschloß er, auch den Rest zurückzuzahlen. Er arbeitete als Meister in einer kleinen Fabrik, schuftete zehn Jahre lang hart und zahlte die zweite Hälfte seiner Schulden zurück. Vor drei Tagen hat er seinen letzten Gläubiger ausgezahlt, ging nach Hause und schoß sich eine Kugel in den Kopf. César Birotteau in einer verbesserten Version.

18. 10. 1941

Das Mittagessen bei den Patrons meines Bistros hätte ein Erfolg werden können, wurde es aber nicht. Sie haben eine kleine Wohnung in der Passage d'Enfer gemietet, einem Gäßchen wie vor hundert Jahren. Stille, Ruhe, Provinz mitten in der Stadt. Gleich bei meinem Eintreten überreichte mir die Concierge ein Telegramm. Ich sollte um zwei Uhr nachmittags in Châtillon sein, unterschrieben „Chappel", das ist der Direktor selber. Ich setzte mich wütend zum Essen, das verdarb allen die Laune. Ich rief um zwei Uhr an, um mich zu vergewissern. Es stellte sich heraus, daß die Deutschen unserer Fabrik alle Autos wegnehmen wollen. Ich sollte sofort hinfahren und ein paar deutsche Briefe schreiben. Schon seit ein paar Tagen machen K. und ich nichts anderes, als deutsche

Briefe zu schreiben. Den Deutschen muß es schon sehr an Transportmitteln fehlen, wenn sie sogar Verlangen nach diesen alten Kisten haben, die noch dazu auf den Antrieb mit Holzkohle umgestellt wurden.

Vor drei Uhr war ich im Büro. Der Direktor begrüßte mich mit den Worten: „Sie haben wohl nie erwartet, daß Ihnen in Frankreich noch einmal Ihre Deutschkenntnisse zugute kommen würden?" „Ja, und ganz besonders heute…", er verstand die Anspielung und lächelte nur. Eine Stunde lang schrieb ich diese Dummheiten, und vor fünf war ich wieder zurück, lautstark von der angetrunkenen Gesellschaft begrüßt. Suzy, die Bäckerin aus Châtillon, war schon reichlich angesäuselt, und ich entlockte ihr das Versprechen, daß sie mir 350 Gramm Brot pro Tag geben würde, ohne Karten und ohne Verpflichtung, dafür mit ihr zu schlafen. Sie hatte schon Lust, aber für mich hat das Brot Vorrang. *„Mais tu sais que j'te donnerai tous c'que tu voudras."* – *„Donne-moi du pain et ça suffit."* – *„Tu es quand même un peu vache"*,[1] sagte sie. *Vache*[2] oder nicht, aber das Brot muß ich haben. Manchmal komme ich wirklich beinahe um vor Hunger. Aber ich bin noch nicht so weit, mich für Brot hinzugeben. Dann betrank ich mich, und in der Metro packte es mich so schlimm, daß ich für Augenblicke das Bewußtsein verlor. Gott sei Dank kümmerte sich der Wagenführer um mich und setzte mich in Daumesnil hinaus. Ich fand tastend den Weg nach Hause, und dort war ich dann völlig fertig. Und Basia hat sich noch lustig gemacht über mich.

20. 10. 1941

Heute schickten sie mich in das Secrétariat d'État à la Production Industrielle, das heißt in das Produktionsministerium, um dort ein paar deutsche Briefe zu schreiben. Im Ministerium haben sie niemanden. Als C. das hörte, sagte er: *„Vous pouvez le noter comme un signe de plus de la décadence française."*[3] Eigentlich hat er ja recht. Am schlimmsten ist, daß K. und ich immer öfter deutsche Anrufe aus dem

[1] Du weißt doch, daß ich dir alles gebe, was du willst. – Es genügt, daß du mir Brot gibst. – Du bist aber gemein.

[2] gemein

[3] Das können Sie als ein weiteres Zeichen für die französische Dekadenz betrachten.

Astoria oder der „*Zentralkraft*“ entgegennehmen müssen. Das Schreiben ist ja nicht so schlimm, aber das Reden bereitet mir kein Vergnügen. Ich gebe mir Mühe, ihnen, was das Zeug hält, vorzuschwindeln, indem ich sie in Diskussionen über falsche Übersetzungen verwickle. Und es gelingt mir auch oft, diese Schafsköpfe beim Reden zu verwirren. Die Deutschen sind ja doch Schafsköpfe. Und deshalb werden sie diesen Krieg auch verlieren.

21. 10. 1941

Der Angriff gegen Moskau ist zum Stehen gekommen. Die Franzosen meinen, Hitler habe sich kompromittiert. Napoleon saß um diese Zeit bereits in Moskau, obwohl er zwei Tage später mit seiner Offensive begonnen hat. Am 24. Juni hat er den Niemen überschritten. Außerdem sind alle überzeugt, daß der Winter in diesem Jahr auch wieder früher einsetzen wird als gewöhnlich, und sei es nur, damit es auch in dieser Hinsicht ähnlich sein wird wie 1812.

Wir begingen heute „*Rassenschande*“ und sahen den deutschen Film Bel Ami mit Willy Forst. Eine Bearbeitung von Maupassant. Sehr gut. Schon lange habe ich keinen so guten Film mehr gesehen. Sicher deshalb, weil Willy Forst Österreicher ist.

22. 10. 1941

Die Deutschen sind ein geniales Volk, sie sehen alles voraus, rechnen alles aus, spalten ein Haar in vier Teile, nur fehlt dann immer irgendetwas in ihrer Voraussicht. Meist sind es Kleinigkeiten, und über so eine Kleinigkeit stolpern sie dann und schlagen der Länge nach hin.

Vorgestern haben unbekannte Täter den *Feldkommandanten* von Nantes erschossen. Daraufhin befahl General Stülpnagel, fünfzig Geiseln zu erschießen, und wenn die Täter des Anschlags nicht gefaßt werden, wollen sie übermorgen Mittag weitere fünfzig erschießen. Jetzt sind die Franzosen endgültig aufgewacht. Der ganze Plan der Kollaboration, die ganze Idee der Kollaboration, seit einem Jahr geplant und ausgearbeitet (nicht ohne wesentliche Ergebnisse), ist damit zum Teufel.

23. 10. 1941

Vorgestern wurde wieder ein deutscher Offizier erschossen – diesmal in Bordeaux. Und wieder haben sie fünfzig Geiseln hingerichtet, mit dem Versprechen, noch einmal fünfzig hinzurichten, wenn die Täter nicht entdeckt werden. Heute kocht schon alles. Die öffentliche Meinung: Das ist keine Strafaktion, das ist ganz einfach ein Massaker. *C'est un massacre.* Angeblich sind in einer Reihe von Fabriken Proteststreiks ausgebrochen. „Wir sollen mit ihnen zusammenarbeiten? Jetzt haben sie erst gezeigt, wie sie in Wahrheit sind", bekommt man ringsum zu hören. Wenn ich Hitler wäre, würde ich diesen Stülpnagel mit einem Fußtritt auf die Straße befördern. Er hat das jämmerlich verpfuscht. Es hätte genügt, sofort anzukündigen, daß trotz der Morde in Nantes und in Bordeaux keine Vergeltungsmaßnahmen ergriffen werden, weil das keine Franzosen waren, weil man nicht glauben kann, daß das Franzosen waren – das waren Agenten Moskaus und Londons, Provokateure, dafür dürfen wir keine Unschuldigen bestrafen –, und ganz Frankreich wäre dem auf den Leim gegangen und hätte den Köder geschluckt. Denn im Grunde wollen sie das eigentlich, um sich dadurch von ihrem Komplex zu befreien, der seit Juni 1940 in ihrem Inneren sitzt. Seit einem Jahr wird um die Seele Frankreichs gekämpft, ganz Frankreich sehnt sich nach einer Absolution und sucht sie einmal hier, dann wieder dort. Und es war schon bereit, sie via Vichy-État aus den Händen der Deutschen anzunehmen. Daraus wird jetzt nichts. Das sagen die Franzosen selber, die mit verächtlichem Lächeln feststellen: *„Ils ne sont pas fins."*[1]

Es ist gelungen. In diesen Tagen hat de Gaulle Frankreich für sich gewonnen. Jetzt könnte er sich eigentlich schon ruhig schlafen legen. Mit einem einzigen Fußtritt haben die Deutschen das feine Spinnennetz zerrissen. Stülpnagel müßten sie nach dem Krieg in die Ehrenlegion aufnehmen. Aber so sind die Deutschen nun einmal. Jetzt werden sie es wieder reparieren wollen, denn so dumm sind sie auch nicht, daß sie diese schwere psychologische Niederlage nicht begreifen.

[1] Sie sind nicht raffiniert.

25. 10. 1941

Natürlich! *La magnanimité du Führer*[1] ... Der Führer selbst hat die Erschießung weiterer hundert Geiseln aufschieben lassen. Frankreich soll dankbar sein. Nein, Frankreich hat es jetzt endlich begriffen, du Nation eines Gefreiten ohne jede Ausbildung. [...]

31. 10. 1941

Schnee, es ist kalt. Unsere Salle des Fêtes wird noch nicht geheizt, und wir sitzen bei sieben Grad Wärme an unseren Tischen und arbeiten. Es hat so stark geschneit, daß ich zu spät zur Arbeit kam, weil man kaum fahren konnte. Sie verkünden eine offizielle Anordnung, wonach es verboten ist, Radio London zu hören. Die Strafe beträgt 1000 bis 10000 Francs und zwischen drei Monaten und drei Jahren Gefängnis. Natürlich werden jetzt alle mit noch größerem Eifer hören. *Ça fait du sport.*[2] Sie haben die Erschießung der hundert Geiseln nochmal aufgeschoben. Angeblich dank einer Intervention von Churchill. Er hat Hitler versprochen, auf der Stelle 250 deutsche Offiziere und Unteroffiziere zu erschießen, die sich in englischer Gefangenschaft befinden. Wenn das ein Gerücht ist, dann ist es jedenfalls ein gutes Gerücht, das mit englischem Geschick in Umlauf gesetzt wurde.

1. 11. 1941

Wir sitzen zu Hause und frieren. Es ist entsetzlich kalt, und natürlich wird nicht geheizt. Ich sitze im Lehnstuhl, die Beine in eine Decke gewickelt, trage fünf Schichten Wolle und lese „Napoléon“ von Bainville. Es ist ein Stoff aus der Wirklichkeit gegriffen, dieser frühe Winter eingeschlossen. Nach der Lektüre ist mir alles klar. Die Deutschen müssen den Krieg verlieren, und Rußland wird ihn gewinnen.

2. 11. 1941

Die Kälte ist erschreckend. Am Nachmittag beschließen wir, aus dem Haus zu gehen, um uns aufzuwärmen. Wie jedes

[1] die Großmütigkeit des Führers
[2] Das ist ein Sport.

Jahr fahren wir zum Père Lachaise. Zum Grab von Chopin. Wir kaufen ein paar Astern, und Basia hat zwei Kerzen dabei. Es sind nur noch wenige Menschen dort, weil es schon spät ist. Das Grab Chopins ist wie immer mit schönen Blumen geschmückt. Wir zünden die Kerze an und gehen noch zum Grab von Oscar Wilde. An ihn denkt keiner. Diesmal liegen jedoch zwei schöne Chrysanthemen dort. Wir legen unsere Blumen hin und entzünden die Kerze. Unsere Kerzen sind die einzigen Lichter auf dem ganzen Friedhof, weil dieser Brauch hier unbekannt ist. Man hängt metallene Kränze und Gestecke auf – das Grab sieht dann aus wie eine Marktbude mit Kringeln. Bei der Rückkehr gehen wir noch einmal zum Grab von Chopin. Unsere Kerze ist verschwunden. Sie haben sie gestohlen. Eine praktische Nation.

Wir gehen zu Fuß zurück. Eines der schlimmsten Viertel von Paris, einschließlich dieses schrecklichen Brunnens auf der Place de la Nation. Eine große Marianne aus Bronze, die von allen Seiten von trächtigen Krokodilen angepißt wird. Erst nach Pfannkuchen aus Buchweizenmehl mit Konfitüre – zwei Francs das Stück – wird meine Laune besser.

3. 11. 1941

Roosevelt hat eine Rede gehalten. Er sagte, es seien die ersten Schüsse gefallen, und man wisse genau, wer zuerst geschossen habe. Doch das sei nicht wichtig; wichtig sei, wer zuletzt schieße. Die Deutschen haben schon zwei amerikanische Torpedoboote versenkt (heute steht in den Zeitungen, sie hätten gestern ein drittes versenkt). Außerdem ist Amerika in Wahrheit schon vorher angegriffen worden, denn Washington ist im Besitz von zwei Dokumenten deutscher Herkunft: Das eine ist eine Karte von Nordamerika, das unter deutscher Herrschaft in fünf Gebiete aufgeteilt ist. Das zweite Dokument beschreibt ein Projekt, alle Religionen in der Welt (zumindest in den eroberten Gebieten) abzuschaffen und sie durch einen Kult des Nationalsozialismus zu ersetzen: statt dem Kreuz – das Hakenkreuz, statt Gott – der *Führer*.

Das machte Eindruck, trotz Anzeichen von amerikanischem Leichtsinn. Wahrscheinlich war das vor allem für den internen Gebrauch bestimmt.

4. 11. 1941

„Du Jahr, du…“[1] Puuh – in unserem Land geht das ja noch an, aber in Paris… Seit dem Morgen fällt dichter Schnee, echter, nicht irgendein „*Ersatz*“. Die Dächer sind weiß, und in den Straßen liegt Schnee wie im Winter. Und was geschieht dort vor Moskau, Euer Gnaden? Jawohl, 27 Grad Frost, Euer Gnaden – so haben es die Engelländer im Radio gemeldet. Der Angriff ist im Schnee steckengeblieben. Vergeblich hat dieser der Hölle entsprungene Schwejk vor einem Monat Faxen gemacht und herumgehampelt und eine endgültige Entscheidung versprochen. Kein Kronstadt, kein Leningrad, kein Moskau… Und wie sehen Sie jetzt aus, mein Herr? Wie… ein Kamel, Herr H. Es schneit.

7. 11. 1941

Zum Mittagessen beim Ehepaar P. Eine Symphonie. Zuerst Suppe. Dann gekochter Fisch. Pilze in Rahmsoße, Kartoffeln, in Öl gebraten, dazu „Chablis 1926“. Kohlsprossen. Birnen in Crème. Ich schlage bei Tisch *eine wirkliche Vernichtungsschlacht*. Ich vernichte alles. Ich stopfe mich voll, so viel mein geschrumpfter Magen fassen kann.

Gestern hielt Stalin eine Rede. Er verhehlt nicht, daß die Situation ernst ist, aber sie werden es schaffen. Hitler soll nur nicht glauben, daß er Napoleon ist. Was das Material angeht, sind sie geschwächt, aber England und Amerika werden etwas schicken, und Menschen haben sie genug.

9. 11. 1941

Sonntag. Am Nachmittag ein Spaziergang über die Champs-Élysées und die Avenue Foch. Auf den Champs-Élysées sind zahlreiche Menschen unterwegs. Vor dem Schokoladengeschäft „Menier“ steht eine riesige Schlange. Sie verkaufen eine Tasse heiße Schokolade für fünf Francs. Und die Leute stellen

[1] Adam Mickiewicz, „Pan Tadeusz“, Buch XI. Das Jahr 1812, V. 1

sich stundenlang an, damit sie eine Tasse heiße Schokolade trinken können. Vor den Kinos herrscht Gedränge, und es gibt ebenfalls Schlangen. Eine Manie der Schlangen. Auf der kurzen Strecke von der Avenue Foch sehen wir zwei Wägelchen mit gerösteten Kastanien. Wir kaufen zwei Tüten. Es gibt kaum Kastanien in diesem Jahr. Sogar das nehmen sie einem weg. So entfällt auch diese Möglichkeit, sich zusätzlich etwas zu essen zu verschaffen. Im Vorjahr haben wir uns den ganzen Herbst hindurch mit Kastanien vollgestopft – jetzt gibt es immer nur Kartoffeln und Rüben. Ich habe einen vollen Bauch und bin hungrig. Die Preise steigen rapide. Zucker bekommt man nicht einmal für 50 Francs das Kilo zu kaufen. Man hat mir Zucker für Zigaretten versprochen. Zwei Packungen Zigaretten für ein Kilo Zucker. Vielleicht kann ich das Geschäft machen. Ich kann es mir leisten, weil ich den Tabak von Lola bekomme und daher meine Kartenration Zigaretten weglegen kann. Viermal in der Woche bekomme ich von Suzy in Châtillon ein halbes Kilo Brot. Aus der Bretagne schickt uns einer meiner Kollegen von Zeit zu Zeit ein Paket mit Butter. Im Herbst habe ich selber Bohnen getrocknet, Kartoffeln haben wir genug, dank „meiner" Arbeiter – sie schaffen für mich heran, was sie nur können. Der Winter steht vor der Tür, und wir müssen Lebensmittel sammeln. Das ist zur Zeit wohl das Hauptproblem in unserem Leben. Worüber werden wir nachdenken, wenn ein Kilogramm Zucker kein historisches Ereignis mehr bedeutet?

In der Avenue Foch fallen die Blätter von den Bäumen. Am Fahrbahnrand berittene deutsche Offiziere. Ich lese im Gehen Hitlers Rede, die er gestern in München gehalten hat. Aber das sind nur Auszüge, die ins Französische übersetzt wurden. Ich muß morgen die „Pariser Zeitung" kaufen.

10. 11. 1941

Hitlers Rede im Münchner Löwenbräukeller ist eine provokante, mit vulgärer Ironie durchzogene Selbstrechtfertigung. Churchill ist für ihn „*whiskyselig*". Und du bist „*schneetraurig*". Er ist von der Offensive in die Defensive übergegangen. Jetzt ist es nicht mehr er, der versucht, die Engländer anzugreifen, sondern die Engländer wollen ihn angreifen. „*Wenn es den Herren Engländern beliebt, sei es in Norwegen, sei es an unserer deutschen Küste, oder sei es in Holland, Belgien oder in Frankreich, eine Offensive zu unternehmen, so können wir nur sagen: Tretet an, Ihr werdet schneller abtreten, als ihr gekommen seid*!“ Das ist vielleicht ein Trottel! Aber er muß brüllen, muß alles überbrüllen und durch Lügen verwirren. Sieg im Osten: „*Wenn ich zusammenfassend den bisherigen Erfolg unseres Feldzuges umreißen will, dann hat die Zahl der Gefangenen nunmehr rund 3,6 Millionen erreicht, d. h. 3600000 Gefangene, und ich verbitte mir, daß hier ein englischer Strohkopf kommt und sagt, das sei nicht bestätigt. Wenn eine deutsche militärische Stelle etwas gezählt hat, dann stimmt das! (tosender Beifall)*.“ Ein ziemlich schwaches Argument. Und so etwas bringt die Welt zum Zittern, mobilisiert die ganze Welt, bringt Millionen Menschen um. Das ist verrückt. Aber was weiter? „*Ich hoffe, daß wir in kurzer Zeit noch ein paar weitere Maßnahmen treffen können, durch die wir ihnen Strang um Strang langsam aber sicher abschneiden werden.*“ Er hofft, daß er etwas tun kann… *Ich hoffe, können, langsam aber sicher* – das sind alles Worte, die man bisher nicht gehört hat. Aber Ihr müßt mir glauben, denn ich bin ein Genie. ICH UND MEIN VERSTAND: „*Da kann ich Herrn Roosevelt nur sagen: ‚Ich habe auf gewissen Gebieten überhaupt keine Experten. Bei mir genügt immer mein Kopf ganz allein. Ich habe keinen Gehirntrust zu meiner Unterstützung notwendig. Wenn also wirklich eine Veränderung irgendwie stattfinden soll, dann entsteht das zunächst in meinem Gehirn, und nicht im Gehirn anderer, auch nicht in dem von Experten. Ich bin auch kein Gymnasiast*‘ (Oh Gott, das ist die Rede eines Staatsmannes, eines Führers), ‚*der in einem Schulatlas Karten einzeichnet.*‘ (Jetzt ist zur Abwechslung Roosevelt schuld, daß Polen Widerstand geleistet hat.) „*Wenn nur der amerikanische Präsident Roosevelt, der einst schon verantwortlich für den Eintritt Polens in den Kampf war, was wir ihm heute genau belegen können…*“ Interessant. Dauernd kämpft er gegen jemand anderen, aber jede Rede richtet sich eigentlich ausschließlich gegen die Engländer, auf die er noch nie getroffen ist. Da schlägt seine Hilflosigkeit durch, die wütende Machtlosigkeit eines gefesselten Menschen, der Millimeter um Millimeter lebendig begraben wird. Und diese Flegelhaftigkeit. Das ist unglaublich.

Die Hoffnung wächst. Man wird noch lange warten müssen. Nicht Wochen und nicht Monate, aber man weiß, worauf man wartet.

Die Engländer haben sich im Mittelmeer die Italiener vorgenommen. Sie haben einen ganzen Konvoi versenkt – sieben Schiffe.

11. 11. 1941

Eine Rede Churchills. Optimismus, angerichtet in der überzeugenden Soße englischer Zurückhaltung. Die englische Luftwaffe ist bereits jetzt der deutschen ebenbürtig. Das ist das Wichtigste.

Ohne den gestrigen Regen wäre Paris heute ohne elektrischen Strom. Angeblich wurden die Kraftwerke der Industrie in Süddeutschland zerbombt, und die Industrie dort arbeitet jetzt teilweise mit belgisch-holländischem und teilweise mit nordfranzösischem Strom. Jedenfalls arbeiten die Kraftwerke, die Paris versorgen, jetzt für die Deutschen. Paris bezieht seinen Strom von Wasserkraftwerken an der Schweizer Grenze. Es hat einen ganzen Monat nicht geregnet, und die Reservoirs waren leer.

12. 11. 1941

Sikorski weilt zur Truppeninspektion in Ägypten und auf Malta.

13. 11. 1941

Angeblich sagte Weygand, als man ihn beim Tee mit Pétain fragte, was er vom Krieg in Rußland halte: „Für mich ist das Wichtigste, daß sie die Boches schlagen." Bei diesem Tee war auch ein Kollaborateur, Minister Scapini, zugegen. Pétain rief ihn zu sich und nahm ihm das Ehrenwort ab, das nicht weiterzuerzählen. Offenbar hat er sein Wort nicht gehalten, weil das nun alle erzählen. Eines der vielen Gerüchte.

Nachdem die Deutschen London hartnäckig auf Kurzwelle und Mittelwelle stören, sendet London jetzt auf Langwelle – 1500 Meter. Es ist verboten, den englischen Rundfunk zu hören, daher kann man zehnmal am Tag dasselbe Gespräch vernehmen:

„Avez-vous essayé d'écouter Londres sur 1500?" „Oui. Ça va épatamment bien…"[1]

Alle hören ihn jetzt. Sogar diejenigen, die ihn früher nicht hörten, weil sie an die dicken Lügen von Radio-Paris glaubten. Die Kollaboration hat ihre Popularität eingebüßt.

16. 11. 1941

Chopins „Briefe". Ich tauche darin ein. Alle Biografien, die ich kenne, betrachten seine Musik aus der Sicht des darin Aufgehens und des Genießens jeder einzelnen Note. Über die Arbeit selber findet man dort nicht viel. Dabei hat er pedantisch gearbeitet, hat ständig seinen Stil im vollen Bewußtsein des Künstlers und Kompositionshandwerkers entwickelt. Wenn man diese „Briefe" liest, bekommt man manchmal den Eindruck, er habe einfach „Stücke abgeschrieben", wenn er in Nohant stundenlang am Klavier saß. Da ist keine Spur von Affektiertheit. Er kennt genau seine eigenen Möglichkeiten, arbeitet viel an Bach, lernt ständig dazu, bringt nicht überhastet irgend etwas auf den Markt, und wenn er etwas schreibt, dann ist es das auch wert. Alle Biografien über ihn sind in der Farbe der grauen, melancholischen Stunde, des Nokturno gehalten. Chopin, wie er lebensfremd in den Nebeln der Präludien und Etüden schwebt usw. Dabei war er meiner Ansicht nach einer der normalsten Menschen der damaligen Pariser Emigration, mit klarem Verstand, ein Künstler, der seinen Stil gefunden hatte und ihn in der Überzeugung vertiefte, daß dieser Stil auch jener der ganzen Epoche war und seine Stücke „gehen" würden; und dort, wo dieser Stil nicht so leicht akzep-

[1] Haben Sie versucht, London auf 1500 zu hören?" – „Ja, man hört es tadellos…"

tiert wurde, erkämpfte er sich durch ganz bewußte Arbeit Anerkennung. Die Briefe sind einfach, manchmal kapriziös, dann wieder unprätentiös und diskret. Ein Snob? Schon möglich. Aber ich ziehe jedenfalls seinen Snobismus, verbunden mit seiner nüchternen Sicht der Dinge, dem von Mickiewicz vor, der in seiner gesamten Pariser Zeit trotz allem irgendwie unsympathisch erscheint.

Ich habe mir ein paar Noten gekauft und nach vielen Jahren wieder auf dem Klavier zu klimpern begonnen. Bei uns in Châtillon fand ich hinter der Bühne ein altes Klavier, so eine richtige „Kulissenleiche". Und wenn ich jetzt in der Lektüre der Chopin-Noten schwelge, begeistere ich mich immer wieder für ihre Einfachheit und präzise Ausarbeitung. Wenn tatsächlich Melancholie in ihnen steckt, dann ist diese ganz bewußt, ist sie erarbeitet. Eine geniale Einfachheit, Verständlichkeit, eine Musik nicht für Übermenschen, ohne Metaphysik und große Ideen – einfach Musik. Mit der ganzen Kompromißlosigkeit des polnischen Herzens und der polnischen Empfindsamkeit. Wie intelligent er war, läßt sich aus jedem einzelnen Brief ersehen. Die bewundernswerte Intelligenz eines ruhigen Mannes und starken Künstlers, der sich sein Talent dienstbar machte und sich nicht, wie das oft bei den Slawen der Fall ist, dem Talent unterordnete. Ein warmes Herz, ein sympathischer Skeptizismus und Ironie, auch eine ordentliche Portion Selbstironie wie bei allen Naturen, die ihren eigenen Wert kennen – einfaches und lebensnahes Denken, mit einem Schuß Egoismus. Wie prätentiös und dick aufgetragen wirkt dagegen George Sand, die Romane wie am Fließband fabrizierte, mit der Unruhe eines nicht genügend gehätschelten Weibchens Gedanken und Richtungen verkündete und am Ende in diesem typischen französischen Unrat verkam. Wenn ich diese Briefe lese, meine ich ständig, er säße am Klavier, beobachte sie und beurteile die Dinge genauso, wie sie es verdienen. Bis er schließlich genug hat und die Beziehung abbricht – kühl, logisch und diskret.

Nachmittags war ich im Kino, im „Spieler" nach Dostojewski. Pierre Blanchar. Ein ausgezeichnet gemachter Film –

ein Bad in Dostojewschtschina. Es ist bemerkenswert, wie es den Franzosen gelingt, sich so tief in die Stimmung und Atmosphäre solcher Werke einzuleben, die ihnen auf den ersten Blick völlig fremd sind. Vielleicht hat das damit zu tun, daß sie, wie die Russen, einen Hang zu „technischen“ Aufregungen und Komplexen aufweisen, die nicht viel mit echten Gefühlen zu tun haben. Sie sind Meister kalter Stimmungen, kalkulierter Verbrechen und mathematisch-abstrakter Seelenkomplexe, die nicht unter dem Einfluß von Gefühlen entstehen, sondern aus den Gedanken heraus. Für mich ist der ganze Dostojewski vor allem künstlich. Er ist so künstlich, daß er mich nicht im geringsten packt.

Darüber hinaus hat er eine phänomenale Fähigkeit, moralischen Schmutz darzustellen. Zola hat große Ähnlichkeiten mit Dostojewski. Die Franzosen sind Meister in der Darstellung von moralischem Schmutz und seiner geistigen Eigenschaften.

Der Vorfilm ist erfreulich. Dieser teuflische Narr beim Besuch seiner Soldaten im Winterquartier. Sollen sie nur überwintern.

18. 11. 1941

Tadzio ist aus Minsk Mazowiecki nach Paris auf Urlaub gekommen. Er war zum Abendessen bei uns. Er hat einen ganzen Koffer mit Sachen aus Krakau mitgebracht. Die ganze Familie legte für seinen Inhalt zusammen. Hanka schaffte ihn nach Warschau, sie war bei Tadzios Familie zu Besuch – Erzählungen wie aus Tausendundeiner Nacht.

Beim Anblick von Vaters Hemden und Unterhosen, die Mutter für mich geschickt hat, wäre ich am liebsten in Tränen ausgebrochen. Sie haben selber nichts und schicken mir etwas… Bonbons von Piasecki, Zigaretten… Und Tadzio, der von Polen erzählt. Noch am Sonntag war er in Warschau, und Dienstag abend sitzt er bei uns. Ich neige nicht zu patriotischem Überschwang, doch in meinem Inneren ist etwas aufgebrochen. Eine tiefe Sehnsucht nach der Heimat, nach den Eltern, nach Hanka und Franiek, nach Maryna – nach ihnen allen. Erst in diesem Moment spürte ich, vielleicht zum ersten Mal, unsere Einsamkeit, die Fremdheit der Umgebung und die schon bald drei Jahre eines völlig anderen Lebens, in dem zahlreiche Gefühle unter dem Einfluß des ständigen „nur nicht aufgeben" abgestumpft sind. Von Tadzio und den Sachen, die sie geschickt haben, geht ein Duft von „Eigentum", „eigenem", „unserem" aus. Und Tadzio erzählt von der Hoffnung, für die sie dort leben, erzählt von sich, von anderen, von allem.

19. 11. 1941

Was haben sie mir nicht alles geschickt… Wir können es noch gar nicht fassen. Sogar Geld, was mich geradezu beschämt. Wir wissen nicht, was seit gestern mit uns geschehen ist. Krakau scheint beinahe zum Greifen nahe. Manchmal könnte man fast meinen, der Krieg würde in den nächsten Tagen zu Ende gehen und wir kehrten bald zurück, und vorher sei nun jemand zu uns gekommen.

Ich war immer der Meinung, ich hätte mich in unsere Umgebung und unser Leben hier völlig eingelebt. Doch als ich heute nach Hause fuhr, sah ich alles um mich herum wie am ersten Tag, als wir hierher kamen. Fremdheit – bestenfalls eine oberflächliche und unverbindliche Bekanntschaft.

20. 11. 1941

Am Abend traf ich mich mit Tadzio bei den Rosinkiewiczs. Rosinkiewicz möchte zurückkehren und unterhielt sich drei Stunden mit Tadzio, den er über Polen ausfragte. Es war sehr interessant. Was Tadzio wußte, das sagte er, was er nicht wußte, das sagte er nicht. Ich kenne ihn. Zum ersten Mal erfuhr ich Genaueres.

Weygand hat seinen Rücktritt eingereicht, er hat die Nase voll von der Kollaboration. Es gehen zahlreiche Gerüchte über dieses Thema um. Nordafrika gewinnt zunehmend an Bedeutung. Die Engländer haben in Libyen eine breit angelegte Offensive gestartet und sagen, sie kämen gut voran. Die allgemeine Meinung dazu lautet: Die Deutschen beginnen, den Krieg zu verlieren, und haben ihn eigentlich schon verloren. Vollendete Zukunft.

23. 11. 1941

Tadzio rennt mit heraushängender Zunge herum und kauft zusammen, was er auftreiben kann. Wir sehen ihn kaum. Erst heute abend traf ich ihn in Saint-Paul im polnischen Restaurant. Eine Portion Brathuhn 45 Francs. Die Deutschen haben Rostow eingenommen.

Was wollen sie mit Afrika machen? Man spricht über ein bevorstehendes Treffen zwischen Göring und Pétain. Die Deutschen wollen die Flotte, Tunesien und Marokko haben. Andererseits gibt es auch Gerüchte, daß sich Afrika im entscheidenden Moment von der Metropole lösen und als freies Frankreich deklarieren könnte. Pétain breitet die Arme aus und sagt zu den Deutschen: Erobert es.

Sie sind immer noch der Meinung, Pétains Politik ziele auf ein Hinhalten ab, er wünsche keine echte Kollaboration. Das zu glauben, fällt nicht leicht; ebenso unwahrscheinlich erscheint es, daß es Afrika wagen wird, sich loszulösen. Wenn sie den Deutschen die Flotte und Afrika geben, dann weiß ich nicht, was die Franzosen nach dem Krieg machen wollen. Warum diese Erbärmlichkeit, dieser Mangel an Mut und Ambition? Wenn Pater Trublet von Voltaire sagt, er sei die „Vollendung der Mittelmäßigkeit", dann möchte ich manchmal dasselbe von dieser ganzen Nation und der Art, wie ihre einzelnen Menschen denken, sagen. Wenn man mit einem Franzosen, auch einem sehr intelligenten, über diesen Krieg spricht, dann dreht es einem oft geradezu den Magen um. Für die einen ist das ein Klassenkrieg, und sie betrachten ihn vom Klassenstandpunkt aus als eine Art europäischer Revolution, andere sprechen wieder so über Frankreich, als wäre es immer noch das alte Frankreich, das im Juni vorigen Jahres aufgehört hat zu existieren, und wieder andere sehen die Bedeutung dieser täglichen Ereignisse nicht einmal, und am Ende spürt keiner von ihnen, daß sie mit dem untergehen werden, was man einen „Lord-Jim-Komplex" nennen könnte. Immer nur „*la France éternelle*"[1] und ein unbegründeter Anspruch auf Größe.

[1] das ewige Frankreich

26. 11. 1941

Basia läuft in der Stadt herum und sucht Geschenke für Krakau. Man glaubt immer, daß es Waren im Überfluß gibt. Doch wenn man etwas kaufen, etwas aussuchen möchte, dann gibt es keine Auswahl. Alles ist in wenigen Augenblicken verschwunden, und die Preise steigen. In den Schaufenstern gibt es hübsche Damenstrümpfe, aber daran sind Kärtchen mit „verkauft“ befestigt, und im Laden gibt es kein einziges Paar. Angeblich, weil sie die Waren verstecken, damit sie sie dann teurer verkaufen können. Tadzio und seine Kollegen treiben sich ausschließlich im polnischen Viertel in Saint-Paul herum und kaufen natürlich, was sie wollen, weil es den Polen gelingt, alles aufzutreiben. Hier ist übrigens auch das Zentrum des Schwarzhandels. Sie haben jeder 20000 Francs mitgebracht und kaufen Waren ein, um sie dann in Warschau weiterzuverkaufen. Die Transaktionen umfassen fünf, zehn, ein Dutzend Paar Strümpfe, Tee, Kleiderstoff, Rum, Cognac – alles zu astronomischen Preisen.

28. 11. 1941

Die Deutschen haben begonnen, „Kanadier“ (imprägnierte, gefütterte Jacken) und Ledermäntel zu requirieren. Außerdem haben sie sich die Denkmäler vorgenommen. Die Denkmäler der Brüder Montgolfier und von Victor Hugo sind bereits verschwunden. Natürlich erklären die Zeitungen das damit, daß die Denkmäler durch solche aus einer anderen Legierung ersetzt werden, dauerhafter als die bisherige usw. Ein Unsinn, der Stoff für Spott und Witze liefert.

29. 11. 1941

Jeder einzelne von den Arbeitern, die von Minsk Mazowiecki auf Urlaub hierher gekommen sind, wird mit einer kostbaren Ladung wie eine venezianische Galeere oder spanische Karavelle zurückkehren. Tadzio wird für mich 15 Paar Strümpfe mitnehmen. Ich muß mir langsam den Kopf darüber zerbrechen, wie ich etwas dazuverdienen kann. Piotrus E. zum Beispiel nimmt für einen Großexporteur aus Saint-Paul gleich 15 Dutzend Paar Strümpfe mit. Ein Reeder großen Stils. Andere führen Damenwäsche mit, Pullover usw. Wenn der Transport einer solchen Warenladung durchkommt, kann man sein Kapital versechs- oder gar verzehnfachen. Wie beim Handel mit Gewürzen. Das Risiko gleichfalls. Daher habe auch ich etwas riskiert, und Tadzio wird von hier wie meine Karavelle wegfahren, beladen mit 15 Paar Strümpfen. Für sich selber nimmt er 3 Kilo Tee, Kleiderstoffe und andere Kleinigkeiten mit. Sie fahren übermorgen abend ab.

Die Russen haben Rostow zurückerobert – die Deutschen ziehen sich zurück.

30. 11. 1941

Handel, Handel. Ich habe Tadzio 5000 Francs geborgt und hole mir die von seinem Verdienst von der D.K.W.[1] -Grün zurück. Dann wird man Dollar kaufen müssen, weil es sich nicht mehr lohnt, das Geld in Francs zu halten.

Im 18. Bezirk ist ein Bordell für deutsche Soldaten in die Luft geflogen. Zwei Tote, einige Verletzte. Seit dem heutigen Tag ist das ganze 18. Arrondissement ab sechs Uhr nachmittags gesperrt. Diese Verordnung gilt bis auf Widerruf. Wieder erscheinen überall rote Anschläge. Timoschenko jagt die Deutschen vor Rostow. Die Engländer stottern in Libyen und kommen nur langsam vorwärts.

1. 12. 1941

Heute abend fuhr Tadzio ab. Gegen acht Uhr abends komme ich in sein Hotel, aber Tadzio ist nicht da. Sein Kollege sagt mir nur, er hätte ihn irgendwie ziemlich angetrunken gesehen. Wir sitzen herum und warten. Der Rest der Gesellschaft trudelt langsam ein. Piotrus, von dem alle sagten, er würde bestimmt betrunken kommen, erscheint nüchtern, begleitet von riesigen Paketen und einem Juden mit dem seltsamen Namen „Natzweter“. Natürlich nennen ihn alle „Herr Nadsweter“[2]. Er exportiert mit Hilfe von Piotrus große Mengen von Waren nach Warschau. Er geht im Zimmer auf und ab, schnalzt mit

[1] D.K.W. – Deutsche Kriegswerkstätte
[2] ein Wortspiel: *sweter* – poln. Pullover, *nad-* über, etwa: Überpullover

der Zunge, setzt seinen Hut auf und nimmt ihn wieder ab, kratzt sich am Kopf und kommt schließlich mit östlicher Resignation zu dem Schluß: „Entweder nehmen sie mir alles weg oder gar nichts.“ Plötzlich ruft er laut: „Ein feuchtes Handtuch und einen Tintenstift!“ Er stürzt sich auf seine Pakete, macht sie mit dem nassen Handtuch feucht und schreibt in großen Buchstaben drauf: „D.K.W. Grün – Kriegswerkstätte“. Dann dreht er sich zufrieden um: „Mein lieber Herr – die reisen als Firmenpakete, beim Anblick solcher Pakete beweisen die Zöllner ein völliges *désintéressement*.“ Ich versichere ihm, daß sie ihm trotzdem alles wegnehmen werden. Er rollt böse mit den Augen: „Was reden Sie da? Man sieht, daß sie total weltfremd sind…“

Die anderen packen noch Kleinigkeiten und Getränkevorräte ein. Piotrus hat ein riesiges Flakon Kölnischwasser, gefüllt mit reinem Spiritus. Sie haben die Spiritusvorräte aller Pariser Apotheken aufgekauft. Endlich kommt Tadzio mit forschem Schritt herein. Munter, betrunken und bester Laune – er kümmert sich um nichts. Zum Glück hat Bogus an ihn gedacht und alles ordentlich für ihn eingepackt. Tadzio legt sich aufs Bett, mustert den Juden und beginnt dann schrill zu lachen: „Herr Pullover, ich sehe schon die deutschen Frauen in Ihren Strümpfen vor mir. Wie kommen Sie zu diesem komischen Namen? Bogdan, du Kind der Gosse, mach dich an die Arbeit!…“ Im Zimmer herrscht immer mehr Chaos, weil wir uns bald zum Bahnhof aufmachen müssen. Der gemietete Träger (die Herrschaften wollen sich nicht mehr selber abschleppen) ist bereits eingetroffen und beginnt damit, die Koffer hinunterzutragen. Wir brechen auf.

Die Nacht ist hell und der Mond leuchtet. Tadzio plappert vor sich hin, ich habe den Eindruck, ich müßte auch wegfahren. Basia ist schon an der Gare de l’Est. Tadzio wirft sich ihr beinahe an den Hals, nimmt sie an der Hand und kümmert sich um sie. Er geht herum, schwatzt und erteilt Anweisungen: „Bogus, die Koffer auf den Wagen!“ Er begrüßt die Franzosen, klopft ihnen auf den Rücken: „Ça va, bon-schur, Robert, du französischer Dummkopf.“ Robert lächelt und sagt:

„*Ça va, ja rozumiem po polska.*“[1] Schließlich gehen wir zum Perron. Bei der Sperre steht jedoch ein deutscher Posten, der sorgfältig die Papiere kontrolliert. Tadzio rennt herum, findet schließlich einen Nebeneingang, und wir fahren, von keinem kontrolliert, mit dem ganzen Wagen auf den Perron.

Auf dem Perron ist es dunkel, Deutsche steigen in die Waggons, ein Wagen fährt vorbei, und eine Frau ruft mit schrecklichem Akzent: „*Kuchen, Schokolade, Bonbons, Sekt*...“ Eine Walküre mit flachsfarbenem Haar kauft eine Schachtel Schokoladenbonbons. Unsere Leute sind wütend, weil niemand Plätze für sie reserviert hat, reißen das Maul auf und fluchen auf polnisch, als wären sie bei sich zu Hause. Jeder drängt sich hinein, wo er Platz findet. Wir verabschieden uns, umarmen Tadzio, ich wiederhole noch einmal alle Empfehlungen, und dann gehen wir, wieder durch den Nebeneingang. Vor dem Bahnhof ist es bereits leer, und in den Straßen herrscht Totenstille, die vom Mond beschienen wird. Irgendwo unter der Erde dröhnt die Metro. Krieg, Paris, Polen, Deutsche, die Gare de l'Est, auf dem Französinnen „*Schokolade, Sekt*“ rufen. Manchmal glaube ich zu träumen. Wenn man nur endlich aus diesem Traum erwachen könnte.

2. 12. 1941

Die heutigen Zeitungen quellen geradezu über von Artikeln über die gestrige Begegnung zwischen Göring und Pétain. Natürlich hat man keine Ahnung, worüber sie gesprochen haben. Es gibt lediglich Vermutungen: Afrika? Die Flotte? Eine verstärkte Propaganda für die „antibolschewistische Legion“ und eine Mobilisierung der Industrie?

Die amerikanisch-japanischen Verhandlungen finden in gespannter Atmosphäre statt. Amerika tut alles, damit ihm Japan den Krieg erklärt, aber Japan will nicht. Es herrschen durchdringende Kälte und Nebel. Vor der großen Blumenhandlung in der Rue Lafayette sitzt eine in Tücher und Schals gehüllte Alte auf einem Klapphocker, vor sich eine kleine Staffelei. Mit einer vor Kälte bläulichen Hand malt sie die Orchideen,

[1] richtig: *ja rozumiem po polsku* – ich verstehe polnisch

die sich hinter dem Schaufenster zusammendrängen. Die Leute bleiben stehen, schauen und gehen weiter. Knabenkraut in diesem Frost zu malen, das ist wirklich der Gipfel der Perversion. Oder vielleicht hat sie eine Methode erfunden, wie sie sich auf diese Weise aufwärmen kann? Ich stehe lange bei ihr, und plötzlich packt mich eine solche Sehnsucht nach einem Land, in dem die Orchideen blühen, daß ich am liebsten losheulen würde. Ich spürte richtigen Schmerz vor Sehnsucht.

3. 12. 1941

Unsere Patronin ist äußerst kriegerisch gesinnt. Sie hört Radio London, und alle paar Tage führen wir ein langes politisches Gespräch, das regelmäßig mit ihrem Ausruf endet: „*Ils sont foutus*!“[1] Die eine Schublade ihres Schreibtisches ist voller Landkarten. Wir studieren die russische Front und die kosmetischen Operationen in Libyen. Den Fernen Osten. Ich rate ihr, eine Karte des Pazifiks zu kaufen. Es hat ganz den Anschein, als würde es demnächst auch dort losgehen.

In Paris ist es ziemlich ruhig. Es gibt kaum Deutsche, und die Dirnen verlieren ihre Kunden. „Jetzt stehen sie auf, um sich auszuruhen“, wie das Monsieur P. witzig ausdrückt (*Elles se lèvent pour se reposer un peu*). Die Strafverfügung über den 18. Bezirk wurde heute aufgehoben. Das Wetter ist wie gewöhnlich: „aspirinös“.

Ich lese „L'Amérique d'aujourd'hui“[2] von Siegfried. Hervorragend geschrieben. Mit dem leicht abfälligen Ton des Franzosen gegenüber diesen „Barbaren“ und diesem Kontinent ohne Kathedralen. Insgesamt ist das nur der Neid, den man in verschiedene Vorwände hüllt – meist in den der sogenannten „kulturellen Überlegenheit“. Dabei fällt Europa kulturell gegenüber Amerika in vielerlei Hinsicht ziemlich ab. Kultur? Es kommt darauf an, welche. In der politischen und ökonomischen Kultur sind sie Europa bereits um Längen überlegen. Alles, was wir über Amerika wissen, das ergibt, abgesehen von einem Vorrat kluger und stereotyper Vorurteile, in der Summe Null.

[1] Sie sind erledigt!

[2] richtig: „Les États-Unis d' aujourd' hui“

4. 12. 1941

Basias Namenstag. Schon am Morgen wurden ihr von Lola ein Teller Schokoladenbonbons und Kuchen, und von Chometowski eine schöne Primel geschickt. Das Zimmermädchen des Hotels brachte das auf unser Zimmer, und der Tag begann gleich festlich.

Vor dem Büro fahre ich in die Rue Saint-Honoré und kaufe ein Paar Handschuhe für sie und am Nachmittag, auf dem Heimweg, noch drei Rosen. Lola kommt nach dem Abendessen zum Tee, und so sitzen wir zu dritt den ganzen Abend beisammen und unterhalten uns, wie immer, über den Krieg.

Gestern wurde im 10. Bezirk wieder ein deutscher Offizier angeschossen, und ab heute wird der ganze „*Bezirk*“ um sechs Uhr nachmittags schlafen gehen. Sikorski war bei Stalin, sie haben ein Abkommen getroffen (zweifellos zu unseren Ungunsten) und wollen in Rußland polnische Divisionen aufstellen. Die russische Offensive macht Fortschritte, und die Deutschen weichen zurück. In Libyen haben sie sich verschluckt, die amerikanisch-japanischen Spannungen nehmen zu. Ein amerikanisch-japanischer Krieg wäre die Mitte des dritten Aktes in dieser Tragödie, der Kulminationspunkt. Dann müßte man nur noch auf das Ende warten. Gott mag wissen, welches – das Ende dieses Krieges kann schlimmer ausfallen als sein ganzer Verlauf.

7. 12. 1941

Roosevelt hat ein persönliches Schreiben an den japanischen Kaiser gerichtet.

8. 12. 1941

Gestern haben die Japaner alle amerikanischen Stützpunkte auf Hawaii angegriffen und den Krieg begonnen. Nach den Kommuniqués zu schließen, wurde der Angriff von der japanischen Luftwaffe von ihren Flugzeugträgern aus durchgeführt. Die Amerikaner wurden völlig überrascht, „in den Unterhosen“, wie man volkstümlich sagt. Das ist nur schwer zu begreifen. Schließlich war dieses riesige japanische Geschwader keine Nadel im Heuhaufen, nicht einmal im Pazifik. Wo blieb der Geheimdienst? Wo die gründliche Aufklärung rings um Hawai? Haben sie ruhig da gesessen, Ananas gegessen und Hula-Hula getanzt? Die Japaner haben alle ihre Schiffe im Hafen und die Flugzeuge am Boden erwischt, und in wenigen Stunden war das alles nur noch ein Haufen Schrott. Die „Oklahoma" und die „West Virginia" versenkt, Tausende Tote, sogar aus den ersten Kommuniqués geht hervor, daß dort ein besonderes Chaos geherrscht haben muß. Ich verstehe nicht, warum die Japaner nicht gleich gelandet sind, um diese Perle des Pazifiks zu okkupieren. Jetzt ist der Krieg komplett, der Kreis hat sich geschlossen.

In Paris gibt es neue Anschläge auf Deutsche. Sie haben ein deutsches Hotel in der Rue de La Convention in die Luft gejagt. Als Folge davon wurde vom heutigen Tag an jeder Verkehr nach sechs Uhr nachmittags untersagt. Die Metro fährt nur bis fünf. Diese Verordnung wurde gut gelaunt aufgenommen, umso mehr, als die Arbeit um vier Uhr endet. B. sagte mir: „*La natalité française va augmenter.*"[1] Es heißt jedoch, die nächsten Vergeltungsmaßnahmen könnten vielleicht schlimmer ausfallen, so könnten sie zum Beispiel die Bäckereien für ein paar Tage zusperren oder eine bestimmte Anzahl von Lebensmittelkarten für den Dezember für ungültig erklären. Für die Franzosen wäre das zweifellos das Schlimmste, was ihnen zustoßen könnte. Etwas Ärgeres können sie sich gar nicht vorstellen. Aber insgesamt macht sich schon eine gewisse Solidarität und sogar Zufriedenheit mit diesen ständigen Anschlägen bemerkbar. Ich hörte heute in einer Schlange, wie Mütter erzählten, welche Aufgaben sie den Kindern in der Schule geben. Zum Beispiel „Was denkst du über Mers-el-Kebir"? oder „Was denkst du über die Dritte Republik?" Angeblich haben die Kinder im einen wie im anderen Fall gar nichts geschrieben, und ein resolutes Mädchen antwortete dem Lehrer: „Wie kann man an die Dritte Republik denken, wo es die doch gar nicht mehr gibt?"

[1] Die französische Geburtenrate wird steigen.

Gestern starb Dimitri Mereschkowski[1]. Die Zeitungen brachten nur eine kleine Notiz. Sein Tod fand kein Echo. Meine Mutter hat mich beinahe mit seinen Büchern gefüttert; sein „Leonardo da Vinci“ war die erste Biographie, die ich las.

9. 12. 1941

Eine Sensation. Angeblich ist unser deutscher „Beschützer“, Herr Schwerbel, spurlos verschwunden. Es gehen die verschiedensten Gerüchte um, doch niemand weiß etwas Genaues. Man weiß auch nicht, wer an seiner Stelle gekommen ist. Die Atmosphäre in den polnischen Kreisen in Paris ist angespannt.

10. 12. 1941

Der deutsche Rückzug dauert immer noch an. Aber er macht einen sehr geordneten Eindruck. In der Cité sieht man schon Christbäume.

11. 12. 1941

Die Japaner haben eines der modernsten Panzerschiffe der Engländer, die „Prince of Wales“, und den Panzerkreuzer „Repulse“ versenkt. Es besteht kein Zweifel, daß die Amerikaner völlig überrumpelt wurden. Frau P., eine Amerikanerin, rieb sich heute ihre knochigen Hände und sagte zu mir: „Das geschieht ihnen ganz recht – sie haben geschlafen wie die Franzosen – sie haben auf ihren elektrischen Kühlschränken, dem Pfirsichkompott und dem Orangenjuice geschlafen. Und jetzt müssen sie…“

Heute abend haben Deutschland und Italien Amerika den Krieg erklärt. Hitler hat im Reichstag eine Rede gehalten. Unsere Patronin, die kein Wort versteht, hörte sich die ganze Rede an und erstattete mir kurz Bericht: „Er hat entsetzlich geschrien.“ „Das ist das einzige, was ihm jetzt noch übrig bleibt“, sagte ich darauf. Nach zwei Jahren, drei Monaten und elf Tagen wurde der Punkt aufs „I“ gesetzt. Ich erinnere mich, daß die Engländer noch im September viel über die Vorberei-

[1] Dimitri Mereschkowski (1866–1941), russischer Schriftsteller und Philosoph

tung von Plänen für die Zukunft sprachen, wobei sie bei ihren Berechnungen das Jahr 1943 als eine Grenze nannten. Sie haben das ganz richtig berechnet.

12. 12. 1941

Ich fuhr etwa zwanzig Zeitungskioske ab, weil ich die „Pariser Zeitung" mit der ganzen Rede von Hitler kaufen wollte. Doch dieser Fetzen war nirgends mehr zu bekommen, weil die Zeitung in kürzester Zeit ausverkauft war. Ich mußte mich mit den Berichten und Auszügen in den französischen „*Zeitungen*" begnügen. Diesmal weiß man wirklich nicht, wie man das nennen soll. Ganz einfach einen deutschen oder einen Gefreiten-Towianismus[1]. Die Deutschen sind der Christus der Nationen, das auserwählte Volk, dem der Schöpfer die Mission der Verteidigung Europas anvertraut hat. Aber es hilft ihnen ohnehin nichts mehr. Hektische Erklärungen, warum sie Polen angegriffen haben, so hektisch, daß sie schon wieder unverständlich und verdächtig wirken. Die Verlustbilanz im Osten ist geradezu lächerlich, schließlich der Angriff auf Roosevelt, den er einen Verrückten nennt, so wie Wilson, und dann noch ein paar Worte über Frau Roosevelt, die überhaupt blödsinnig klingen. Insgesamt klingt das wie das wütende Summen einer Fliege, die in einem Spinnennetz zappelt. Vor dem Hintergrund dieser Worte und dieses Herumzappelns, vor dem Hintergrund der englischen „Kriegstaten", erscheint die Gestalt Stalins unheimlich und majestätisch, imponierend und erschreckend. Er hat den Kreml nicht verlassen, hat ausgeharrt und greift jetzt an, nachdem er ein Abkommen mit dem Winter geschlossen hat. Und er schweigt immer noch. Ihn hat keiner überrumpelt – er war es, der die ganze Welt überrumpelt hat. Von dort geht eine düstere, geheimnisvolle Poesie aus, es ist ein großes und geheimnisvolles „X", eine Unbekannte in dieser Gleichung, die nach dem Krieg aufgemacht werden wird.

Der Dezember ist in diesem Jahr mild und warm. Nur die alles durchdringende Feuchtigkeit ist schlimm.

[1] Andrzej Towianski, siehe Anmerkung Seite 276

[...]

15. 12. 1941

Wieder Bombenanschläge auf deutsche Lokale in Paris und in den Vorstädten. Daher wird in der heutigen „*Bekanntmachung*“ verlautbart, daß hundert Juden, Kommunisten und Anarchisten erschossen werden, darüber hinaus wird den Juden in der *zone occupée* eine Kontribution von einer Milliarde Francs auferlegt. In der Bekanntmachung versuchen sie zu erklären, das richte sich schließlich nicht gegen die Franzosen. So wollen sie das abmildern. Doch die Franzosen sind dennoch empört. Sogar „Radio Vichy“ gab delikat zu verstehen, daß es solche Methoden nicht gutheißt, weil der Tod dieser hundert Menschen ja doch einen Schlag für die Franzosen darstelle. Dieser zaghafte Widerspruch erscheint geradezu sensationell, weil man von dort ZUM ERSTEN MAL solche Worte zu hören bekommt – und das ausgerechnet, WENN ES UM JUDEN GEHT. Viele Menschen, mit denen ich heute sprach, sagten mir: „Erst jetzt protestiert Vichy, wenn es die Juden trifft. *Ne trouvez-vous pas cela un tout petit peu – étrange*?[1]“ Man könnte zahlreiche Vermutungen über dieses Thema anstellen, und zwar ziemlich antisemitische Vermutungen. Das tun nun sogar Menschen, denen das vorher nie in den Sinn gekommen wäre, und in dieser Hinsicht hat der „Protest“ von Vichy mehr geschadet als genützt.

16. 12. 1941

Die Fahrt mit der Metro wird in diesen Zeiten zu einer ausgesuchten Tortur – natürlich nur in den Stunden des stärksten Verkehrs. Seit ein paar Monaten werden die Züge verkürzt, statt fünf Waggons fahren sie nur noch mit vier oder gar drei Waggons. Auch die Anzahl der Züge wurde verringert, und man muß zur Zeit des Stoßverkehrs fünf bis sieben und zu jeder anderen Zeit zehn bis fünfzehn Minuten warten. Die Hälfte der Glühlampen in den Bahnhöfen und in den Waggons wurde entfernt, und überall herrscht Grabbeleuchtung. Die

[1] Meinen Sie nicht auch, daß das etwas seltsam ist?

Rolltreppen und Lifts sind stillgelegt. Die Korridore, die früher nur zum Einsteigen dienten, müssen jetzt auch die Aussteigenden aufnehmen. Zwischen sechs und sieben Uhr abends verwandelt sich die Metro in eine regelrechte Hölle. Durch die Korridore schwappen dichte Ströme von Menschen, die übereinander stürzen, einander quetschen und zu ihren Zügen hasten. Heute stieg ich Porte d'Orléans in meine Metro. Bei Denfert-Rochereau war sie schon überfüllt. Die Luft war bald zum Schneiden. Bei jeder Haltestelle flog eine Anzahl Menschen aus der Tür wie ein Korken aus einer Champagnerflasche, andere drängten hinein, und die Türen schlossen sich wieder mit Krachen. Wie das Schließen einer zu vollen Zigarettendose: Für einen Moment drückt man den Inhalt zusammen, dann ein Schnappen, und sie ist zu. Alle schwitzen, es stinkt, und die Luft ist stickig. Ich stieg in Strassbourg-Saint-Denis um. Ich wurde direkt in die Arme eines Plakates geschleudert, das die Franzosen höflich zur Arbeit in Deutschland einlädt. Ganze Wände in der Metro sind mit Plakaten bedeckt: *L'ouvrier allemand vous invite. Allez travailler en Allemagne*. Fahrt zur Arbeit nach Deutschland usw. Im Korridor Lärm. Vor den automatischen Türen stand eine Schlange von Menschen, die bis zu den Eingangstreppen reichte. Beim Ausgang des Perrons wachte ein Funktionär der Metro darüber, daß die Leute nicht durch den Ausgang hineingingen. Neben ihm eine Frau mit einem Kind am Arm, die sich nicht in der Schlange anstellen, sondern hier durch wollte, um zu ihrem Zug zu gelangen. Doch er ließ sie nicht passieren. Die Menschen in der Schlange schrien: „*Madame, passez*!" Sie heulten und bedrohten ihn. Wütend, weil sie so lange warten mußten, wollten sie, daß wenigstens diese Frau passieren durfte. Die Menge wollte den Beamten der Metro am liebsten in Stücke reißen. Ein paar Männer sprangen schließlich auf ihn zu, Frauen kreischten: „Werft ihn auf die Schienen." Die Frau durfte passieren, und die Leute waren endlich zufrieden. Auf den Ordnungshüter hagelten Beschimpfungen nieder. *Idiot, imbécile, ballot*...[1] Die deutschen Soldaten werden gemeinsam mit den anderen Men-

[1] Idiot, Kretin, Trottel

schen zusammengepreßt. Auch sie müssen jetzt mit der Metro fahren, oft ganze Abteilungen, mit voller Ausrüstung, Rucksäcken und Bündeln. Ich erreichte den Perron meiner Linie und drängte mich in den Waggon. Ich wurde gegen den Rükken eines Mädchens gepreßt, jemand legte sich auf mich drauf – man bekam kaum noch Luft, und es stank. Das Mädel steckte mir seinen schmutzigen Kopf mit einem ganzen Wirbelwind geheimnisvoll gedrehter und mit übelriechender Brillantine zusammengeklebter Locken von der Farbe einer von Grünspan überzogenen Messingschnalle ins Gesicht. Sie trug herzförmige Ohrringe und las, trotz Gedränge, ein Romanheft. Der Titel des faszinierenden Kapitels: *La chambre nuptiale*. Sie war in die Lektüre vertieft und leckte alle paar Sekunden mit der Zunge über die bemalten Lippen. Bei jeder Station wurde man, noch bevor der Zug zum Stehen kam, von den Aussteigenden getreten, die mit Gewalt hinausdrängten. Erleichtert stieg ich in Daumesnil aus.

18. 12. 1941

Sie können es nicht länger verbergen. Heute räumten die Deutschen zum ersten Mal in einem Kommuniqué ein, daß sie zum Rückzug gezwungen sind. Mit dem Ziel, die Front zu begradigen, und wegen des Winters, der die Notwendigkeit mit sich bringt, vom Bewegungskrieg zum Stellungskrieg überzugehen. Mit einem Wort, die Deutschen rücken vor, und die Bolschewiki folgen ihnen auf den Fersen, wie das „Onkel" Galant ausdrückt. Die Japaner machen inzwischen mit den Engländern und den Amerikanern, was sie wollen. Darüber hinaus gibt es Gerüchte, daß die Deutschen beachtliche Kräfte um Bordeaux konzentrieren und gemeinsam mit Spanien Gibraltar angreifen wollen. Sonst ist die Feiertagsstimmung um vieles fröhlicher und besser als im Vorjahr.

Ich las die „Familie Polaniecki"[1]. Ganz so dumm ist das gar nicht. Eine Reihe treffender Bemerkungen und Beobachtungen.

[1] Roman von Henryk Sienkiewicz (1895), der einen aktiven und unternehmerischen Adeligen zum Helden hat, der als Fabrikant das von seinen Vorfahren verlorene Vermögen zurückgewinnt.

20. 12. 1941

Lola lud uns heute ins Théâtre Montparnasse zu „Marie Stuart“ einer heimischen Autorin ein. Das ganze Stück bestand aus einer Reihe lebender Bilder vor dem Hintergrund schwarzer Vorhänge – einmal Braten, dann Tomaten, das heißt einmal London und was dort über Maria Stuart geredet wird, und dann wieder Schottland und was Maria Stuart dort aufführt. Schöne Kostüme, gute Lichteffekte, aber sonst nichts. Die französische Art zu spielen, künstlich, affektiert und pathetisch. Eine unerträgliche Art, den Text zu singen. Jedes Wort hat am Anfang ein paar Buchstaben, dann folgen Noten, und alle Schauspieler, voran die Hauptrollen, balzen wie eine ganze Herde von Auerhähnen. Jeder singt seine Rolle für sich, wobei er sich oft ans Publikum wendet. Darnley krümmt sich vor der verschlossenen Tür Marias und zermalmt sie unter einer Lawine von vor Sehnsucht triefender Worte: „Maria, ich brauche deinen Körper, um zu leben, wie Brot, Fleisch, Wein…“, und es folgt eine ganze Reihe weiterer Lebensmittel, die auf Karten verkauft werden. Ein gefährlicher Text für das heutige Publikum, denn im Zuschauerraum stellt einer halblaut fest, er habe noch gar nicht die Fette erwähnt. Leises Lachen. Dann beschimpft Darnley Maria als Hure, wobei er dieses *putain* in allen Tonlagen singt. Mit einem Wort, ein Krimi.

Die Festtage kündigen sich gut an. Vom 24. bis zum 29. und dann vom 1. bis zum 5. wollen sie das Büro in Châtillon schließen, um Licht und Heizung zu sparen. Wir haben frei, werden aber bezahlt.

21. 12. 1941

Mit ernster Miene sagte ich heute zu Basia, um ihre Ansicht zu hören: „Wenn ich morgen mein Geld von Grün abhole, werde ich mich nach einer Anlage dafür umsehen. Ich kaufe wahrscheinlich…“

„Mark und Yen“, vollendete Basia trocken und kategorisch meinen Satz.

Wenn man die kalte Ironie und den Haß, mit dem sie das sagte, in Energie umwandeln könnte, würde diese ausreichen, um die Deutschen und die Japaner innerhalb von fünf Minuten zu erledigen. Der Golddollar steigt von Tag zu Tag höher – er ist schon bei 525 Francs angelangt. Noch vor drei Wochen war er bei 450. Der Goldrubel steigt genauso. Als ich mich gestern genauer über die Preise informieren wollte, fuhr ich zu einem bekannten Antiquitätenhändler, einem Polen. Er hat seinen eigenen Laden, oder besser gesagt, ein Loch mit Spinnweben in der Rue des Francs-Bourgeois, zwischen dem Museum Carnavalet und der Place des Vosges. Eine jener Gegenden von Paris, in die der Mensch nicht geht, sondern eintaucht. Wenn ich in so eine Gegend komme, habe ich stets das Gefühl, ich müßte mich bücken, die Ellbogen abspreizen und mich vorsichtig hineindrängen, wie in ein dichtes Gestrüpp. Ein Pariser Dickicht. Herr Zygmus, der Antiquitätenhändler, ist ein älterer Gentleman. Er sitzt eigentlich nie in seinem Laden, sondern rennt dauernd, rotbackig und ein wenig angesäuselt, in der ganzen Stadt herum. Wenn man nach Saint-Paul kommt – wird man von Herr Zygmus mit einem breiten, altpolnischen „*dzieeeen doooobry*“[1] begrüßt, wobei er ein wenig lispelt. Wenn man über den Boulevard des Italiens schlendert – trifft man Herrn Zygmus, der hier spazieren geht und elegant seinen Hut zieht (den Ellbogen an der Brust), wobei er mit dem Stöckchen wedelt, das er in einer Pfote hält, die in einem makellos schmutzigen Zwirnhandschuh steckt, der früher einmal weiß war. Überall hat er Geschäfte, in den Taschen Muster, ein paar Kleinigkeiten: eine goldene Uhrkette für 3000 Francs, ein Damenührchen mit Brillanten für 8000 Francs (Tinnef, mein Lieber, das lohnt sich gar nicht) und überhaupt „verkaufe ich jetzt rein gar nichts, mein Lieber, weil es nichts einbringt. Ja nun… wenn ich gerade einmal fünftausend oder zehntausend brauche, dann verscherble ich was, aber es bringt nichts. Wenn man etwas kaufen will, verlangen sie einen hohen Preis, und wenn man verkaufen will, geben sie nichts… “ Er schwingt das Stöckchen, lüpft sein Hütchen, schwenkt noch einmal das Stöckchen hin und her, und in einer halben Stunde begegnet man ihm auf den Champs-Élysées.

[1] *dzien dobry* – guten Tag

Im Laden hockt seine „Teilhaberin“, wie er sie nennt – eine alte Französin, die Spinnen und Spinnennetze überwacht. Herr Zygmus kommt auf einen Sprung herein, bespricht etwas mit ihr und wirbelt schon wieder davon, irgendwohin, weit weg. Als ich heute zum Laden kam, war Herr Zygmus nicht da. Madame unterbrach das Stopfen der Spinnennetze, empfing mich freundlich, hörte sich an, was ich wollte, und erklärte mir dann mit einer verstaubten Stimme, wie alle Antiquare sie haben: „Sie gehen rechts, dann die erste Querstraße links, Sie gehen an einem Bistro auf der rechten Seite vorbei, dann am zweiten, und nach dem zweiten kommt ein Antiquariat neben einem Laden mit Damenblusen. Dort gehen Sie hinein und fragen nach Monsieur Joseph.“

Ich bedankte mich und tauchte in die Gäßchen ein, daß es nur so platschte. Ich fand den Altwarenladen und fragte nach Monsieur Joseph. Doch Monsieur Joseph war nebenan im Bistro. „Gehen Sie dorthin, und fragen Sie nach Monsieur Joseph.“ Das Bistro war dunkel und geheimnisvoll. Ich zwinkerte dem Patron zu und flüsterte „Monsieur Joseph“. Er deutete auf eine geheimnisvolle kleine Tür in der Wand, öffnete diese und brüllte hinein, daß die Gläser auf der Theke wackelten: „Monsieur Joseph!“ Im selben Moment sprang Joseph heraus wie ein Kasperl an der Feder aus seiner Schachtel. Ein kleiner, schwarzer Jude, ein bißchen schmutzig, ein bißchen elegant. „Der Preis für einen Goldrubel? Genau die Hälfte eines Golddollars. Sie wollen kaufen? Um wieviel? Bezahlen Sie für den Rubel 260–265 maximum.“ Er spricht französisch mit einem Akzent, der mich sofort an Lopek Krukowski erinnerte. Ich dankte ihm, und er verschwand. Bei der Bastille schwamm ich nach einer Reise durch die Tiefen der Stadt wieder an die Oberfläche. Dort herrscht ein Leben, hier ein anderes. Dort gibt es Herrn Zygmus, Monsieur Joseph und Hunderte anderer, die sich in Tiefseefische verwandeln, mit Gold, Brillanten und anderem Geschäfte machen. Und von Zeit zu Zeit kommen sie an die Oberfläche geschwommen und planschen herauf. Die Gassen sind still, versteckt, in ihnen murmelt noch das Paris von Balzac mit dieser Fülle verschiedener

Typen, Angelegenheiten und Affären. Das Wispern eines mit Schnecken gefüllten Korbes. Ich muß wieder einmal Balzac lesen.

22. 12. 1941

Nur weiter so, es wird immer besser. Hitler hat sich an Stelle von Brauchitsch selber zum obersten Heerführer ernannt und diesen spazierengehen geschickt. Offiziell heißt es, Brauchitsch habe schon lange um seine Entlassung ersucht, weil er herzkrank sei, und der Führer habe am Ende seine Bitte erhört. Wie das wirklich war, werden wir später einmal erfahren. In diesem Moment ist nur so viel bekannt, daß die Bolschewiken diesen unbesiegbaren Armeen das Fell gerben und sie vor sich herjagen. Die Franzosen reiben sich die Hände, und wenn das so weiter geht, dann werden sie in zwei Wochen etwas von Kosaken auf dem Montmartre berichten. Es gibt zwei Meinungen: Die einen erzählen Wunderdinge und schreiben jedes Gerücht Radio London zu (Ganz sicher! London hat das gesagt!), demnach hätten die Deutschen bereits verloren und würden bald auf der Schnauze liegen. Die anderen sind Skeptiker: Die Deutschen werden im Frühjahr noch zeigen, was sie zustande bringen.

Ich glaube, daß die Wahrheit in der Mitte liegt. Den momentanen Erfolgen der Russen kommt nicht die Bedeutung zu, die Optimisten ihnen beimessen, aber ich glaube auch nicht, daß sich die Deutschen im Frühjahr zu einer Monsteroffensive aufraffen können. Nach dem, was Augenzeugen berichten, die bei den Deutschen arbeiten, fehlt es ihnen zunehmend an Rohstoffen und Kommunikationsmitteln. Und was wird erst sein, wenn die Massenproduktion von amerikanischen Flugzeugen ihre Wirkung zeigt? Wenn sie Tag und Nacht auf Deutschland einschlagen? Das Vergnügen geht noch weiter, aber zum Glück steht der Ausgang bereits fest.

23. 12. 1941

Ich ziehe mich etwas besser an als gewöhnlich, setze mich aufs Rad und fahre in die Stadt, um Blumen für das Ehepaar P.

zu bestellen. Wir beschlossen, ihnen etwas aus der besten Blumenhandlung in Paris schicken zu lassen. Ich fahre in die Rue Royale zu „Lachaume“. Eines der vielen hervorragenden Geschäfte von Paris, in denen immer noch eine Atmosphäre von „Paris 1900“ herrscht. Obwohl die Sezession im Grund ein schwer verdaulicher Stil ist, haben es die Franzosen doch manchmal verstanden, ihn mit einer gewissen Leichtigkeit zu servieren, so daß er sogar einen speziellen Geschmack besitzt. Er ist nicht tot, er lebt und atmet immer noch. Der Eingang zu „Lachaume“ ist unscheinbar, drinnen gibt es Marmor, Stuck, Vergoldungen, Girlanden, alle Feinheiten dieses total unnatürlichen Naturalismus und Bordellstils. Die Bedienung ist wie in allen Geschäften dieser Kategorie: ältere Damen, schwarz und bescheiden gekleidet, mit einem Anstrich provinzieller Betschwestern. Ältere Fräulein aus heruntergekommenen besseren Häusern, geradewegs einem Werk von Balzac entsprungen. Die Blumen stehen ohne Ordnung herum, bunt gemischt, ohne Effekthascherei. Effektvoll können nur Geschäfte für Neureiche, für den Pöbel sein; für die Stammkundschaft hingegen, für die wahre „*noblesse*“ von Paris aus der Rue du Bac, der Rue de Grenelle, von der Île-Saint-Louis und teilweise noch aus Paris 16 (aber dort gibt es schon viele Neureiche) darf man nicht auf Effekte aus sein.

Ich trete mit der ausgesuchten Bescheidenheit eines Jungen aus gutem Hause ein. Eine der armen Cousinen kommt auf mich zu und fragt mit einer Stimme, als bete sie gerade das „GegrüßetseistduMaria“: „*Vous désirez, Monsieur*?“ – „*Je voudrais une azalée.*“[1] Sie führt mich weiter und zeigt auf einen Strauch Azaleen. Wieviel? 1200 Francs. Ich zucke nicht einmal mit der Wimper, obwohl ich innerlich einsinke, als hätte mir jemand einen schweren Sack auf den Rücken geworfen. „Ach nein – *vous savez* – ich hätte gern etwas Bescheideneres“, sage ich bedächtig. „*Mais voilà, Monsieur – 600 francs.*“ Der Sack wird schon etwas leichter. Ich sage kein Wort und schaue mich um. Ich steige in der Achtung der armen Cousine. Meine Sparsamkeit, die Vorsicht bei Ausgaben riecht beinahe nach Aristokratie reinsten Wassers. Hier kann man be-

[1] Sie wünschen, mein Herr? – Ich möchte eine Azalee.

denkenlos zeigen, daß man knickrig ist. So einer wird geachtet, weil er mit Sicherheit reich ist. Ich finde ein kleineres Bäumchen, bescheidener, aber schön. 180 Francs. Ich nehme es und bitte, es morgen vormittag in die Rue Saint-Lazare, Nummer 20, zu schicken. Die Adresse erscheint ihr etwas seltsam. Sie tut so, als hätte sie sich verhört. „20, Rue Saint-Honoré?", fragt sie unschuldig. „*Non, non* – Saint-Lazare." In ihren Augen blitzt deutlich etwas: „Wer hat je gehört, daß man in so einem Viertel wohnt… " Wenn Frau P. in Geschäften dieser Kategorie ihre Adresse nennt, fügt sie stets hinzu: „*Provisoirement, vous comprenez, les événements*… "[1] Ich füge das nicht hinzu. Sie begleitet mich zum Ausgang, und während sie die Tür öffnet, sagt sie mit einem Tonfall von „Jetzt und in der Stunde unseres Todes": „*À votre service, monsieur.*"

Am Nachmittag bin ich in der Mairie im 17. Arrondissement in der Abteilung für Arbeitslose. Ich muß eine Bestätigung für eines meiner „Schäfchen" besorgen, von wann bis wann er die Arbeitslosenunterstützung bezog. Ich lasse das Rad in der „Garage" zurück. Jetzt gibt es vor allen Ämtern, Rathäusern und großen Cafés bewachte Einstellplätze für Fahrräder. Man bezahlt einen Franc, stellt das Rad unter ein eigens dafür errichtetes Dach, bekommt von einem Opa eine Nummer und kann ruhig gehen.

Ich betrete einen eiskalten großen Raum. Ein niedriger Tisch erstreckt sich über die ganze Länge und teilt den Saal in zwei Hälften. Die Wände hinter dem Tisch sind mit Regalen bedeckt, in die Mappen und Papiere gestopft sind. Sie reichen vom Boden bis zur Decke. Ein paar alte Beamte sitzen hinter dem Tisch und unterhalten sich, jemand schleicht an den Regalen entlang wie ein Schatten und sucht etwas, was er eigentlich gar nicht finden möchte. Auf der rechten Seite steht an der Wand ein kleiner Verschlag mit der Aufschrift „Information", in dem ein kahler Greis sitzt, mit einer Baskenmütze auf der Spitze seiner Glatze. Eine Nußschale auf einer Messingkugel. Ganz oben in dem Verschlag ist ein kleines Fensterchen ausgeschnitten, von dem ein Aufzug für Papiere und Do-

[1] Provisorisch, verstehen Sie, die Ereignisse…

kumente eine Verbindung zum Saal herstellt. Unten und oben sind je zwei Vorhangrollen angebracht, dazu ein paar Schnüre und eine alte Zigarrenschachtel. Die „Angelegenheit“ wird in die Schachtel gelegt, man zieht an der Schnur, und die Schachtel fährt bis zum Fenster. Hier streckt der Alte den Kopf mit der Baskenmütze heraus und nimmt die „Angelegenheit“ entgegen, „*le cas est examiné dans les archives*“[1], die Antwort wird in die Schachtel gesteckt, und diese rollt wieder zurück.

Im Raum herrschen verstaubte Stille und Gleichmut. Ein paar Kunden warten und unterhalten sich leise. Hier ist nichts wichtig, weil alles wichtig ist – die Akten, die Mappen, die Auszüge, die Dokumente werden sorgsam hin und her getragen, mit Hingabe, geradezu Eleganz. Eile, Methoden wissenschaftlicher Organisation der Arbeit, eine vernünftige Anordnung der Möbel, eine straffe und flotte Administration und Büroarbeit sind Unsinn. Dieser Wust von Papieren haust hier schon seit Hunderten von Jahren, da brauchen sich auch die Methoden, wie man damit umgeht, nicht zu ändern. Gemach, wir werden das prüfen, du wirst schon bekommen, was du verlangst, aber in der Zwischenzeit kann man ja ein Schwätzchen halten, sich etwas Unterhaltsames und Witziges erzählen. Man braucht sich gar nicht mit den Vorschriften, der Organisation, diesem ewigen „es müßte“ abzuplagen, sondern sollte das alles irgendwie hinbiegen zu – ja, wozu eigentlich? DAZU, daß man nichts machen kann, wenn hier Unordnung herrscht, wenn es jede Menge dummer und unnötiger Vorschriften gibt, zahllose überflüssige Tätigkeiten und Anforderungen. Gesetze und Vorschriften sind nun einmal Gesetze und Vorschriften, aber die Bürger haben die angeborene Fähigkeit und Gewohnheit, diese zu umgehen. Es gibt immer eine Möglichkeit in diesem Durcheinander, darüber zu reden, ob das richtig ist oder nicht – vielleicht kann man das ja irgendwie „*arranger*“, kann man darüber reden, „*spirituellement*“, und sanft verhandeln, die Dinge ohne Ärger erledigen und dann seiner Wege gehen. Die Atmosphäre der Kanzlei eines alten Notars.

[1] Die Angelegenheit wurde im Archiv geprüft.

Vor dem Tisch stehen zwei Klienten, zwei gutmütige alte Frauen. Sie plaudern leise. Immer wieder hört man ihr leises Lachen rascheln. Das Lachen von Alten klingt wie das Rascheln von Papier. Ich lausche.

„*Savez-vous*, diesen Pfarrer haben sie schon vor Jahren eingesperrt. Weil er mit Plätzen im Paradies gehandelt hat. *Figurez-vous*, er hat den bigotten Weibern Plätze im Paradies verkauft. Für einen *fauteuil d'orchestre*[1] neben dem Hl. Antonius hat er 3000 Francs verlangt, und wenn man einen Sessel neben dem Patron der Gehörnten, dem Hl. Joseph, haben wollte, 1500 Francs. Aber bevor er es schaffte, in der Sakristei eine Tafel aufzuhängen, daß alle Plätze verkauft sind, haben sie ihn eingesperrt."

Sie lachen und schwanken vor Lachen wie zwei Kreisel am Ende ihrer Umdrehungen. Der Beamte mischt sich in das Gespräch über den Aberglauben ein und legt los:

„*Vous savez*... Ich war im Urlaub im Département Tarn. Ein kleines Dorf, versteckt in den Tälern, ohne Straßen. Eines Tages kommt eine Frau zu mir gerannt und bittet mich, ihren Mann zum Wunderheiler zu bringen, weil der Doktor nichts mehr machen kann. Er stirbt. Er hat Schmerzen irgendwo im H..., wird schon ganz blau, fahren Sie mit ihm, ich flehe Sie an. Ich hatte damals ein Auto. Ich zerrte den Bauern aus dem Bett, setzte ihn in den Wagen, und wir fuhren los. Die Straße war elend, der Wagen hüpfte auf und ab, und der Bauer stöhnte. Endlich kamen wir hin, irgendwo hoch oben. Ich fragte nach dem Wunderheiler. Sie sagten, der sei auf dem Feld. Wieder eine Viertelstunde Fahrt – der Wunderheiler war gerade beim Mähen. Ich rief ihn und schleppte den Bauern zu ihm hin. Der ächzte und wand sich vor Schmerzen, er konnte gar nicht mehr aufhören. Der Quacksalber fragte, was ihm fehle. Ich sagte, etwas im H... Er zog ihm die Unterhose herunter, schaute ihm in den Lauf, murmelte etwas, machte eine Bewegung mit der Hand, blies und hauchte" – ich bin inzwischen nicht mehr der einzige Zuhörer, das ganze Büro spitzt die Ohren, während der Beamte beim Erzählen über dem Aktenstoß, der den H... des Kranken darstellen sollte, die Bewe-

[1] Platz im Parkett

gungen des Quacksalbers nachahmte. „Er wisperte noch etwas, spuckte aus und sagte, jetzt sei es gut. Ich könne ihn wieder mitnehmen. Ich setzte ihn ins Auto, jetzt stöhnte er nicht einmal mehr. Ich dachte mir, der wird den morgigen Tag wohl nicht mehr erleben. Wir fuhren zurück. Diese Straße kann man nicht beschreiben. Es schleuderte uns hin und her… Schließlich kamen wir an, ich gab den Bauern bei seiner Frau ab und ging angeln. Am nächsten Vormittag kam das Weib zu mir, die Frau dieses Bauern, eine Gans und ein Huhn unterm Arm, zwei Dutzend Eier, und lachte. Monsieur – rief sie – mein Mann ist gesund. Sie haben ihn gerettet, er arbeitet schon wieder auf dem Feld. Ich dachte mir, sie sei verrückt geworden. Ich ging mir ihr, schaute – und ich schwöre beim Augenlicht meiner Kinder: Der Bauer ging übers Feld. Er schwankte noch ein wenig, aber er war auf den Beinen. Ihr glaubt jetzt, das war der Quacksalber? Der Bauer hatte Geschwüre im Mastdarm, im Wagen beutelte es ihn hin und her, und davon platzten die Geschwüre auf, und das verschaffte ihm auf der Stelle Erleichterung. Doch das ganze Dorf erzählte, daß er das nur dem Quacksalber zu verdanken habe. Was können Sie gegen einen solchen Aberglauben ausrichten?"

Alle lachen. Die beiden Alten haben ihre Angelegenheit erledigt, packen ihre Papiere zusammen, rufen ein paarmal anerkennend: „*c'est pas mal, votre histoire*"[1] und gehen gebückt hinaus, wobei sie sich schon wieder etwas erzählen. Im Hof bleiben sie stehen, wackeln vor Lachen und gehen.

St. Joseph, le patron des cocus.[2] Das stimmt ja auch. Es ist natürlich zynisch, aber logisch, denke ich mir, während ich zuschaue, wie die Schachtel hin und her fährt. Eigentlich ist das hier ein Amt, aber es ist gemütlich wie in einem Antiquariat. Sie wühlen in diesen Papieren, wie sie vor hundert Jahren darin gewühlt haben. Man kann sich zehnmal, zwanzigmal, fünfzig- und hundertmal ärgern, man kann Frankreich, die Franzosen und ihre Organisation verfluchen, aber beim hundertundersten Mal wird man wieder dem Zauber dieses „Etwas" und dieser Atmosphäre erliegen. Hier ist alles eng mit dem Leben, dem

[1] Ihre Geschichte ist nicht übel.
[2] der hl. Joseph, Patron der Gehörnten

Menschen und seinem ruhigen und geordneten Dasein verbunden. Alles hat seine Bedeutung, jedes Papier, jedes Haus, jede Kleinigkeit wandert von einer Generation zur nächsten, findet Platz im Leben, ist mit etwas verbunden, leitet sich von etwas ab und LEBT. So wie auch ihre Straßen, ihre Denkmäler, ihre Häuser und Möbel. In anderen Ländern herrschen Fortschritt, läuft das Leben dahin und schiebt im Laufe der Jahre Antiquitäten und Denkmäler zur Seite, macht ein Museum aus ihnen. Etwas hat ausgedient und wird abgeschoben. Es reicht nicht in die Gegenwart herüber, der Kontakt reißt ab. Die Denkmäler dort sind tot. Weil sie zum Betrachten auf die Seite gestellt werden. In Frankreich hingegen gehen Betrachten und Verwendung Hand in Hand. Es kommt vor, daß sie ein Denkmal verhunzen, indem sie darin zum Beispiel eine Beratungsstelle für schwangere Frauen oder ein anderes Amt der öffentlichen Wohlfahrt einrichten, aber dafür stellen sie es mitten ins rauschende Leben und lassen es nicht sterben. Der Charme von Paris besteht vielleicht vor allem darin, daß die Denkmäler, die anderswo unter einen Glassturz gestellt werden, hier ständig weiterleben.

Der Franc fällt immer rascher.

24. 12. 1941

Die Feiertage sind ganz anders als im letzten Jahr. Irgendwie leichter und fröhlicher. Schon heute habe ich vom Morgen an frei und muß nicht ins Büro fahren. Nach dem Frühstück setze ich mich aufs Rad und gondle in die Stadt, um etwas für Basia zu kaufen. Wir gingen vor einiger Zeit über den Boulevard des Capucines, und da entdeckte sie in einem Schaufenster mit Modeschmuck einen kleinen Ansteck-Elefanten, der ihr gut zum Kostüm gefallen hätte. Ich fahre heute dorthin, um ihn zu kaufen. Zum Mittagessen kehre ich nach Hause zurück.

Basia hat einen kleinen Christbaum erstanden. Nach dem Essen räume ich das Zimmer auf, und wir beenden die letzten Vorbereitungen für den Weihnachtsabend. Am Abend kommen unsere Gäste – Lola und Ch. Zwei Salate, Barszcz mit

Teigtaschen, Blumenkohl mit Kartoffeln, Nudeln mit Tomatensoße, Früchte, Pudding – Lola bringt eine Mehlspeise mit Mohn und gehackte Datteln, Nüsse, Feigen und Mandeln, Ch. den Wein. Nach dem Weihnachtsschmaus zünden wir die Kerzen an und legen die Geschenke hin. Wir haben Sehnsucht nach unseren Familien, und keiner gibt sich der Illusion hin, daß das der letzte Weihnachtsabend fern von zu Hause ist. Jetzt ist es schon spät, der Tisch ist zur Hälfte abgeräumt. Basia stellt die Reste des Essens „ins Kalte".

25. 12. 1941

Wir sitzen zu Hause; ich sitze noch dazu im Lehnstuhl und lese Balzac. Und wir essen, was wir haben. Ein Feiertag für den Bauch.

26. 12. 1941

Heute ist unser dritter Hochzeitstag. Irgendwie habe ich mich daran gewöhnt.

Ich mußte mich heute morgen in einer amtlichen Angelegenheit in der Präfektur einfinden. Weil mein „Schäfchen" nicht gekommen war, setzte ich mich auf eine Bank, um zu warten. Neben mir saß ein Bettlerpaar, zwei Alte. Sie ein wenig gebeugt, aber noch voll Leben, er apathisch und gleichgültig. Beide trugen Reste alter Kleidung, waren in eine unglaubliche Anzahl von Fetzen, Lumpen, Tücher und Schals gehüllt. Und in diesen gab es Dutzende Taschen und Verstecke, in denen die beiden unwillkürlich und ganz automatisch mit den Händen zu wühlen begannen, als wollten sie sich vergewissern, daß sich alles noch an seinem Platz befand. Manchmal nahmen er oder sie etwas mit halb geschlossener Hand heraus und betrachtete es, ohne die Hand wirklich ganz aus der Tasche zu ziehen, um es dann in eine andere Tasche zu stecken oder an der selben Stelle zu belassen. Sie besorgten diese Inventur langsam und penibel, Schicht um Schicht, schweigend… Bewegungen, als würden sie sich ständig an einer anderen Stelle kratzen. Dann beugte sie sich zu ihm hinüber und begann, ihm den Schal zu richten; darauf nahm sie ihm den Hut ab und kämmte ihm mit einem aus der achtunddreißigsten Tasche der vierten Schicht hervorgekramten Rest eines Kamms lange die beiden Haarsträhnen auf seinem Schädel. Schließlich holte sie aus einem Sack, der vor ihren Füßen stand, einen Kanten Brot, brach ihn in Stücke und steckte ihm diese in den Mund. Und er kaute mit zahnlosen Kiefern, wobei sein Kinn einen wilden Tanz vollführte, während er selber reglos in die Ferne starrte. Er hatte etwas von einem Kaninchen an sich, dem man Blatt um Blatt vors Mäulchen hält. Von Zeit zu Zeit kraulte sie ihn zärtlich unterm Kinn, wobei sie zufrieden brummte, ja, fast miaute wie eine Katze, die ihre Jungen abschleckt. Er ließ sich hätscheln, gleichgültig und doppelt unbeweglich angesichts des wilden Kreisens seiner Kiefer. Rührende Abscheulichkeit. Trotz allem dachte ich mir, daß diese beiden vielleicht glücklicher sind als viele andere Menschen auf der Welt.

27. 12. 1941

Ich habe fast in einem Zug „*Le curé de village*" und „*Mémoires de deux jeunes mariées*" von Balzac gelesen. Man kann kaum besser beschreiben und erfassen, was sich vor hundert Jahren in den Organismus Frankreichs hineinzufressen begann und hundert Jahre später das Land in einen Zustand des dritten Grades einer politisch-sozialen, ideellen, moralischen und – trotz allem – auch intellektuellen Syphilis versetzte. Es ist angeblich erwiesen, daß die Syphilis anfangs den Organismus belebt und versteckte Kräfte in ihm freisetzt, daß sie in vielen Fällen geradezu als Hefe für das Genie dient – aber sie mündet unausweichlich in einer fortschreitende Paralyse. Man könnte das eigentlich auch von Frankreich sagen, und wer weiß, ob sich nicht darin, gerade darin, das Geheimnis dieses „Etwas" verbirgt, das man in anderen Nationen nicht findet. Vor hundert Jahren schrieb Balzac:

„Der Generalrat für den Bau von Straßen und Brücken, der sich teilweise aus Menschen zusammensetzt, die erschöpft sind von ihrem langjährigen und oft ehrenvollen Dienst und nur noch so viel Kraft besitzen, wie sie gerade brauchen, um Widerspruch zu leisten und alles zu streichen, was sie nicht begreifen können – dieser Rat ist wie eine Schlinge, die dazu dient, die in kühnen Köpfen entstandenen Projekte abzuwürgen und zunichte zu machen. Dieser Rat scheint dafür geschaffen zu sein, die Arme dieser schönen Jugend zu lähmen, die nichts anderes erstrebt, als nach bester Möglichkeit zu arbeiten und Frankreich zu dienen. In Paris geschehen schreckliche Dinge: die Zukunft der gesamten Provinz hängt ab von den Visa dieser Zentralisatoren, die mit Hilfe von Intrigen, über die man am besten kein Wort verliert, die Ausführung der besten Pläne verhindern; die besten Pläne aber sind in Wahrheit diejenigen, die am gründlichsten die Habgier der Genossenschaften oder Spekulanten hemmen und am erfolgreichsten den Mißbräuchen Einhalt gebieten oder sie unmöglich machen – und der Mißbrauch ist in Frankreich immer stärker als die Verbesserung… Man kann in Frankreich nicht einmal einen einzigen Stein aufstellen, ohne daß zehn Federfuchser und Aktenhengste über dieses Thema dumme und unnötige Berichte verfaßten."

Er ist einmalig. Die französische Verwaltung ist ein Thema für sich. Ich habe sie von allen Seiten kennengelernt, und mich kann nichts mehr in Erstaunen versetzen. Wer diese schreckliche Verwaltung nicht kennt, kennt Frankreich nicht. In ihr steckt eine Kontinuität, die bei Karl dem Großen einsetzt – eine Kontinuität, die über alle Revolutionen, Umstürze, Systemänderungen (eher Gesinnungsänderungen – denn zu radikalen Systemveränderungen ist es in Frankreich eigentlich nie gekommen) fortgeführt und sorgfältig bewahrt wurde. Schicht kam auf Schicht – und am Ende eine dicke Lage: eine riesige und im Vergleich zu ihren Ausmaßen in Rekordtempo fertiggestellte Synthese – die große napoleonische Administration. Und die dauert bis heute faktisch unverändert fort. Verknöchert und erstarrt verlangt sie ständig Millionen von Drucksorten, Formularen, Auszügen, Abschriften, Bestätigungen – PAPIEREN. Man wird ganz schwindlig im Kopf, wenn man von ihr sprechen und die riesigen Ausmaße, die Bewegungslosigkeit und negative Kraft dieses Ungeheuers beschreiben möchte. Frankreich diente ganz Europa als Vorbild – und erstickte daran. Und weiter Balzac:

„Das Land ist schwach, weil es sich aus unsolidarischen Individuen zusammensetzt, die es nur wenig kümmert, ob sie sieben Menschen oder nur einem dienen sollen, einem Russen oder einem Korsen – wenn sie nur ihr Stück Land behalten dürfen; und so ein unglücklicher Egoist sieht gar nicht, daß man ihm eines Tages alles wegnehmen wird. Es wird kein anderes Gesetz geben außer dem Strafgesetz und dem Finanzgesetz, Börse oder Leben. Das großzügigste Land in der ganzen Welt wird nicht von Gefühlen bewegt werden. Hier entstehen unheilbare Wunden, die man mit einem Verband versieht. Zuerst der allgemeine Neid: die oberen Klassen werden mit den anderen durcheinander gemischt, die Gleichheit der Wünsche wird als Gleichheit der Kräfte genommen; wahre, anerkannte und echte Geister werden möglichst gründlich unter Wellen des Bürgertums begraben. Man kann einen Menschen unter Tausenden finden, man kann nichts unter drei Millionen ähnlichen Ambitionen finden, die alle dieselbe Livree tragen – die MITTELMÄSSIGKEIT. Diese triumphierende Masse bemerkt nicht, daß sie eine zweite schreckliche Masse gegen sich haben wird – die besitzenden Bauern: zwanzig Millionen, die nach lebendem Boden dürsten, marschieren, klugscheißen, auf nichts hören, immer mehr verlangen, alles verbarrikadieren, über brutale Kraft verfügen…“

31. 12. 1941

Am Morgen fahre ich weg, komme um sechs Uhr wieder nach Hause, und so verstreichen die Tage, so ist ein Jahr vergangen, und wenn dieses neue Jahr nicht schlimmer wird als das alte, dann genügt das schon. Ich amtiere auf meiner Bühne, laufe durch die Stadt, irre durch die verschiedenen Ämter, und die Franzosen reiten im großen Salle des Fêtes der Mairie von Châtillon weiterhin den Amtsschimmel. Und wir mit ihnen – Tag für Tag.

In der Zwischenzeit versucht Frankreich, seine Wunden nach dem verlorenen Krieg zu lecken. Die Regierung Pétain benimmt sich die ganze Zeit über einmal so, dann wieder anders, einmal hierhin, dann dorthin, einmal Kollaboration, dann knirscht wieder etwas, und überhaupt heißt es ständig, Frankreichs Zusammenarbeit mit den Deutschen entspreche dem „Wunsch beider Nationen“, immer wieder sagt irgendein Herr aus Vichy, er „hoffe, daß es zu einer Verständigung kommt“. Eigentlich gibt es nie ein richtiges „Ja“ oder „Nein“. Insgesamt läßt sich Vichy total von den Deutschen gängeln, aber Pétain selber sprach nie offen von Kollaboration – er begnügt sich mit ausweichenden „Hoffnungen“ und „Wünschen“ und versucht in der Zwischenzeit, das Land wieder aufzubauen, wobei er die Anregung für seine gesetzgeberischen, sozialen und administrativen Pläne aus den entsprechenden und gar nicht immer dummen, deutschen Verordnungen des Nationalsozialismus schöpft. Man erneuert den Beamtenkader, strafft und ordnet die Verwaltung, kämpft gegen die französische Unordnung, ändert Gesetze, erweitert den Zuständigkeitsbereich der Abteilungschefs und hat überhaupt die „*République*“ aufgehoben und den „*État français*“ ins Leben gerufen. Frankreich – eines der am schlimmsten vernachlässigten Länder Europas, was die Sozialgesetzgebung betrifft – bis 1936 gab es keinen bezahlten Urlaub, gab es keine Familienbeihilfe, bis 1930 gab es keine Sozialversicherung – Frankreich hat seit dem Moment, da es den Krieg verlor, auf sozialem Gebiet einen gewaltigen Sprung vorwärts getan. Pétain fabriziert Gesetze und zahlt, zahlt und zahlt. Mit Spannung warte ich auf die Bilanz der Bank von Frankreich, um zu erfahren, wieviel Milliarden Francs Kredit die Bank von Frankreich der Regierung gegeben hat. Inflation gibt es noch keine, aber die Abwertung ist nicht zu übersehen.

Alle blicken nach Osten. *Ex oriente lux*. Seit dem 22. Juni ist alles andere in den Hintergrund gerückt, und die ganze Aufmerksamkeit konzentrierte sich auf den Osten. Rußland hat standgehalten, und heute ist es schon zum Gegenangriff übergegangen, der noch dazu erfolgreich ist. Heute haben sie Kertsch und Teodosja zurückerobert. Was daraus folgt, ist schwer zu sagen. Die Deutschen erklären ihre Schlappen mit der Notwendigkeit, vom offensiven zum defensiven Kampf überzugehen, und mit den damit verbundenen Schwierigkeiten. Entweder bricht Deutschland in diesem Jahr zusammen und der Krieg tritt in seine Endphase ein, oder die Geschichte zieht sich noch zwei Jahre hin. Wenn Rußland Deutschland schlägt, beginnt ein neues Drama – der Bolschewismus in Polen, sowjetische Okkupation und, wer weiß, vielleicht der Bolschewismus in Europa. Am Ende weiß ich gar nichts. Es heißt, ein Sieg Rußlands sei nicht im Interesse Englands. Vielleicht. Alles wäre so einfach, wenn da nicht ständig das Fragezeichen wäre: die Sowjets. Tamerlan schlägt Attila – das ist schlecht; Attila schlägt Tamerlan – auch schlecht. Am Ende bekommen wir das alles am eigenen Leib zu spüren. So ist es nun einmal, wenn man in einem Durchgangszimmer wohnt. Wo haben unsere verehrten Vorfahren nur ihren Kopf gehabt? Darüber verliert man besser kein Wort.

Andrzej Bobkowski wurde am 27.Oktober 1913 in Wiener Neustadt in Österreich geboren, wo sein Vater Henryk Bobkowski als Dozent für Fechten und Kroatisch an der Kaiserlich-Königlichen Militärakademie tätig war. Bobkowskis Vater war polnischer Protestant, die Mutter, Stanisława, entstammte einer polnisch-katholischen Familie aus der Region um Wilna.

Nach Abschluß des Abiturs in Krakau begann Bobkowski 1933 ein Wirtschaftsstudium an der renommierten Handelshochschule in Warschau, das er 1936 erfolgreich abschloß. Er bemühte sich anschließend ohne Erfolg um eine feste Anstellung in der Industrie. 1938 heiratete er die Krakauer Modeprojektantin Barbara (Basia) Birtus. Im März 1939 siedelten beide nach Paris um. Von dort aus wollten sie weiter nach Südamerika auswandern. Die Gründe für ihre Ausreise nach Frankreich sind unklar. Möglicherweise waren familiäre Motive für die Ausreise entscheidend. In Paris hielt sich Bobkowski mit Gelegenheitsjobs über Wasser, Ende 1939 eröffnete er eine Wäscherei.

Nach dem Überfall Nazi-Deutschlands auf Polen meldete er sich als Freiwilliger im Pariser Büro der polnischen Armee, wurde jedoch nicht einberufen. Möglicherweise waren politische Querelen innerhalb der polnischen politischen Elite für die Nichteinberufung ausschlaggebend, denn Bobkowskis Onkel war vor dem Zweiten Weltkrieg Vize-Transportminister. Aus gesundheitlichen Gründen (Rheuma) mußte er seine Arbeit in der Wäscherei aufgeben und arbeitete ab Februar 1940 in einer französischen Munitionsfabrik, zunächst als Arbeiter, später als Büroangestellter. Nach dem Überfall Frankreichs durch die Wehrmacht flüchtete er aus Paris, um nach England durchzukommen, wohin die polnische Exilarmee evakuiert wurde. Dieser Versuch scheiterte, Bobkowski kehrte bald nach Paris zurück, wo er sich bis zur Befreiung Frankreichs durch die Alliierten mit Schwarzhandel seine Existenz sicherte und illegale Hilfsaktionen für in Frankreich lebende polnische Arbeiter organisierte.

Während des Krieges führte Bobkowski ein Tagebuch, das unter dem Titel *Federskizzen* 1957 im polnischen Exilverlag „Institut Littéraire" in zwei Bänden erschien. Bereits kurz nach Kriegsende veröffentlichte er drei längere Auszüge aus dem Tagebuch in der Warschauer Literaturzeitschrift *Twórczość* (Nr. 2/1945; Nr. 7-8/1946 und Nr. 12/1947). Aus seiner Korrespondenz mit dem Chefredakteur der polnischen Exilzeitschrift *Kultura*, Jerzy Giedroyc, geht hervor, daß Bobkowski viele sein Privatleben betreffende Abschnitte aus dem Tagebuch entfernt und das zur Publikation bestimmte Manuskript bereits im Sommer 1947 abgeschlossen hat. Zunächst versuchte er die Tagebücher in Buchform im kommunistischen Polen zu veröffentlichen. Dies mißlang allerdings. So überließ er 1948 Jerzy Giedroyc das Manuskript, dessen „Institut Littéraire" es aus finanziellen Gründen erst ein Jahrzehnt später veröffentlichen konnte.

Nach dem Ende des Zweiten Weltkriegs blieb Bobkowski zunächst in Paris, arbeitete kurze Zeit in einer polnischen Buchhandlung, dann als Lagerverwalter beim YMCA (CVJM) und in einer Reparaturwerkstatt für Fahrräder. Als Zivilist war er auch Redakteur eines Informationsbulletins der 1947 noch nicht demobilisierten polnischen Exilarmee. Dort lernte er den Maler, Schriftsteller und Leiter der Presseabteilung der Exilarmee, Józef Czapski, kennen. Czapski empfahl Bobkowski an Jerzy Giedroyc, der im Frühjahr 1947 in Rom die erste Nummer der Zeitschrift *Kultura* vorbereitete. In der ersten Ausgabe der *Kultura* erschien eine Erzählung Bobkowskis. Die Redaktion der *Kultura* siedelte Ende 1947 nach Paris über, Bobkowski und Giedroyc arbeiteten seitdem eng zusammen.

In der *Kultura* veröffentlichte Bobkowski die meisten seiner Arbeiten (Erzählungen, Prosafragmente, Essays und das Theaterstück *Schwarzer Sand*). Daneben arbeitete er auch mit der in London erscheinenden polnischen Exilzeitschrift *Wiadomości* zusammen. In den vierziger Jahren veröffentlichte er auch in offiziell im kommunistischen Polen erscheinenden Zeitschriften, darunter in der Krakauer Wochenzeitschrift *Tygodnik Powszechny*.

Deprimiert über die politische Entwicklung in Europa wanderten Bobkowski und seine Frau 1948 nach Guatemala aus. In Guatemala-City verdiente sich Bobkowski seinen Unterhalt zunächst mit selbstgebautem Spielzeug, später spezialisierte er sich auf den Bau von Modellflugzeugen und eröffnete das Fachgeschäft „Guatemala-Hobby-Shop". Alle angebotenen Stipendien für Schriftsteller lehnte er konsequent ab und wollte materiell und ideell unabhängig bleiben. Als passionierter Modellflugzeugbauer gründete er in Guatemala einen Verein, in dem er hauptsächlich mit jungen Menschen arbeitete. 1954 nahm er an internationalen Flugwettkämpfen in den USA und Schweden teil. Auf dem Rückweg von Schweden reiste er nach München, Genf und Paris. Dieses sollte seine letzte Reise nach Europa bleiben. 1957 erkrankte er an Hautkrebs. Nach langer Krankheit starb er am 21. Juni 1961 in Guatemala. Seine Frau Basia lebte bis zu ihrem Tod noch weitere elf Jahre dort.

Nach Andrzej Bobkowskis Tod veröffentlichte Jerzy Giedroyc 1970 unter dem Titel *Coco de Oro* seine wichtigsten Erzählungen und Essays, darunter das Tagebuch *Die Notizen eines Modellbauers* aus den fünfziger Jahren. Eine zweite Exilausgabe der Kriegstagebücher erschien 1985 in London. In den achtziger Jahren entstanden im Untergrund im kommunistischen Polen auch „Samizdat"-Ausgaben der *Federskizzen*. Obwohl Bobkowski seit den fünfziger Jahren als einer der wichtigsten polnischen Exilschriftsteller angesehen wurde, war er lange Zeit in Polen unbekannt und galt nur in kleinen elitären Kreisen der Regimegegner als „Geheimtip". Erst mit der ersten offiziellen Veröffentlichung der *Federskizzen* in Polen im

Jahr 1996 gelang Bobkowski postum der Durchbruch – der große literarische Erfolg. Die Resonanz auf die *Federskizzen* war bei Literaturkritikern und den Lesern groß, rasch folgte eine zweite Ausgabe der Tagebücher. Ein literarisches Ereignis war auch die Veröffentlichung der Korrespondenz von Bobkowski und Giedroyc im Jahr 1997 (Jerzy Giedroyc, Andrzej Bobkowski: *Listy 1946–1961*, Briefe 1946–1961). Bereits vor diesem Durchbruch erschien 1994 in Buchform eine Auswahl von verstreuten Texten, darunter Reisetagebücher. Die Veröffentlichung weiterer Briefe von Bobkowski wird zur Zeit vorbereitet.

Basil Kerski